云南省哲学社会科学重大招标项目"云南跨境语言研究"
国家语委"十二五"科研规划重大项目"中国跨境语言现状调查研究"

总主编 ◎ 戴庆厦

中缅跨境景颇族语言研究

戴庆厦 等 ◎ 著

中国社会科学出版社

图书在版编目（CIP）数据

中缅跨境景颇族语言研究 / 戴庆厦等著. —北京：中国社会科学出版社，2019.8
　ISBN 978-7-5203-5267-3

　Ⅰ.①中…　Ⅱ.①戴…　Ⅲ.①景颇语-研究　Ⅳ.①H259

中国版本图书馆 CIP 数据核字（2019）第 216044 号

出 版 人	赵剑英
责任编辑	任　明
责任校对	李　剑
责任印制	李寡寡

出　　版	中国社会科学出版社
社　　址	北京鼓楼西大街甲 158 号
邮　　编	100720
网　　址	http://www.csspw.cn
发 行 部	010-84083685
门 市 部	010-84029450
经　　销	新华书店及其他书店

印刷装订	北京君升印刷有限公司
版　　次	2019 年 8 月第 1 版
印　　次	2019 年 8 月第 1 次印刷

开　　本	710×1000　1/16
印　　张	23.75
字　　数	425 千字
定　　价	128.00 元

凡购买中国社会科学出版社图书，如有质量问题请与本社营销中心联系调换
电话：010-84083683
版权所有　侵权必究

《中缅跨境景颇族语言研究》作者名单

戴庆厦　彭　茹（云南师范大学）

徐悉艰（中国社会科学院）

金海月（北京语言大学）

闻　静（北京华文学院）

满　欣（云南财经大学）

目　录

第一章　绪言 ··· 1
第二章　中缅跨境景颇族概况 ·· 7
　第一节　景颇族的名称、人口及分布 ···································· 7
　第二节　中缅跨境景颇族族源及历史迁移 ···························· 10
　第三节　中缅跨境景颇族社会文化状况 ······························· 14
　第四节　中缅跨境景颇族的支系和支系语言 ························ 20
　第五节　景颇族诸语言的系属及主要特点 ···························· 25
第三章　中缅跨境景颇族使用的文字 ···································· 32
　第一节　景颇文的创制和推行 ··· 32
　第二节　载瓦文的创制和推行 ··· 42
第四章　景颇族诸支系语言特点比较 ···································· 46
　第一节　景颇族各支系语言的语音系统 ······························· 46
　第二节　景颇族各支系语言的几个主要特点 ························ 60
　第三节　景颇族诸支系语言词源比较 ··································· 71
　第四节　印度阿萨姆兴颇语、缅甸杜连景颇语介绍 ·············· 77
第五章　中国景颇族的语言生活 ·· 103
　第一节　德宏州景颇族的语言生活 ······································ 103
　第二节　耿马景颇族的语言生活 ·· 156
　第三节　片马茶山景颇族的语言生活 ··································· 185
　第四节　小结 ··· 203
　附录：调查个案及访谈录 ··· 204
第六章　缅甸景颇族的语言生活 ·· 225
　第一节　缅甸概况 ··· 225
　第二节　克钦邦景颇族的语言生活 ······································ 226
　第三节　掸邦景颇族的语言生活 ·· 237
　第四节　缅甸景颇族的语言教育 ·· 247
　附录：调查个案及访谈录 ··· 265

第七章　中缅跨境景颇族语言生活比较 ……………………………… 278
第一节　中缅跨境景颇族的跨境特点 ………………………… 278
第二节　中缅跨境景颇族语言文字的共性和差异 …………… 281
第三节　中缅跨境景颇族语言生活的和谐与冲突 …………… 287
第四节　跨境对景颇语语言活力的影响 ……………………… 296

第八章　中缅跨境景颇族语言的语言接触和语言影响 ……………… 303
第一节　中缅景颇语的外来借词情况 ………………………… 303
第二节　20世纪50年代之前中缅景颇语语言接触的特点 …… 316
第三节　20世纪50年代之后中缅景颇语语言接触的变化 …… 317

第九章　边境县语言教育个案分析 …………………………………… 325
第一节　边境城市瑞丽的语言教育 …………………………… 325
第二节　中缅边境小学个案调查——云南省
瑞丽市勐典小学调查记 ………………………… 337
第三节　缅籍学生来德宏州跨境就读的情况 ………………… 341

参考文献 ………………………………………………………………… 354
后记 ……………………………………………………………………… 358
鸣谢 ……………………………………………………………………… 363
照片 ……………………………………………………………………… 365

第一章 绪言

景颇族是一个跨境民族，跨中国、缅甸、印度等国家。在中国，景颇族人口有 147828 人（2010 年）；[①]在缅甸人口多些，大约有 210 万人，在印度大约有 2 万人。但这样一个小民族却引起了语言学、社会学、民族学等领域专家的兴趣，许多学者对它倾心进行研究。主要原因有以下几个方面：一是景颇族支系多、支系意识强烈、支系之间交融复杂。二是景颇族保留其区别于其他民族的独特文化，表现在音乐、舞蹈、史诗、故事、服饰、婚姻、丧葬等方面。三是景颇族的族源及变迁问题复杂，目前尚未取得统一的认识和证据。四是其使用的景颇语不仅在汉藏语系语言的发展上处于承上启下的位置，具有特殊价值；而且在归属上处于"独生子"地位，找不到与它有特殊关系的"亲戚"。五是在东南亚近代政治舞台上，景颇族以其强悍的性格不断反对入侵者，受到各国的瞩目。因而，景颇族研究如此受重视，与其人数所匹配的社会影响大相径庭。

2007—2017 年，戴庆厦带领中国语言国情研究团队曾多次到景颇族分布地区做田野调查，完成了《耿马县景颇族语言使用现状及其演变》（商务印书馆 2010 年版）、《云南德宏州景颇族语言使用现状及其演变》（商务印书馆 2011 年版）、《片马茶山人及其语言》（商务印书馆 2012 年版）三部景颇族语言使用现状及其演变的专著。对境外的景颇族（又称"克钦族"），[②] 2014 年我们又赴缅甸的曼德勒、仰光、东枝等地调查缅甸景颇族及其语言、撰写了《缅甸的民族及其语言》一书（待出版）。虽然如此，我们觉得还是缺少一部反映跨境景颇族及其语言比较研究的论著。

2017 年 6 月，我们组织了团队并拟定了调查大纲，于 6 月 16 日奔赴中缅边境开始了为期两个多月的田野调查。我们除了调查境内的景颇族情况外，还到缅甸境内调查了缅甸景颇族的情况，并通过对来我国工作及定居的缅甸景颇族（包括务工人员、留学生等）语言的调查，一点一滴地积累

---

① 中华人民共和国国家统计局编：《中国统计年鉴（2010）》，中国统计出版社 2010 年版。

② 缅甸的景颇族有"克钦"之称。本书在论述中一般都是用"景颇"，在论及缅甸的情况时有时也用"克钦"。

对缅甸景颇族语言的认识。我们旨在掌握大量语言事实的基础上，对各国景颇族的语言使用状况进行综合比较，得出相互间的共性和个性，为跨境语言的语言学研究提供新的语料和认识。

研究跨境景颇族有其重要的价值和意义，包括学术、实用等方面的。可以从以下几个方面来认识。

一 有助于从跨境的角度加深对语言的认识

景颇族是个有特点的跨境民族。其主要分布区云南德宏傣族景颇族自治州有503.8公里与缅甸接壤，中缅边境山水相连、一寨两国，边民语言相通、习俗相同、互市互婚，特殊的地缘、族缘关系形成边境地区鲜明的跨国婚姻、国际劳务流动、边境安全管控等社会问题。

景颇族跨境的长期性、复杂性特点，必然制约着其语言形成与演变的特点。所以，要真正了解景颇语的特点就必须要有跨境视角，把握住跨境视角，才可能真正认识景颇族语言的特点，否则就会出现偏差或以偏概全。景颇族跨境语言是跨境的一种类型，其研究必将为跨境语言研究提供新的语料和新的认识，丰富语言研究的理论与方法。

二 有助于景颇语乃至藏缅语的共时研究和历时研究

在藏缅语族语言中，景颇语被认为是一个在历史演变链上处于居中、承上启下的语言，在语言研究上有其特殊价值。但要对其价值进行合理的评估，必须将不同国家的景颇语串联在一起研究才有可能实现，光凭我国境内的景颇语研究是有限的、不充分的。因为，跨境语言存在共时延续，而共时延续则会不同程度地反映历史变迁的特点。也就是说，从跨境语言的比较研究中，不仅能够获得共时的语言变异特点，还能取得语言历史的线索。比如，作为重要语法现象的景颇语句尾词，综合体现句子的人称、数、体、态等范畴，其演变速度在不同国家存在不同的层次，所以有可能通过句尾词跨境语言的比较，获得句尾词历史演变的规律，并有助于认识句尾词在句法中的地位。

三 有助于社会语言学研究

跨境语言的形成，是由社会的变动引起的。所以，跨境语言研究除了包含描写语言学、历史语言学内容外，还有大量是属于社会语言学研究的内容。比如，跨境两地的同一语言，是在什么社会条件下发生变异的，出现了哪些变体，这些变体与跨境的社会差异有何种关联。这些研究，都与社会因素有关。又如，跨境时间的长短对语言的变异究竟会产生什么影响，跨境的特点（交界的远近、边界两侧人口的数量、交往的频度等）对跨境语言变异的影响有什么规律等，也都与社会因素有关。

跨境语言的变异不同于方言差异。跨境变异是由国界隔离而引起的；不同方言的差异是由于地区的不同引起的。二者各有其自己的客观规律和内容。国界因素是社会问题，地区因素也是社会因素，但存在差异。国界因素含有更多的政治、文化内容。

中国跨境语言丰富，能为社会语言学的理论、方法建设提供新的语料和理论方法。

四　有助于边境的民族团结、社会稳定

语言是民族的主要特征之一。语言问题敏感、复杂，特别是边境地区的语言问题更具复杂性，处理不好容易引起民族矛盾，甚至会导致民族冲突的发生。跨境语言的研究，旨在揭示边境地区语言关系的现状及其历史演变，既要弄清边境语言和谐的主流，又要认识存在的问题，还要分析边境语言的发展趋势。这些研究，将对边境民族的发展、边境地区语言关系的处理起到一定的积极作用。

国务院颁布的《关于支持云南省加快建设面向西南开放重要桥头堡建设的意见》中，明确提出把云南省建设成为"我国民族团结进步、边疆繁荣稳定的示范区"，使之成为桥头堡建设五大战略之一。云南省德宏傣族景颇族自治州是中国景颇族主要聚居的地区。全州有4个县市（除梁河县外）、22个乡镇、58个村（居）委会、198个村寨、208个村民小组与邻邦缅甸接壤。有瑞丽、畹町两个国家一类口岸和章凤、盈江两个国家二类口岸，64条通道，28个渡口。边境来往小道居多，来去方便。景颇、德昂、阿昌、傈僳等5个世居民族在缅甸都有同一民族的分布。本项目研究希望对德宏州建设桥头堡黄金口岸、瑞丽重点开发开放试验区、孟中印缅经济走廊等起到一定的作用。

语料是第一性的，观点是第二性的；语料是永恒的，而观点有的是暂时的。这是我们做这一研究的指导思想之一。为此，本书的主要力气花在语料的收集上。

本书的语料主要来自以下几个方面：一是我们团队的成员几十年来曾不断到过中国景颇族地区调查景颇语，积累了大量有关景颇语使用和本体方面的材料。为了进一步了解国外景颇语的情况，2014年我们组织研究团队到缅甸的曼德勒、掸邦、仰光等地区调查景颇语，2017年又到缅甸八莫地区收集景颇族的语料。我们手中掌握的语料，均为实地调查获得的第一手材料。这些语料是我们写这部书稿的主要依据。

我们还重视使用已有的文献材料，包括已发表的有关景颇族的研究成果，除了语言文字外，还有社会历史、宗教文化、民族关系、文学艺术、生活习惯等研究成果。只要能用的，我们都尽量汲取使用。

近年来，缅甸有不少景颇族来中国边城谋生，有的来中国留学，甚至还有一些缅甸景颇人与中国居民通婚，组成跨国婚姻家庭。这些曾在缅甸出生并长期生活在缅甸景颇族，对缅甸状况很熟悉，成为我们进行跨境语言调查研究的一个便利的资源。我们能够通过对他们的调查记录，获取大量跨境民族的语言文化社会情况。这是一种可行的跨境语言调查的形式或手段，能够多少弥补一些不能到国外实地调查的不足。我们来到芒市、瑞丽等边境地区，遇到好多好心的缅甸景颇族，他们都善意地主动为我们介绍许多缅甸景颇族的语言生活，使我们大开眼界，获得大量新信息。

跨境语言调查在以往的语言调查中属于新的调查领域。因而，如何把跨境语言调查好，需要我们根据调查对象进行摸索、总结。由于不同语言类别的相通性，所以在调查不同条件下的语言使用状况时，会碰到方法上的交叉。比如，跨境语言调查也要做语言国情调查，也会使用语言国情调查的一些方法，但与纯语言国情的调查会有些不同。

这一成果的完成，我们主要靠以下几个方法：

一　田野调查法

做跨境语言调查，必须坚持第一线的田野调查，才能获得真知灼见。只有到了实地，亲眼见到实地情况，并与当地居民面对面地接触，才能真正体会到什么是跨境语言。特别要强调的是，跨境语言研究是语言调查中的新课题，更需要从田野调查中尽快获得成果，以弥补学科的后进。

为此，我们在指导思想上总是把第一线的田野调查放在首位，倾全力组织田野调查组到第一线调查。我们先后组织三十多人参加了田野调查。通过第一线调查，获得了大量前人未曾获得的新材料、新认识，成为我们编写此书的重要基础。

比如，我们驱车到了位于国境的边境小学——瑞丽市勐典小学，听取了校长、景颇族教师向我们介绍的该校的情况和办学经验，还参观了学校的教室和邻近缅甸的环境，使我们具体感受到边境地区办学的重要性。我们还到缅甸八莫县木瓜坝学校了解了学生的学习和授课情况以及他们的教学体制和语言的安排。再如，多支系语言的使用及支系语言相互间的关系，是景颇族语言生活的一个重要内容。可以说，不了解景颇族支系语言，就不可能认识景颇族的语言生活。为此，我们选择有代表性的个案点对景颇族支系语言使用情况进行深入的调查，取得了微观数据，成为我们认识景颇族的语言生活不可缺少的基础。我们还对缅甸地区的景颇族语言生活有了具体的了解，大体知道了他们既坚持自己的母语又大多兼用缅甸的国语——缅语。这是我们到实地后观察到、统计到的，有了实地调查，心里踏实些。

需要强调的一点是，跨境语言调查除了在边境调查外，还要到跨境国家去调查。在异国调查，必须把调查目的事先向调查者说清，否则他们会有顾虑的。即便是对来我国务工或留学的缅甸同胞，你要向他们了解缅甸的语言生活，也需要先向他们说清是做什么用的。我们有位调查成员由于获取材料心切，没说明来意就发放调查问卷，致使在对它存有顾虑的情况下未能达到问卷的目的。

二 文献综合法

有关景颇族的研究，虽然境外的研究薄弱些，但中华人民共和国成立后的70年来，一些专家学者对国内景颇族的社会历史、支系划分、宗教文化、经济生活、语言文字特点等，进行了多方面的研究，发表了大量的文章。这些成果如果经过梳理、筛选、分析，能够为跨境语言研究提供有用的资料。所以我们在开展田野调查之初或当中都认真地阅读了已有的成果，并陆续从中提取有用的材料和亮点。比如，我们从《基督教与缅甸景颇族文化》[①]的论文中，获知基督教在缅甸的传播发展以及基督教影响下的缅甸景颇族文化的特点等，有助于我们对中国景颇族传统文化演变趋势的预测。

三 系统观察法

跨境语言是个系统，其各要素都在相互制约中存在和演变。任何一个跨境现象的形成，都有其客观理据，即都有其形成的道理。所以，跨境语言调查，对各种现象都要从系统中去观察、去解释、去找条件。这样，才能理清跨境语言关系中出现的各种现象。

跨境景颇语存在以下几个系统是本课题研究中必须要考虑到的。一是几国的景颇语分布，构成一个紧密联系的系统。景颇族在有的国家人数多，在有的国家人数少；在有的国家聚居，在有的国家散居，不同的分布特点构成一个系统。二是各国的景颇语都由不同的支系构成，不同支系构成一个相互制约的系统。三是各国的景颇族都与所在国的国语或通用语，构成一个语言地位、语言关系的系统。比如，缅甸景颇族的兼用语是缅语，而中国景颇族的兼用语是汉语，其差异与景颇族处在不同国度的条件有关。

---

① 岳麻腊：《基督教与缅甸景颇族文化》，云南省民族学会景颇族研究委员会编，《景颇族研究》第1集，云南民族出版社2008年版。

两国的双语各自形成一个不同的兼语系统。四是不同国家的景颇语周围都有其他少数民族，相互间必然在一个共生系统中演变、发展，产生各种不同的关系。

系统，还包括语言结构系统和语言功能的相辅相成的关系。即，语言功能的关系如何影响、制约语言的结构特点。在中国，几个支系中载瓦支系较强势，载瓦语对其他几个支系语言有较强的影响力，这一点必须看到。这与缅甸景颇族以景颇支系的景颇语为强势语言的特点不同。

在研究跨境语言时，必须重视语言之外的社会文化系统。如：经济形态、宗教信仰、服饰生活、居住交通等，这些外部因素对语言关系都会产生某种程度的影响。

四　微观描写与宏观把握相结合法

语言研究进入深层阶段必须要有微观描写。微观描写才能显现焦点，才能分析出简单分析所不能看到的真相。过去做语言的功能、国情调查，有不少存在"过粗"的缺点，即只是通过座谈会或访谈对一个地方的语言使用情况进行大致的了解，获得一个大概的估计。殊不知，要准确地获得某一地方的语言使用状况，除了一般了解外，还要有过细的、微观的个案调查，及对某一村寨每户人家、每个人语言情况具体的统计分析。只有这样，才能确切地说明这个地区目前语言使用的实际情况。当然微观描写分析离不开数字的统计，对跨境语言两地的功能必须要有统计数字来说明。

宏观把握也是必要的，包括对这一地区母语功能的宏观估计，以及发展趋向的宏观预测。只有把二者结合起来进行论证，才具有说服力。

跨境语言调查研究涉及的内容很多，可用的方法也很多。只要是有利于挖掘语言资源的，便于获得真实语料的，各种方法都可以采用。

第二章　中缅跨境景颇族概况

第一节　景颇族的名称、人口及分布

一　景颇族的名称

景颇族是一个跨境民族，主要分布在中国、缅甸、印度三国，在泰国也有少量分布。此外，在美国、英国、澳大利亚等国也有少量景颇族移民。

景颇族的族称有自称和他称两种。自称都以支系名称各自称呼，如称"景颇、载瓦、浪速"等，虽然他们都认为这些支系是一个统一的民族，但没有统一的名称。在中华人民共和国成立初期，人民政府曾向景颇族各界征询过用什么统一名称。经过协商，大家一致同意用景颇支系的名称Jingpho[tʃiŋ³¹phoʔ³¹]"景颇"为景颇族统一的名称。从此，全国上下从中央的文件到自治州挂牌，从景颇族到其他各民族，从国内到国外，都一直使用这个名称。在缅甸，20世纪出现了他称Kachin"克钦"。这一名称使用广泛，已被缅甸景颇族所接受，有的当自称使用。但这一名称是何时出现的，是怎么来的，至今未能认识清楚。印度的景颇族自称siŋ³¹phoʔ³¹，为tʃiŋ³¹phoʔ³¹的方言变音。

中国的汉族在20世纪50年代之前，曾称景颇族为"山头族"，又有大山（称景颇支系）和小山（称载瓦支系）之分。在中华人民共和国成立初期，瑞丽勐秀成立民族乡时还用过这一名称，称瑞丽县勐秀山头族民族乡。山头族这个称呼，意义上是个中性词，至今一些老人还使用它。

关于"景颇"一词的来源，目前还未有一个可以被广泛接受的解释。过去曾有人解释为"开盐矿的人"，把tʃiŋ³¹看成tʃum³¹"盐"，phoʔ³¹是"开采"义，说是早期景颇人在青海盐湖地区开矿而得名。有的又解释为tʃiŋ³¹是鼓的意思，远古洪水泛滥，有一对兄妹躲在鼓里活了下来，繁衍了后代。对"克钦"（Kachin）一词的解释，有人认为是缅人对缅甸东北部不开化地区民族的称呼，1837年，被英国人所采用，后来又指景颇、载瓦、浪速、勒期等群体。有的把"克钦"解释为"红土地"，Ka为景颇语ka⁵⁵"土"的变音，chin 是 khje³³ "红"，意为"居住在伊洛瓦底江恩梅开江、迈立开江之间的红土地区"。但以上这些语义解释还未能有较强的说服力。所以，"景颇"名称的来源，至今仍然是个谜，留待今后继续探索。

在缅甸近代，克钦人广泛用了 Pawngyong Jinghoaw（景颇联盟）这一名称来自称。他们在唱词中形容 Pawngyong Jinghoaw（景颇联盟）是 Chyurum Wawngpawng sha（同奶的联盟人），认为各支系的克钦人都是喝同一个母亲的奶的，即有亲缘关系的。这个名称近期很流行，因为它表达了各支系亲情的心声。

中国的 tʃiŋ³¹phoʔ³¹ "景颇"统一名称，缅甸"克钦"（Kachin）的统一名称，对景颇族的认同、团结以及与各民族的联系、交流都起了重要的作用。

二　中国境内的景颇族分布

在中国，景颇族是分布在云南边境地区的一个人口较少的少数民族。中国的景颇族有 147828 人（2010 年），分布地区主要在云南省德宏傣族景颇族自治州的盈江、梁河、陇川、瑞丽、潞西等县。此外，还有少量分布在怒江傈僳族自治州的片马、岗房、古浪、临沧地区的耿马傣族佤族自治县，以及思茅专区的澜沧、西双版纳的勐海等县。主要分布在中缅边境上，边界线长达 503.8 公里。

中国景颇族的居住地区，大多在海拔 1500—2000 米的山区，属于亚热带气候。其分布大体呈"小片聚居、大片杂居"的局面。景颇族的聚居村寨，周围有汉、傣、傈僳、阿昌、德昂等民族。分布的格局是，平原地带（当地汉语称"坝区"）以傣族、汉族为主，山区是景颇、傈僳、阿昌、德昂等民族，汉族也有少量分布。不同民族大多是分寨而居。但也有一些是景颇族和其他民族杂居在一起的。

景颇族在今德宏地区定居后，与汉族、傣族、阿昌族、德昂族等民族接触，在社会文化、经济生活及语言使用上与这些民族发生了不同程度的交流、互融的关系。比如，景颇族为了发展农业生产，向周围的汉族、傣族学习农业技术，在稻作文化上，景颇族深受傣族的影响。景颇语里有许多表示稻作文化的词都借自傣语、汉语。

三　缅甸的景颇族人口及分布

缅甸是景颇族人口分布最多的国家。

这里先介绍一下缅甸全国的人口和分布情况。缅甸人口约 6000 万。下分 7 个省、7 个邦和一个联邦特区。人口以缅族为主的则称"省"，人口以少数民族为主的称为"邦"。14 个省、邦分别是：伊洛瓦底省、勃固省、马圭省、曼德勒省、实皆省、德林达依省、仰光省、钦邦、克钦邦、克耶邦、克伦邦、孟邦、若开邦、掸邦。共 65 个县，330 个镇区。①

关于缅甸克钦族的种类，迄今尚未有统一的说法。主要有三种说法：第一种认为缅甸的克钦族有 9 个支系，把居住在克钦邦的傈僳族、日旺族都列入克钦族。第二种说法是克钦族有马日（Marit）、拉妥（Latawi）、拉焕（Lahaing）、英贡（Inkhone）、马然（Ma-ran）、卡库（Khatkhu）、高黎（Canori）和杜兰（Duang）等支系。第三种说法以缅甸政府 1983 年颁布的"民族表"为依据，认为克钦族有克钦、克尤、德朗、马鲁、拉细、景颇、高日、克库、杜因、玛育、耶湾、傈僳 12 个支系。

缅甸景颇族主要分布在缅甸北部的克钦邦和掸邦。克钦邦的面积有 89041 平方公里，人口 1367700 人，辖 18 个镇，首府在密支那。掸邦的面积最大，有 155801 平方公里，人口 8461500 人。此外，在仰光、曼德勒等大城市也有少量分布。需要说明的是，缅甸景颇族的民族范围（称"景颇同盟" Pawngyong Jinghoaw）除景颇族的各支系（景颇、浪速、载瓦、勒期、波拉）外，还包括傈僳、日旺（独龙）、阿昌等族群。这几个族群在中国都属于独立的民族，与中国景颇族的族群分类有所不同。

缅甸景颇族的人口数量，目前尚未有统一的说法，有 70 万（2003）②、100 多万（1998 年）③、150 万（1999 年）④、200 万（2004 年）⑤不等。⑥缅甸政府掌握的有户籍登记的景颇族就有 160 万，但还有相当数量是没有户籍登记。这个数字有可能包括在克钦邦的部分傈僳、日旺人。由于没有一个比较确切的数字，本书把缅甸景颇族的人数暂定为 210 万。

分布在缅甸的景颇族大多与缅族、泰族比邻而居，与傈僳、独龙、德昂等民族除了比邻而居的外，还有杂居在一起的。

四　其他国家及地区的景颇族分布

景颇族除了中国、缅甸是主要分布区外，在其他国家也有一些分布。

---

① 钟智翔、尹湘玲、扈琼瑶等：《缅甸概论》，世界图书出版公司 2012 年版，第 23 页。
② Lasi Bawk Naw, "Biodiversity, Culture, Indigenous Knowledge——Nature &Wildlife Conservation Programmes in Kachin State", *Myanmar*, 2003, pp. 21–25.
③ 石锐：《景颇族文化习俗论》，德宏民族出版社 1998 年版，第 6 页。
④ Martin Smith, Burma: Insurgency and the Politics of Ethnicity, *White Lotus*, 1999, p.31.（该书引用的人口数字是 1988 年的）
⑤ 这是克钦邦独立军某负责人提供的数字
⑥ 以上景颇族人口数字转引自杨慧芳《新视角下的世界景颇人族称、族源及人口分布》，《景颇族国际学术交流大会论文集》，2014 年 2 月。

印度的景颇人主要分布在藏南印战区阿如那查尔邦的昌朗县（Changlang）及洛希特县（Lohit），他们定居的大致区域在察隅河下游，印度阿萨姆邦地亚一辈的喜马拉雅山南部山区，人口在 3 万人以上。另外，在尼泊尔有数千人，在泰国有一两千人。此外，在美国、英国、日本、澳大利亚等国也有少量的景颇族侨民分布。

第二节 中缅跨境景颇族族源及历史迁移

景颇族的族源，因无早期的文献记载可查，只能根据民间传说及语言文化遗迹，以及语言比较，做些可能的推测。

各国景颇族都有起源于 Majoi shingra bum [mă³¹tʃoi³¹ʃiŋ³¹ʒa³¹pum³¹]"墨锥胜拉山"（意为"天然平顶山"）的传说，都认为这个地方在中国的青藏高原，有的甚至说是中国的"喜马拉雅山"。相传这座山靠近喜马拉雅山，气候寒冷，终年积雪。还传说他们的祖先最早与藏族相邻。后来，他们逐渐南下迁至云南及缅甸、印度。但 Majoi shingra bum 究竟是一座什么山，位置在何方，尚难考证。

民族学、史学的研究大致认为，景颇族的族源与古代氐羌人密切相关。史书有过记载，古代西北的甘肃、青海高原曾经是氐羌部落的主要游牧聚居区。氐羌部落曾不断流动于中原和西南之间，过着迁徙不定的游牧生活。到公元前 7 世纪以后，秦国发动大规模的兼并战争，居住在甘肃、青海一带的氐羌部落，由于"畏秦之威"，有的向西南迁徙，有些迁至青海以西乃至西藏地区，有的则迁至今四川西南的西昌至云南一带。约在东汉时期及西晋南北朝时期，因政局动荡，又有大批羌人南迁至西南地区的氐羌部落，后来演变为汉藏语系藏缅语族各民族的祖先。

景颇族传说他们的祖先在青藏高原的"墨锥胜拉山"居住了很长的时间。大概在 Ninggon wa "宁贯瓦"时代（景颇族祖先，传说中开天辟地的创世人）开始南迁，迁到卡库夏（Khakhu ga [kha²³¹khu⁵⁵ka⁵⁵] "河上游地区"）以北的藏东南、川西北及滇北交界处，即金沙江、澜沧江和怒江上游地区。以后，他们又逐渐迁徙到滇西地区。景颇支早期曾活动到怒江及澜沧江一带，后来又迁至恩梅开江和迈立开江流域及以西的广大地区。恩梅开江 Nmoi hka [n³¹moi³³kha²³¹] 与迈立开江 Mali hka [mă³¹li²³¹kha²³¹] 的名称以景颇语命名即可证明。景颇族中的浪峨支，则一直活动到金沙江边。

在历史的迁徙过程中，景颇族分成了东、西两大支。其中西支的景颇支，传说是从德钦一带西渡澜沧江和怒江，然后南下西走向四周扩散。东支，主要是浪峨支，曾在金沙江一带活动，后来便沿着澜沧江东岸南下，到达云龙县以北的地区。这一带历史上称为"古浪峨地"。后来从浪峨支中分出勒期（茶山）支，分布在小江流域，再后来又从勒期支中分出载瓦支。载瓦支继续南迁，来到恩梅开江以东地区。由于浪峨、勒期、载瓦、波拉4支分化较晚，所以他们在语言、服饰、风俗等方面都比较接近。

到了唐代，景颇族的先民被称为"寻传蛮"。《蛮书》[①]卷四说："寻传蛮，阁罗凤所讨定也。""南诏德化碑"[②]又说："西开寻传，禄郫出丽水之金。"丽水即今天的伊洛瓦底江，禄郫乃丽水的支流，即当今泸水县境外的小江。小江自今片马、岗房、古浪边境西北流入伊洛瓦底江上游的恩梅开江。当时恩梅开江东西两岸皆有"寻传蛮"，又从"寻传蛮"居住之地往南即至骠国，所以《蛮书》卷三说阁罗凤"西开寻传，南通骠国"。骠国在今缅甸曼德勒地区。"南诏德化碑"还说："爰有寻传，畴壤沃饶，人物殷凑，南通渤海，西近大秦。"渤海当为印度洋孟加拉湾，"大秦"一般认为在印度的南部，即"达亲"。显然，这里的"寻传"是在澜沧江以西至缅甸克钦邦境内伊洛瓦底江上游的恩梅开江和迈立开江流域一带。《蛮书》卷四说："裸形蛮，在寻传城西三百里，为巢穴，谓之为野蛮。阁罗凤既定寻传，而令野蛮散居山谷。其蛮不战自调伏集，战即招之。其男女漫山遍野，亦无君长。"《蛮书》卷六说："丽水渡西南至祁鲜山（今伊洛瓦底江西岸的甘高山），山西有神龙河册，祁鲜以西即裸形蛮也。管摩零都督城，置腹心，理寻传……"据此，丽水渡的西南是祁鲜山，祁鲜山的西面是裸形蛮，而阁罗凤"西开寻传"是自东到西，"祁鲜望风而至"则祁鲜更在寻传之西，可见"寻传蛮"只能在祁鲜山之东。在景颇族的传说中把当年阁罗凤的开拓战争称为"民家穆战"。（景颇族称古代的白族人为"民家"，"穆战"景颇语意为 Majan[mă³¹tʃan³³]"战争"）相传南诏王来到景颇地区，封木立、恩迈山官为大官，当是《蛮书》卷六里说的摩零山的城镇官。

元代时期，史籍上景颇族又被称为"峨昌""莪昌""蛾昌"等。《元史·地理志》[③]金齿等处宣抚司载："其地在大理西南，澜沧江界其东，与缅地接。

---

①《蛮书》，为唐朝时樊绰所著的记载南诏史事的史书。又名《云南志》《云南记》《云南史记》《南夷志》《南蛮志》《南蛮记》。对了解与研究唐代云南地区的历史、地理、民族、物产、交通、风俗文化等具有极高的价值。

②"南诏德化碑"，被誉为"云南第一碑"，详列南诏清平官、大将军、六曹长等职衔和姓名。碑文相传为南诏清平官郑回所撰，唐流寓南诏御史杜光庭书写。碑文主要颂扬了阁逻凤的文治武功，并叙述了南诏、唐朝和吐蕃间的关系，以及历次战争的缘由和经过。

③《元史》，为系统记载元朝兴亡过程的一部纪传体断代史，成书于明朝初年，由宋濂（1310—1381）、王祎（1321—1373）主编。

其西土蛮凡人种，曰金齿、曰白夷、曰僰、曰峨昌……"《大元混一方舆胜览》①载："麓川江（今陇川江）出萼昌（按，即峨昌）经越赕（今腾冲）傍高黎贡山，由茫施（今芒市）、孟乃甸入缅中。"麓川江发源于今泸水县西部，元明时期属云龙州，往西南经腾冲、潞西至缅甸，这大片地区均有"峨昌"。《滇略》②卷九载："茶山在腾冲西北五百里，距高黎贡山，地瘠土寒，不生五谷。其人强狞好斗，土酋早姓，旧属孟养。永乐二年，孟养叛，茶山不从，自诣阙下，授长官司。其他僻远，偿为野人杀虏，今奔入内地阿幸（今腾冲北部）栖在。""里麻与茶山接壤，旧亦属孟养，土酋刀姓亦以拒贼功授官，所辖皆峨昌夷。近其地亦为野人所夺，奔入内地赤石坪栖在。"从上述记载可知，茶山、里麻二长官司地的景颇族一直臣属于中国中央皇朝，土酋早姓、刀姓（均为景颇族）均因"拒贼功"受封官职；茶山、里麻二长官司地（小江流域至江心坡一带）所辖皆"峨昌夷"，这一带是唐时的"寻传蛮"地区。当时他们分为许多部落，散布在澜沧江上游以西到伊洛瓦底江上游地区。被南诏征服后，他们仍然保持原来的政治制度与经济结构。

明景泰《云南图经志书》③卷五龙州说："境内多峨昌蛮，即寻传蛮，似蒲而别种，散居山壑间，男子顶髻戴竹兜鍪，以毛熊皮饰之，上以猪牙、鸡尾羽为顶饰，其衣无领袖，兵不离身，以挚畜佃种为生，好食蛇。"其风俗与《蛮书》卷四所载全同，聚居的地区也是一致的。而"峨昌"是浪峨支、载瓦支的名称，今日傣族仍然称浪峨支、载瓦支为"峨昌""阿昌"。

绝大多数载瓦人以及勒期、浪峨人都认为他们和景颇支同是宁贯瓦的后代，后来经历了分化和融合的过程。载瓦支的梅何姓被公认为是最初的载瓦人，从他们的世系家谱可追溯出三十一代，其中第四代与景颇支有亲戚关系，第八代与勒期支有亲戚关系，第十六代与浪峨支有亲戚关系，到第二十代时景颇支的一名叫奥拉当的山官到载瓦地区当官，成了载瓦支所有排姓山官的祖先。而景颇支中的 Maru[$mă^{31}ʒu^{31}$]"木如"姓（景颇支称浪峨支为"木如 $mă^{31}ʒu^{31}$"），是因为与浪峨支通婚融合而成的。近代景颇族中的景颇支与载瓦支、浪峨支、勒期支、波拉支原先就是同一族体的不同部落，在历史发展过程中分成5支，各支也一致认为有着共同

---

① 刘应李（元）原编，詹友谅改编，郭声波整理：《大元混一方舆胜览》，四川大学出版社2003年版。

②《滇略》，明代谢肇淛撰，此书乃其官云南时所作，分为十门。

③《云南图经志书》，于景泰六年（1455）完成刊印，陈文等纂修，为云南省现存最早最完整的一部云南地方志。此书是少有的明前期流传下来的一部省志，对于今人研究明代方志和云南一地的社会历史状况都有重要价值，见证了明代云南方志编修的发展水平。

的祖先,以后又逐渐融合,特别是在各支系的结合部,融合的现象更明显。随着各部落间通婚、交往的进一步加强,氏族部落内部的血缘关系遭到了破坏,被地域关系取代了,在元代时期逐步形成了具有共同文化特征的共同体。

元、明时期,景颇族的五大贵族山官争夺势力范围,发生大规模的战争,出现了景颇族历史上的第二次大迁徙,迁徙到腾越、德宏一带。其迁徙路线:一是一部分由小江、之非河一带南下,越过尖高山、狼牙山进入盏西,或经腾冲、古永进入盏西;二是一部分由之非河流域沿恩梅开江西南,下至昔董,再入盈江一带,后又迁到陇川、瑞丽及潞西一带;三是一部分由西董向西南迁至八莫附近,再转入陇川、瑞丽和潞西;四是一部分由卡库戛(kha^{ʔ31}khu^{55}ka^{55})北部或中部南下,越过恩梅开江到达盈江一带,再向南迁到瑞丽、潞西一带。另外,散居在临沧、思茅、西双版纳的景颇族则是由德宏迁去的。

在汉文史书中,景颇族族称有不同的称法。景颇族与彝缅语诸族先民被泛称为"夷""昆明"或"嶲"。魏晋时泛称为"乌蛮"。唐代,被称为"寻传蛮",这一名称包括阿昌等先民在内。元代曾在景颇族地区设茶山、麻里长官司,称景颇族、阿昌族为"峨昌"。明清时的一些文献,称景颇族为"山头人"。

景颇族有为逝者举行送魂的仪式,仪式上董萨 dumsa [tum^{31}sa^{33}],(景颇族巫师)念的送魂诗,表示要把逝者的灵魂送回祖先居住的地方。送魂诗中的路线是:"金沙江→澜沧江→怒江→伊洛瓦底江→青藏高原的墨锥胜拉山",这一路线也就是景颇族南下的路线。这个传说有一定的可信度。其一,通过语言及民族的比较,景颇族当属汉藏语系古代氐羌族群,这个族群有藏族、羌族、普米族、彝族、拉祜族、纳西族等,他们都起源于中国的西北部,过的是游牧生活,后来都向南迁移。氐羌系统的羌、普米、彝、纳西等族群都有由北南下的传说。其二,在语言关系上,景颇语与藏、羌、普米、彝、纳西等民族都有亲缘关系,有共同的来源,都是由一个共同的原始母语分化下来的。其三,秦汉时期的西南夷地区(包括今云南、贵州和四川的西南部),汉文文献中就已记载有景颇族先民的分布。三国、两晋、南北朝时期,西南夷地区通称南中地区,这一地区的永昌等郡及附近地带已有景颇族居住。自南北朝起,景颇族先民开始大量西迁。至唐代,景颇族迁至南诏设立的丽水节度和永昌节度;到明代继续南下,迁至今德宏州以北、怒江以西的地区。至明末清初,才大批进入我国云南省德宏地区。这一地区当时主要是傣族的分布区,景颇族是后来者,也属傣族土司管辖。

再看与载瓦语、浪峨语等语言接近的缅语的情况。缅甸主体民族的缅族，其来源一般认为，源于中国古代西北氐羌人。他们在公元前几个世纪居住在中国青海、甘肃一带，大约在公元 2 世纪初开始南迁，公元 7 世纪左右，再从澜沧江和萨尔温江流域经掸邦高原南下，到达缅甸中部叫栖一带定居下来，后来由于人数增多，于是逐渐向各地疏散，最终形成今日缅族的格局。缅族的语言缅语，与载瓦语、浪峨语等很接近，同属藏缅语族缅语支，从语言上能够证明他们之间密切的渊源关系。

从以上的文献、传说中，可以朦胧地看到景颇族从远古中国西北高原向南迁徙至中国南部、缅甸、印度一带的过程，能够证明这些地区的景颇族都出于一源，都有血浓于水的渊源关系。景颇族学者朵示拥汤以"世界景颇人的祖籍是中国"为题论述景颇族先民源于中国昆仑山东部周边地域，后来逐渐向南迁移。"景颇人是炎黄的传人，太阳的子孙。世界上的景颇人对中国有着割舍不掉的情怀和无法忘怀的根，这个情怀和根将是永恒的。"①

第三节　中缅跨境景颇族社会文化状况

景颇族从北向南迁至今中国南部、缅甸北部、印度东北部等地区的山区，形成了景颇族今日的分布图。这些地区的共同特点是：大片绿色森林地带，野生动物如熊、猴、麂子、马鹿、水獭等，野生植物鸡枞菌、木耳等非常丰富。土质肥沃、雨量充足，适合各种农作物生长。粮食作物有旱谷、水稻、玉米、小米等。景颇族早期主要种植旱谷和玉米，后来学会耕种水稻。景颇族耕种旱地，早期生产技术落后，许多地区还使用原始的"刀耕火种"的耕作方式，不仅产量低，而且对自然生态破坏严重。后来，他们逐渐改变了过去的"刀耕火种"的耕作方式，固定了耕地，通过兴修水利、积肥、改良品种、改良耕作技术不断提高了粮食产量。近期，景颇族许多地区水稻耕作已成为主要的经济来源。

传统节日　Manau zumgo［mă^{31}nau^{31}tsum^{31}ko^{55}］"目瑙纵歌"节是景颇族的盛大传统节日，又是一种群众性的歌舞活动。它源于创世英雄宁贯瓦的故事。景颇支系称"目瑙"，载瓦、浪峨、勒期等支系称"纵歌"。景颇族为了庆祝胜利、五谷丰登，或迎接贵宾、嫁娶喜事等，都要举行目瑙纵歌。目瑙纵歌节一般都选定在农历正月中旬。节日里，景颇族男女老少穿上最美丽的盛装，一早就结队会集到目瑙纵歌广场，进行欢庆。

---

① 该文载于《景颇族国际学术交流大会论文集》，2014 年 2 月。

目瑙节广场中心竖立着高约 20 米的两块木板制成的目瑙牌 manau shadung[mă^{31}nau^{31}ʃă^{55}tuŋ^{51}]，板上画着跳目瑙的线路，以表示景颇族祖先由青藏高原南迁的曲折过程。两块目瑙牌中间交叉着两把大刀。两旁还有两块高 8 米左右的木板，其右边木板上，画着蕨菜，左边木板上画着四方形等分成四个三角形的图案，每个三角形用一种颜色，象征子孙兴旺和对富裕生活的追求。上方横匾画着喜马拉雅山山脉，下方横匾画着农作物和家禽。在其两旁搭起两个高台，周围挂着直径约一米的八个铓锣，两个大皮鼓以及其他一些乐器。广场围着篱笆，开两道门。

目瑙节当日上午 10 时许，目瑙纵歌典礼开始，敲铓打鼓，鸣枪放炮，笙管齐奏。在一派欢乐声中，由两位德高望重的老人（称 Naushong "领舞者"），头戴美丽的孔雀羽翎帽，手中挥动闪亮的景颇长刀，领着目瑙纵歌舞队，踏着鼓点，边歌边舞雄壮地加入会场。参加者达数千至上万人。男人边舞边挥长刀，英姿飒爽；女人抖动着彩帕，身上装饰的银泡、银链唰唰响，闪闪发光，气势壮观。从早到晚，一连跳几个通宵。

景颇族创世纪《目瑙斋瓦》说，远古只有住在太阳宫的太阳王的女儿会跳目瑙纵歌舞，后来鸟类也学会跳，并在大地上第一次跳起了目瑙纵歌舞。从此，景颇人就从鸟类那里学会了跳目瑙纵歌舞。由此，景颇人得到了繁荣发展，日子过得一天比一天好。后来，他们把目瑙纵歌作为景颇族祈求平安，生活富裕及各种庆典的活动，为了表彰鸟类的功绩，目瑙纵歌的领舞人都头戴用孔雀毛装饰的帽子。

在缅甸广大景颇族地区，也有目瑙纵歌来源的传说，与中国景颇族的传说大体一致。20 世纪 80 年代初，德宏州人民政府已用法律的形式确定它是景颇族的一个重要节日，每年都要举行。在缅甸，许多地方也都建立了目瑙广场，竖起了目瑙柱子。目瑙纵歌已成为各国景颇族心中永不消退的、共同的民族象征，成为连接不同国家景颇族的纽带。中缅两国为了加强联系、交流，增强民族感情，两国的景颇族都分别在两国举行了多次边民参加的大型目瑙纵歌节，有数万人参加这一喜庆节日。

景颇族的节日还有 mam nnan sha [mam^{33}n^{31}nan^{33}ʃa^{55}] "新米节"。"新米节" 又称 "尝新节"，是在谷物成熟时，正式收割前举行的庆典。日期不求一致。过节的前一天，主人家背着插满鲜花的篮子到田里或地里，将糯谷收回来，放在竹楼下的鬼门边，然后通知各家第二天来做客，翌日早饭后，大家应邀来到，妇女帮助主人炒谷子，舂扁米、粑粑，或上山找野菜，男子下河抓鱼。过节的食品准备好后，主人先摆好用新米舂成的粑粑和扁米、水酒以及干鱼等，请董萨祷告，求鬼神保佑风调雨顺，人畜平安，感谢各种神祇赏赐丰收。祭祀之后，老人讲述种稻谷的历史。

乐器 景颇族的乐器有吹奏乐器、弹拨乐器、打击乐器。吹奏乐器有 larung [lă⁵⁵ʒuŋ⁵¹] "勒绒"（用一尺多长的竹根制成，竹根上穿 5 个小孔，人吹气竹管就发音，用手指来控制和调节音调）、dumba[tum³¹pa³³] "洞巴"（用牛角制成，有一节用木穿孔并有 5 个小孔）、吐仁[thu³¹ʒen³³]（用小竹制成）、文蚌桑比 wunpong sumpyi[wun³¹poŋ³³sum³³pji³³]、毕蔓 pyi[pji³³man³¹]、毕托 pyihtot[pji³³thot⁵⁵]等；打击乐器有大、中、小钗、锣、大木鼓、象脚鼓等。木鼓是景颇族的古老乐器，象脚鼓、钗、锣均由傣、汉族传入。

民歌 景颇族能歌善舞，凡婚丧嫁娶都要唱歌。他们唱歌不仅是抒发感情，还可传播生产技能、生活常识、道德规范和民间习俗。如《生产歌》《丰收歌》《贺新房》等。景颇族民歌形式多样、内容丰富，主要有山歌、舞蹈歌、叙事歌、劳动歌、催眠歌等。

山歌，景颇族载瓦支系称为"直 tʃi³¹"（景颇支系称为"恩准 nchyun[n³³tʃun³³]"），调子高亢，自由奔放。曲首有衬词，主题歌词为两句结构，每句多为 7 字、9 字或 11 字，上下句要对称一致，两句之间的第一个字、末尾一个字和中间的某一个字一般都押韵。情歌不能在家中唱，同姓人之间也不能对唱。

舞蹈 象脚鼓舞 htongka [thoŋ³¹ka³³]是为庆贺新房落成而举行的一种自娱性的群体舞蹈。进新房的夜晚，亲朋好友纷纷前来祝贺，宾主围着火塘欢歌起舞，用舞蹈动作来表示建新房的主要工序，如平地基、抬木料、栽柱子、架屋梁等。众人边歌边舞，表达喜悦的心情。

丧礼舞是一种风俗性的舞蹈。每当寨子的老人去世后，亲邻都带着物品到死者家悼念，天黑以后，人们聚集在正堂内，绕着房间跳丧礼舞。舞时众人围成圆圈，反时针方向转动。舞者双手持约 0.3 米长的竹片或木棍做道具，跳着象征砍地、开荒、播种、收割的舞蹈动作，以赞扬死者勤劳的一生。

长矛舞，是舞者手持长矛，于早晨和傍晚在死者室内或室外跳。盾牌舞，是舞者右手持长刀，左手持牛皮制成的盾牌，挥刀起舞，意在驱鬼开路，护送死者的灵魂到先祖坟地。"金寨寨"是古老的民间舞蹈，舞者裸身文面，装束原始，动作粗犷，双手各持一短木棍，对着木鼓打击起舞。近几十年已不跳了。除此之外，景颇族还喜爱跳刀舞（一种男性民间舞蹈）、琴舞（一种自娱性集体舞蹈）。

建筑 景颇族村寨多建在山顶或者依着山顶的斜坡上，也有的村寨是依着山梁子而建的。村寨里一栋栋的房屋，呈一个方向平行并列。村寨的出入口有农尚 num³¹ʃaŋ³¹（官庙）、神林。农尚附近神林内的树木，不许任何人砍伐。而且这些地方禁止鸣枪、玩弹弓乃至大小便等。景颇族认为这些行为都会触怒农尚（官庙）和神林的鬼，从而使老虎、豹子、野猪、豺狼进入村寨，危害人畜。很显然，在景颇族心目中，"农尚"与神林除了是公共祭祀的场所外，它还有保护村寨的意思。

过去，景颇族的住房分平房和掌楼房，都是干栏式，草顶木柱篾笆墙。房屋的建筑材料是竹子、木料和茅草。房屋的柱子是木质的，其他地板、椽子、墙壁均为竹质，屋脊上的竹椽不是钉的，而是用竹篾绑的，屋顶盖以茅草排。屋的两端各开一门，经常出入的为正门，又叫前门，有楼梯。景颇族的房屋与其他民族的房屋最大的区别在于景颇族的房屋门是顺山墙开而不是侧边开。

现在，随着生活水平的提高和政府资助的加大，景颇族地区盖起了不少用水泥和砖瓦为主要材料的新房。我们在瑞丽市弄岛镇等嘎村伍陆央淘宝村看到近几年新建的四排新式楼房，宽敞明亮、整洁舒适。

服饰　景颇族的穿着，男子一般为黑色对襟短上衣，裤腿短而宽。老年人缠黑布包头，青年人喜欢缠已加工有红色花絮的白布包头。妇女一般穿黑色对襟上衣或斜襟衣，黑布白头，自织的棉毛筒裙和护腿。上衣饰有用银币制作的大圆形纽扣，前后佩以数排银片、银泡及各种银饰，手戴银手镯，耳戴银耳环。景颇族的盛装服饰华贵美观，银饰间围着几个刻有各种花纹图案的红、绿、黑色竹圈或藤圈。年轻姑娘喜欢在上衣和筒裙衔接处系一红色腰带，颈上戴一串或几串红色项珠。姑娘不包头一般都留短发，前及眉，周及颈，婚后包头，这点就可以区分未婚和已婚妇女。已包头的妇女就是已婚的妇女，但男人没有明显的已婚与否的标志。但现代男女穿着有很多变化，以舒适、美观、符合时代潮流为选择标准。平时的便装，中国景颇族多受汉族便装的影响，缅甸景颇族多受缅族便装的影响。如有的男子也穿缅族的筒裙，但中国的景颇族男子不穿。

中缅景颇男子都爱枪、爱刀。前几十年男子外出时，枪不离身、刀不离手，肩上必须挎长刀、铜炮枪、斜挎统帕（毛质的有花挎包），既是自卫武器、又起到装饰作用。历史上，长刀是景颇族战争和狩猎的主要武器，也是进行生产劳动的工具。景颇男子年满 10 岁，父亲就送他一把刀，开始玩刀习武，现在仍然保留着这一传统习惯。就连五六岁小孩也敢佩刀只身进入原始大森林。各地目瑙节上，男子都要佩刀以显威武。现在，男子出外一般不带刀枪，但佩戴统帕、手表，以及携带手机，下地劳动时，有的还佩长刀作为劳动工具。

景颇族长刀一般长 60—65 厘米，宽约 4.5 厘米，刀刃极锋利，刀柄由铜制成,刻有花纹;木制刀鞘上每隔三四厘米箍有一道金属片。其背带用线编织,并坠有数十个彩色小绒球;它通常由母亲、妻子或情人制作。景颇男子出门,必须佩带长刀,既可在密林中披荆斩棘,又可作防身的武器,也显景颇人英姿威武,景颇族至今还流传着一句话:"不会耍刀的男子,不算真正的男子"。因此15岁以上的男子都会耍几套刀术。[①]

饮食 景颇族主要种植谷子和包谷,所以,以大米为主食,玉米次之。家家户户房前屋后都有园子,园里种植豆和薯类,多数时间采集野菜、野果当菜或副食品。

景颇族到野外,不用备锅灶,可用竹筒烧饭,把米装进竹筒后,再装一些水,并用叶子塞紧口,放在大火上烧即可。竹筒烧菜,把肉、鱼、禽切成块剁碎,拌上作料、盐,装进新鲜的大竹筒里,再用叶子塞紧口子,放到大火上不断翻转烧烤,直到竹筒烧焦,剖开竹筒,香味飘溢,烧出的肉原汁原味再加竹子清香,食用时软而不烂,味道鲜美独特,竹筒烧菜可在家进行,是一道招待贵宾的菜肴。

婚姻 景颇族的家庭是父系父权的一夫一妻个体家庭,一般以夫妇为主,包括子女在内。成年男子婚后即与父母分居。幼子是父母养老送终的直接负担者。因此,大家对幼子都比较重视和尊敬。

景颇族家庭通行单方姑舅表婚,即姑家男子必须娶舅家女子,但舅家男子不能娶姑家女子,形成这种婚姻关系,是建立在同姓不婚原则基础上的。不同姓氏一经建立婚姻关系,女方姓氏即成男方姓氏的丈人种,相对的男方姓氏即成姑爷种;凡属男方姓氏的男子就有权利娶女方姓氏任何一家的姑娘。但彼此已经确认为"丈人种 mă^{33}ju$^{?31}$"和"姑爷种 ta^{31}ma^{55}"的,不能把姑娘嫁给"丈人种"。正因为这样,这种通婚关系非有三个以上的集团(姓氏)组成不可。事实上景颇族的通婚关系很广泛,一个姓氏同时可以和几个姓氏建立"丈人种""姑爷种"的关系。严格遵守"丈人种"或"姑爷种"的关系是景颇族的通婚原则,也是各地景颇族紧密联系在一起的一种无形的力量。

子女命名[②]景颇和载瓦都依子女出生先后固定排行取名。男子老大为"干 kam^{35}"或"双 ʃoŋ^{33}",老二为"诺 no^{33}"(载瓦支叫"弄 noŋ^{33}"),老三为"腊 la$^{?31}$",老四为"堵 tu^{55}",老五为"当 taŋ^{33}",老六为"用 joŋ^{33}",老七为"卡 kha^{55}",老八为"锐 ʒoi^{33}",老九为"云 jun^{31}",老十为"金 kjiŋ^{33}"。女子老大叫"果 ko$^{?55}$",老二叫"鲁 lu$^{?55}$",老三叫"锐 ʒoi^{33}",老四叫"途

[①] 云南省潞西县志编纂委员会编:《潞西县志》,云南教育出版社1993年版,第413页。

[②] 同上书,第427页。

thu²³¹",老五叫"盖 kai³³",老六叫"冬 kha⁵⁵",老七叫"比 pʒi⁵⁵",老八叫"云 jun³¹",老九叫"金 kjiŋ³³",老十叫"汤 thaŋ⁵⁵"。超出十个,一般则重复命名。姓与名连用时,将冠的字省略,如载瓦李家的大姑娘称"梅普果",而不叫"梅普木果"。名字相同的较多,同村中有同姓同名的。区分的方法:用本人的职业、年龄、体形或屋前房后的地理特征来区别,如门口长着龙竹的那家的大儿子,就称为龙竹老大。勒期和浪峨子女的命名,没有固定的形式,实行父子联名制,以父亲名字的最后一个字,作为子女名字的第一个字,男女都一样。

诗歌 景颇族最主要的诗歌种类是史诗、叙事长诗、风俗诗、民歌情歌等。其中史诗以"目瑙斋瓦"(历史的歌)影响最深,流传最广,有近万行,内容歌唱天地的出现,人类的诞生,景颇族勇敢、聪明的祖先怎样改造自然和大地。通常在举行重大庆典时演唱。

长篇叙事诗有《凯诺和凯刚》《腊必毛垂与羌退必被》《恩戈弄与洛培马扎堆》《丁冬拉玛石布朗与桑章盆楠》《鱼扎英》《在古老的卡枯地方》《董生别里和弄里列里》《朵斑姑娘》等,这些长诗反映人与自然、善与恶的斗争,反映青年男女婚姻不能自主和追求美好爱情的故事。

风俗诗歌有庆丰收时演唱的《穆占》,有结婚时演唱的《孔然斋瓦》(即《结婚歌》),有为死人送魂时演唱的《丧葬歌》等,从各个方面记述了景颇族的社会生活。

景颇族男女老少都会唱民歌情歌,人们常常即兴创作,看见什么唱什么、遇到什么唱什么,内容极为广泛。如,春插时,就唱起《种谷调》;秋收时,就唱起《秋收歌》。

景颇族的社会风貌、风土人情,在民歌里都有反映。在漫长的旧社会,孤儿的生活悲惨,人们便纷纷用歌曲来诉说自己的种种不平,孤儿歌特别多。不过,在民歌中,数量最多、最具民族特色的还是情歌。景颇族青年男女把学唱情歌当作生活中的一门学问。

神话传说 中缅景颇山寨流传着许多美丽、动人的神话传说和历史故事。神话传说有《人类始祖的传说》《宁贯瓦》《驾驶太阳的母亲》《人类从哪里来》,历史传说有《智斗》,风物传说有《"目瑙纵歌"的传说》《目瑙领舞人冠上的羽毛》《卡苦包头》,物产传说有《找药酒的故事》,植物传说有《闷葫芦》《分不开的大树》《芒果树为什么是弯的》,机智人物故事有《南八的故事》,动物传说有《骡和马的故事》《狮子求救黄蚂蚁》等。内容丰富、形式多样。景颇族人民以其丰富惊人的想象,创造出许许多多与当时社会生产力、社会生活相适应的神话、传说和历史故事。在景颇山寨,无论花草树木、鱼虫鸟兽,还是社会习俗、劳动生活,都可讲出生动有趣的传说故事。

在中国，20世纪50年代以前，景颇族社会尚保留较显著的农村公社的特点。一个农村公社以一个较大的自然村为主，实行山官制度，山官是公社的最高首领。山官对内是生产、习惯法、政治、军事等方面的领导者，对外是本辖区的代表，具有一定的特权。

景颇族原来全民信仰万物有灵的原始宗教。一般认为，自然界的万物如日月山川、植物鸟兽等都有鬼灵，都能给人以祸福。还认为鬼有恶鬼和善鬼之分。遇到疾病或灾害、丧事时必须杀牲祭鬼。念咒作法的祭师是"巫师"，各地都称 dumsa[tum³¹sa³³]。1877年，基督教传入缅甸景颇族地区，只经过半个多世纪的传教活动，各地普遍建立了教堂，用景颇文翻译了景颇文《圣经》，缅甸景颇族群众广泛信仰基督教，基督教成为景颇族的全民宗教，代替了原有的原始宗教。景颇族宗教信仰为什么会有这种神奇的、快速的、自觉的转变，肯定会有其内部的适应因素和外部原因，需要待慢慢去认识。

1914年，基督教由缅甸景颇族传入中国景颇族地区，在中国的一些地区（以景颇支系地区为多）传播开来，但并未成为全民的宗教，特别是在载瓦支系等地区，大部分地区仍盛行原始宗教。

景颇族传统的文化特点，中缅两国都大致相同。只是到了近代，缅甸的景颇族由于受到主体民族及英美等国西方文化的一些影响，发生了一些变化，如他们的婚礼，多有教堂婚礼的礼节；杀牲祭鬼的也少了。

第四节　中缅跨境景颇族的支系和支系语言

中缅跨境景颇族内部存在不同的支系，多支系是景颇族的重要特点之一。景颇族对外都以"景颇"自称，而在本族内部则以不同的支系名称自称。不论是哪个支系，也不论支系人数的多少，都有强烈的、明确的支系意识。男女老少，从小都有明确的支系观念，都能说出自己是属于什么支系。

景颇族的支系主要有五个：景颇、载瓦、浪峨、勒期（含茶山）、波拉。各支系都有对自己支系和别的支系的称法。见表2-1：

表2-1　　　　　　　　景颇族各支系的自称与他称

支系 \ 称法	景颇	载瓦	浪峨	勒期	波拉
景颇	景颇 tʃiŋ³¹pho³¹	阿纪 a³¹tsi⁵⁵	默汝 mă³¹ʒu³¹	勒施 lă³¹ʃi⁵⁵	波洛 po³¹lo³¹

续表

支系\称法	景颇	载瓦	浪峨	勒期	波拉
载瓦	石东 ʃi⁵⁵tu̵ ŋ⁵⁵	载瓦 tsai²¹va⁵¹	勒浪 lă²¹laŋ⁵¹	勒期 lă²¹tʃhi⁵⁵	布洛 pă²¹lo²¹
浪峨	泡沃 phauk⁵⁵vɔ⁵¹	杂峨 tsa³⁵vɔ⁵¹	浪峨 lɔ̃³¹vɔ⁵¹	勒期 lă³¹tʃhik³⁵	布洛 pă³¹lo³¹
勒期	铺悟 phuk⁵⁵vu⁵¹	载悟 tsai³¹vu⁵¹	浪悟 laŋ³¹vu⁵¹	勒期 lă³¹tʃhi⁵¹	布洛 pă³¹lo⁵¹
波拉	泡瓦 phauk³¹va³¹	氐瓦 ti³¹va³¹	龙瓦 lõ³¹va³¹	勒期 lă³¹tʃhi³⁵	波拉 pă³¹lo³¹

通过在缅甸经实地调查了解到，缅甸景颇族（克钦族）的各支系虽然普遍使用民族通用语景颇语，但也与中国的景颇族一样，有"景颇、载瓦、浪峨、勒期（含茶山）、波拉"等支系的划分。

在此之前，我们都没听说过缅甸有波拉支系，但2017年7月4日我们在云南省德宏州芒市三台山乡允欠寨调研时，遇到一位来自缅甸的56岁的波拉人，叫波拉南当峦哲。他告诉我们在缅甸掸邦九谷镇邦卡寨生活着6户、29位波拉人。这些波拉人还都使用波拉语。

在芒市文化馆工作的一位勒期人董为民告诉我们，他到过密支那，密支那往西10公里处，有个勒期小镇，镇里的勒期人都说勒期语，他们说的勒期语与中国的勒期语大致相同。另外，离密支那不远的地方还有个有300多户人的浪峨寨，这些浪峨人也都会说浪峨话。2017年7月，我们在克钦邦八莫县木瓜坝镇调研时遇到的景颇族，有一些属于浪峨支系、载瓦支系，他们也都会说自己的支系语言。

2014年我们曾到过缅甸的曼德勒、东枝、仰光等地调研，见到的景颇族虽然都说景颇语，但经详细了解，就发现他们是分属于不同的支系，而且还会本支系的语言。

可见，缅甸的景颇族和中国一样，也是由多支系构成的。但各支系都能兼用民族通用语景颇语，而且说得很好。这是缅甸景颇族与中国景颇族存在的一个较大差异。但目前缅甸景颇族支系人口的比例究竟怎样，还不清楚，有待进一步调查。

支系的分布特点是：各支系都有几块自己的聚居村寨。但多数的村寨是以一个支系为主、多个支系杂居。在中国，人口最多的支系是载瓦支系，约有69000人。主要分布在陇川县的邦瓦乡、盈江县的盏西乡和潞西县的遮放乡、西山乡。其次是景颇支系，约有35000人，主要分布在盈江县的铜壁关乡、卡厂乡和瑞丽县的等嘎乡。其他几个支系的人口都比较少。勒期支系约有9800人，主要聚居区是盈江县的盏西乡，陇川县的景坎乡、邦外乡。浪峨支系约有5000人，主要分布在潞西市的营盘乡、梁河县的勐养乡、陇川县的邦外乡、景坎乡。波拉支系只有500人左右，主要分布在陇川县的王子树乡、潞西市的弯丹乡、金龙乡。大多数村寨都居住着两个或两个以上的支系。

以潞西县三台山引欠乡为例：这个乡的各个村寨是由几个不同的支系构成的，但在不同的支系中，则有一个支系人口最多。如邦瓦寨以载瓦支系为主，引欠寨以浪峨支系为主，广林寨以勒期支系为主，孔家寨以波拉支系为主。也有一些村寨是由人数大致相等的不同支系组成的。

在缅甸的多次调查中，我们发现缅甸景颇族内部也有这些支系。按人口数量多少依次排列，首先是景颇支系，其次是浪速支系、载瓦支系，最后是勒期支系、波拉支系。如：在缅甸密支那以西10公里处，就有一个小镇，主要居住勒期支系人。该镇主要说勒期语，其勒期语与中国的勒期语大致相同，但也有一些差别。靠近密支那的还有一个300多户的浪峨寨子，寨子里的人主要说浪速语，但也会说景颇语。缅甸的景颇各支系都兼用景颇语，并认为景颇语是他们的普通话。但缅甸各支系分布的详细状况，目前我们还未获得实据，有待以后再调查取得认识。

除了以上五个支系以外，在景颇族中还存在一个享有名气的"卡枯"（Hka hku）人群。这个人群居于迈立开江和恩梅开江相汇合的三角地带，处于景颇区域北部地区的中心地带。卡枯人认为自己是正统的、纯正的景颇人，还认为他们的文化是正统的景颇族文化，据我们初步了解，卡枯人说的是景颇语，但在腔调上与景颇人略有差异。

不同支系的服饰大致相同，但也存在一些差异。如浪峨支系妇女穿的裙子的花纹和其他支系有一些差别，包头也不同。勒期支系的服装也有一些自己的特点。但在经济形态、生产方式、婚丧喜庆、房屋风格、宗教信仰、风俗习惯以及心理素质等方面，都大致相同。差异最突出的是分别使用各自支系的语言。

各支系在家庭、村寨的语言生活中，都坚持使用自己的支系语言。由不同支系组成的家庭，配偶各自都坚持使用自己的支系语言，并且长期使用。家庭成员对对方的支系语言都能听懂，但不改口说，双方各说各的。这种说自己的支系语言听对方支系语言的交际，即"说听异同"的交际，是景颇族家庭语言交际的特点。景颇族的观念是，对对方不说自己的支系语言，是对对方的不尊重。

景颇族的不同支系尽管存在一些差异，但并不影响他们统一的民族意识。所以景颇族实际上存在两种不同的民族意识：一是全民族的民族意识，即认为他们都是统一的景颇族，有强烈的民族意识；二是他们在内部又属于不同的支系，有着强烈的支系意识。景颇族的孩子，从懂事起就知道自己的支系身份。景颇族对外以民族意识出现，统称自己是景颇族或克钦族，对内则以支系意识出现，称自己是载瓦人、浪峨人等。支系之间的关系是平等友好的，团结互助的。各支系合寨而住、互婚组建家庭，处处可见。

景颇族以支系为界限分别使用五种不同的语言：景颇语、载瓦语、浪峨语、勒期语、波拉语。这些语言都属汉藏语系藏缅语族。其中景颇语属景颇语支，载瓦语、浪峨语、勒期语、波拉语均属缅语支。各语言内部差别不大，无方言差别。景颇语与后四种语言的差别很大，其差别不仅表现在词汇、语音上，还表现在语法上。后四种语言之间的差别较小，其差别主要在语音和词汇上，语法差异较小。各种支系语言都受各自语言的结构规律和演变规律的制约，不存在全民族统一的共同语或书面语的制约。

不同支系在日常生活中都各自坚守自己的支系语言，对自己的支系语言都有一种特殊的感情。在过去漫长的历史岁月中，他们各自用自己的支系语言维持正常的村寨生活和家庭生活，而且还创造了丰富多彩的传统文化，诸如神话、史诗、故事、格言等。除了一些大片的、单一支系的聚居区只使用本支系的语言外，在广大的多支系的杂居区除使用本支系语言外，许多人都能兼用另一种或两三种别的支系语言。兼用支系语言的程度一般都较好，能达到会说、能听、较流畅地进行思想交流的程度。不同支系的语言，在功能上相互补充，在结构上相互影响，形成一种和谐有序的关系。语言兼用上，中国的载瓦、浪峨、勒期、波拉等支系相互兼用对方支系语言的较多；而与景颇支系相互兼用的少。但在缅甸，载瓦、浪峨等支系一般都能兼用景颇语，这与景颇语是他们全民族的通用语有关。这形成了两国兼用支系语言特点的差异。

但需要研究的是，景颇族不同支系的人们生活在一起，在什么情况下使用本支系语言，什么情况下使用别的支系语言。我们经实地调查看出，支系语言的使用不是任意的，而是受到一定因素和一定条件的制约。其中，有的与语言交际环境有关，有的与说话人的辈分、年龄、性别、职业等有关，有的还与说话人的语言能力有关等。[1]

如家庭，景颇族的家庭有不少是由不同支系通婚组成的，可称"跨支系家庭"。这类家庭的成员交际时，虽然相互间都能听懂对方的支系语言，但还是"各说各的"，而且是贯穿终生的。子女们在家庭生活中都学会使

---

[1] 戴庆厦：《论景颇族支系语言》，《民族研究》1987年第3期；龚佩华、戴庆厦、陈克进：《景颇族》，民族出版社1988年版。

用不同支系长辈的语言,在与父母交际时都能够自然地、熟练地交换使用。在母语认同的观念上,他们则都认为子女的母语应是父亲支系的语言,即"父语"。

景颇族的支系语言具有传承性、稳固性、尊严性、互补性的特点。

传承性,是指坚持使用本支系语言,代代相传,这成为景颇族语言使用的法则。稳固性,是指长期使用不改变,坚守自己的支系语言。尊严性,是指不同支系的语言在社会的语言生活中各自独立地、并行地使用,互相尊重、互不干涉,更不允许有歧视。互补性,是指不同支系的语言在长期的相互接触中,相互影响、相互吸收自己所需要的成分来丰富自己。不同支系语言相互间的自然影响,是支系语言演变、发展的一种主要的外来动力。

我们的景颇族朋友勒排早[lě³¹phai³¹taŋ³³ləm³³nɔ³³]是载瓦支系,长期说载瓦语,不会景颇语,浪峨语会听但说不好。他的妻子丁萍丽[tsět³¹phai³¹zau³¹za³¹]是浪峨支系,从小在载瓦支系和景颇支系合住的寨子长大,除了会说自己的母语浪峨语外,还会说一口的载瓦语。我向她记录浪峨语时,还担心浪速语的特殊语音如鼻化元音会不会发。经测试,惊奇地发现她发得很标准,虽然天天和载瓦支系的人打交道,但并没有受她的丈夫和周围的载瓦语的影响。

但是在少数家庭,"支系语言随父"的规则也有所变化。如:德宏州畹町镇的丁婉璐,女,23岁,父亲是浪速支系,母亲是载瓦支系,按一般情况,她的母语应当使用浪速语,因她从小跟母亲住在畹町的载瓦寨子里,故可以熟练地使用载瓦语,浪速语只能听,但说不好。又如:缅甸克钦邦Lwi Ye镇Ran Nan村人MaRan Lu San,女,32岁,父亲68岁,是载瓦支系,母亲64岁,是景颇支系。但她的支系及支系语言都随母亲。原因是她爷爷、奶奶是中国的载瓦支系,1958年从中国迁到了缅甸,他们生活的寨子以景颇支系为主,从她这一代起,就转为景颇支系了。

支系语言的性质不同于方言、土语,也不同于独立的语言。它是语言关系中的一种特殊变体。支系语言的研究,是一项新课题,有不同于语言、方言研究的内容和方法。景颇族有丰富的支系语言,有复杂的支系语言关系,能为支系语言的语言学研究提供大量有价值的语料。

景颇族支系语言研究的主要内容有:景颇族支系语言的关系应如何确定,是一种什么关系,有无隶属关系,在功能上有无相互补充的关系;景颇族支系语言是如何形成的,是在什么条件、什么环境下才使景颇族这样一个统一的民族产生不同的支系语言;景颇族有支系语言,其利弊应如何认识;景颇族支系语言以后发展的趋势如何;国家的语言政策应如何对待支系语言等。

第五节 景颇族诸语言的系属及主要特点

一 景颇族语言的系属

从语言系属上看，景颇族使用的语言分属两个不同的语支。景颇语属藏缅语族景颇语支；载瓦语、勒期语、浪速语、波拉语属于藏缅语族缅语支。这是语言学界的共识，没有争论。这是因为这些语言都具有藏缅语族语言的一些主要特点，并且与其他亲属语言之间存在明显的对应关系。如：都属于分析性语言，是 OV 型语序，虚词和语序都是表示语法意义的主要手段，都有使动范畴，都有丰富的重叠手段等。而且与其他亲属语言在基本词汇中都存在一定数量的同源词，并有语音对应规律可循。但是，景颇语还有许多不同于载瓦语等缅语支语言的特点，如有丰富的弱化音节、句尾词、状态词，以及类称范畴等，使其成为不同语支的语言。

（一）景颇语的系属

最早提出景颇语分类的是美国学者 Grierson、Konow（格里森、科诺）。1909 年，他们在 *Linguistics Survey of India*（《印度语言调查》）中，把藏缅语分为 8 个语组（语群）：Tibetan（藏语）、Himalayen（喜马拉雅语群）、North Assam Group（北阿萨姆语组）、Burma Group（缅语组）、Kachin Group（景颇语组）、Kuki—Chin（库基—钦语组）、Naga Group（那加语组）、Bara or Bodo Group（巴拉或波多语组）。该书第一次给景颇语（或克钦语）一个独立的语组（或语群）的地位。

1937 年，美籍华裔学者李方桂在《中国的语言和方言》一文中，把景颇语划为"波多—那加—克钦"语群。这是中国学者最先对景颇语的定位。36 年后的 1973 年，他在同名论文中又重申了这一分类法。他把景颇语列入了藏语群。

1954 年，罗常培、傅懋勣在《国内少数民族语言文字的概况》[①]一文中，提出了汉藏语系分类表。其基本框架与李氏相同。二位先辈大师把藏缅语分为四个语支：藏语支、彝语支、景颇语支、缅语支，把景颇语独立为一个语支，但没有在这一语支里列出别的语言。他们的分类表在中国国内影

[①] 罗常培、傅懋勣：《国内少数民族语言文字的概况》，《中国语文》1954 年第 3 期。

响很大，成为不约而同的分类依据。

此外，还有一些分类法。如：1982 年出版的由孙宏开编著的《独龙语简志》①一书中，认为景颇语与独龙语、僜语等语言比较接近，有划为同一语支的可能。

1989 年戴庆厦、傅爱兰、刘菊黄在《关于我国藏缅语的系属分类》②一文中，把藏缅语族分为北部语群和南部语群，北部语群下分为嘉戎·独龙语支、僜语支、藏语支、景颇语支四个语支；南部语群下分为藏缅语支、白语支、土家语支三个语支。我国藏缅语的系属分类树状图如图 2-1 所示。

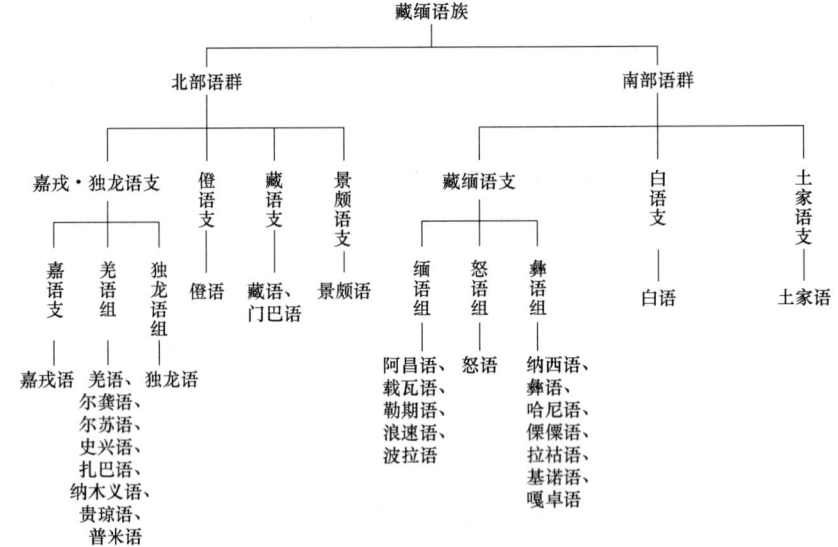

图 2-1　我国藏缅语的系属分类树状图

2007 年孙宏开、胡增益、黄行主编的《中国的语言》③一书，认为"独龙语的基本词汇和语法特点同景颇语比较接近，按语言系谱分类，似以归入景颇语支比较合适"。但就我们看来，独龙语虽然在一些基本词汇上与景颇语同源，但在一些重要的语法特点上不同于景颇语。景颇语与独龙语能否放在一个语支里，还可进一步讨论。

2003 年由 Graham Thurgood 和 Randy J. Lapolla 主编的 *Sino-Tibetan*

---

① 孙宏开：《独龙语简志》，民族出版社 1982 年版。
② 戴庆厦、傅爱兰、刘菊黄：《关于我国藏缅语的系属分类》，《云南民族学院学报》1989 年第 3 期。
③ 孙宏开、胡增益、黄行主编：《中国的语言》，商务印书馆 2007 年版。

Languages[①]一书中说:"文献资料常常认为(独龙语)和景颇语有亲属关系,但是我和罗仁地都没有找到确凿的材料来证明这一点。"

美国学者 Paul K.Benedict(白保罗),对景颇语的语言学地位有新的看法。他在 1972 年出版的 *Sino-Tibetan: a Conspectus*(《汉藏语概要》)[②]中,提出了一个与众不同的汉藏语系语言系属分类,见图 2-2。他把藏缅语归入藏—克伦语族,与克伦语并列。并在藏缅语内部分出中心语言与非中心语言,把景颇语视为中心语言(linguistic center),把其他藏缅语环绕在它的周围,视为与景颇语远近不同的语言。他认为:"景颇语处在藏缅语的十字路口,它在语言中的地位也同它在地理上的位置相当。"[③]这一分类法,突出了景颇语在藏缅语历史发展中所处的地位,引起了汉藏语学者对景颇语的重视。

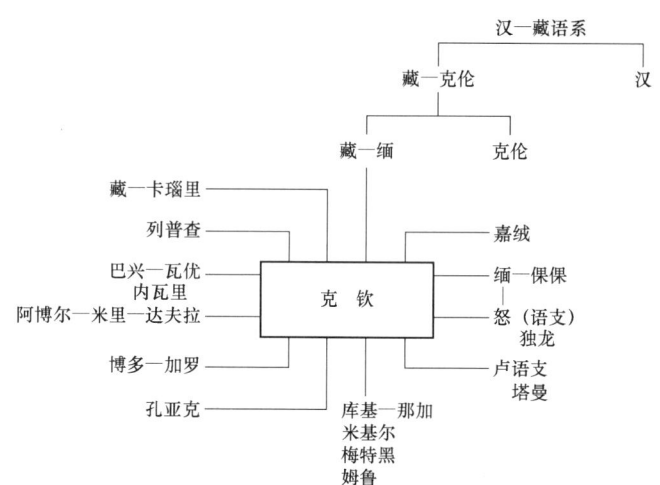

图 2-2 汉藏语系语言系属分类

综上所述,半个多世纪以来语言学家对景颇语系属的认识虽有一定的进展,但并没有完全解决。大多认为,景颇语是一种具有明显特点并与其他亲属语言差别较大的语言。在藏缅语内,景颇语独树一帜,与它特点特别接近的语言尚未发现。有的专家认为独龙语、僜语与景颇语比较接近,但也有持不同意见的。

2015 年美国语言学家詹姆斯 A·马提索夫教授在"第 38 届国际汉藏语

[①] Graham Thurgood and Randy J. Lapolla, *Sino-Tibetan Languages*,2003.

[②] BENEDICT, Paul K. *Sino-Tibetan: a Conspectus*, Contributing Editor, James A.Matisoff, Princeton-Cambridge Studies in Chinese Linguistics #2, New York: Cambridge University Press,1972. (STC)

[③] Paul K.Benedict, *Sino-Tibetan : A Conspectus*, Combridge University Press, 1972.

暨语言学会议"上提交了一篇《景颇语谱系地位再探：详论景颇语与鲁语支的亲缘关系》的论文，认为"景颇语与鲁语支接近"这一认识有新意，有待语言学界进一步认可。[①]

（二）载瓦语、浪速语、勒期语、波拉语等语言的系属

对于景颇族的另外几种语言——载瓦语、浪速语、勒期语、波拉语等语言，一般都认为它们属于藏缅语族缅语支（或彝缅语支），没有分歧意见。因为它们的特点与缅语、阿昌语很接近。问题在于，为什么同属于景颇族的语言，景颇语属于景颇语支，而其他几种语言则属于缅语支，为什么有如此大的差异。经研究，我们看到这与历史上景颇族不同支系的融合有关。

将景颇语与几种系属语言进行比较，可以看到景颇语与载瓦语、浪速语等语言，在词汇上差异大，异源词（没有同源关系的词）的数量多于有同源关系的词（称"同源词"）。在439个常用的基本词汇中，同源词只有131个，只占比较总数的29.8%；不到30%；而异源词则有291个，占66.3%，超过2/3。异源词包括许多常用的基本词，如"头、鼻子、牙、脸、虫、蜂鸟、乌鸦、猴子、鹰、蛙、树、根、菜、谷子、太阳、月亮、水、火、土、煮、割、哭、听、起来、上、飞、高、快、长、大小"等。如果再扩大比较词汇，无疑会扩大异源词比例。可见，景颇语与载瓦语、浪速语等语言差别之大。

但在另一方面，载瓦语、浪速语等语言的词汇则与阿昌语、缅语等缅语支语言接近。而且在语音、语法的特点上也是这种情况。我们从语言上能够证明，它们之间在历史上曾经存在过密切的联系。

通过景颇语与载瓦语等缅语支语言，以及藏缅语其他亲属语言的比较，可以看到景颇语、载瓦语的异同大致呈现出三个不同的历史层次。第一层次是景颇语和载瓦语还存在一定数量的同源词，这些同源词在其他藏缅语亲属语言里也有同源关系，应该是藏缅语族语言共同的同源词。如"我、你、眼睛、耳朵、脚、脑、白、吃、烂、见、三、五、鱼、虎、狗"等，可以看出这些词显然是藏缅语族所有支系语言共有的原始同源词。但是到了第二层次，我们则看到景颇语和载瓦语存在不少异源词，而载瓦语则与缅语支的缅语、阿昌语等同源。如"蜜蜂、青蛙、猴子、豪猪、翅膀、风、蛋、鼻子、人、绿、老、涩、早、新、听、起、踩、上去、哭、磨、盛饭、撒种、教"等词都是基本词汇，之所以不同源说明景颇语和载瓦语在较早的历史阶段已经分化了。这是第二层次。到了近代，景颇语与载瓦语又互

[①] [美]詹姆斯 A. 马提索夫、孙天心、田阡子：《景颇语谱系地位再探：详论景颇语与鲁语支的亲缘关系》，《汉藏语学报》2016年第00期。

相借用，主要是载瓦语借景颇语的，出现了一些相同成分。如：政治方面的词"国家、世界、政府、社会、时代、领袖、思想、权力"等；表示生产、生活方面的词，如"铁匠、木匠、机器、纺车"等；还有相当数量表示抽象概念的词，如"尊敬、恩情、罪恶、灾难、道理、高兴、努力、相当"。也有少数是景颇语借用载瓦语的，如"锄头"。还有两种语言都共同借用汉语的，如"石灰、铜炮枪、米线、豌豆、蚕豆、洋芋、马鞍"等；也有一些共同借用傣语的，如"香菜、香蕉、西红柿、蚊帐"等。这是第三层次。①

通过以上分析，说明景颇语和载瓦语等语言，虽然源自一个统一的民族，但语言上则存在复杂的语言关系。从语言上看，景颇语和载瓦语在最早的阶段是有同源关系的，但后来，载瓦语与景颇语出现了分化，而与阿昌语、缅语等缅语支语言更加接近。近代以来，又有进一步融合的趋势。至于以后的演变趋势如何，现在尚难认识清楚。

总之，景颇语的系属由于其历史来源以及语言接触的复杂特点，出现难以认清的境地。不过，弄清景颇语的系属，对于历史语言学理论的建设必将增添新的语料，有可能在深入研究景颇语的系属问题中，获得研究历史语言学的新语料、新认识。

二 景颇族诸语言的主要特点

景颇族使用的五种不同的语言都属于汉藏语系藏缅语族，它们之间在语言上存在如下共同的特点：

1. 都属于分析性语言类型，形态变化少。但不同的语言，分析性程度有差异。
2. 其基本语序都是"宾语+谓语"，即 OV 型语言。
3. 有声调，声调是区别意义的重要手段之一。每个音节都有固定的声调。
4. 动词是句法结构的核心。由动词为核心组成各种语法结构。
5. 虚词和语序是语法的重要手段。虚词比较多，语序比较固定。
6. 都有丰富的韵律手段。
7. 重叠手段丰富。

景颇语与另外四种语言的特点不同。景颇语虽也属于分析性语言，但分析性不及另外四种语言强，严格说，应属"分析型或形态型"的语言。其特点是：

1. 语法意义的手段主要是分析式，如靠不同的语序和虚词的运用。但

---

① 戴庆厦：《论景颇语和载瓦语的关系》，《思想战线》1981 年第 4 期。

形态（加不同的词缀、音变）也起一定的作用，比另外四种语言丰富。

2. 景颇语的双音节化倾向较另外四种语言强。从分布上看，双音节词占多数，而且双音节词出现在大部分词类上。在《景汉词典》的 15245 个词中，音节词有 8317 个，占词汇总数的 55%，在各类词中，只有助词、貌词是单音节的，其他均以双音节为主，其中以名词、句尾词的比例为最大。名词中双音节词有 4794 个，而单音节词只有 545 个；句尾词中双音节词有 164 个，而单音节词只有 18 个。其次是动词、副词（包括状词，下同）、代词。动词中双音节词有 2009 个，单音节词有 1252 个；副词中双音节词有 1007 个，单音节词有 598 个；代词中双音节词有 61 个，单音节词有 20 个。双音节化倾向对语法的特点，包括构词方式、语法形式、语法意义以及句法特点等都有一定的影响。

3. 景颇语的重叠现象更为丰富。各类实词和大部分虚词都有重叠现象，表示"强调""有些"等不同的语法意义。

4. 景颇语可表示动词人称、数、体、态等语法意义，通过句尾词的形态变化表示不同的语法意义。这是其他四种语言少有的。但在年青一代的口语里，已大量减少，出现简化、泛化的演变趋势。

三 载瓦、浪速、勒期等缅语支语言的特点

载瓦、浪速、勒期等缅语支语言，形态变化较少，在历史演变上属于与景颇语不同的层次。缅语支的语言的特点主要有以下一些：

1. 在语音上，塞音、塞擦音声母除缅语外，只有清音，没有浊音。缅语虽有浊音，但出现频率小。这些语言都没有复辅音声母。载瓦语、浪速语、勒期语、波拉语的元音都分松紧，均有弱化音节，韵母比较丰富，都有-m、-n、-ŋ、-b、-d、-g、-ʔ等韵尾。浪速语、波拉语和缅语一样都有鼻化元音，但载瓦语和勒期语没有。

2. 在语法上，这些语言形态变化都不太丰富，词类的划分主要靠语义和词的结合能力。人称代词使用形态变化区分单数、双数、复数。量词比较丰富，与景颇语不同。有许多量词来自名词，它不仅指量，而且还能表示名词的类别、性状。动词有形态变化的使动范畴，语法形式有送气、不送气声母交替，松元音和紧元音交替。形容词可以重叠表示程度加深。主要语序有"主语+宾语+动词谓语""名词修饰语+名词中心语""名词中心语+数量词组修饰语"。都有大量的四音格词，在语音形式上主要有双声、叠韵、叠音、谐韵等。

3. 在词汇上，这些语言之间有 30%左右的同源词，同源词多是最基本、最常用的词。它们还向景颇语、汉语、缅语借用了一些词来丰富自己。

景颇族的载瓦、浪速、勒期（包括茶山）、波拉等语言，与缅甸语属于一个语支——缅语支，在古代有共同的渊源关系。因此，在谈及这些语言的特点时，有必要大致介绍一下使用人口多、有丰富历史文献的缅语的大致情况。

缅甸人口有 5338.80 万人（2017 年），其中 69%是缅族。缅族的母语是缅语，也是缅甸各民族之间相互交流使用的通用语。缅语有 12 世纪创制的缅文，与 7 世纪的藏文是藏缅语族语言中两种最古老的文字，在汉藏语系历史比较研究中居于重要地位，同时缅语还有丰富的历史文献。

缅族和景颇族各支系语言一样，都源于中国古代西北氐羌人。据研究，这些族群在公元前居住在中国青海、甘肃一带，大约在公元 2 世纪初开始南迁，7 世纪左右从澜沧江和萨尔温江流域经掸邦高原南下，到达缅甸定居。

缅语除了是缅族的母语外，还被若开族、达努族、刀尤族、茵达族、土瓦族等使用，孟族也大都改用缅语。孟加拉国东部吉大港地区也有 2 万余人使用缅语。

现代缅语（以现代仰光话为例）的主要特点有：

在语音上，塞音、塞擦音声母有清浊两类，但浊音出现频率小；双唇和舌根音声母有腭化与非腭化的对立；鼻音、边音声母有清化和非清化的对立；无复辅音声母；塞音韵尾只保留一个-ʔ，无鼻音韵尾；有丰富的鼻化元音；有复合元音韵母；声调只有三个基本调和一个变调。

在语法上，以虚词和词序为主要的语法手段，并兼有少量的内部屈折和重叠形式。如：使动范畴通过声母的内部屈折形式表达，人称的宾格和领属格通过声调变化表达。基本语序是：主语＋宾语＋谓语、中心语＋数量词和形容词定语、名词或代词定语＋中心语、状语+中心语、中心语+补语。量词比较丰富，表示量时必须使用量词。

在词汇上，单音节词占多数，多音节词较少，多音节词中大多数是双音节词。多音节词多为合成词。有丰富的四音格联绵词。

第三章 中缅跨境景颇族使用的文字

景颇族没有古老的文字，相传他们靠口传记录了自己的历史、传说、文学、巫师语等。后来有了文字，把文字写在牛皮上。因为遇到灾荒，就把牛皮烧煮吃了，于是，一直没有文字。这是关于景颇族文字的传说，反映了景颇族对文字的追求。

景颇族到了近代才出现新创的拉丁字母形式的两种拼音文字。一种是19世纪末以景颇支系语言——景颇语为依据创制的景颇文；另一种是20世纪60年代以载瓦支系语言——载瓦语为依据创制的载瓦文。

景颇族为什么要创制两种文字呢？这主要是因为使用的多种语言存在较大的差别。如上所述，景颇族使用五种不同的支系语言，一种是属于景颇语支的景颇语，另四种是属于缅彝语支的载瓦语、浪速语、勒期语、波拉语。前者与后者差别较大，不能通话。而且在中国，载瓦等四个支系的人数较多，都以自己的支系语言为日常交际的语言，大多数还没有兼用景颇语。为了解决后四种支系的文字使用问题，以便更好地发展他们的经济、文化，经过反复慎重考虑，政府和本族人终于决定再创制一种以载瓦语为依据的载瓦文。这是不得已才采取的办法。

第一节 景颇文的创制和推行

一 景颇文的创制经过

景颇文创制于19世纪末，通行于中国、缅甸、印度等国的景颇族分布地区，它是记录景颇语的一种拉丁字母拼音文字。景颇文的创制，从开始到最后成功，前后经历了56年的时间，其创制者有美国的基督教传教士、语言学博士以及缅、中两国的景颇族知识分子等。

景颇文创制中经历了一个艰苦的探索过程。能产生这种新文字的根本原因，是景颇族迫切需要本族文字发展本族的文化、教育，也就是说，其创制是景颇族社会发展到一定阶段的必然产物。当然，景颇文的产生还与这一时期的基督教的传播有着一定的关系。

早在 1834 年及 1839 年,美国传教士布朗·森(Brown Son)先生及雷乌·纳唐(Rev. Nathan)先生曾先后尝试过用罗马字母拼写景颇语,但均因未能科学地拼写出景颇语而告失败。后在 1847 年至 1885 年,相继有美国传教士弗朗西斯·玛逊(Francis Mason)先生、美国牧师卡欣(Cushing)、罗伯特(Robert)、弗莱谷·森(Fregu. Son)先生等,尝试用缅文字母拼写景颇语,最终都因不能准确地表达景颇语语音特点而未能成功。

直到 1890 年,美国牧师欧拉·汉森(Ola Hanson)博士与景颇族知识分子德冒诺和拉巴底等,在总结前人创制景颇文的经验教训的基础上,在缅甸八莫一带的景颇族地区,研究用拉丁字母拼写景颇语,终于在 1892 年获得了成功。它就是现行景颇文的雏形。1895 年,由缅甸的英联邦政府宣布正式推行这套景颇文。

这套文字先在缅甸境内的克钦族(即景颇族)聚居区景颇文教会学校使用,用它来教授景颇文和传教。其中最有影响的景颇文教会学校有:八莫、南坎、思巴坝、罗丹、罗孔、密支那、多彭央七所教会学校。其间,在缅甸曾用这套景颇文翻译出版了《圣经》《赞美诗》等宗教读物,还编写了识字课本、景颇语歌曲和报刊等。1906 年,由缅甸仰光出版社首次出版了汉森主编的 *Dictionary of Kachin Language*(《克钦语词典》),1954 年再版。该词典是第一部景颇语词典(用英语释义),收词约 15000 条,释义比较准确,能够较好地反映景颇语的特点。此后,景颇文迅速在缅甸景颇族地区传播、推广,并用其出版了报纸、杂志以及教材。

汉森博士为景颇族创制文字所做的特殊贡献,得到景颇族的高度肯定和赞扬。缅甸景颇族为他设立了汉森纪念堂,中国景颇族 1995 年曾在德宏州首府芒市隆重举行"景颇文创制 100 周年纪念会",并由云南民族出版社于 2004 年出版了《世纪的回音——纪念景颇文创制一百周年》纪念文集。在会上,各国景颇族一致盛情表彰汉森博士对创制景颇文以及发展景颇族文化所做出的重要贡献。

由于中国的景颇族和缅甸等国的景颇族同族同宗,跨境而居,语言相通,来往密切,因而这套景颇文字母在缅甸推行后不久便传入中国景颇族地区。早在 1914 年,英国牧师印夏先生在中国瑞丽县(今瑞丽市)等嘎乡的景颇族村寨创立了中国第一所用景颇文教学和传教的小学。20 世纪三四十年代,在中国的盈江、陇川等县先后开办过十多所景颇文学校。其间,中国景颇族知识分子也开办过景颇文学校,如 1947 年景颇族知识分子 Sara shan(司拉山)先生(曾任德宏州副州长、云南省政协副主席等职)在陇川广山开办过景颇文学校。但这些学校大多数均因师资、经费的不足而先后停办,只有瑞丽县的等嘎景颇文小学保留了下来。中国德宏境内景颇文学校的创办，使景颇文在国内一些地区得到推广和应用。但由于当时社会发展滞后，50 年代之前会这套文字的人很少，学会景颇文的不到景颇族总人口的 5%。

中华人民共和国成立后，景颇文的使用有了很大的发展。1953 年，德宏傣族景颇族自治州成立，州政府用这套文字出版景颇文版的《团结报》（州报）和小学语文课本、扫盲课本，进行小学语文教育和成人扫盲教育等，在短时间内学会这套文字的人逐渐增多。

二 景颇文系统的完善过程

现行景颇文从雏形到今日已有一百多年的历史。在这过程中，曾经历过 6 次改动，逐渐发展成为现行的文字系统。其沿革过程大致如下：

（一）1892 年，景颇文雏形共有声韵母 40 个。即声母 27 个：

b[p]　　p[p-]　　hp[ph]　　m[m]　　w[w]

d[t]　　t[t-]　　ht[th]　　n[n]　　l[l]

z [ts]　　ts[ts-]　　s[s]

j[tʃ]　　chy[tʃ-]　　sh[ʃ]　　r[ʒ]　　y[j]

g[k]　　k[k-]　　hk[kh]　　ng[ŋ]

hpy[phj]

gy[kj]　　ky[kj-]　　hky[khj]　　ny[ɲj]

韵母 13 个：

a[a]　　ă[aʔ]　　e[e]　　ĕ[eʔ]　　è[eʔ]　　i[i]

o[o]　　u[u]

aw[o]　　ai[ai]　　oi[oi]　　wi[ui]　　au[au]

（二）1895 年缅甸的英联邦政府宣布正式推行的景颇文方案共有 46 个声韵母，包括 8 个单元韵母，5 个双字母韵母，15 个单辅音声母，18 个双字母和三字母的辅音声母。即：

a[a]　　ă[aʔ]　　e[e]　　ĕ[eʔ]　　è[eʔ]　　i[i]　　o[o]　　u[u]

ai[ai]　　au[au]　　aw[o]　　oi[oi]　　wi[ui]

b[p]　　p[p-]　　m[m]　　d[t]　　t[t-]　　n[n]　　l[l]　　g[k]　　k[k-]

j[tʃ]　　r[ʒ]　　s[s]　　w[w]　　y[j]　　z[ts]

hp[ph]　　ht[th]　　hk[kh]　　ng[ŋ]　　pr[pʒ]　　br[bʒ]　　ny[ɲj]

ky[kj-]　　gy[gj]　　kr[kʒ]　　gr[gʒ]　　sh[ʃ]　　ts[ts-]

chy[tʃ-]　　hpy[phj]　　hpr[phʒ]　　hkr[khʒ]　　hky[khj]

（三）1940 年，对原文字方案做了改动，即取消 46 个声韵母中的 gy、ky、hpy、hky 4 个腭化声母和 ă、ĕ、è、o 4 个元音。声韵母从 46 个减到

38 个。

（四）1941 年，由于在使用中感到 1940 年取消 4 个腭化声母后反而不完善，于是重新补上 gy、ky、hpy、hky 4 个声母，同时增加了 py、by、my 3 个腭化声母。经过增补，这套文字由 9 个元音韵母和 36 个辅音声母组成。即：

9 个元音韵母：

a[a]　　　e[e]　　　i[i]　　　aw[o]　　　u[u]
ai[ai]　　au[au]　　oi[oi]　　wi[ui]

36 个辅音声母：

b[p]　　　p[p-]　　　hp[ph]　　　m[m]　　　w[w]
d[t]　　　t[t-]　　　ht[th]　　　n[n]　　　l[l]
j[tʃ]　　　chy[tʃ-]　　sh[ʃ]　　　r[ʒ]　　　y[j]

经过多次改动，这套景颇文方案已基本上能表达景颇语的语音特点，深受境内外景颇族群众的欢迎，但这套文字也还存在一些缺点。主要是：

1. 没有统一的书写规则，影响了文字的拼写的统一性和准确性，造成书写上的混乱。

2. 同一个元音用两种字符表示，如"o"作单元音韵母时写成"aw"，作复元音韵母时写成"o"；又如"u"在复元音韵母中写成"w"，即"ui"写成"wi"。

3. 没有系统的字母表和字母名称等。

（五）1955 年，云南省民族语文工作者和个别景颇族知识分子对当时的文字方案做了以下 6 点改动：1. 规定了标示声调的符号。2. 规定在非塞音、塞擦音声母后的紧喉元音用重写元音字母表示。3. 用字母"o"代替"aw"、用"ui"代替"wi"。4. 将字母"chy[tʃ-]"简化为"c"。5. 将声母 hp、ht、hk 改为 ph、th、kh。6. 增加了 4 个专门拼写汉语借词的字母，分别为 zh、ch、h、j。

经过一段时间的试验教学，证明以上 1、2 两点的改动没有必要。即：景颇文可以不标示声调、喉塞音韵尾，非塞音、塞擦音后的紧喉元音也可以不标，对操景颇族语言的人来讲，靠上下文语境（除个别外）能区别出词义，问题不大。在文字上不标示出这些音位，可使文字简洁、清晰，便于使用。

（六）1956 年，中国公布了《汉语拼音方案》。中国科学院少数民族语言调查第三工作队景颇族组和云南省民族语文工作组的景颇族知识分子，参考《汉语拼音方案》对 1955 年的景颇文方案做了修改。修改的原则主要有两点：1. 使字母设计尽量与《汉语拼音方案》取得一致。2. 尽可能与《载瓦文方案》取得一致，相同语音用相同字母表示。

　　但是，按照这两个原则修改的景颇文方案，不仅不能科学地、简洁地拼写景颇语，而且不受群众欢迎。原因是：景颇语和载瓦语这两种语言的语音差别较大，要取得一致是有困难的。如：景颇语中的紧喉元音大多出现在塞音、塞擦音声母之后，原景颇文方案中用两套声母辅音字母表示来区别元音的松紧是可行的，出现在非塞音、塞擦音声母后面的松紧元音对立的音位很少。但载瓦语的紧喉元音除了出现在上述两类声母之后外，还大量地出现在非塞音、塞擦音声母之后，因此，当时的载瓦文字方案用元音字母重写来表示出现在非塞音、塞擦音声母之后的紧元音，是必要的。1956年的《景颇文方案》，为了强求与《载瓦文方案》一致，还规定用元音重写表示紧元音，这样做使得《景颇文方案》不能科学地、简洁地拼写景颇语，势必不受群众欢迎。

　　1954年至1955年，景颇语研究学者先后两次对景颇文进行了调查。第一次是中国科学院语言研究所和云南民族学院组成的调查队，对景颇语做了调查；第二次是中国科学院少数民族语言调查第三工作队景颇语组与部分景颇族知识分子对景颇语文进行的较深入、全面的普查和研究。在以上两次调查的基础上，共同研究确定了景颇文的基础方言和标准音点。规定以德宏傣族景颇族自治州的景颇语为基础方言，以盈江县铜壁关区的恩昆土语的语音为标准音（主要依据是该点操景颇语的人口多，语言代表性大）。由于境内外景颇语内部在语音、词汇和语法等方面基本一致，所以可以以整个景颇语作为景颇文的基础方言。1957年3月，在昆明召开的云南省少数民族语文科学研讨会上，出席研讨会的领导、专家和中国科学院少数民族语言调查第三工作队景颇语组成员，以及各地的景颇族代表，讨论通过了《景颇文方案》。

　　这套《景颇文方案》经过1955年以来的教学试验认为：景颇文不标示声调、喉塞音和少数出现在非塞音、塞擦音声母后的紧元音音位是可行的。

　　1956年，中缅两国领导人表示了对景颇文的使用和表达的关心。这一年，中缅两国领导人在云南省德宏州州府芒市举行的边民联欢大会上，缅甸吴努总理向周恩来总理提出中缅两国景颇文保持一致的建议，周总理当即表示赞同。随后，周总理对德宏州领导做了不修改景颇文的指示。根据周总理的指示，省、州领导一致决定对原创景颇文不宜做大的改动，仅改了一些明显的缺点，如将单元音韵母"aw"改为"o"，双元音韵母"wi"改为"ui"。与会人员还对景颇文的使用和规范问题做了研讨，确定了景颇文的字母表和字母名称，通过了《景颇文改进方案》（草案）和《景颇文书写规则》（草案），并一致通过将此两份草案报云南省政府审批，再由省政府报中央民族事务委员会备案。

此后，景颇文开始在小学教育、社会扫盲和出版等领域使用，进入了试验推行阶段。

1964年10月，德宏州再一次召开了景颇文字问题座谈会。在这次会议上，自治州政府主持确定了现行的《景颇文方案》（草案）。这个方案（草案）与1957年3月拟定通过的《景颇文改进方案》（草案）基本一致，也就是与境外使用的原景颇文基本一致。但在以下几个方面做了进一步强调和充实：1. 在方案中规定以恩昆土语为景颇文的基础方言，以盈江县铜壁关地区的恩昆土语语音为标准音。2. 修订充实了字母表，进一步规定了字母名称和发音。3. 根据文字使用和语言发展情况，对景颇文的声母、韵母做了整理、充实和系统安排。4. 规定了书写规则的一般原则。1965年2月，根据云南省委的批复，德宏州正式公布了景颇文改进方案。

经过五十多年的使用实践，证明现行的景颇文方案基本上能表达景颇语，具有简明、易学、易记的特点，已被群众普遍接受。景颇文的创制成功，在于它有一个很重要的特点，即它兼顾了文字的准确性（能反映语言的语音特点）和实用性（文字在不影响交际功能的原则下尽量做到简明、易学、易记）。景颇文没有将景颇语的声、韵、调音位全部在文字上区分，而是要依靠语境的上下文区分。具体有两点：一是景颇语的四个声调在文字上没有标示。二是出现在非塞音、塞擦音后的紧元音音位没有标出，因为这部分松紧对立的词数量很少，若另设计一套表示紧元音的符号，会增加文字的负担。

三 现行景颇文的基本结构

现行景颇文使用26个拉丁字母拼写（实际上只用了23个，其中q、v、x为备用字母）的，以音节为单位的拼音文字。

（一）景颇文字的基础方言和标准音点

景颇文以云南省德宏傣族景颇族自治州的整个景颇语为基础方言，以盈江县铜壁关地区的恩昆土语的语音作为标准音点。所选定的基础方言和标准音点操景颇语的人口多，语言的代表性大。景颇语（包括境内外的景颇语）内部差别很小，尤其在语法方面基本一致，在语音和词汇方面虽有细微差异，但差别不大。所以景颇语可视为无方言差别，只有土语差别。当时，在昆明的景颇语文工作者根据语音和词汇的差别将景颇语划分为恩昆、石丹、高日、蒙支四个土语，其中说高日和蒙支两土语的人口较少，这两个支系多杂居在恩昆和石丹两个土语区。因此，可以说景颇语主要有恩昆和石丹两个土语。这两个土语在语音和词汇方面的主要差别有以下几个方面。

1. 恩昆土语某些元音收尾的词，在石丹土语中用鼻辅音收尾（以鼻辅音"ŋ"为多）。如：

恩昆土语	石丹土语	汉义
an⁵⁵the³³	an⁵⁵theŋ³³	我们
kha³³	khaŋ³³	痕迹
lua̠	lă³³ka̠ŋ³³	梯子
po³³	poŋ³³	头
phʒo³¹	phʒoŋ³¹	白
ma³³	mam³³	谷子、稻子

2. 恩昆土语中出现在高平调上的紧元音，在石丹土语中多读成高升调的松元音。如：

恩昆土语	石丹土语	汉义
ka̠⁵⁵	ka³⁵	土、地
no̠i⁵⁵	noi³⁵	挂、吊
tʃun⁵⁵	tʃun³⁵	插
tʃeʔ⁵⁵	tʃeʔ³⁵	锄

3. 恩昆土语和石丹土语有一些词不同。如：

恩昆土语	石丹土语	汉义
sun⁵⁵	ka³¹waŋ³³	菜园
khaʔ³¹n³¹sen³¹	khaʔ³¹thok³¹	蜻蜓
sum³³pʒaʔ⁵⁵	tsum³³pʒaʔ⁵⁵	毛虫
jaʔ⁵⁵ʃa³¹	jaʔ⁵⁵ja³¹	现在

（二）景颇文的声母和韵母

景颇文的音节分为声母和韵母两部分（声调在文字上不标示）。分别由23个拉丁字母组成40个声母和39个韵母。

1. 声母。现行景颇文40个声母中，单字母声母17个，双字母声母18个，三字母声母5个。比原创景颇文方案多 I、h、ch、zh 4个声母，用以拼写借词。景颇文声母比景颇语声母多了9个。这是因为景颇语中与塞音、塞擦音结合的韵母松紧对立，在文字上用两套不同的声母区别。即用 b、d、g、j、z、br、gr、by、gy 等兼表与它们结合的韵母是松元音；用 p、t、k、chy、ts、pr、kr、py、ky 兼表与它们结合的韵母是紧元音。景颇语中和鼻音、边音等非塞音、塞擦音结合的韵母，松紧对立的现象不多，在文字上没有区别。例如：[maŋ³³] "尸体" 和 [ma̠ŋ³³] "紫色"，在文字上均用 mang

表示；[laŋ³¹]"甩手杖"和[laŋ̰³¹]"次、回"在文字上均用 lang 表示。景颇文用"h"表示送气，如[phu³³]"贵"，在文字上用 hpu³³表示；用"y"表示腭化，如[pjo³³]"融化"在文字上用 pyo³³表示；用"r"表示卷舌化，如[pʒi³³]"清楚"，在文字上用 pri³³表示。

2. 韵母。景颇语有 88 个韵母，但现行景颇文只用 39 个韵母表示，其中单元音韵母 5 个，复元音韵母 4 个，带辅音尾的韵母 30 个。为什么？因为松紧元音韵母的对立在声母上区别，而且后喉塞音韵尾在文字上不标示。

3. 景颇文中处理"标准音"和"非标准音"的关系问题。

景颇文是拼音文字，历史短，仅一百多年历史，因此，现行景颇文与口语基本一致，没有脱节。但是也存在一些与标准音点不一致的拼写法。主要有：

（1）原文字中部分以舌根辅音收尾的词（拼写石丹土语的语音）在现行景颇文中大部分以元音收尾（拼写标准音点——恩昆土语的语音）。例如：原景颇文中的 chyeng"知道"、nrang"骨头"、gumrang"马"等在现行景颇文中均按文字的标准音点拼写成 chye、nra、gumra。

（2）原景颇文中部分词的元音为松元音（石丹土语语音），而按照文字的标准音点的读音应该为紧元音。现有文字仍保留原有文字的写法，写为松元音。例如：aga"土、地"、shaga"叫、喊"、bo"拔"、jun"插"等均保留原文字的拼法，不改写成紧元音。

缅甸现行景颇文没有做过改动，一直按原方案延续使用。他们从未提出过"基础方言""标准语、非标准语"等问题。

半个多世纪的历史证明，周总理和缅甸吴努总理关于景颇文不改的决策是完全正确的。它为两国景颇族文字的使用、发展奠定了有利的、妥善的基础，为如何处理跨境文字的"同"和"异"提供了有益的经验。

四 中国景颇文推广的巨大成绩

中华人民共和国成立以后，景颇文得到不断充实完善，成为规范成熟的文字，而且推广使用和传播也得到了空前的发展。只是 1967 年以后，由于"文化大革命"的干扰，景颇文教学被迫基本停止。1978 年恢复以后，景颇文的推广取得了巨大成绩。在学校教育、社会扫盲、图书出版、广播影视、政法、宗教、文艺以及社会生活等方面，都得到广泛的应用，对提高景颇族人民的科学文化素质、加强民族团结、巩固边疆、促进民族地区的政治、经济、文化等方面，都起到了巨大的促进作用，也对缅甸景颇文的使用产生积极的影响。

（一）学校教育方面

中华人民共和国成立初期，德宏州仅有小学 34 所（没有中学和师范类学校），其中景颇族学生仅有 52 人。1952 年，全州小学已发展到了 144 所，中学两所。其中景颇族学生有 200 人。1955 年，德宏州确定了"少数民族学生应首先学好民族语文，同时必须学会汉语文，使少数民族学生的本民族语文水平和汉语水平都得到提高"的方针，使得这一方针在实践中逐步得到落实。60 年代末，德宏州设置了民族文字的编辑室，专门从事民族文字读物、识字课本的出版编译工作。同时，为了解决景颇文师资问题，于 1958 年至 1962 年，在州民族中学开办了 5 个初中培训班，共培训了 200 名景颇文教师，同时将景颇文纳入景颇族小学正规的教学计划，在景颇族小学中推行景汉双语文教学。

至 1992 年全州已有 118 所景颇族小学开展了景汉双语文教学，占景颇族小学总数的 53%，在校学生（景颇支系）有 8000 多人。德宏州于 1975 年开始在中专学校教授民族语文。1985 年起在州民族师范学校创办景颇语文等民族语文专业，学制为 3—4 年，教材使用州教育局编写的《中师景颇文基础知识》和《中师景颇文文选和写作》。至 1992 年，有 400 名学生参加了景颇文的学习（其中景颇支系的有 93 名），约有 200 多名毕业生分赴全自治州各县市的景颇族山区从事景颇文教学工作。到 1994 年底，全州已有大专、中专、小学等各类学校 1354 所，在校生达到 183138 人，其中景颇族在校生达 22346 人。景颇文对提高景颇地区的基础教育，尤其是提高小学的入学率、巩固率、合格率和升学率起到了积极作用。

在培养景颇文专业人才上，1952 年中央民族学院开办了第一届景颇语文本科班，招收来自全国各地的汉族学生 13 名，为景颇语文的研究和教学培养了第一批人才。他们毕业后从事景颇语文的教学和科研，并参加了 20 世纪 50 年代对景颇语文的调查和研究以及对景颇文的整理、充实、完善等工作。

1956 年云南民族学院开设了景颇语班，至 1989 年共招收过 8 届 73 名景颇族大学本科生，这些人才工作在省内外的文化、教育、新闻出版、广播影视、外事翻译等领域。2003 年开始，云南民族大学景颇语专业主要是招收懂景颇族各支系语言的青年来学习，培养了大批教学和翻译人才，经过多年的努力，他们编写了《现代景颇语》《景颇语文选与写作》《翻译理论与实践》《景颇族文学》《景颇语会话》等教材。从 1981 年至 2003 年，德宏州教育局民文教材编译室编译出版了《景颇语文小学教材》(1—6 册)、《汉景载对译手册》(1—6 册)、《景颇文中师教材》(1—3 册)、《景颇文扫盲课本》等。

（二）报纸、图书出版方面

《德宏团结报》是德宏州州政府的机关报，创刊于 1955 年 1 月 1 日，景颇文安排在第二版面上。景颇文报名是 *Myithkrum Shilaika*，1956 年独立成报。内容经几次调整，得到了充实和完善。除了时事内容外，还增加了故事、传说、歌谣、小说、散文、诗歌、谚语等群众喜闻乐见的文学作品。新闻报道有述评、调查报告、记者来信、事件通讯、访问记等形式。通过景颇文版的办报，培养了大量景颇文创作人才。从 1986 年起，由半月刊改为周刊。

Wenpong（文蚌）杂志，创办于 1981 年，是景颇文的一部文学杂志。它以反映景颇族的历史传统文化以及现代化进程中景颇族地区的变化、培养景颇族文学人才为办刊宗旨，讫今已出版了 60 期。

景颇文图书出版也取得了巨大成绩。1957 年成立的云南民族出版社，一开始就设有景颇文编译室，1957—1968 年，出版景颇文图书 84 种，印刷发行 285000 册，其中小学教材、扫盲读物 22 种，其他读物 62 种。如《景颇族民间故事选》《景颇族民歌选》《怎么养牛》《怎么种洋芋》《防治疟疾》《看图识字》《景汉会话》。从 1997 年起，出版了各类图书 180 种，印刷发行 682300 册。这一阶段图书的种类有所拓宽，包括政治、经济、历史、文化、文学艺术、古籍、教育、少儿读物等内容。如《景颇族创世纪》《景颇族传统祭词译注》《景颇族当代文学作品选》《山的子孙》《山乡深情》等。还出版了景颇文的工具书，如《景汉词典》《汉景词典》《景颇成语手册》《景颇新词术语集》《汉景会话》等。出版的文艺作品有：《景颇族民间歌曲》《乡音》等。其中，《景颇族当代文学作品选》《景颇族民间故事》《景汉词典》《汉景词典》等 30 多种图书获得了"中国民族图书奖""西部优秀民族图书奖""云南省优秀图书奖"等奖项。

德宏民族出版社于 1981 年 7 月成立，也出版了一部分景颇文的图书和教材。主要有《景颇文小学语文课本》（1—6 册）、《景颇族民间故事》《德宏州农业典型经验》《民族区域自治法》《景颇族古今轶事》等。

（三）广播方面

云南人民广播电台景颇语频道自 1969 年 10 月 1 日开播以来，紧密宣传党的路线、方针、政策以及科技文化知识，播报省内外新闻，深受国内外景颇族的欢迎。德宏人民广播电台于 1979 年 10 月 1 日开播景颇语节目，每天早、中、晚三次播送新闻、专题、文艺和天气预报及其他服务性节目，如：《建设绿色银行的景颇人》《蚌林景颇族群众掀起养鱼热》《景颇人攀登文化山》等。由于广播紧贴景颇人的实际，被景颇人称为"空中百灵鸟"。

第二节 载瓦文的创制和推行

一 载瓦文的创制过程

如上所述，载瓦语和景颇语是两个差异较大的语言，相互间不能通话，加上中国的载瓦支系人口多，绝大多数都不会景颇语，所以在文字使用上是否再创制载瓦文成为一个实际问题，曾经经历了一个曲折的过程。

在缅甸，19 世纪末就有欧美传教士在做载瓦文的创制工作，并设计了文字方案。但都因各种原因未能广泛推行。在中国，20 世纪 50 年代，一些说载瓦支系语言的有识之士也考虑过创制载瓦文的问题，还设计过文字方案。1952 年，原州人大副主任排正清和一些载瓦人就酝酿创制载瓦文，并先后草拟了两套《载瓦文方案》。一套是以 1889 年在缅甸创制的大楷拉丁字母的载瓦文为基础修改而成的，另一套是在 1920 年前后在缅甸创制的载瓦文基础上加以改进的。于 1955 年形成了《载瓦文方案》(初稿)，但这两套方案都未能得到进一步发展。

1956 年，中国科学院少数民族语言调查第三工作队到达云南，开展少数民族语言调查和文字的创制、改进工作。载瓦文工作组经过广泛的语言调查，提出了《载瓦文方案》（试行）。经过一段时间的试行，得到景颇族载瓦支系的热烈拥护，但在试行中也发现试行方案中的一些缺点。主要有两点：

一是载瓦语中存在的大量元音松紧对立，方案用两套不同的办法区分。与塞音、塞擦音声母结合的松紧元音用浊音字母表示松元音（如 ba、da、ga），用清辅音字母（如 pa、ta、ka）表示紧元音，但与其他声母结合的松紧元音则用重叠表示紧元音，如 na、no、la、lo 是松元音音节，naa、noo、laa、loo 是紧元音音节。二是未能在字母的设计上与《汉语拼音方案》尽可能取得一致。所以第三工作队与云南省语文工作委员会又对载瓦文字方案做了改进，提出了《载瓦文方案》（草案）。 这一方案主要有以下几点改进和补充：

1. 规定了基础方言标准音。规定以西山县西山乡的载瓦语为基础方言，以载瓦语的龙准土语为标准音。

2. 原方案中表示紧元音的一套声母（p、t、k 等）改为表示送气音声母，并取消了表示送气的双字母（ph、th、kh 等）。

3. 所有松紧元音对立的音节都用重叠元音表示紧元音。

经过一段时间的试行，又发现重叠元音字母表示紧元音与同期创制的一些民族新文字（如哈尼语等）不一致。于是又改为在元音后加"v"表示紧元音。这样，载瓦文的松紧元音都在元音上表示，但与景颇文在声母上表示不同。最后形成了《载瓦文方案》（草案）。

这套《载瓦文方案》（草案）在 1957 年 3 月召开的"云南省少数民族语言科学讨论会"上通过，后经云南省人民政府批准报中央民委备案。这样，载瓦文的创制工作已大体完成，并准备在德宏州全面试行。

但是这时期正是极"左"路线干扰严重的时期。极"左"路线认为，中华人民共和国成立后国家已到了民族融合的时期，要减少差异才有助于民族融合、民族进步。景颇族有了景颇文，再创载瓦文就会扩大民族差异，不利于民族进步。在这一错误的思潮的冲击下，初生的载瓦文就被扼杀在摇篮里。之后，特别是"文化大革命"的 10 年，创制载瓦文的呼声渐渐湮灭。但人们的心里总觉得载瓦人使用本族文字的问题没有得到解决。

1976 年，"四人帮"被粉碎，极"左"路线开始被纠正。到了 1978 年，改革之风、民主之风给民族工作带来了新的生机。于是，创制载瓦文的呼声又开始出现，特别是载瓦支系的干部、知识分子，强烈要求恢复使用 1957 年创制的载瓦文，1979—1982 年。景颇族载瓦支系的一些知识分子和干部与云南省民语委专家一起，共同对 1957 年的《载瓦文方案》（草案）进行了修改。这次修改是局部的，主要的修改点是将 1957 年方案的 j[tʃ]、gy[kj]、ky[khj] 三个声母改为 zh[tʃ]、j[kj]、q[khj]，还增加了"x"声母。

由于载瓦文是景颇族的一种文字，所以在载瓦文创制的整个过程中，创制者都考虑了如何与景颇文尽可能取得一致，怎样在语音相同、相近的条件下，尽量取得一致。这个"求同存异"的原则，在载瓦文修改方案上有所体现。如声母 m、f、ts、s、l、ʃ、ŋ、x、w、j 以及腭化音的表示法，韵母 i、u、ɔ，韵尾 -m、-n、-ŋ、-p、-t、-k 的表示法，还有不标声调，载瓦文都与景颇文取得一致。但是由于载瓦语的音位系统与景颇语差异较大，所以有些不同的地方只能采取不同的表示方法。比较重要的是松紧元音的表示法。景颇文松紧元音主要在塞音、塞擦音结合的音节上构成对立；而在擦音、边音和送气音组成的音节上不构成对立，只有松的没有紧的；在鼻音、变音声母构成的音节上只有少量对立，所以在文字表示上，景颇文只在塞音、塞擦音声母构成的音节上表示松紧对立勉强可以。没有在文字上区分松紧对立的，只有少数鼻音、边音做声母的音节，这是景颇文的缺点。但是，载瓦语的松紧对立除了塞音、塞擦音外，在鼻音、边音音节上也存在大量的松紧对立，所以不能只在塞音、塞擦音上区分，必须在所有的元音上区分松紧。这应该与景颇文有所不同。还有，送气音的表达法载瓦文景颇文不同，景颇文的送气音是加"h"表示，如 hp、ht、hk；但载瓦文不同，大多用单字母表示，如 p、t、k、c 表示送气音。这是因为，景颇文不在塞音、塞擦音上区分松紧，可以腾出了一些单字母来表示送气音，这样做能使载瓦文更为简洁，但存在与景颇文不一致的缺点。

因为景颇文的创制已有一百多年的历史，当时如何设计字母有当时的背景，即使出现一些缺点，也是难以避免的。时隔一百多年后设计载瓦文，由于时代变迁了，设计新文字的理念已有不同，加上出现了各民族都要学习、使用的汉语拼音方案，所以不能过分要求载瓦文的设计必须与景颇文一致，连景颇文存在的缺点也照搬过来。如果这样做，势必"削足适履"，影响载瓦文的科学性，损害景颇族各支系的利益。

1982 年，云南省人民政府批复了德宏傣族景颇族自治州政府上报的《关于试验推行载瓦文的意见》，1987 年 4 月 2 日，德宏州人民政府办公室发布了德政办复〔1987〕3 号文件，同意使用现行《载瓦文方案》，并要求在推行过程中进一步完善。

二 载瓦文的推行

载瓦文的创制推行不仅是使用载瓦语支系人们的一件大事，而且还是整个景颇族的一件大事，它体现了国家对景颇族的关怀，满足了景颇族载瓦支系长期以来的愿望。还体现了实事求是地、不盲目地搞"一刀切"的解决我国民族文字的原则。

在中国，创制载瓦文是由于载瓦语功能的强势决定的。在德宏州 14 万多人口里，载瓦语至少有 8 万人，其他的载瓦、浪速、勒期、波拉等支系，与载瓦语同属缅语支，特点比较接近，学习、掌握载瓦文困难不大。这些缅语支支系的人，由于聚居或缺乏景颇语的环境，要学习、掌握景颇语、景颇文难度很大。所以，创制载瓦文是由景颇族不同支系使用语言的状况决定的。

《载瓦文方案》确定后，云南德宏州立即雷厉风行地开展文字的推行工作，在学校教育、广播出版等领域使用景颇文。

从 1983 年开始，德宏州就已将载瓦文纳入小学的教学计划，在载瓦支系的小学教授载瓦文，据 1992 年州教育局民族语文编译室统计，全州共有 108 所学校开设了载瓦文课，占应开课学校总数的 60.3%。潞西市西山乡营盘小学 1966—1985 年，由于学习了载瓦文，考试成绩提高了 10—20 分。凡推行载瓦文的学校，学生各门课的学习成绩均高于不推行载瓦文的学校。

在一些传媒上也增设了载瓦语文的新项目。1985 年 8 月 1 日，《德宏团结报》增设了载瓦文版，1986 年 1 月由半月刊改为周刊，至 2003 年 12 月已发行 844 期。

1985年5月1日,德宏州广播电台开播了载瓦语节目,每天播音90分钟。1991年1月,芒市电视台也开播载瓦语节目,1992年3月德宏州电视台也开播载瓦语节目。

云南省民族出版社和德宏州民族出版社都出版发行载瓦语图书,内容涉及法律法规、卫生、文化、教育、科技等方面。如:《基础载瓦语教程》以及载瓦文版的《语文》《数学》《学前景颇文教材》《农村适用知识》《禁毒防艾知识手册》《农村适用法律知识读本》。此外,还编辑出版了《汉载词典》《载汉词典》。

德宏州出版的《团结报》(载瓦文版)发行量有上升趋势。2011年为1243份,2016年为1451份,2017年为1401份。

载瓦文的创制,具有重要的理论意义和应用价值。这就是在一个使用多种语言的民族里,怎样才能科学地解决好文字的创制和使用的问题,如何做到既不妨碍民族内部的团结,又要有利于民族的发展、繁荣。这不是一件容易做好的事。载瓦文的试验成功,无疑对世界各国包括缅甸,解决文字的创制和使用提供有用的借鉴。

至于缅甸的载瓦人,是否也需要创制载瓦文,由于国情不同、民族状况不同,不好照搬。我们在缅甸调查时曾听一些克钦人说,缅甸也拟出了《载瓦文方案》《浪峨文方案》《勒期文方案》,但都没有使用。我们在缅甸做调查与非景颇支系的支系人接触,发现他们一般都会景颇语,大部分人都说得很好,而且也会景颇文。能够形成这种状况,是因为缅甸是把景颇语当成克钦族的通用语来对待,掌握好通用语就能阅读克钦邦发布的政府文件、听各种媒体、上教堂做礼拜,所以半个多世纪以来他们坚持学习景颇语文,并有显著的成效。

第四章　景颇族诸支系语言特点比较

　　景颇族使用多种支系语言。这些支系语言不同于方言，而是不同的语言。关于支系语言的定性、特征，语言学界尚未研究清楚，是一个值得研究的领域。景颇族支系语言的相互关系究竟是什么，他们之间的关系存在什么特点，相互间的语言接触、语言影响如何，这些都是值得研究的问题。
　　中缅跨境景颇族都有不同的支系语言，但支系关系存在不同的特点。缅甸景颇族的各个支系都认可景颇支系使用的景颇语，是全民族的共同语，他们都共同使用代表景颇语语音的景颇文，形成以景颇语为通用语的"单通语制"。中国的景颇族的情况不同。中国景颇族中景颇支系人口较少，载瓦支系人口较多，比景颇支系多了两倍，而且有大片的聚居区，兼用景颇语的较少，所以虽然政府法定景颇语为景颇族的通用语，但载瓦支系使用起来有困难，不得不再创造一种载瓦文，形成了"双通用语制"。中缅跨境景颇族支系语言的这种差异，是由跨境因素决定的，也是不由人们的意志为转移的。
　　为了便于认识中缅跨境景颇族支系语言的共性、个性，本章把不同支系的语音系统罗列在一起，并分别对其声母、韵母、声调做了比较。由于两国景颇族支系语言的特点基本相同，语音系统的特点也基本一致，所以下面列出的音系，均以中国景颇族语言为例。若缅甸的景颇族语言有差异的话就加以说明。

第一节　景颇族各支系语言的语音系统

一　景颇语语音系统[1]

（一）景颇语语音的主要特点

　　景颇语语音的特点主要有：1. 塞音、塞擦音声母有清无浊；2. 在双唇、舌根声母上有腭化非腭化、卷舌化非卷舌化的对立；3. 在塞擦音声母上，

---

[1] 景颇语语音系统参考了戴庆厦的《景颇语参考语法》，中国社会科学出版社2013年版。

固有词只有不送气音，没有送气音；4. 没有复辅音声母；5. 韵母比较发达，有 88 个韵母，系统整齐；6. 元音分松元音和紧元音两类；7. 韵尾有-m、-n、-ŋ、-p、-t、-k、-ʔ 7 个；8. 声调有四个；9. 有发达的弱化音节，弱化音节出现双音节词前一音节，这类双音节词可称为"一个半音节"。

（二）声母

声母共有 31 个。按发音部位、发音方法排列如表 4–1 所示。

表 4–1　　　　　　　　　　景颇语声母

发音方法		双唇	唇齿	舌尖前	舌尖中	舌叶	舌面前	舌根
塞音	不送气	p pj pʐ			t			k kj kʐ
	送气	ph phj phʐ			th			kh khj khʐ
塞擦音	不送气			ts		tʃ		
	送气			tsh		tʃh		
鼻音		m mj			n			ŋ ŋj
边音					l			
擦音	清		f	s		ʃ		x
	浊					ʒ		
半元音		w					j	

声母说明：

（1）f、tsh、tʃh 三个为汉语外来词借用声母，只出现在借词中。如：fun³³ "（一）分"、tshun³³ "寸"、tʃhaŋ³¹kjaŋ³³ "长江"。

缅甸景颇语通过借词新增了 f、v、x 三个声母。如：foŋ⁵⁵ "手机"（英语借词）、leŋ³¹ fun³³ "凉粉"（汉语借词）、vi³³tʃhet⁵⁵ "微信"（英语借词）vai³³fai³³xom³³ "无线网络" "香"（傣语借词）。

（2）卷舌化声母 pʐ、phʐ、kʐ、khʐ，介于单辅音声母和复辅音声母之间。由于结合较紧，这里视其为卷舌化的单辅音声母。发音时舌尖略微卷起，气流从卷舌的双唇或舌根部位而过。

（3）n 声母能自成音节，有 m、n、ŋ 三个变体。用哪个变体，受后一音节声母的发音部位的制约。如：n̩³¹（m̩³¹）puŋ³³ "风"、n̩³¹tan³³ "弓"、n̩³³（ŋ̍³³）kau³³ "部分"。

（三）韵母

韵母共有 88 个。分为以下三类。

1. 单元音韵母 10 个，分松紧两类。

i　　e　　a　　o　　u
i̠　　e̠　　a̠　　o̠　　u̠

2. 复合元音韵母 8 个，为降性复合元音，分松紧两类。

ai　　　　au　　　　oi　　　　ui
a̠i　　　　a̠u　　　　o̠i　　　　u̠i

3. 带辅音尾韵母 70 个，分松紧两类。

im	em	am	om	um
i̠m	e̠m	a̠m	o̠m	u̠m
in	en	an	on	un
i̠n	e̠n	a̠n	o̠n	u̠n
iŋ	eŋ	aŋ	oŋ	uŋ
i̠ŋ	e̠ŋ	a̠ŋ	o̠ŋ	u̠ŋ
ip	ep	ap	op	up
i̠p	e̠p	a̠p	o̠p	u̠p
it	et	at	ot	ut
i̠t	e̠t	a̠t	o̠t	u̠t
ik	ek	ak	ok	uk
i̠k	e̠k	a̠k	o̠k	u̠k
iʔ	eʔ	aʔ	oʔ	uʔ
i̠ʔ	e̠ʔ	a̠ʔ	o̠ʔ	u̠ʔ

韵母说明：

（1）o 的实际音值略开，接近 ɔ。

（2）韵尾 -p、-t、-k、-ʔ 的发音只成阻不除阻。

（3）高平调的松紧对立出现松化现象。一部分紧元音词可以变读为松元音。如：ka⁵⁵～ka̠⁵⁵ "地方"。

（4）松紧元音的对立在声母音值上出现伴随现象。主要是与松元音结合的声母带有轻微的浊流现象。如：pa⁵⁵ "累" 的实际音值为 b̥a⁵⁵。因而，母语在塞音、塞擦音上有清浊对立的人，在听景颇语与松元音结合的声母时，往往听成是清、浊声母的对立。

（四）声调

景颇语共有四个调。调值、调型、例词如下所示：

调值	调型	例词
55	高平	mu⁵⁵工作
33	中平	mu³³好吃

调值	调型	例词
31	低降	mu³¹ 看见
51	全降	nu⁵¹ 母亲

声调说明：

（1）舒声韵母在四个调上都出现，但促声韵韵母只出现在高平、低降两个调上。

（2）55调在松元音音节中读35调。如：pai⁵⁵ "再"（读pai³⁵）。

（3）51调大多出现在变调中。如n⁵⁵（不）+wa³¹/⁵¹（回）"不回"。

（五）弱化音节

景颇语双音节词的前一音节，多出现弱化现象。这种音节称为"弱化音节"。弱化音节的发音短而弱，在与不同声母的结合时有不同的发音。在 ts、tsh、s 后读 ɿ，在 tʃ、tʃh、ʃ、ʒ 后读 ʅ，其余读为 ə。国际音标标音方法是在元音上加" ˇ "，如一律标为 ǎ。如 mǎ³¹li³³ "四"。

二　载瓦语语音系统①

（一）载瓦语语音的主要特点

载瓦语语音的特点主要有：1. 塞音、塞擦音声母有清无浊；2. 在双唇、舌根声母上有腭化非腭化、卷舌化非卷舌化的对立；3. 在塞音、塞擦音声母上，有送气、不送气的对立；4. 没有复辅音声母；5. 韵母丰富，共有122个；6. 元音分松紧，对应整齐；7. 辅音韵尾有鼻音韵尾-m、-n、-ŋ和塞音韵尾 -p、-t、-k、-ʔ；8. 有弱化音节，但不发达。

（二）声母

声母共有29个，其发音部位和方法如表4–2所示：

表 4–2　　　　　　　　　载瓦语声母

方法	部位	双唇 非腭化	双唇 腭化	唇齿	舌尖前	舌尖中	舌叶	舌面前	舌根 非腭化	舌根 腭化
塞音	不送气	p	pj			t			k	kj
	送气	ph	phj			th			kh	khj
擦音	不送气				ts		tʃ			
	送气				tsh		tʃh			
鼻音		m	mj			n			ŋ	ŋj
边音						l				

---

① 载瓦语语音系统参考了朱艳华、勒排早扎《遮放载瓦语参考语法》，中国社会科学出版社2012年版。

续表

方法 \ 部位		双唇		唇齿	舌尖前	舌尖中	舌叶	舌面前	舌根	
		非腭化	腭化						非腭化	腭化
擦音	清			f	s		ʃ		x	xj
	浊			v			ʒ			
半元音		w						j		

声母说明：

（1）f 只出现在汉语借词上。如：fun⁵¹"粉"。

（2）m、n 能自成音节。如：m⁵¹"嗯"（距离近时）。m⁵¹还有变体 n⁵¹（距离远时）。n³¹taŋ⁵⁵"鬼桩"。

（三）韵母

韵母共有 122 个。分为以下三类。

1. 单元音韵母 14 个，分松紧两类。

i ə a ɿ u ɛ ɔ

i̠ ə̠ a̠ ɿ̠ u̠ ɛ̠ ɔ̠

2. 复合元音韵母 8 个，分松紧两类。

ui ɔi ai au

u̠i ɔ̠i a̠i a̠u

3. 带辅音尾韵母 86 个，分松紧两类。

im	in	iŋ	ip	it	ik	iʔ
i̠m	i̠n	i̠ŋ	i̠p	i̠t	i̠k	i̠ʔ
um	un	uŋ	up	ut	uk	uʔ
u̠m	u̠n	u̠ŋ	u̠p	u̠t	u̠k	u̠ʔ
əm	ən	əŋ	əp	ət	ək	əʔ
ə̠m	ə̠n	ə̠ŋ	ə̠p	ə̠t	ə̠k	ə̠ʔ
ɛm	ɛn	ɛŋ	ɛp	ɛt	ɛk	ɛʔ
ɛ̠m	ɛ̠n	ɛ̠ŋ	ɛ̠p	ɛ̠t	ɛ̠k	ɛ̠ʔ
ɔm	ɔn	ɔŋ	ɔp	ɔt	ɔk	ɔʔ
ɔ̠m	ɔ̠n	ɔ̠ŋ	ɔ̠p	ɔ̠t	ɔ̠k	ɔ̠ʔ
am	an	aŋ	ap	at	ak	aʔ
a̠m	a̠n	a̠ŋ	a̠p	a̠t	a̠k	a̠ʔ
						ɿʔ
						ɿ̠ʔ

韵母说明：

（1）元音ε、ɛ̰在音节中的实际发音是iε、iɛ̰。例如：thiε⁵¹[thiε⁵¹]"声音"。

（2）塞音韵尾-p、-t、-k只成阻，不除阻。

（3）借用汉语词新增了ua、uan、iu等韵母。

（三）声调

声调有4个。调类、调值、例词如下所示：

调类	调值	例词	
高平	55	mjaŋ⁵⁵	长久
低降	31	mjaŋ³¹	马
全降	51	mjaŋ⁵¹	见
中升	35	mjau³⁵	庙

声调说明：

（1）中升调35只见于汉语借词和连读音变。

（2）高平调出现在促声韵和紧元音上读55，出现在松元音的舒声韵上读45。

三 浪速语的语音系统①

（一）浪速语音系的主要特点

浪速语音系主要有以下一些特点：1. 塞音、塞擦音只有清的，没有浊的；但擦音多数有清浊对立。2. 只有单辅音声母，没有复辅音声母；有腭化的双唇音声母、舌根音声母。3. 韵母比较丰富，有单元音韵母、复合元音韵母、带辅音尾的韵母和鼻化元音韵母。4. 元音分松紧。5. 辅音韵尾有-m、-n、-ŋ、-p、-t、-k、-ʔ 7个，除了与单元音结合外，-k、-ŋ 2个韵尾还能与复合元音au结合。6. 元音与韵尾的配合不整齐，有的元音只能同部分韵尾或个别韵尾相结合。7. 声调较少，只有3个。变调现象比较丰富。8. 有音节弱化现象，弱化音节出现在双音节词的前一音节上。

（二）声母

浪速语共有声母26个。其中腭化声母5个（只出现在双唇、舌根两个部位上）。见表4-3。

---

① 浪速语的语音系统主要参考了戴庆厦的《浪速语研究》，民族出版社2005年版。

表 4-3　　　　　　　　　　浪速语声母表

方法	部位	双唇 非腭化	双唇 腭化	唇齿	舌尖音	舌尖中	舌叶	舌面前	舌根 非腭化	舌根 腭化
塞音	不送气	p	pj			t			k	kj
	送气	ph	phj			th			kh	khj
塞擦音	不送气				ts		tʃ			
	送气				tsh		tʃh			
鼻音		m	mj			n				
边音						l				
擦音	清			f	s		ʃ		x	
	浊			v			ʒ	j	ɣ	

（三）韵母

浪速语共有韵母91个。分为以下几类：

1. 单元音韵母 18 个，分松紧两类，还有 4 个鼻化元音。

i ɛ a ɔ u ə ø ɜ̃ ɛ̃ ɔ̃

i̠ ɛ̠ a̠ ɔ̠ u̠ ə̠ ø̠ ɜ̰̃

2. 复元音韵母 8 个，分松紧两类。

ai ɔi ui au

a̠i ɔ̠i u̠i a̠u

3. 单元音带辅音尾的韵母 61 个，韵尾有 -m、-n、-ŋ、-p、-t、-k、-ʔ 7 个，分松紧两类。

ɛm am ɔm um

ɛ̠m a̠m ɔ̠m u̠m

in ɛn an ɔn un ən

i̠n —m a̠n ɔ̠n u̠n

iŋ ɛŋ aŋ ɔŋ uŋ əŋ

i̠ŋ ɛ̠ŋ a̠ŋ ɔ̠ŋ u̠ŋ ə̠ŋ

ɛp ap ɔp ɜp at ɔt ut

ɛ̠p a̠p ɔ̠p ɜ̠p a̠t ɔ̠t u̠t

ik ak ɔk uk ək ɛʔ aʔ ɔʔ øʔ

i̠k a̠k ɔ̠k u̠k ɛ̠ʔ a̠ʔ ɔ̠ʔ ø̠ʔ

4. 复元音带辅音韵尾的韵母 4 个。元音都以 a 起头，韵尾只有 -k、-ŋ

两个。

auk a̠uk auŋ a̠uŋ

（四）声调

浪速语有 3 个基本调。其调类、调值、例词如下所示：

调类	调值	例词
高平	55	mjɔ⁵⁵ 久
高升	35	mjɔ³⁵ 马
低降	31	mjɔ³¹ 见

声调说明：

（1）除了以上 3 个基本调外，还有出现在近代借词和变调中的高降调 51。

（2）舒声韵在所有的调上都出现，而促声韵只出现在高平、低降两个调上，不出现在高升调上。

（3）浪速语的变调现象比较丰富。两个音节相连，多出现变调。

（五）弱化音节

浪速语的一部分双音节词，前一音节常出现弱化现象。弱化音节的语音特征是：音值清而短，韵母的音值同原来的音值不同。其变化规律是：同非腭化声母结合的韵母，腭化都变为ə；同腭化声母结合的韵母，弱化后都变为i；带韵尾的韵母弱化后均丢失韵尾。

四 勒期语的语音系统[①]

（一）勒期语音系的主要特点

勒期语音系的主要特点有：1. 塞音、塞擦音上只有送气、不送气对立，没有清、浊对立，但擦音多数有清浊对立。2. 双唇音、舌根音声母有腭化、非腭化的对立。3. 存在舌尖音与舌叶音的对立。4. 无清化鼻音与清化边音。5. 无复辅音声母。6. 元音分松紧，又分长短。7. 辅音韵尾有鼻音韵尾-m、-n、-ŋ和塞音韵尾-p、-t、-k、-ʔ。8. 有弱化音节。

（二）声母

声母有 30 个。如下所示：

p	ph	m		
pj	phj	mj		
f	v			
t	th	n		l
ts	tsh	s		

[①] 勒期语的语音系统主要参考了戴庆厦、李洁的《勒期语研究》，中央民族大学出版社 2007 年版。

tʃ	tʃh	ʃ	ʒ	
k	kh	ŋ	x	ɣ
kj	khj	ŋj	xj	j
w				

声母说明：

（1）擦音f、v、ɣ、ʒ、w仅出现在少数词上。

（2）送气声母后的元音均为松元音韵母。

（3）声母ŋ、m能自成音节，如ŋ³³ "五"、tʃhəm⁵³ "为什么"。

（4）ʒ在有的词中可变读为l，如ʒe⁵⁵（宾语助词）可读为le⁵⁵。

（三）韵母

韵母共有168个。可分为以下几类。

1. 单元音韵母共有33个，存在松紧、长短的对立。

i	e	ɛ	a	u	ɔ	y	ɿ
i̠	e̠		a̠	u̠	ə̠	y̠	ɿ̠
i:	e:	ɛ:	a:	u:	ə:	y:	ɔ:	ɿ:
i̠:		ɛ̠:	a̠:	u̠:	ə̠:	y̠:		ɔ̠:

2. 复元音韵母共有19个，存在松紧、长短的对立。

ei		ɔi	ui	ua	uɛ	au	ou	iau
e̠i		ɔ̠i					o̠u	
e:i	a:i	i:ɔ					a:u	
e̠:i	a̠:i	i̠:ɔ					a̠:u	

3. 带辅音韵尾的韵母共有116个，存在松紧、长短的对立。

im		iŋ			ik	
i̠m	i̠n	i̠ŋ			i̠k	
i:m	i:n	i:ŋ	i:p	i:t		
i̠:m	i̠:n			i̠:t		
	ɛn	ɛŋ	ɛp	ɛt	ɛk	ɛʔ
	ɛ̠n		ɛ̠p	ɛ̠t		ɛ̠:ʔ
	ɛ:n		ɛ:p			
	ɛ̠:n		ɛ̠:p			
am	an	aŋ	ap	at	ak	aʔ
a̠m	a̠n	a̠ŋ	a̠p	a̠t	a̠k	a̠ʔ
a:m	a:n	a:ŋ	a:p	a:t	a:k	a:ʔ
a̠:m	a̠:n	a̠:ŋ	a̠:p	a̠:t	a̠:k	a̠:ʔ
ɔm	ɔn	ɔŋ	ɔp	ɔt	ɔk	ɔʔ

ɔm	ɔn	ɔŋ	ɔp	ɔt	ɔk	ɔʔ
m:ɔ		ɔ:ŋ				ɔ:ʔ
ɔ:m		ɔ:ŋ				ɔ:ʔ
um	un	uŋ			uk	uʔ
u̠m		u̠ŋ	u̠t	u̠k		u̠ʔ
u:m	u:n	u:ŋ	u:p	u:t	u:k	u:ʔ
u̠:m	u̠:n	u̠:ŋ	u̠:p	u̠:t	u̠:k	u̠:ʔ
		əŋ			ək	
		əŋ			ək	əʔ
		ə:ŋ			ə:k	
		ə:ŋ			ə:k	ə:ʔ
	uan	uaŋ		uat		
		iaŋ				
		ia̠ŋ				
	uɛn					

韵母说明：

（1）有的韵母（如 ua、uɛ、au）只出现在借词中。例如：sua⁵³tsʅ⁵³"刷子"、khuɛ⁵⁵"元"（货币单位）、tshau⁵⁵xai⁵³"草鞋"。

（2）勒期语有长短元音的对立。长短元音的变化条件与元音的高低、单元音还是复合元音、带不带韵尾以及声母是否腭化等有关系。

（四）声调

勒期语有 4 个声调。调类、调值、例词如下：

调类	调值	例词
高平	55	nɛ:⁵⁵ 慢
中平	33	nɛ:³³ 炒
高降	53	nɛ:⁵³ 红
低降	31	lɔp³¹ 坟

声调说明：

（1）低降调主要出现在变调和促声韵上，舒声韵出现在低降调上的很少。

（2）带塞音尾的音节只出现在高平和低降调两个调上。

（3）勒期语音节有连读变调现象，变调主要出现在复音词内部的音节之间。

（五）弱化音节

勒期语有弱化音节。弱化音节大多居于双音节复合词的前一词素上，而且主要出现在单元音韵母上。复合元音韵母和带辅音韵尾的韵母较少弱化。有弱化音节的词，以名词居多，其次是代词。弱化音节的声母、声调数也比非弱化音节少。在发音特征上，弱化音节的读音短且弱。

五 茶山语语音系统[①]

（一）茶山语音系的主要特点

1. 塞音、塞擦音只有送气、不送气对立，没有清、浊对立，擦音只有部分有清浊对立。2. 舌尖中音、舌根音声母有腭化、非腭化的对立，而双唇音则没有这类对立。3. 无复辅音声母。4. 韵母共有 87 个，比较丰富。5. 元音分松紧，对应整齐。6. 辅音韵尾有鼻音韵尾-m、-n、-ŋ和塞音韵尾-p、-t、-k、-ʔ；复合元音也可带辅音韵尾。

（二）声母

声母有 28 个，如下所示：

p	ph	m		f	
t	th	n	l		
tj	thj		lj		
ts	tsh			s	z
tʃ	tʃh			ʃ	
k	kh	ŋ		x	
kj	khj	ŋj		xj	j
w					

声母说明：

1. 舌叶音tʃ、tʃh、ʃ出现在i、əi、ɛ前时，部分人的发音出现tɕ、tɕh、ɕ的变体。

2. z只出现在个别词上。

3. 与送气声母结合的韵母均为松元音韵母。

4. 鼻音ŋ能自成音节。如：ŋ^{33} "五"。

5. f只出现在汉语借词上。

（三）韵母

韵母共有 87 个，分为以下 3 类：

1. 单元音韵母共有 12 个，存在松紧对立。如下所示。

i a ɿ u ɔ ɛ

i̱ a̱ ɿ̱ ṵ ɔ̱ ɛ̱

[①] 茶山语语音系统主要参考了戴庆厦等《片马茶山人及其语言》，商务出版社 2010 年版。

2. 复合元音韵母共有 12 个，存在松紧对立。如下所示。

ai　au　əi　əu　ui　uɛ
a̱i　a̱u　ə̱i　ə̱u　u̱i　u̱ɛ

3. 带辅音韵尾的单韵母。共有 51 个，存在长短、松紧对立。如下所示。

ip	it	ik	in	iŋ	iʔ
		i̱k		i̱ŋ	i̱ʔ
		ɛt		ɛn		ɛʔ
		ɛ̱t	ɛ̱n		
		ṯɜ			
ap	at		am	an	aŋ
a̱p	a̱t		a̱m	a̱n	a̱ŋ
ɔp	ɔt	ɔk	ɔm	ɔn	ɔŋ	ɔʔ
ɔ̱p	ɔ̱t	ɔ̱k	ɔ̱n	ɔ̱ŋ	ɔ̱ʔ
up	ut	uk		un	uŋ	uʔ
u̱p		u̱k			u̱ŋ	u̱ʔ
			nɛ	ŋɛ	
				ŋɛ̱	

4. 带辅音韵尾的复合元音韵母。共 12 个，存在长短、松紧对立。如下所示。

aik　aiŋ　aiʔ　auʔ
uɔp　uɔt　uɔn　uɔʔ
u̱ɔt　　　uɛʔ
uan　uaŋ

韵母说明：

（1）茶山语辅音尾有减少的趋势，在部分人的读音中出现了变体。如：-p收尾的韵母，有的读为-t，如：tsɔp⁵⁵ "（一）把（米）"读为tsɔt⁵⁵，有的在tsɔt⁵⁵后再收个轻微的-p。这显示-p向-t演变的趋势。

（2）有的韵母出现频率比较低，如in、iʔ、 ɔk、ɛʔ、i̱ʔ等。

（3）不像勒期语那样有长短元音的对立。

（四）声调

茶山语的声调有 3 个：高平、中平、低降。如下所示。

调类	调值	例词
高平	55	nɛ⁵⁵胶水
中平	33	nɛ³³粘
低降	31	nɛ³¹红

除了以上 3 个调以外，还有一个 53 调出现在变调中和少量词中。例如：

təŋ⁵³"紧"、xaŋ⁵⁵/⁵³"谁"。

六 波拉语语音系统①

（一）波拉语的音系特点

波拉语的音系特点主要有：1. 声母简单，数量少。在塞音、塞擦音上，只有清音，没有浊音。在双唇、舌根部位上，区分腭化、非腭化。2. 韵母多，有单元音韵母、复合元音韵母、辅音尾韵母，还有鼻化元音韵母等。3. 声调少，只有四个声调。4. 有连读变调和弱化音节。

（二）声母

声母共有28个，都是单辅音。塞音、塞擦音只有清音没有浊音，双唇音、舌根音分腭化与非腭化两类。如表4-4所示：

表4-4　　　　　　　　波拉语声母

发音方法	发音部位	双唇 非腭化	双唇 腭化	唇齿	舌尖前	舌叶	舌根 非腭化	舌根 腭化
塞音	不送气	p	pj		t		k	kj
塞音	送气	ph	phj		th		kh	khj
塞擦音	不送气				ts	tʃ		
塞擦音	送气				tsh	tʃh		
擦音	清			f	s	ʃ	x	
擦音	浊			v		ʒ	ɣ	j
鼻音		m	mj		n		ŋ	ŋj
边音					l			

声母说明：

（1）ʒ主要出现在借词上。

（2）t、th、n、l、s、ts、tsh、tʃ、tʃh 在与带ε元音的韵母结合时，出现腭化现象。

（三）韵母

韵母共有63个。分以下四类（加*号的表示该韵母只出现在借词上）：

1. 单元音韵母20个，分松元音、紧元音、鼻化松元音、鼻化紧元音四类，存在松紧对立。

---

① 波拉语语音系统主要参考了戴庆厦、蒋颖、孔志恩的《波拉语言研究》，民族出版社2007年版。

ɿ	i	ɛ	a	ɔ	u	ø	ə
ɿ̱	i̱	ɛ̱	a̱	ɔ̱	u̱	ø̱	
		ɛ̃		ɔ̃		ø̃	
		ɛ̱̃		ɔ̱̃			

2. 复元音韵母 8 个，都是二合元音韵母，存在长短、松紧对立。

ai　au　*ɔi　ui　əi

a̱i　a̱u　　　u̱i

3. 带鼻音韵尾的韵母 17 个，鼻音韵尾有 -m、-n、-ŋ 三个，塞音韵尾有 -p、-t、-k、-ʔ 四个，存在长短、松紧对立。

am　*an　aŋ　*ɛn　*ɔn　uŋ　auŋ

a̱m　*a̱n　a̱ŋ　*ə̱n　*ɔ̱n　ɔ̱ŋ　u̱ŋ　a̱uŋ

4. 带塞音韵尾的单元音韵母 18 个，存在长短、松紧对立。

ap　ɔt　*ɛt　ak　*ɛʔ　aʔ　auʔ　ɔʔ　øʔ　əʔ

a̱p　ɔ̱t　　　a̱k　*ɛ̱ʔ　a̱ʔ　a̱uʔ　ɔ̱ʔ　ø̱ʔ

韵母说明：

在送气的塞音、塞擦音声母后，只出现松元音韵母，不出现紧元音韵母，在清擦音声母后，未发现松紧元音韵母对立的现象，大多出现松元音韵母，但也有少数紧元音韵母。

（四）声调

波拉语有四个调。舒声韵在四个声调上都出现，其调值、例词如下：

调类	调值	例词
高平	55	la^{55} 来
高升	35	la^{35} 回（自动）
低降	31	la^{31} 老虎
全降	51	xu^{51} 那（高）

促声韵只出现在高平和低降两个声调上。

声调说明：

（1）高降调 51 调大多出现在连音变调中。

（2）舒声韵在四个调上都出现，而促声韵只出现在高平、低降两个调上。

（五）弱化音节

两个音节相连，前一音节有的出现弱化现象。弱化后，其音值不论是单元音、复元音，还是带韵尾的元音均改读为ə，且后带轻微的喉塞音。紧喉元音和鼻化元音弱化后，仍带紧喉和鼻化成分。如：

ʃi$^{35/31}$xam^{35}　桃　　　　　pjɛ̌$^{35/31}$ʃaʔ^{55}　篾子

第二节　景颇族各支系语言的几个主要特点

下面，我们提取景颇族诸语言的一些特点来分析、比较，以显示各支系语言之间的特点和差异。

一　景颇语是景颇族诸语言中形态最发达的一种语言

世界上的语言形态有多有少，亲属语言内的不同语言也是这样。藏缅语族语言，语言形态是由发达型向分析型演变。如北部嘉绒语、羌语等形态特点较多；而南部的彝缅语支语言，形态特点大部脱落，分析性特点突出。从这个视角来看，在景颇族五种语言中，相比看来景颇语是形态最发达的语言；而另外几种缅语支语言形态少一些。形态发达的语言，分析性弱；而形态不发达的语言，分析性强。这说明，在语言形态特征的演变上，景颇语和别的几种语言处于不同的历史发展阶段。

景颇语形态发达的特点主要表现在以下一些方面：

（一）通过语音变化（声、韵、调的语音变化，加前缀、中缀、重叠等，表示各种不同的语法意义。比如通过句尾词的语音变化，表示动词谓语的人称、数、体、态、方向等语法意义。例如：

(1) ŋai³³ ko³¹ tʃiŋ³¹pho⁷³¹ mǎ³¹ʃa³¹ ʒai⁵⁵ n³¹ ŋai³³ .　　我是景颇人。
　　 我（话）景颇　　　人　　是（尾）

(2) naŋ³³ ko³¹mu³¹wa³¹ mǎ³¹ʃa³¹ ʒai⁵⁵ n³¹ tai³³ .　　你是汉人。
　　 你（话）汉　　　人　　是（尾）

(3) ʃi³³ ko³¹sam³¹ mǎ³¹ʃa³¹ ʒe⁵⁵ ai³³ .　　他是傣人。
　　 他（话）傣　人　　是（尾）

(4) an⁵⁵the³³ ko³¹ tʃiŋ³¹pho⁷³¹ mǎ³¹ʃa³¹ ʒai⁵⁵ ka⁷³¹ai³³ .　　我们是景颇人。
　　 我们　（话）景颇　　　人　　是（尾）

以上四个例句主语的人称、数不同，使用的句尾词也不同。句尾词靠语音变化表示不同的人称、数。又如：

ʃi³³ tʃe³³ ai³³　　　　　　他懂的。
他　懂（句尾）

ʃi³³tʃe³³ sai³³　　　　　　他懂了。
他　懂　（句尾）

ʃan⁵⁵ tʃe³³ mǎ³³ai³³　　　他俩懂的。
他俩　懂　（句尾）

ʃan⁵⁵ tʃe³³ mă³³sai³³　　　　他俩懂了。
他俩　懂　（句尾）

以上例句ai³³表示第三人称单数存在式，sai³³表示第三人称单数变化式，mă³³sai³³表示第三人称复数变化式，复数在单数上加前缀表示。

（二）自动、使动的语法变化，可分为语音交替式和加前缀式两种。

1. 语音交替式：这种现象目前只保存在少数词中。主要有以下两种形式：

（1）同部位声母送气不送气交替，不送气表自动，送气表使动。例如：

自动词　　　　　　　　　使动词
pja⁷⁵⁵ 垮　　　　　　　　phja⁷⁵⁵ 使垮
pjan³³ 开　　　　　　　　phjan³¹ 解开
kă³¹wan³¹ 绕着　　　　　kha⁵⁵wan⁵¹ 绕上

也有个别相反的情况，即送气表自动，不送气表使动。例如：

kha⁵⁵jom⁵¹（自）卷　　　kă³¹jom³¹ 使卷

（2）不同韵母的交替。有的是不同韵母的交替，带-ŋ韵尾的表自动，带-n韵尾的表使动。有的是不带韵尾的表自动，带-t韵尾的表使动。例如：

自动词　　　　　　　　　使动词
mă³¹laŋ³³ 直　　　　　　mă³¹lan⁵⁵ 使直
tuŋ³³ 坐　　　　　　　　tun⁵⁵　　使坐
ma³¹ti³³ 湿　　　　　　　ma³¹tit³¹ 使湿
ʃa³¹mu³³ 动　　　　　　　ʃa³¹mot³¹ 使动

（3）不同声调的交替。中平调表自动，高平调表使动。例如：

自动词　　　　　　　　　使动词
ʒoŋ³³ 在　　　　　　　　ʒoŋ⁵⁵ 使在
jam³³ 当（奴隶）　　　　jam⁵⁵ 使当（奴隶）、奴役
noi³³ 挂着　　　　　　　noi⁵⁵ 挂上

2. 加前缀式：有ʃă³¹、tʃă³¹、să³¹等前缀，只能用在单音节词前。根据形式和意义的不同特点又可分为两类。

加ʃă³¹、tʃă³¹、să³¹等前缀构成使动词，这三类词头表示的意义完全相同，但使用的场合不同。其出现的条件主要看后面的音节是什么声母。ʃa³¹出现在除送气音和清擦音以外的辅音作声母的音节前。此外，还出现在元音开头的音节前。如：

自动词　　　　　　　　　使动词
pom³³ 发胀　　　　　　　ʃă³¹pom³³ 使发胀
pʒak³¹（关系）破裂　　　ʃă³¹pʒak³¹ 使（关系）破裂
tʃai³¹ 转动　　　　　　　ʃă³¹tʃhai³¹ 使转动

to⁽³¹⁾ 断   ʃă³¹to⁽³¹⁾使断
ka⁽³¹⁾ 裂   ʃă³¹ka⁽³¹⁾使裂

出现在吐气音和轻擦音作声母的音节前，例如：

自动词   使动词
kha⁽³¹⁾分离   tʃă³¹kha⁽³¹⁾使分离
khʒak⁵⁵合适   tʃă³¹khʒak⁵⁵使合适
phai³³抬   tʃă³¹phai³³使抬
phʒe⁽⁵⁵⁾变种   tʃă³¹phʒe⁽⁵⁵⁾使变种

sa³¹只出现在清塞音 ts 作声母的音节前。但是，凡用să³¹的地方都能用ʃa³¹。例如：

自动词   使动词
tsa̱m³³朽   să³¹tsa̱m³³～ʃă³¹tsa̱m³³使朽
tsa³¹毁   să³¹tsa³¹ ～ ʃă³¹tsa³¹使毁
tsa̱p⁵⁵站   să³¹tsa̱p⁵⁵～ʃă³¹tsa̱p⁵⁵使站

（三）语音搭配表示名词的类称范畴。

景颇语的名词有"个称名词"和"类称名词"的对立，二者构成类称范畴。构成类称名词的词素主要有两种类型：一种是由一个双音节名词加上配音音节构成的；另一种是由两个双音节名词构成。这两种类型，语音形式和语义特征各有一些不同的特点。分述如下：

（1）双音节名词加配音音节的。

这类类称名词，配音音节有的在前，有的在后。配音音节与有实义的名词有语音和谐关系，配音音节可在名词前，也可在后。

配音音节在后的如：

thiŋ³¹pu³¹ thiŋ³¹pjen³³   左邻右舍   kai³¹nu³¹ kai³¹saŋ³³   夫人
邻居   （配音）   夫人 （配音）

配音在前的如：

khau³¹thiŋ⁵⁵khau³³na³¹   水田   num³¹no³¹num³¹naŋ³³   同伴
（配音）   水田   （配音） 朋友

（2）双音节个称名词加双音节个称名词的。

这类类称名词的语义构成有以下几种情况：一是相加的关系。类称名词的语义是由两个个称名词合成的。例如：

lă³¹ko³³ lă³¹ta⁽⁵⁵⁾   手脚   pau³¹ji³¹ pau³¹la³¹   锣
脚   手   母锣   公锣
pho⁽⁵⁵⁾mji³¹ pho⁽⁵⁵⁾man³¹   中老年妇女   kă³¹juŋ³³ kă³¹tʃan³³ 兄弟姐妹
中年妇女   老年妇女   女子的兄弟 男子的姐妹

二是扩大的关系。即两个个称名词扩大引申而成类称名词。例如：

nam³¹pu³¹　nam³¹pan̯³³　花　　　　n⁵⁵pʰʒo⁵¹ n³³kʰje³³　谷子
种子植物的花　供观赏的花　　　　　白谷　红谷
kʰã⁵⁵ʒoˀ⁵⁵ n³¹kʰap⁵⁵　深洼陡坡　　mã⁵⁵tʃi⁵¹ mã³¹jan³³　蚊蝇类总称
　小洼　　　崖　　　　　　　　　苍蝇　蚊

三是由两个意义交叉的个称名词构成类称名词。类称名词的基本意义与其中的一个个称名词的意义相同。例如：

n³¹ʒut⁵⁵ n³¹ʒa³³　骨骼　　　　lã³¹mji?³¹ lã³¹man⁵⁵　关节
骨骼　骨头　　　　　　　　　关节　关节之间
n³¹puŋ³³ lã³¹ʒu³³　狂风　　　　kã³³si³³ kã³³man³³　样子
风　　狂风　　　　　　　　　样子　答案

四是由两个同义或近义的个称名词构成类称名词。例如：

pʰun³¹nu³³ pʰun³¹kam³³　大树　　lã³¹kʰon⁵⁵ kʰan³³se³³　苛捐杂税
大树　　大树　　　　　　　　税　　税
kʰon³¹tuŋ³³ kʰon³¹la³¹　大姑娘　　niŋ³¹ʒum⁵⁵ niŋ³¹tau⁵⁵　助手
大姑娘　　大姑娘　　　　　　助手　助手

景颇语名词的类称范畴不仅有其特殊的语音形态和语义特征，而且还有其独立的句法功能。其句法功能成为语法形式的一个重要标志。个称名词和类称名词在句法功能上的差异主要有：

1. 个称名词能受数量词和指代词的修饰，而类称名词不能。（以下加*号的表示不能用）例如：

ŋai³³ nam³¹si³¹（*nam³¹si³¹nam³¹so³³）lã⁵⁵ŋai⁵¹ mi³³ʒa?³¹ n³¹ŋai³³.
我　水果　　　水果（类）　　一　　一　要　（尾）
我要一个水果。

2. 个称名词能受形容词修饰，而类称名词不能。例如：

n³³tai³³ ko³¹ kʒai³¹ na³¹ pjo³³ ai³³ mau³¹mji³¹（*mau³¹mji³¹mau³¹sa³³）ʒe⁵¹.
这　（话）很　听　舒服　的　故事　　　故事（类）　　　　是
这是很好听的故事。

3. 个称名词能受表示限制性的名词修饰，而类称名词不能。例如：

kʰa?³¹li³¹ a³¹na³¹（*a³¹na³¹a³¹kʰja⁵⁵）ʒai⁵⁵ ŋa³¹ ai³³. 是疟疾病。
疟疾　病　　疾病（类）　　　是（体）（尾）

二　勒期语有长短元音的对立

在景颇族各支系语言中，只有勒期语有长、短元音的对立，在藏缅语和汉藏语系诸语言中独具特色。

1. 从语音上看，长元音与短元音的对立，在音长和舌位的高低前后上均有反映。元音变化的条件与元音的高低、单元音还是复合元音、带不带韵尾以及声母是否腭化等有关。

元音系统长短的变化如表 4–5 所示：

表 4–5　　　　　　勒期语元音系统长短变化

短	ɿ	i	i	ei/e, i	ę	a	ɔ/o	u	ə	y
长	ɿː	iː	eː	ɛː	ęː	aː	ɔː	uː	əː	yː
短	ei	ui	ei	j	ou	jm	ɛn	ɛŋ	ɛt	ɛn
长	aːi	ɔːi	eːi	ęːi	aːu	jːm	jːn	iːŋ	iːt	ɛːŋ
短	eʔ, ɛʔ	am	an	aŋ	ap	at	ak	aʔ	ɔm	uŋ
长	ɛːʔ	aːm	aːn	aːŋ	aːp	aːt	aːk	aːʔ	ɔːm	ɔːŋ
短	ɔŋ	ɔm	ɔn	uŋ	ɔp	ɔt	uk	uʔ	əŋ	iŋ
长	ɔːŋ	uːm	uːn	uːŋ	uːp	uːt	uːk	uːʔ	əːŋ	əːŋ
短	ək	ik	əʔ							
长	əːk	əːk	əːʔ							

2. 从句法功能上看，勒期语长短元音的对立只出现在动词、形容词上。用短元音还是用长元音依据句法条件而定，与动词、形容词的各种语法范畴（即"人称、数、式、态、时"等）无关。长元音动词、形容词通常出现在谓语位置上，以此把谓语同别的句法成分区别开来。长短元音的分布条件主要如下：

动词、形容词在句子中单独做谓语时多用长元音。例如：

ŋjaŋ³³kɛː⁵³.　　他好。
他　　好

a³³nɔʔ³¹ŋaːu⁵³.　　弟弟哭。
弟弟　哭

当动词与助动词共同组成谓语时都读长元音。例如：

ŋo⁵³kɛː⁵³tsɔː³³.　　我能吃。
我　能　吃

a³³pho⁵³taːt³¹kuːt⁵⁵.　　父亲会做。
父亲　会　做

勒期语元音长短的对立还可用来区别不同的句法结构。长短音代表不同的句法意义，是一种常见的句法形态手段。如在同一句法结构中，当宾谓同形时用这种长短变化区分宾语与谓语。通常是动词谓语是长音，宾语是短音。例如：

mjɔʔ³¹ʃɔʔ⁵⁵ʃɔːʔ⁵⁵　　出天花　　　　　a³¹xam⁵⁵xaːm⁵⁵　　打呵欠
天花　出　　　　　　　　　　　　　呵欠　打

此外，长元音还出现在形容词定语上，把定语与中心成分明确区别开来。长元音形容词做定语的情况具体如下：

ŋo⁵³ne⁵³nɛː⁵³taʔ⁵⁵pan³³le⁵³mjaːŋ³¹.　　我看见红红的花。
我　红　红　的　花（宾助）看见

kui⁵⁵kɔi⁵⁵taʔ⁵⁵wo³³ta³¹kam⁵³khəːŋ⁵³.　　砍一根弯弯的竹子。
弯　弯　的 竹子 一　根　砍

tʃhək⁵⁵tʃhək⁵⁵nɔːʔ³¹taʔ⁵⁵mou³³.　　黑压压的天。
压　压　黑　的 天

tsam³³tsam³³nɛː⁵³taʔ⁵⁵pjiʔ³³wuːt³¹.　　穿红艳艳的衣服。
艳　艳　红 的 衣服 穿

当形容词做动词谓语的状语时，动词谓语多数为长音，而重叠的形容词一般为短音。例如：

kəŋ³³kəŋ³³təː⁵⁵tɔʔ⁵⁵pjɛ³³.　　牢牢地捆住了。
牢 牢　捆住 了

ŋap³¹ŋap³¹kaːm⁵³pjɛ³³.　　分齐了。
齐　齐　分 了

勒期语为什么会产生长短元音的对立呢？现代勒期语的分析性较强，已经历了附加成分大量消失的过程。为了补偿附加成分的消失，拉长元音就成为补偿附加成分消失的主要手段。这样，尽管附加成分消失了，某些语法范畴也随之消失，但充当谓语的动词或形容词元音拉长后，其音节长度仍大致相当于原来的多音节，这就保持了谓语的多音节性特点，并维系了主语和谓语——句子首尾之间语音上的平衡，从而保持音节节奏的和谐。这就是说，长元音作为语音补偿手段的作用有二：一是使谓语保留形态特征，从音节的长度上显示其句法特征；二是保持谓语和主语的音节和谐。

三　浪速语、波拉语韵母的变化

汉藏语系语言的韵母大多都有鼻音韵尾-m、-n、-ŋ和塞音韵尾-p、-t、-g、-ʔ两套。后来，出现了韵尾丢失的演变趋势，但怎么丢失，哪些韵尾先丢失，哪些韵尾后丢失，不同语言存在不同的特点。[①]

景颇族五个支系语言都有丰富的韵母，韵母数目都在80个左右，都有-m、-n、-ŋ、-p、-t、-g、-ʔ等韵尾。这些语言之间韵尾的对应，大体是

[①] 马学良主编：《汉藏语概论》，民族出版社1991年版。

舒声韵对舒声韵，促声韵对促声韵，这说明它们的韵尾有共同的来源。但是，浪速语和波拉语与其他语言不同，除了辅音韵尾外，还有鼻化元音。这鼻化元音究竟是哪里来的，是古代的遗存还是后来语音演变的创新？这是一个值得研究的学术问题。

从比较中大致可以看到，浪速语和波拉语的鼻化元音是由于鼻辅音尾走向脱落过程中留下的过渡形式。这从与保存完整的鼻辅音的载瓦语等语言的对应中能够得到证明。试看下面与载瓦语的对应：

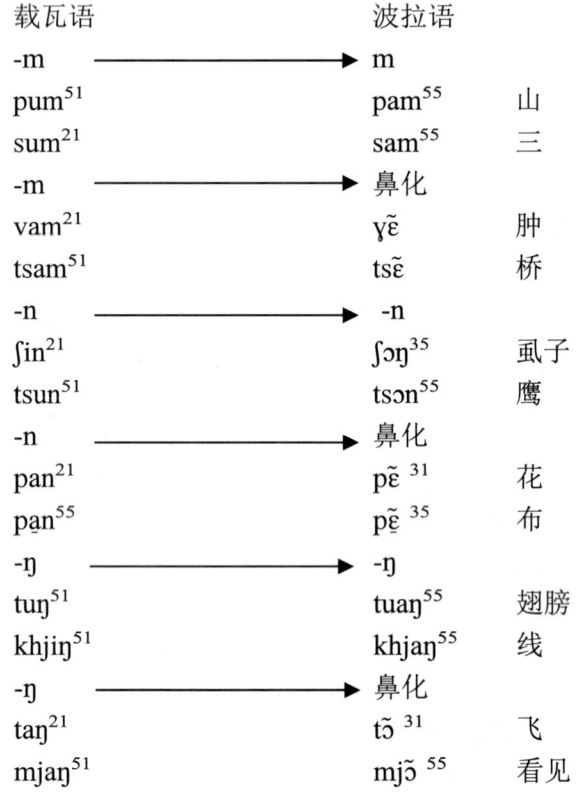

载瓦语	波拉语	
-m	⟶ m	
pum⁵¹	pam⁵⁵	山
sum²¹	sam⁵⁵	三
-m	⟶ 鼻化	
vam²¹	ɣɛ̃	肿
tsam⁵¹	tsɛ̃	桥
-n	⟶ -n	
ʃin²¹	ʃɔŋ³⁵	虱子
tsun⁵¹	tsɔn⁵⁵	鹰
-n	⟶ 鼻化	
pan²¹	pẽ ³¹	花
pan⁵⁵	pẽ ³⁵	布
-ŋ	⟶ -ŋ	
tuŋ⁵¹	tuaŋ⁵⁵	翅膀
khjiŋ⁵¹	khjaŋ⁵⁵	线
-ŋ	⟶ 鼻化	
taŋ²¹	tɔ̃ ³¹	飞
mjaŋ⁵¹	mjɔ̃ ⁵⁵	看见

从上面的对应可以看到，波拉语鼻音韵尾的丢失有两个重要特点：一是鼻音韵尾的丢失是逐渐扩散的，即在一部分词上先变为鼻化元音，一部分词还保留原来的鼻辅音尾；二是鼻音韵尾的丢失与元音的舌位高低有关，-m、-n 韵尾转化为鼻化元音的多是 e，-ŋ 韵尾转化为鼻化时，元音多是 ɔ。

再看浪速语的演化情况。同样与载瓦语比较可以看到，载瓦语的 -m 韵尾在芒市浪速语、盈江浪速语里，一部分还保持 -m 韵尾不变，但一部分在芒市浪速语里则变为鼻化元音，在盈江浪速语里连鼻化成分也丢失了，变为口元音。载瓦语的 -n 韵尾在芒市浪速语、盈江浪速语里都变为 -m；载瓦语的 -ŋ 在芒市浪速语、盈江浪速语中保持不变，但有一部分在芒市浪速语中

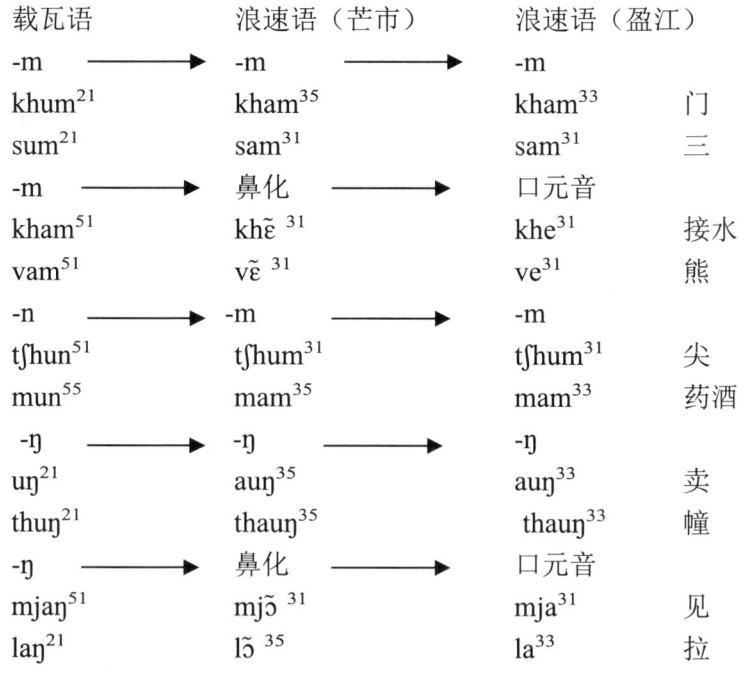

变为鼻化元音，在盈江浪速语中连鼻化也消失了，变为口元音。例如：

载瓦语	浪速语（芒市）	浪速语（盈江）	
-m →	-m →	-m	
khum²¹	kham³⁵	kham³³	门
sum²¹	sam³¹	sam³¹	三
-m →	鼻化 →	口元音	
kham⁵¹	khɛ̃³¹	khe³¹	接水
vam⁵¹	vɛ̃³¹	ve³¹	熊
-n →	-m →	-m	
tʃhun⁵¹	tʃhum³¹	tʃhum³¹	尖
mun⁵⁵	mam³⁵	mam³³	药酒
-ŋ →	-ŋ →	-ŋ	
uŋ²¹	auŋ³⁵	auŋ³³	卖
thuŋ²¹	thauŋ³⁵	thauŋ³³	幢
-ŋ →	鼻化 →	口元音	
mjaŋ⁵¹	mjɔ̃³¹	mja³¹	见
laŋ²¹	lɔ̃³⁵	la³³	拉

除了以上的鼻音韵尾变化外，浪速语塞音韵尾的发展还有一个不同于其他语言的特点，也要在这里论述一下。

浪速语的塞音韵尾也有-p、-t、-g、-ʔ四个韵尾，但在具体词的对应上，有些-p韵尾在浪速语变为-ʔ韵尾。同样与载瓦语的对应，一部分保留塞音韵尾，一部分变为 -ʔ。

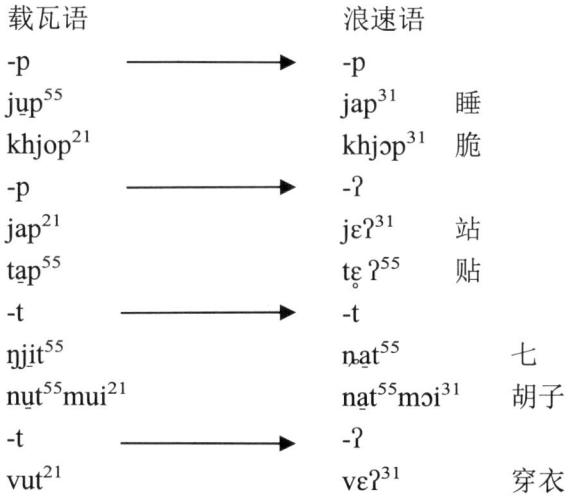

载瓦语		浪速语	
-p →		-p	
jup̣⁵⁵		jap³¹	睡
khjɔp²¹		khjɔp³¹	脆
-p →		-ʔ	
jap²¹		jɛʔ³¹	站
tap̣⁵⁵		tɛ̣ʔ⁵⁵	贴
-t →		-t	
ŋjit⁵⁵		n̪at⁵⁵	七
nut̪⁵⁵mui²¹		n̪at⁵⁵mɔi³¹	胡子
-t →		-ʔ	
vut²¹		vɛʋ³¹	穿衣

浪速语言还有一个不同于其他语言的特点：载瓦语等亲属语言的一些

开音节词在浪速语里添加了-k韵尾。例如：

载瓦语	浪速语	
无韵尾 →	-k	
ʃi⁵¹	ʃik³¹	死
ŋau⁵¹	ŋuk³¹	哭
khau²¹	khuk⁵⁵	偷
pau²¹	puk⁵⁵	虫
mau²¹	muk⁵³	天
khji⁵¹	khjik³¹	脚
ŋjui⁵¹	ŋjuk³¹	绿
khji²¹	khjik⁵⁵	粪

这种异常的对应是什么原因，是这些词古代就有-k韵尾，后来大多数语言都消失了，只有浪速语保留下来；还是这些词在古代都是舒声韵，但浪速语后来自己创新，增加了-k韵尾。

我们倾向于后者。理由有二：一是从元音的特点上看，能添加塞音韵尾的主要是高元音i、u韵母的音节，高元音容易添加塞音韵尾；二是从亲属语言调类上看，这些添加塞音韵尾的词属于藏缅语的舒声韵类，而不属于促声韵，说明原来在声调分化的时候是舒声韵，下面通过亲属语言哈尼语来说明这个问题。

下面通过浪速语与亲属语言彝语支语言（以哈尼语为代表）塞音韵尾的对应（哈尼语已由塞音韵尾转为紧元音音节）来证明这个问题。哈尼语同一个声调在浪速语因清浊声母的不同而分类。例如：

哈尼语	浪速语	
浊声母，31调	浊声母，31调，添加塞音韵尾	
a³¹ɣa̠³¹	vɔʔ³¹	猪
a³¹la̠³¹	lɔʔ³¹	手
清声母，31调	清声母，55调，添加塞音韵尾	
ku̠³¹	khjauk⁵⁵	六
a⁵⁵pa̠³¹	a³¹fɔʔ⁵⁵	叶

但我们看到浪速语添加塞音韵尾的词在声调的对应上仍然属于舒声韵一类。例如：

哈尼语	浪速语	
55调，舒声韵	31调，舒声韵	
ŋa⁵⁵	ŋɔ³¹	我
no⁵⁵	nõ³¹	你

tshe⁵³	tshe³¹	十
55 调，舒声韵	31 调，添加塞音韵尾	
tɕtu⁵⁵	tʃhuk³¹	甜
si⁵⁵	ʃik³¹	死
ŋy⁵⁵	ŋuk³¹	哭

汉藏语系辅音韵尾的研究成果已经证明：汉藏语系辅音韵尾的演变趋势是，辅音韵尾逐渐走向脱落，但塞音韵尾的演变与鼻音韵尾的演变不同，鼻音韵尾是经过鼻化元音这一中间过程再走向口元音韵母；而塞音韵尾的脱落是经过喉塞音的过渡，紧元音再走向无韵尾的舒声韵。浪速语、波拉语的演变大致符合汉藏语辅音韵尾脱落的总趋势。至于浪速语塞音韵尾的添加，这是其他语言所没有的，正因为它的奇特性，20世纪就塞音韵尾是否添加的问题曾经引起欧美语言学家的一场辩论。①

四　景颇族诸语言有弱化音节

"弱化音节"是指双音节词中的第一音节的弱化、轻读现象。现在这些年学术界有称其为"一个半音节"，指前一个音节只有半个音节的长度。这是汉藏语研究所关注的有价值的语音现象，因为从汉藏语的历史发展来看，古代汉藏语有复辅音声母，后来复辅音声母分化为两个音节，其前一个音节往往是弱化音节，再后来前面的弱化音节丢失变为单音节。也就是说弱化音节在汉藏语，特别是藏缅语研究的历史上曾经是一个过渡的阶段，具有一定的研究价值。

藏缅语历史比较证明藏缅语的弱化音节有两个来源：一是来源于古代复辅音声母的前一辅音，也就是古代的复辅音声母发生了分离，前一辅音加上元音并弱化，变成独立的弱化音节；另一来源是前一音节来源于非弱化音节，指原先一部分非弱化的音节在一定的条件下弱化，后来演变为弱化音节。

景颇族诸语言都有弱化音节，特别是景颇语弱化音节非常丰富。景颇语弱化音节来源于以上所说的两种途径。来源于古代复辅音声母的可以从与保存有古代复辅音声母的语言的对比中看出。如古代藏缅语的声母有单辅音声母和复辅音声母两类，复辅音声母比较丰富，不仅有二合、三合，还有四合的，但现在景颇语只有单辅音声母，没有复辅音声母，而把现代

---

① 争论情况详见 Burling Robbins，The addition of find stops in the history of Maru（《浪速语史中若干塞音韵尾的添加》），*Language*，Vol.42，1966；A.Lyovin，Note on the addition of final stops in Maru（《关于浪速语中塞音韵尾添加的意见》），POLA7，Berkeley，1968；Robert Shafer，Introduction to Sino-Tibetan，Otto Harrassowitz Wiesbaden，1966。

景颇语与古代藏缅语相比较就能看到，很多带音节弱化的双音节词多与古代藏语的复辅音声母对应。例如：

景颇语	古代藏语	现代藏语	
mă³¹ŋa³³	lŋa	ŋa⁵⁴	五
mă³¹sum³³	gsum	sum⁵⁵	三
mă³¹nam⁵⁵	mnam	mum⁵⁵	闻
ʃã³¹ʒam³³	sram	tṣam⁵⁵	水獭
ʃã³¹kan³³	skar-ma	ka⁵⁵ma¹²	星

对比看来，景颇语不带弱化音节的单音节词多与古代藏语单辅音声母的单音节词对应。例如：

景颇语	古代藏语	现代藏语	
mjiʔ³¹	mjig	miʔ⁵⁵	眼
ŋai³³	ŋa	ŋa¹²	我
taʔ⁵⁵	lag-pa	lak¹²pa⁵⁴	手

由此可以证明，景颇语的这一部分弱化音节是由古代复辅音声母转化而来的。但景颇语还有大量的弱化音节是由非弱化音节弱化而来的，而且这种非弱化音节是实词的构词词素，含有实词义。例如：

sə̆³¹tum̩³³ 棉籽（前一音节sə̆³¹取自pə̰³³si³³ "棉花"的后一音节弱化而来，后一音节tum̩³³是"籽"义）

sə̆³¹tʃap³¹ 豪猪味（前一音节sə̆³¹取自tum³¹si³³ "豪猪"的后一音节弱化而来，后一音节tʃap³¹是"味道"义）

wŭ³¹kjip³¹ 干竹（前一音节wŭ³¹取自kă³¹wa⁵⁵ "竹子"的后一音节弱化而来，后一音节kjip³¹是"干瘪"义）

kă⁵⁵khjeŋ³³ 红土（前一音节kă⁵⁵来自ka⁵⁵ "土"，后一音节为"红"义）

有的音节弱化后，语音变化较大，不仅韵母变化，声母也变化。例如：

wŭ⁵⁵khji⁵⁵ 牛屎（前一音节由ŋa³³ "牛"弱化而来，后一音节是"屎"义）

wŭ³¹lai³³ 鲫鱼（前一音节取自ŋa⁵⁵ "鱼"弱化而来，后一音节是"鲫"义）

但是，载瓦、浪速等缅语支语言只有后一种来源，没有前一种来源。这与景颇语有比较大的差别。例如：

载瓦语 ʃi⁵⁵mau⁵⁵ 毛（前一音节取自ʃo⁵⁵ "肉"，后一音节为"毛"义）

pji²¹um⁵¹ 蜂窝（前一音节取自pjo²¹ "蜂"，后一音节为"窝"义）

ŋji⁵⁵xaʔ⁵⁵ 烟叶（前一音节取自ŋja⁵⁵ "烟"，后一音节为"叶"义）

浪速语 pə̰³⁵nau⁵⁵ 蝌蚪（前一音节取自po³⁵ "青蛙"，后一音节为"小"义）

nə̰³¹nau³⁵ 鼻子尖（前一音节取自nɔ³¹ "鼻子"，后一音节为"尖"义）

tʃə̆³¹nak⁵⁵ 这俩（前一音节取自tʃhe³¹ "这"，后一音节为"俩"义）

勒期语　nɔ̃³³khjou³³牛角（前一音节取自no³³"牛"，后一音节为"角"义）
　　　　 ʃɔ̃⁵⁵kjuʔ⁵⁵干巴（前一音节取自ʃo⁵⁵"肉"，后一音节为"瘪"义）
　　　　 lɔ̃⁵⁵tɔŋ³³裤裆（前一音节取自lo⁵⁵"裤子"，后一音节为"短"义）
　　　　 nǎ⁵³nuŋ⁵⁵你们（前一音节取自naŋ⁵³"你"，后一音节为"你俩"义）

与载瓦语、浪速语等同属缅语支的阿昌语、缅语也有弱化现象，但同样也只局限在第二类上。例如：

阿昌语　kǎ³¹ʂua³¹ 鱼 （前一音节取自ŋa³¹"鱼"，后一音节是"肉"义）
　　　　 kǎ³¹tʂɔŋ³⁵黄牛（前一音节取自no³¹"牛"，后一音节是"黄"义）

但阿昌语有的双音节单纯词的第一音节也出现弱化。例如：

　　　　 sǎ³¹leʔ⁵⁵ 沙子　　　 kǎ³¹lɔ³¹ 猫　　　 kǎ³¹lam³¹ 乌鸦

第三节　景颇族诸支系语言词源比较

词源关系是指亲属语言间的词汇有无同源关系。有同源关系的称为"同源词"，没有同源关系的称为"异源词"。借词虽然是同源的，但跟亲属语言固有的同源词不同。研究不同语言间词汇的同源关系，是确定有无语言亲缘关系、亲缘关系远近的一个重要依据。有同源关系的语言才是亲属语言，同源词多的说明亲属关系近，反之，没有同源词的没有亲缘关系，同源词少的，说明亲属关系远。

如上所述，景颇语诸支系语言是亲属语言，都属汉藏语系藏缅语族。所以这些语言之间都有数量不等的同源词。但相比之下，景颇语与载瓦、浪速等缅语支语言的同源词少些；而同属缅语支的语言同源词就多些。下面我们通过一些具体例子来说明它们的词源关系。

1. 五种语言都是同源的词。这类同源词是远古就有的，是最基本的词。例如：

景颇语	载瓦语	浪速语	勒期语	波拉语	
lǎ³¹mu³¹	mau²¹khuŋ³¹	muk⁵⁵	mou³⁵khuŋ³⁵	mau³¹khuŋ⁵⁵	天
ʃǎ³³ta³³	lo̰⁵⁵mo⁵⁵	lo̰⁵⁵	la⁵⁵mo⁵⁵	lḛ³⁵ma³¹	月亮
n³¹saʔ³¹	soʔ⁵⁵	soʔ⁵⁵	sɔʔ⁵⁵	saʔ⁵⁵	气体
pum³¹	pum⁵¹	pam⁵¹	pɔm⁵¹	pam⁵⁵	山
mǎ³¹kʒi³³	kji²¹	kjik⁵⁵	kji³¹	kjei³³	铜
mjiʔ³¹	mjoʔ²¹tʃi⁵⁵	mjoʔ³¹tʃik⁵⁵	mjoʔ⁵¹	mjaʔ³¹tʃi⁵⁵	眼睛
nep³¹	nap⁵⁵	nɛʔ⁵⁵	nap⁵⁵	nɛʔ⁵⁵	鼻涕
maŋ⁵⁵	maŋ⁵¹	mɔ̃³¹	maŋ³¹	mɔ̃⁵⁵	尸体
ŋa³³	no²¹	nuŋ⁵⁵	no³³	nɔ³¹	牛

waʔ⁵¹	vaʔ²¹	vɔʔ³¹	vuʔ³¹	vaʔ³¹	猪
kui³¹	khui²¹	lɔ̃³¹kha⁵⁵	khui⁵⁵	khui⁵⁵	狗
mjau³³	lă²¹njau⁵⁵	lɔ̃³¹njau³⁵	lɔ̃³¹njou³³	lɔ̃³¹njau⁵⁵	猫
ʃã³¹ʒam⁵⁵	xam⁵¹	xɛ̃³¹	ʃam³³	xɛ̃⁵⁵	水獭
mă³¹sum³³	sum²¹	sam³¹	sɔm⁵⁵	sam⁵⁵	三
ma³¹ŋa³³	ŋo²¹	ŋɔ⁵⁵	ŋ³³	ŋa³¹	五
kʒuʔ⁵⁵	khju⁵⁵	khjauk⁵⁵	khjuk⁵⁵	khjauʔ⁴⁴	六
lă³¹lam³³	lam⁵¹	lɛ̃³³	lam³¹	lɛ̃⁵⁵	庹
phʒiŋ⁵⁵	pjŋ⁵⁵	pjaŋ⁵⁵	pjə:ŋ⁵⁵	pjaŋ³⁵	满
mă³¹koʔ³¹	kou⁵⁵	ŋauk³¹	kɔ:i⁵⁵	kum³⁵	弯
phʒo³¹	phju³¹	phju³¹	phju:⁵⁵	phju⁵⁵	白
li³³	lai²¹	la⁵⁵	la:i⁵⁵	li⁵¹	重
kha⁵⁵	kho²¹	khɔ³⁵	khɔ:⁵⁵	kha³⁵	苦
kha⁵⁵	kho²¹	khɔ⁵⁵	khɔ:⁵⁵	ŋɛ̃⁵⁵	咸
thot³¹	thot²¹	thɔt³¹	thu:t⁵⁵	thɔt³¹	搬
thu⁵¹	thuŋ²¹	thauŋ⁵⁵	thu:ŋ⁵⁵	thauŋ⁵⁵	舂
tʃai⁵⁵	leŋ²¹	laŋ³⁵	lə:ŋ³¹	laŋ⁵⁵	滚
mu⁵¹	mjaŋ⁵¹	mjɔ̃³¹	mja:ŋ⁵¹	mjɔ̃⁵⁵	看见
tʃam⁵⁵	tʃam⁵¹	tʃam⁵¹	tʃa:m⁵⁵	tʃam⁵⁵	试

这些同源词中都有语音对应规律可循。一部分语音差异较小，可以从音理上就能看出它们的同源关系，有一些语音音质相差较大，比如"风"一词，景颇语是n⁵¹puŋ³³，其中的puŋ³³与载瓦语的lai⁵¹、浪速语的la³¹、勒期语的lei⁵¹、波拉语的lɔi⁵⁵有同源关系。应是古代的*pl- 分化的结果。又如"星星"一词，景颇语是ʃã³³kan⁵⁵，其中的kan⁵⁵与载瓦语的kji⁵¹、浪速语的kji⁵²、勒期语的kji⁵⁵、波拉语的kji⁵⁵有同源关系，只是一方丢失了鼻音韵尾。景颇语的"火"现在用wan³¹，与载瓦语的mji²¹、浪速语的mji⁵⁵、勒期语的mji³³、波拉语的mi³¹不同源，但与景颇语复合词mi³¹phʒap³¹ "霹雳"中的前一音节mi³¹ "火"同源。

景颇语与缅语支的四种语言虽然同源词不多，但这些同源词都是一些最原始的基本词，所以确定它们远古的同源关系是有根据的。

2. 景颇语与另四种语言的异源词。例如：

景颇语	载瓦语	浪速语	勒期语	波拉语	
khu⁵⁵	toŋ²¹	tuŋ⁵⁵	tuaŋ⁵⁵	tuŋ³¹	洞
să³³mui³³	mut⁵⁵mau⁵⁵	tʃam³¹thɔi³⁵	tsɔm⁵⁵mou⁵⁵	tʃam⁵⁵	云
sin³³	lik²¹vo⁵¹	lak³¹ɣu⁵¹	lək³¹	lak³¹ɣɔ⁵⁵	雹子

khjen⁵⁵	ŋan⁵¹phju⁵¹	ŋaŋ⁵¹	ŋan⁵⁵phju³³	ŋẽ³³	霜
lam³³	khjɔ⁵¹	khjɔ⁵¹	khjo³³	khja⁵⁵	路
ka⁵⁵	mji⁵⁵tsɛ²¹	mjik³¹tsai³⁵	mji⁵¹tsei⁵⁵	məi⁵⁵kauŋ⁵⁵	土
kum³¹phʐo³¹	ŋun⁵¹	ŋɔi³¹	ŋə³¹	ŋø⁵⁵	银子
kǎ³¹thoŋ³¹	va⁵¹	vɔ³¹	wo³¹	va⁵⁵	村寨
po³³	u²¹lum̥²¹	au³⁵lam³⁵	wo̥⁵⁵lɔm⁵⁵	u̥³⁵lam³¹	头
lă⁵⁵ti⁵¹	no⁵¹	nɔ³¹	no³³	na⁵⁵	鼻子
man³³	mjoʔ²¹toŋ²¹	mjɔʔ⁵¹khuŋ⁵⁵	mjoʔ⁵¹tuaŋ⁵⁵	mjaʔ⁵¹tuŋ⁵¹	脸
kǎ³¹phaʔ³¹	koʔ²¹san⁵¹	lɔʔ³¹saŋ⁵¹	lɔʔ³¹san³³	laʔ³¹sɛ̃³³	肩膀
phu⁵¹	a⁵⁵maŋ²¹	a⁵⁵mɔ̃⁵⁵	a⁵⁵maŋ⁵⁵	a³¹mɔ³¹	哥哥
siŋ³¹ko⁵⁵	tuŋ⁵¹	tauŋ⁵¹	tuŋ⁵¹	tauŋ⁵⁵	翅膀
woi³³	mjuʔ²¹	mjauk³¹	mjuk³¹	mjauʔ³¹	猴子
tum³¹si³³	pju⁵¹	pju⁵¹	lə̃³¹pju⁵¹	pju⁵⁵	豪猪
ʃiŋ³⁵tai³³	pau²¹	puk⁵⁵	pau³¹	pou³³	虫
ʃă⁵⁵kʐat⁵⁵	ʃin²¹	ʃiŋ⁵⁵	ʃɛŋ⁵⁵	ʃɔn³⁵	虱子
phun⁵⁵	sik⁵⁵	sak⁵⁵	sək⁵⁵	sak⁵⁵	树
n³³ku³³	tʃhin⁵¹	tʃhiŋ⁵¹	tʃhɛm³³	tʃhɔn⁵⁵	大米
puŋ⁵¹khum⁵⁵	u²¹khuʔ⁵⁵	au̥³⁵khau⁵⁵	wo̥⁵⁵khuk⁵⁵	ǔ⁵⁵khu⁵⁵	枕头
lă⁵⁵ŋai⁵¹	ʐa²¹	ta³¹	ta³¹	ta³¹	一
lă⁵⁵khoŋ⁵¹	i⁵⁵	ʃik⁵⁵	ək⁵⁵	i⁵⁵	二
mă³¹ʐai³³	juʔ²¹	jauk³¹	ju̥³¹	jauʔ³¹	个（人）
lap³¹	khjap⁵⁵	khjɛ⁵⁵	khjap³⁵	khjɛʔ⁵⁵	张（纸）
lă³¹kham⁵⁵	tho⁵¹	thu³¹	tho⁵⁵	thɔ⁵⁵	拃
suŋ³¹	nik²¹	noʔ³¹	nə:k³¹	naʔ³¹	深
loʔ⁵⁵	mjo²¹	mjɔ³⁵	mjɔ:³³	mja³¹	多
tʃaŋ³³	noʔ²¹	nɔʔ³¹	nɔ:ʔ³¹	naʔ³¹	黑
khje³³	ne³¹	nɛ³¹	nɛ:³¹	ne⁵⁵	红
mă³¹tʃiʔ⁵⁵	no⁵¹	nɔ³¹	nɔ:³¹	na⁵⁵	病
kǎ³¹pjeʔ³¹	naŋ³¹	nɔ̃³⁵	na:ŋ³³	nɔ̃⁵⁵	踩
ʃa⁵⁵	tsɔ²¹	tsɔ⁵⁵	tsɔ:⁵⁵	ta³¹	吃
tiʔ³¹	pitʔ²¹	pjik³¹	pji:t³¹	pjɔt³¹	断
khoi³¹	tʃi²¹	tʃi⁵⁵	tʃe:i⁵⁵	tʃi⁵⁵	借钱
khʐap³¹	ŋau⁵¹	ŋuk³¹	ŋa:u⁵¹	ŋau⁵⁵	哭

景颇语与其他四种语言有的词虽然不同源，但在复合词里面能够找到同源的语素，如"黑"一词景颇语用tʃaŋ³³，但在复合词中还保留与其他语

言有同源关系的naʔ³¹。如a³³ tʃaŋ³³ naʔ³¹ naʔ³¹ "黑黝黝"。

从词源的整体比较看来，景颇语与另外四种语言差异还是比较大的。即使是一些最常用的基本词也是异源词，所以，二者之间在早期的语言的分化上必然有过分离的阶段。

3. 载瓦语、浪速语等四种语言的同源词。例如：

载瓦语	浪速语	勒期语	波拉语	
nut⁵⁵	nat⁵⁵	nuat⁵⁵	nɔt⁵⁵	嘴
nut⁵⁵mui²¹	nut⁵⁵mɔi⁵¹	nuat⁵⁵mə⁵⁵	nɔt⁵⁵mø³¹	胡子
liŋ⁵¹tsiŋ²¹	laŋ³¹tsaŋ⁵⁵	ləŋ³¹tsəŋ⁵⁵	ləŋ⁵⁵taŋ⁵¹	脖子
tʃhoʔ⁵⁵	tʃhɔ⁵⁵	tʃhɔʔ⁵⁵	tʃhaʔ⁵⁵	肚脐
khji⁵¹	khjik³¹	khjei³³	khji⁵⁵	脚
loʔ³¹	loʔ³¹	lɔʔ³¹	la³¹	手
loʔ²¹ŋjui²¹	lɔʔ³¹ŋjuk⁵⁵	lɔʔ³¹ŋjo⁵⁵	laʔ⁵¹ŋjuŋ⁵⁵	手指
loʔ²¹siŋ²¹	lɔʔ³¹saŋ³⁵	lɔʔ³¹səŋ⁵⁵	laʔ⁵¹saŋ⁵⁵	指甲
pjiŋ⁵¹	pjaŋ⁵¹	pjiŋ⁵¹	pjaŋ⁵⁵	疮
u²¹nuʔ⁵⁵	au⁵⁵nauk⁵¹	u⁵⁵nuʔ³¹	ŭ⁵¹nauk⁵⁵	脑髓
kɔ²¹paŋ²¹	ɣə³⁵mɔʔ⁵⁵	kji⁵⁵paŋ⁵⁵	kɔ⁵⁵maʔ⁵⁵	成年人
tʃut⁵⁵	tʃat⁵⁵	tʃu:t⁵⁵	tʃɔt⁵⁵	（路）滑
aʔ²¹tʃum²¹	tʃam³⁵ʒu³¹	a³¹tʃɔm³³	tʃam³¹	生（的）
aʔ²¹sik⁵⁵	sak⁵⁵	sə:k⁵⁵	sak⁵⁵	长（的）
tʃin⁵¹	tʃiŋ⁵¹	tʃi:n³³	tʃɔn⁵⁵	酸
tʃhui²¹	tʃhuk³¹	tʃha:u³³	tʃhu⁵⁵	甜
pan⁵¹	pəŋ⁵¹	pa:n⁵⁵	pẽ⁵⁵	涩
njiŋ⁵⁵	ŋaŋ⁵⁵	ŋə:ŋ⁵⁵	ŋaŋ⁵⁵	腻
mjuŋ⁵¹	mjauŋ⁵¹	mjɔ:ŋ³¹	mjauŋ⁵⁵	穷
nut²¹	nat³¹	nu:t³¹	nɔt³³	拔
kjeʔ²¹	kak⁵⁵	kə:k⁵⁵	kak⁵⁵	包（药）
nik²¹	nak³¹	nə:k⁵⁵	nak³¹	编（辫子）
tshuʔ⁵⁵	tsauk⁵⁵	tsu:k⁵⁵	tsauʔ⁵⁵	插（牌子）
phjoʔ⁵⁵	phjoʔ⁵⁵	phjɔ:ʔ⁵⁵	phja⁵⁵	拆
ʃu⁵¹	ʃu⁵¹	ʃu:⁵⁵	ʃu⁵⁵	馋
nop²¹	nop³¹	nu:p⁵¹	nap⁵¹	沉
thuʔ⁵⁵	thauk⁵⁵	thu:k⁵⁵	thauʔ⁵⁵	撑
ʃe⁵¹	ʃɛ⁵⁵	ʃɛ:⁵⁵	ʃɛ⁵⁵	抽
mut²¹	mat³¹	mu:t³¹	mɔt³¹	吹

ŋut⁵⁵   ŋat³¹   ŋu:t⁵⁵   ŋɔt⁵⁵   是

从词源比较上看，载瓦、浪速、勒期、波拉等缅语支语言词源关系比较接近，同源词中包括了大量的早期基本词，而且在对应的音值上都比较接近。

4. 载瓦、浪速等四种语言的异源词。例如：ɛ̃

载瓦语	浪速语	勒期语	波拉语	
nuŋ⁵¹khuŋ⁵¹	kauŋ³¹tɔ̃⁵⁵	nuŋ⁵⁵khuŋ⁵⁵	kauŋ⁵⁵tɔ̃⁵⁵	脊背
tʃi²¹	ɣui⁵⁵	ɣə⁵⁵	khɔ̃⁵¹tai⁵⁵	口水
xi²¹	xək⁵⁵	ʃei⁵⁵	xəi³³	污垢
pin⁵¹tʃhaŋ⁵⁵su⁵¹	tʃum⁵¹	tsɔn⁵¹	tʃum³³	仆人
tě²¹mja²¹	thu⁵⁵fi⁵⁵	khjaŋ⁵⁵tou⁵⁵	khau³¹pju⁵⁵	土匪
ǔ²¹tʃut̠⁵⁵	au⁵⁵tau⁴¹		ǔ³⁵kɔn³¹	秃子
pju⁵¹ko⁵¹	pju³¹ŋɔk⁵¹	pju³¹na³³	pju⁵⁵ka⁵⁵	傻子（第二音节不同）
a³³nu⁵¹	a⁵⁵mji⁵⁵	a⁵⁵mji⁵⁵	a³¹muŋ⁵⁵	母亲（两两异源）
a⁴⁴ʃu²¹ju²¹ke⁵¹tso²¹	mjik³¹	mei³³tso³³	məi⁵¹ta⁵¹	孙子
a⁵⁵ku²¹	a³¹nauŋ³⁵	a⁵⁵nɔ²³¹	a³¹mauŋ⁵⁵	弟弟
a⁵⁵nu̠¹mo⁵⁵	mji⁵⁵mɔ⁵⁵	mo⁵⁵mji⁵⁵	a⁵⁵ma³¹	伯母
thaŋ⁵⁵tso²¹	a³¹phɔ⁵⁵	lat³¹kjo³³	a³¹kɔn⁵⁵	叔叔
a⁵⁵nu²¹thaŋ⁵⁵	a⁵¹mji⁵⁵	lat⁵¹mji³³	a⁵⁵thɔ̃³¹	婶婶
a⁵⁵va²¹mo⁵⁵	a³¹phɔ⁵⁵	mo⁵⁵phu⁵⁵	phɔ̃⁵⁵ma³¹	姨夫
a⁵⁵mo̠i⁵⁵	na³¹	a⁵⁵nei⁵¹	nai⁵⁵ma⁵²	姑母
thaŋ⁵¹nu²¹	a⁵¹mji⁵⁵	thaŋ⁵⁵mji⁵⁵	a³¹nuŋ⁵⁵	继母
vun⁵⁵	jiŋ⁵⁵pɛ²⁵⁵		jɔn³⁵tʃhɔ̃⁵⁵	松鼠
vui⁵¹pu²⁵⁵	kɔ̃³¹tʃam³¹lɔ̃³¹phɔ²⁵⁵	la³¹phɔ⁵⁵	kɔ̃³¹tʃam³¹	粥
să²¹poi⁵¹	tʃɔ³¹tsɛ³¹	tsɔ³¹po⁵⁵	sak⁵⁵phun⁵¹	桌子
tuŋ⁵¹khu²⁵⁵	tsauk⁵⁵	ʃam⁵⁵	a³¹tsau²⁵⁵	刀把儿
kot²¹	ʃɔ³¹	mɔt⁵⁵tsuk⁵⁵	phjau³¹	勺
vui²¹	ɣuk⁵⁵	ja:u³³	ɣu³¹	难
ʃiŋ⁵⁵	kjam⁵⁵ʃum⁵¹	kjɔ:m⁵⁵	vɛ²³¹	腥
ʃi²¹tʃut̠⁵⁵	khɛ²⁵⁵	kha:t⁵⁵	mjɛ³¹nɔ̃⁵⁵	催
te⁵⁵	kɔ⁵¹	kha:m⁵⁵	lam⁵⁵	挡
ʒa⁵⁵	xɔ³¹	kɛ⁵⁵	tʃɔ³¹	合适
kě²¹tek⁵⁵	mjaŋ³¹	pha:u³³	khɔ³¹	叫（母鸡）
ŋje⁵⁵	lauŋ⁵¹	lai⁵⁵	lai⁵⁵	热（饭）

从词源比较中也能看到，这几种语言也存在一定数量的异源词，这些异源词大多是非常用的基本词，比如上例中"污垢""口水"即是。有的在四种语言中只是两两异源，不是所有的异源。

5. 载瓦、浪速等四种支系语言与景颇语不同源而与缅语支的缅甸语、阿昌语同源。

载瓦语	浪速语	勒期语	波拉语	缅甸语	阿昌语	
thau²¹	thauk⁵⁵	tha:u⁵⁵	thau⁵⁵	tho⁵⁵	thau⁵¹	扎
nɔ²¹	nɔ⁵⁵	nɔ:³³	na⁵¹	na⁵⁵	nɔ⁵¹	休息
lap⁵⁵	lɛʔ⁵⁵	la:p⁵⁵	lɛʔ⁵⁵	ɬã⁵⁵	l̥ap⁵⁵	晒
phik⁵⁵	phak⁵⁵	phɔ:i⁵¹	phəi⁵⁵	phjuʔ⁵⁵	phək⁵⁵	解开
pji⁵¹	pji³¹	pji:⁵¹	pi⁵⁵	pjɔ²²	noŋ⁵⁵	溶化
sui²¹	sui⁵⁵	sɿ:⁵⁵	sui⁵⁵	tθwe⁵⁵	soi³¹	磨刀
uŋ²¹	auŋ³⁵	ɔ:ŋ⁵⁵	auŋ⁵⁵	jã u⁵⁵	uŋ²¹	卖
mji⁵⁵	mjik³¹	mji⁵¹	məi⁵⁵	mje²²	mi⁵⁵	土
tshɔ⁵⁵	tshɔ³⁵	tshɔ⁵⁵	tha³⁵	sha⁵⁵	tɕhɔ⁵¹	盐
nŏ²¹phjo²¹	nŏ³¹hkjɛʔ³⁵	nŏkhjap⁵⁵	nŏkhjɛʔ⁵⁵	na⁵⁵	ni³¹tʂhua³¹	耳朵
khji⁵⁵	khjik³¹	khjei³³	khji⁵⁵	tɕhe²²thauʔ⁵⁵	tɕhi⁵⁵	脚
loʔ²¹	lɔʔ³¹	lɔʔ³¹	laʔ³¹	lɛʔ⁵⁵	lɔʔ⁵⁵	手
sui²¹	sa³⁵	sui⁵⁵	sui⁵⁵	tθwe⁵⁵	sui³¹	血
ʃŏ²¹kji³¹	ʃɔ̃⁵⁵kji³¹	ʃ⁵⁵kji⁵⁵	ʃã⁵⁵kji⁵¹	a⁵⁵tɕɔ⁵⁵	a³¹kzə³¹	筋
ʃŏ²¹vui²¹	ʃŏ⁵⁵ɣuk³⁵	ʃŏ⁵⁵jou⁵⁵	ʃã⁵⁵u³¹	a⁵⁵jo⁵⁵	a³¹zau³¹	骨头
tsui⁵¹	tsɔi³¹	tsɿ³¹	tui⁵⁵	tθwa⁵⁵	tɕoi⁵⁵	牙齿
mjaŋ²¹	mjɔ̃⁵⁵	mjaŋ⁵⁵	mjɔ̃⁵¹	mji⁵⁵	m̥ zaŋ⁵¹	马
voʔ²¹	ɣɔʔ³¹	kjɔʔ³¹	ɣaʔ³¹	tɕɛʔ⁵⁵	kzuaʔ⁵⁵	鸡
ŋɔʔ⁵⁵	ŋɔʔ³¹	ŋɔʔ⁵⁵	ŋaʔ³¹	ŋɛʔ⁵⁵	m̥ ɔʔ⁵⁵	鸟
ʃi²¹	ʃi⁵⁵	ʃi³⁵	ʃi³⁵	a⁵⁵tθi⁵⁵	ʂə³¹	水果
va²¹	vɔ⁵⁵	wo³³	va³¹	wa⁵⁵	o³¹	竹子
nui⁵¹	nɔi⁵¹	nə³¹tʃhɔm⁵⁵	nø⁵⁵	a⁵⁵nuɛ²²	nui⁵⁵	藤子
ŋjit⁵⁵	nat⁵⁵	njɛt⁵⁵	nɔt⁵⁵	khu⁵⁵n̥ iʔ⁵⁵	n̥it⁵⁵	七
ʃit⁵⁵	ʃɛt⁵⁵	ʃɛt⁵⁵	ʃɛt⁵⁵	ʃit⁵⁵	ɕet⁵⁵	八
juʔ²¹	jauk³¹	juʔ³¹	jauʔ³¹	jauʔ⁵⁵	zuʔ⁵⁵	个（人）

从以上的同源词可以看到，景颇支系的这些语言与缅语、阿昌语比较接近。这就成为一个奇特的现象：这些语言都属景颇族的语言，但与别的民族语言接近，而与自己同一民族的景颇语差别大。要解释其原因是有可

能的，但需研究他们民族的历史演变。①

第四节　印度阿萨姆兴颇语、缅甸杜连景颇语介绍

景颇族语言除了以上介绍的五种支系语言外，半个世纪以来，还发现了一些有特点的"话"，其系属归类目前还未研究清楚。但这些语料是很宝贵的，我们这里先介绍印度阿萨姆兴颇语和缅甸杜连景颇语两个个案。

一　阿萨姆兴颇语介绍

（一）阿萨姆地区的社会文化情况

阿萨姆兴颇语是印度阿萨姆地区的兴颇族使用的语言。由于它的特点同中缅景颇语的特点有不少差异，需要在这里做些介绍。

印度阿萨姆邦地区的兴颇族（自称"兴颇"Singhpo），是景颇族南迁时定居在那里的，由于与景颇族主体人群分离较早，加上印度特殊的语言环境，所以兴颇语的特点发生了一些变化。

我们对这种方言有强烈调查的兴趣，但由于各种原因，不能亲自到印度调查，成为一件憾事。这里我们只好根据国外发表的数篇兴颇语研究的材料，来形成对兴颇语的一些认识。材料来源：一是《兴颇语语法纲要》（*Outline Grammar of the Singpho Langage*），作者 J. F. Needham，1899 年由阿萨姆邦行政出版部 The Asam Secrtetariat Press，在 Shillong 出版；二是《兴颇语短语手册》（*A Phrase Book in Singpho*），作者 K. Das Gupta，1979 年在 Shillong 出版。下面介绍的是这两项研究成果提供的信息。我们希望将来有机会亲自到阿萨姆邦调查兴颇语，来补充这次介绍的不足。

据《兴颇语短语手册》介绍，兴颇人在印度有 981 人，主要分布在 Tirap 区的 Bordumsa 一带，以及与 Arunachal Pradesh 的 Lohit 区接壤的一些地区。兴颇人南迁后分离在东、西两地，约有近千年历史。兴颇人的主要特点与缅甸、中国的景颇族相似。如书中介绍说：

　　"兴颇人的房子，呈长方形，由木柱支撑。……房子的结构使用竹子、木板。"
　　"每个房子都有一个放在阳台上的织布机，室内还有一个火塘。"
　　"可以娶舅父的女儿为妻，但不能娶姨母的女儿为妻。"
　　"兴颇人种植水稻，以大米为主食，麦子、洋芋、芋头等也是他们耕种的作物。"

---

① 本节词源比较的语料来源主要取自黄布凡主编《藏缅语族语言词汇》，中央民族学院出版社 1992 年版。

"一日两餐。……喜欢鱼和烟熏或晒干的食物。鱼、肉、米和盐混合在一起，保存在竹子容器里。"

"按排行取名，男女有别，如 gam 老大（男）、nong（男）……kha 老七（男），ko 老大（女）、lu 老二（女）、pi 老七（女）……"

"兴颇人相信很多神。鬼神制约他们每日的行为。其中有位于山里的山神，生活在水里的水神，在森林里的树神。……依靠巫师（dumsa）的帮助谋求神的好感，巫师是知道哪个神能被抚慰的。"

从上面介绍看来，印度的兴颇人与中缅的景颇人具有共同的来源，而且在生活、文化等方面还保持许多相同的特点。

（二）阿萨姆地区的景颇语简况

在语言上，我们对比了兴颇语和标准景颇语（指中缅地区通用的以书写景颇文为基础的景颇语）的语音特点、基本词汇和基本的语法构造，看到他们之间保留了如此多的相同点，那么差异便是次要的。

1. 语音的共性和差异。阿萨姆地区的景颇语语音特点同标准景颇语一样，塞音、塞擦音声母没有清浊对立；没有复辅音声母；在双唇音、舌根音上有腭化非腭化、舌叶化非舌叶化的对立。韵母比较丰富，有-m、-n、-ŋ、-p、-t、-k的韵尾；元音分松紧。差异主要有：

（1）标准景颇语固有词里没有 f 声母（借词中新增了 f 声母），但印度兴颇语有。例如：

中缅景颇语	印度兴颇语	汉语义
hpe	fe	表示宾语的结构助词

（2）标准景颇语在舌根音声母上的送气音，印度兴颇语读为不送气音。例如：

标准景颇语	印度兴颇语	汉语义
hkring	kring	桥
hkrit	krit	怕

也有少数相反的情况，即印度兴颇语读为送气的，标准景颇语读为不送气的。例如：

中缅景颇语	印度兴颇语	汉语义
kru	khru	六
ka-ang	kha-ang	中间

（3）舌尖音和舌叶音的对立，中缅景颇语对立的词比较多，但印度兴颇语里对立的词比较少，而且有的出现两读。例如：

标准景颇语	印度兴颇语	汉语义
shinggan	singgan	外面
gashin	khsin	洗
shung	sung	深
ntsin	nchin	水
matsan	machan	穷
tsap	chap	站

（4）标准景颇语一些不带鼻音韵尾的韵母，在印度兴颇语里带-ng 韵尾。例如：

标准景颇语	印度兴颇语	汉语义
ma	mang	孩子
gumra	kumrang	马
lago	lagong	脚
nhpye	mhpeng	背包
machan	matsang	穷
nanhte	nihteng	站

2. 在词汇上，标准景颇语和印度兴颇语还存在大量的同源词，不仅同源，而且读音相同或相似。例如：

标准景颇语	印度兴颇语	汉语义
n-gup	n-gup	嘴
wa	wa	牙
wa	wa	父
nu	nu	母
ganau	ganau	弟弟
gumgai	gumgai	老太婆
dingla	dingla	老大爷
wa	wa	猪
yu	yu	老鼠
n-gu	n-gu	米
shat	shat	饭
nang	nang	你
ngai	ngai	我
lu	lu	喝
pyen	pyen	飞
ba	ba	累

标准景颇语	印度兴颇语	汉语义
dung	dung	坐
galai	galai	换
yup	yup	睡
li	li	重
n	n	不

但也存在一些异源词。例如：

标准景颇语	印度兴颇语	汉语义
langai	aima	一
mahkon	ningkin	唱
hpa	mahkai	什么
gadai	dama	谁
pongtin	kolom（借英）	笔
saboi	tebul（借英）	桌子
machyoksi（借傣）	kumchai	橘子

产生异源词的原因主要有三：一是一方借外来词，一方不借；二是一方语义转用，出现差异，如 mba 一词，标准景颇语指"被子、毯子"，而印度兴颇语引申为"衣服"；三是一方语言出现双音节化，如"鱼"一词，标准景颇语是 nga，而印度兴颇语说成 ngashan（鱼+肉）。

（三）在语法特点上，标准景颇语和印度兴颇语大致相同，但也存在一些差异

差异主要有：

1. 表示人称、数、态、体的句尾词，印度兴颇语已大量简化，中国景颇语随已趋于简化，缅甸景颇语也大量简化，但不及印度兴颇语简化得多。例如：

中国景颇语	缅甸景颇语	印度兴颇语	汉语义
ngai sa nngai 我 去（句尾）	nang sa nngai（ai） 我 去（句尾）	ngai sa dai 我 去（句尾）	我去
nang sa ndai 你 去（句尾）	nang sa ndai（ai） 你 去（句尾）	nang sa dai 你 去（句尾）	你去
khi sa ai 他 去（句尾）	khi sa ai 他 去（句尾）	khi sa dai 他 去（句尾）	他去

又如表示疑问的句尾词，标准景颇语都因人称、数的不同而不同，但印度兴颇语都泛化为 i。例如：

中国景颇语	缅甸景颇语	印度兴颇语	汉语义
ngai mahkon ani？	ngai mahkon ani（i）？	ngai ningshin gai？	我唱吗？
我　唱　（句尾）	我　唱　（句尾）	我　唱　（句尾）	
nang kosi nni？	nang kosi nni（i）？	nang ka-si dai(i)？	你饿吗？
你　饿　（句尾）	你　饿（句尾）	你　饿（句尾）	

2. 标准景颇语的名词、人称代词通过加 ni 或 hte 表示复数，而印度兴颇语则用 bok 表示。例如：

标准景颇语	印度兴颇语	汉语义
magui ni	mugui bok	大象（多数）
numsha ni	numsha bok	女人们
ndai hte	ndai bok	这些

3. 景颇语有泛指动词 di "搞、做、弄"等，是景颇语的一个重要特点。印度兴颇语可以用在动词之后，但标准景颇语不行，必须放在动词之前。例如：

印度兴颇语

khi shat sha <u>di</u> nga dai.　他在吃饭。
他　饭　吃　（泛指）在（句尾）

Marang thu <u>di</u> nga dai.　下雨了。
雨　　下（泛指）在（句尾）

标准景颇语

Hpa　<u>di</u>　na lo？　要干什么呢？
什么（泛指）要　（句尾）

La-son abrep abrap　<u>di</u>　u！你把大蒜拍一拍。
大蒜　拍打状　（泛指）（句尾）

（四）小结

1. 通过标准景颇语与印度兴颇语的粗略比较可以看到，由于国界的不同，山川河流的隔绝，两地景颇语的特点出现了一些差异。相对来说，中国和缅甸的景颇族由于地理位置接近，来往较多，所以语言特点比较一致；而印度的兴颇人居住的地区与中缅跨境景颇族分布地区相隔较远，往来很少，缺少联系，所以增加了二者的差异。

2. 标准景颇语与兴颇语的差异在语音、词汇、语法等方面都有反映。但在词汇上表现比较突出。借用对象的不同，对扩大差异是一个较大的冲击力。

3. 从发展趋势上看，标准景颇语和印度兴颇语的差异有可能还会继续增加。因为相互间来往少，而且印度兴颇语所属的语言环境与标准景颇语存在较大的差异。

二 景颇语杜连话介绍

在缅甸克钦邦北部葡萄县境内生活着景颇族的一个自称 tu³¹leŋ³³ "杜连"（意为"神气的山官"）的支系，他们说着一种与标准景颇语（指中缅景颇族所使用的景颇语）有一定差别的"话"。由于它的特殊价值，所以有必要再介绍一下。这里使用的材料主要是岳麻腊教授 2004 年 11—12 月在缅甸克钦邦密支那调查的所得的第一手材料。这个材料很有价值，因为我们很长时间内都没有发现景颇语内部存在的较大差异，一直认为景颇语内部没有方言差别。而这个材料使我们改变了原来的看法，认为景颇语内部虽然大部没有差别，但还有局部的差别。所以我们用这个材料来与标准景颇语做对比，从中获取一些有价值的见解。①

（一）语音

1. 声韵调的特点

（1）声母

杜连话的声母有 21 个。即：p、ph、m、v、pj、phj、mj、t、th、n、l、tʃ、ʃ、k、kh、x、kj、khj、nj、w、j。

与标准景颇语的声母相比差异主要是：① 杜连语双唇音、舌根音上没有舌叶化的声母 pʒ、phʒ、kʒ、khʒ。标准景颇语的舌叶化声母在杜连话里都读为非舌叶化声母。② 有声母v。③ 杜连老年人没有ts、s、ʒ三个声母，都读为tʃ、ʃ、l。年轻人虽然有，但与tʃ、ʃ、l混用。④ x声母，标准语的k、kh在杜连语里读为x。一部分kh和x混读，如khǎ³¹lo³³可读为xǎ³¹lo³³。

（2）韵母

韵母有 110 个。分为单元音韵母、复合元音韵母、带鼻音韵尾韵母、带塞音韵尾韵母四类。

单元音韵母 12 个：i、e、a、o、u、ɯ、i̯、e̯、a̯、o̯、u̯、ɯ̯。

复合元音韵母 10 个：ei、ai、au、oi、ui、e̯i、a̯i、a̯u、o̯i、u̯i。

带鼻音韵尾韵母 36 个：

im	em	am	om	um	ɯm
i̯m	e̯m	a̯m	o̯m	u̯m	ɯ̯m
in	en	an	on	un	ɯn
i̯n	e̯n	a̯n	o̯n	u̯n	ɯ̯n
iŋ	eŋ	aŋ	oŋ	uŋ	ɯŋ

---

① 参见岳麻腊《景颇语杜连话概况》，《民族语文》2006 年第 4 期。

第四章 景颇族诸支系语言特点比较

| iŋ | eŋ | aŋ | oŋ | uŋ | ɯŋ |

带塞音韵尾韵母 52 个：

ip	ep	ap	op	up	ɯp
i̠p	e̠p	a̠p	o̠p	u̠p	ɯ̠p
it	et	at	ot	ut	ɯt
i̠t	e̠t	a̠t	o̠t	u̠t	ɯ̠t
ik	ek	ak	ok	uk	ɯk
i̠k	e̠k	a̠k	o̠k	u̠k	ɯ̠k
iʔ	eʔ	aʔ	oʔ	uʔ	ɯʔ
i̠ʔ	e̠ʔ	a̠ʔ	o̠ʔ	u̠ʔ	ɯ̠ʔ
	eiʔ	aiʔ			
	e̠iʔ	a̠iʔ			

杜连话的韵母与标准景颇语相比，共同点是：韵母丰富、数量多；元音都分松紧；都有单元音、复合元音、带鼻音韵尾韵母、带塞音韵尾韵母四类；韵尾都有-m、-n、-ŋ、-p、-t、-k、-ʔ，大多有相同的对应。差异是：① 杜连话有ɯ元音，标准景颇语没有。② 杜连话有四个复合元音带喉塞韵尾，这是标准景颇语中没有的。

（3）声调

杜连话有 5 个声调：中降 31、高平 55、中平 33、高升 35、高降 51。其中高降调出现频率较低。与标准景颇语相比，中降、高平、中平、高升调是一致的。但杜连语有 35 调。

2. 同源词的语音对应

（1）同源词中有少数语音完全相同的。例如：

杜连话	标准景颇语	汉语义
waʔ^{31}	waʔ^{31}	猪
u^{31}	u^{31}	鸟
ʃuʔ^{31}	ʃuʔ^{31}	青蛙
lap^{31}	lap^{31}	叶子
nai^{31}	nai^{31}	芋头
n^{33}kjin^{33}	n^{33}kjin^{33}	黄瓜
luʔ^{31}	luʔ^{31}	喝
jup^{31}	jup^{31}	睡
tʃe̠n^{33}	tʃe̠n^{33}	知道
mu^{31}	mu^{31}	看见
nat^{31}	nat^{31}	烧

（2）声母的对应

① 标准景颇语带-ʒ的声母在杜连话中与不带-ʒ的声母或带-j 的声母相对应。例如：

杜连话	标准景颇语	汉语义
phuŋ³¹	phʒo³¹	白
phjiŋ³³	phʒiŋ⁵⁵	满
pat⁵⁵	pʒat³¹	时代
mă³¹ket³¹	mă³¹kʒet³³	啃
ku̠ʔ⁵⁵	kʒuʔ⁵⁵	六
khap³¹	khʒap³¹	哭
khat³¹	khʒat³¹	掉
khot³¹	khʒut³¹	洗（衣服）
khjit³¹	khʒit³¹	怕

② 杜连话是 l-声母的，标准景颇语是ʒ-声母。例如：

杜连话	标准景颇语	汉语义
ʃă³¹luŋ³³	ʃă³³ʒo³³	老虎
lem³³	ʒem³³	放牧
mă³¹luŋ³¹	mă³¹ʒuŋ³³	脊背
kum³¹laŋ³¹	kum³¹ʒa³¹	马
laʔ³¹	tsoʔ⁵⁵ʒaʔ³¹	爱
mă³¹lop³¹	mă³¹ʒop³¹	吸
xa³¹la³³	kă⁵⁵ʒa⁵⁵	头发
mă³¹laŋ³³	mă³¹ʒaŋ³³	雨
ŋa³¹luŋ³³	ŋa³³ʒuŋ³³	牛角

③ 杜连话的舌叶音与标准景颇语的舌尖音对应。例如：

杜连话	标准景颇语	汉语义
tʃaʔ⁵⁵	tsa⁵⁵	酒
mă³¹tʃe³⁵	mă³¹tse³¹	恶
ʃai³¹	sai³¹	血

④ 杜连话的 x-与标准景颇语的 k-、kh-对应。例如：

杜连话	标准景颇语	汉语义
xa³¹laŋ³³	kă³¹la³³	鹰
xa³¹leŋ³¹	kă³¹leŋ³¹	躺
xă³¹wa³³	kă³¹wa³³	咬
xai³³pek⁵⁵	khai³³pjekʔ⁵⁵	鸭子
xot³¹	khʒut³¹	洗（头）

⑤ 杜连话的v-声母与标准景颇语的w-、j-相对应。例如：

杜连话	标准景颇语	汉语义
vei³³	wei³³	猴子
ven³¹	jen⁵⁵	让

（3）韵母对应

韵母的对应主要有以下几点：

①杜连话是有鼻音韵尾的，标准景颇语没有韵尾。例如：

杜连话	标准景颇语	汉语义
ʃiŋ³¹kɯŋ⁵⁵	siŋ³¹ko̥³³	翅膀
ʃă³¹lɯŋ³³	ʃă³³ʒo³³	老虎
phɯŋ³¹	phʒo³¹	白
khjeŋ³³	khje³³	红
lă³¹kɯŋ³³	lă³¹ko³³	脚
khaŋ³³	kha³³	痕迹
naŋ³¹	na³¹	听见

② 杜连话的o与标准景颇语的u对应，例如：

杜连话	标准景颇语	汉语义
po³³	pu̥³¹	肠
lă⁵⁵po̥⁵⁵	lă³¹pu̥⁵⁵	蛇
jo³³	ju⁵⁵	老鼠
tʃo³³	tʃu⁵⁵	刺
n³¹tho⁵⁵	n³¹thu³³	刀
tʃă³¹khoʔ³¹	tʃă³¹khu³¹	九

③ 杜连话的-ɯ，与标准景颇语的-i、-o对应，例如：

杜连话	标准景颇语	汉语义
phɯʔ³¹	phʒi³¹	铁
ʃă³¹kɯ³¹	ʃă³¹kʒi³¹	胆
khɯ³³	khʒi⁵⁵	屎
n³¹lɯ³³	n³¹li³³	种子
kă⁵⁵lɯp⁵⁵	kă⁵⁵lip⁵⁵	发卡
mă³¹lɯ³¹	mă³¹li³³	四
ʃɯ³³	ʃi³³	十
mă³¹nɯ³³	mă³¹ni³³	笑
khɯ³¹	khʒi³³	酸
kum³¹phɯŋ³¹	kum³¹phʒo³¹	银

杜连话	标准景颇语	汉语义
lă³¹kɯŋ³³	lă³¹ko̱³³	脚
ʃiŋ³¹kɯŋ⁵⁵	siŋ³¹ko̱³³	翅膀
ʃă³¹lɯŋ³³	ʃă³³ʒo³³	老虎
pṳt³¹	po̱t³¹	根
ʃă³¹pɯn³¹	ʃă³¹pon³¹	捆
phɯŋ³¹	phʒo³¹	白

④ 标准景颇语没有韵尾，杜连话添加了塞音韵尾。例如：

杜连话	标准景颇语	汉语义
tʃɯʔ³¹	tʃi³¹	药
kaʔ³¹	ka³¹	话
xa³¹neiʔ⁵⁵	tai³¹ni⁵⁵	因为
ʃă³¹to̱t⁵⁵	ʃă³¹tṳ³³	使生长
tʃe̱ŋ³³	tʃe̱³³	会

（4）声调对应

① 杜连话的 35 调，在标准景颇语中对应为 51 调或 31 调，有个别对应 33 调。例如：

杜连语	标准景颇语	汉语义
n³¹ta̱³⁵	n³¹ta̱⁵¹	家
num³³ʃa³⁵	num³¹ʃa³¹	女人
pai³¹nam³⁵	pai³¹nam³³	山羊
tʃiʔ³¹khan³⁵	tʃă⁵⁵khan⁵¹	螃蟹
n³¹khoŋ³⁵	lă⁵⁵khoŋ⁵¹	二
ŋai³⁵	lă⁵⁵ŋai⁵¹	一

② 杜连话的 33 调，在标准景颇语中对应的有 55 调和 31 调。例如：

杜连语	标准景颇语	汉语义
tʃo³³	tʃu⁵⁵	刺
kha³³	kha⁵⁵	苦
xa³¹la³³	kă⁵⁵ʒa⁵⁵	头发
ŋa³³	ŋa⁵⁵	鱼
jo³³	ju⁵⁵	老鼠
than³³	than⁵⁵	答
phoŋ³³	phoŋ⁵⁵	晴
ŋa³¹lɯŋ³³	ŋa³³ʒuŋ³¹	牛角
po̱³³	pṳ³¹	肠

③ 杜连话的 31 调在标准景颇语中有的与 55 调对应有的与 33 调对应。例如：

杜连语	标准景颇语	汉语义
koi^{31}	kui^{55}	敢
jup^{31}	jup^{55}	睡
ven^{31}	jen^{55}	让
the^{31}	the^{33}	钱（量词）
mau^{31}	mau^{33}	呆、惊讶

（二）词汇

1. 相同点：和标准景颇语一样，杜连话也有丰富的复合词、四音格词，它们的构造也与标准景颇语大致相同。

借词来自缅语、汉语、掸语（傣语）、英语等，这与标准景颇语相同。有点不同的是，杜连话的缅语借词数量比中国景颇语多。

2. 词汇同源情况。杜连话和标准语有一部分词同源，但也有一部分词不同源。即便是基本词汇中也有同源不同源的。我们统计了《景颇语杜连话概况》中的 448 个词，其中同源词有 349 个，占 77.9%，半同源词有 27 个，占 6%，异源词有 72 个，占 16.1%。分别举例如下：

（1）同源词

杜连话	标准景颇语	汉语义
tʃan^{33}	tʃan^{33}	太阳
ʃă^{33}ta^{33}	ʃă^{33}ta^{33}	月亮
ʃă^{33}kan^{33}	ʃă^{33}kan^{55}	星星
n^{55}ʃin^{55}	n^{55}sin^{55}	黑夜
khaʔ^{31}/n^{31}tʃin^{55}	khaʔ^{31}/n^{31}tʃin^{33}	水
n^{31}puŋ^{33}	n^{31}puŋ^{33}	风
mă^{31}laŋ^{33}	mă^{31}ʒaŋ^{33}	雨
kjen^{33}	khjen^{33}	冰
wan^{31}	wan^{31}	火
wan^{31}khot^{31}	wan^{31}khut^{31}	烟
khaʔ^{31}	khaʔ^{31}	河
paŋ^{33}lai^{33}	paŋ^{33}lai^{33}	海
noŋ^{33}	noŋ^{33}	湖
pum^{31}	pum^{31}	山
lam^{33}	lam^{33}	路
luŋ^{31}puʔ^{31}	luŋ^{31}puʔ^{33}	山洞

杜连话	标准景颇语	汉语义
tʃaʔ³¹	tʃaʔ³¹	金
kum³¹phɯŋ³¹	kum³¹phʒo³¹	银
mă³³kji³³	mă³¹kʒi³³	铜
phɯʔ³¹	phʒi³¹	铁
n³¹lum³¹	n³¹luŋ³¹	石头
tʃum³¹	tʃum³¹	盐
mă³¹liŋ³³	mă³¹liŋ³³	树林
mă³¹leŋ³³	mă³¹re³³	村子
n³¹ta̱³⁵	n³¹ta̱⁵¹	家
ʃiŋ³¹nai³³	ʃiŋ⁵⁵nai⁵⁵	棍子
ʃum³¹li³³	sum³¹ʒi³³	绳子
mă³¹ʃa³¹	mă³¹ʃa³¹	人
miŋ³¹	mjiŋ³³	名字
la³³ʃa³⁵	la³³ʃa³¹	男人
num³³ʃa³⁵	num³¹ʃa³¹	女人
a³¹wa̱⁵⁵	a⁵⁵wa̱⁵¹	父亲
a³¹no⁵⁵	a⁵⁵nu̱⁵¹	母亲
mă³¹tuʔ³¹wa³³	mă³¹tuʔ³¹wa³³	丈夫
mă³¹tuʔ³¹tʃan³³	mă³¹tuʔ³¹tʃan³³	妻子
phu⁵⁵	phu⁵¹	哥哥
no³³tu̱ŋ³³	nu̱⁵¹ʃuŋ³³	伯母
tʃoŋ³¹ma³³	tʃoŋ³¹ma³³	学生
ʃă³¹la³³	să³¹ʒa³³	老师（英语借词）
ko̱ʔ⁵⁵	ko̱ʔ⁵⁵	（女）老大
khum³¹khaŋ³¹	khum³¹khʒaŋ³¹	身体
kă³¹than³³	kă³¹than³³	额头
mjiʔ³¹	mjiʔ³¹	眼睛
mjiʔ³¹	mun³³	眉毛
tuʔ³¹	tuʔ³¹	脖子
ʃă³¹ka̱p³¹	ʃă³¹kap³¹	腮
man³³	man³³	脸
n³¹kup³¹	n³¹kup³¹	嘴
n³¹kha³³mun⁵¹	n³¹kha³³mun⁵¹	胡子
tʃu̱ʔ⁵⁵	tʃu̱ʔ⁵⁵	乳房

杜连话	标准景颇语	汉语义
xa³¹la³³	kă⁵⁵ʒa⁵⁵	头发
kă³¹phaʔ³¹	kă³¹phaʔ³¹	肩膀
mă³¹luŋ³¹	mă³¹ʒuŋ³³	脊背
lă³¹kɯŋ³³	lă³¹ko³³	脚
lă³¹pop³¹	lă³¹pop³¹	小腿
ka̠n³³	ka̠n³³	肚子
ta̠ʔ⁵⁵	ta̠ʔ⁵⁵	手
phjiʔ³¹	phjiʔ³¹	皮肤
u³¹mun³¹	u³¹mun³³	羽毛
ʃan³¹	ʃan³¹	肉
ʃau³³	sau³³	脂肪
ʃiŋ³¹let³¹	ʃiŋ³¹let³¹	舌头
ʃai³¹	sai³¹	血
ʃă³¹lum³³	să³¹lum³³	心脏
ʃin³¹wop³¹	sin³¹wop⁵⁵	肺
po̠³³	pu̠³¹	肠
ʃă³¹kɯ³¹	ʃă³¹kʒi³¹	胆
khɯ³³	khʒi⁵⁵	屎
tʃet³¹	tʃi̠t³¹	尿
tu³¹ʃat⁵⁵	tu³¹ʃat⁵⁵	野兽
ŋa³¹	ŋa³³	牛
ŋa³¹luŋ³³	ŋa³³ʒuŋ³³	牛角
pai³¹nam³⁵	pai³¹nam³³	山羊
koiʔ³¹	kui³¹	狗
waʔ³¹	waʔ³¹	猪
tʃi̠ʔ⁵⁵	tʃi̠ʔ⁵⁵	虱子
u³¹	u³¹	鸡
u³¹	u³¹	鸟
kum³¹laŋ³¹	kum³¹ʒa³¹	马
xai³³pek⁵⁵	khai³³pjek⁵⁵	鸭子
lă³¹mjin³³	lă³¹mjin³³	爪子
ʃiŋ³¹kɯŋ⁵⁵	siŋ³¹ko³³	翅膀
ʃă³¹lɯŋ³³	ʃă³³ʒo³³	老虎
ʃat⁵⁵ŋa³³	ʃat³¹ŋa³³	鹿

杜连话	标准景颇语	汉语义
ŋa³³	ŋa⁵⁵	鱼
lă⁵⁵po̰⁵⁵	lă³¹pṵ⁵⁵	蛇
lă³³tṵŋ³³	lă³¹tṵŋ³³	虫
pjet³¹	pjet³¹	蛆
jo³³	ju⁵⁵	老鼠
ʃuʔ³¹	ʃuʔ³¹	青蛙
tʃiʔ³¹khan³⁵	tʃă⁵⁵khan⁵¹	螃蟹
tʃiʔ³¹koŋ³¹	tʃiʔ³¹kʒoŋ³¹	蚊子
pjḭ³³len³¹laʔ³¹	pjḭ³³lan³¹laʔ⁵⁵	燕子
n³¹tiʔ³¹kam³¹	n³¹tiʔ³¹kʒam³¹	蜘蛛
wat³¹	wot³¹	蚂蟥
ʃă³¹lam³³	ʃă³¹ʒam³³	水獭
lap³¹	lap³¹	叶子
phun³³	phun⁵⁵	树
mă³¹lau³³phun³³	mă³¹ʒau³³phun⁵⁵	松树
phun³³phjiʔ⁵⁵	phun⁵⁵phjiʔ⁵⁵	树皮
pu̠t³¹	po̠t³¹	根
nam³¹pa̰n³³	nam³¹pa̰n³³	花
ʃi³¹	nam³¹si³¹	果
tu̠m⁵⁵	tu̠m⁵⁵	核
khă³¹wa³³	kă³¹wa⁵⁵	竹子
tʃo³³	tʃu⁵⁵	刺
mam³³	mam³³	谷子
ʃat³¹	ʃat³¹	饭
n³¹lɯ³³	n³¹li³³	种子
nai³¹	nai³¹	芋头
n³³kjin³³	n³³kjin³³	黄瓜
ʃiŋ³¹nam³¹	ʃă³³nam³³	芝麻
pă⁵⁵lin⁵⁵	pă⁵⁵lin⁵⁵	瓶子（缅语借词）
khaʔ³¹pu⁵⁵	khaʔ³¹pu⁵⁵	水壶
tʃḭŋ³³	tsḭŋ³³	草
tʃaʔ⁵⁵	tsaʔ⁵⁵	酒
bɯ³³ja³³	bji³³ja³³	啤酒（英语借词）
tʃɯʔ³¹	tʃi³¹	药

杜连话	标准景颇语	汉语义
tʃum³¹toi³¹	tʃom³¹toi³¹	糖
ʃum³¹pam³³	sum³³pam³³	布
pă³³loŋ³³	pă³³loŋ³³	衣服
lă³¹puʔ³¹	lă³¹pu³¹	裤子
li³¹	ʒi³¹	线
jup³¹maŋ³¹	jup³¹maŋ³³	梦
kă⁵⁵lɯp⁵⁵	kă⁵⁵lip⁵⁵	发卡
mau³¹mui³¹	mau³¹mui³¹	故事
n³¹tho⁵⁵	n³¹thu³³	刀
mă³¹ʃat³¹tiŋ³¹ʃat³¹	mă³¹sat³¹tiŋ³¹sat³¹	纪念物
kat³¹	kat⁵⁵	集市
n³¹kun³¹	n³¹kun³¹	力气
mă³¹wa³¹lai³¹ka̠⁵⁵	mi³¹wa³¹lai³¹ka̠³³	中文
jaʔ³¹	jaʔ⁵⁵	现在
vɯ³¹	ji³¹	母的
the³¹	the³³	钱（量词）
lă³¹tṳp⁵⁵	lă³¹tṳp⁵⁵	把（一把米）
a³¹lok³¹	a³¹lok³¹	一丘（量词）
tṳm³³	tṳm³³	粒（量词）
taŋ³¹	taŋ³¹	萝（量词）
mă³¹lai³³	mă³¹ʒai³³	个（量词）
khoʔ³¹	khoʔ³¹	句（量词）
thap⁵⁵	thap³¹	层（量词）
ʃă³¹pɯn³¹	ʃă³¹pon³¹	捆（量词）
puk³¹	puk³¹	本（量词）
man³³	man³³	双（量词）
mă³¹ka³¹	mă³¹ka⁵⁵	边（量词）
phuŋ³³	phuŋ³³	群（量词）
lă³¹lam³³	lă³¹lam³³	庹（量词）
toŋ³¹	toŋ³¹	肘（量词）
a³¹khjiŋ³³	khjiŋ³³	时候
a³¹ten⁵⁵	ten⁵⁵	时间
num³³pat⁵⁵	num³³pat⁵⁵	号码、第（英语借词）
ʃă³³ta̠³³	ʃă³³ta̠³³	月

杜连话	标准景颇语	汉语义
n³¹thei³³	n⁵⁵thoi	日
ʃă³¹naʔ⁵⁵	ʃă³¹naʔ⁵⁵	晚上
kaʔ³¹	ka³¹	话
ŋai³⁵	lă⁵⁵ŋai⁵¹	一
ma̱⁵⁵	mi³³	一
n³¹khoŋ³⁵	lă⁵⁵khoŋ⁵¹	二
mă³¹ʃum⁵⁵	mă³¹sum³³	三
mă³¹lɯ³¹	mă³¹li³³	四
mă³¹ŋa³¹	mă³¹ŋa³³	五
ku̱ʔ⁵⁵	kʐu̱ʔ⁵⁵	六
ʃă³¹net³¹	să³¹net³¹	七
mă³¹tʃat⁵⁵	mă³¹tsa̱t⁵⁵	八
tʃă³¹khoʔ³¹	tʃă³¹khu³¹	九
ʃɯ³³	ʃi³³	十
tham³¹	tham³¹	倍
naŋ³¹	naŋ³³	你
ŋai³³	ŋai³³	我
ʃiʔ⁵⁵/khiʔ⁵⁵	ʃi³³/khi³³	他
nai⁵⁵	n³³tai³³	这
ta̱i⁵⁵	ta̱i³³	那
ti̱ʔ⁵⁵naŋ³³	ti̱ʔ⁵⁵naŋ³³	自己
khă³¹lei³³	kă³¹loi³³	什么时候
lu³¹	luʔ³¹	喝
tʃen³¹	tʃen³¹	滤（傣语借词）
po̱t³³	pʐut³¹	（水）开
ʃă³¹ŋon⁵⁵	ʃă³¹ŋun⁵⁵	使唤
ka̱³³	ka̱³³	写
ʃa³³	sa³³	去
than³³	than⁵⁵	答
phoŋ³³	phoŋ⁵⁵	晴
khom³³	khom³³	走
phɯŋ³¹jit³¹	phuŋ³¹jot³¹	游泳
pjeŋ³³	pjeŋ³³	飞
ta̱k⁵⁵	ta̱k³¹	猜（傣语借词）

杜连话	标准景颇语	汉语义
ta̠m³³	ta̠m³³	找
phai³³	phai³³	抬
taŋ³¹	taŋ³¹	赢
tiʔ³¹	tiʔ³¹	断
kjeʔ⁵⁵	keʔ⁵⁵	凝固
tʃɯ̠ʔ⁵⁵	tʃi̠ʔ⁵⁵	着（火）
thuʔ³¹	thuʔ³¹	下（雨）
kaʔ³¹	kaʔ³¹	破
jom³³	jom³³	减少
ven³¹	jen⁵⁵	让
tʃe̠ŋ³³	tʃe³³	会
mă³¹tʃi̠ʔ⁵⁵	mă³¹tʃi̠ʔ⁵⁵	疼
jup³¹	jup⁵⁵	睡
ʃɯ³³	ʃi³³	死
tuŋ³³	tuŋ³³	坐
kon³³	kon³³	背（动词）
kă³¹tɯ̠ŋ³³	kă³¹tu̠ŋ³³	痛
ʃaʔ⁵⁵	saʔ⁵⁵	休息
ʃă³¹to̠t⁵⁵	ʃă³¹tu³³	使生长
naŋ³¹	na³¹	听见
n³¹tʃe̠n³³	n³¹tsen³³	怀疑
ʃat³¹	sat³¹	杀
wa³¹	wa³¹	来
ŋut³¹	ŋut⁵⁵	完
tʃe̠ŋ³³	tʃe̠ŋ³³	知道
mă³¹tat³¹	mă³¹tat³¹	听
xa³¹leŋ³¹	kă³¹leŋ³¹	躺
ju³¹	ju³³	看
mu³¹	mu³¹	看见
lɯm³¹	lom³¹	包括
tu³¹	tu³¹	到
lat³¹	laʔ³¹	等待
tʃo̠n⁵⁵	tsun³³	说
ʃă³¹ka³¹	ʃă³¹ka³³	说话

杜连话	标准景颇语	汉语义
tiʔ³¹	tiʔ³¹	摘
ʃa³³	ʃa⁵⁵	吃
xa³¹wa³³	kă³¹wa⁵⁵	咬
tʃat̪⁵⁵	tsap̪⁵⁵	站
tʃoʔ³¹ja³³	tʃoʔ³¹ja³³	给
la³¹	la⁵⁵	拿
khat³¹	khʒat³¹	掉
khot³¹	khʒut³¹	洗（衣服）
tho³¹	thu³¹	挖
nat³¹	nat³¹	烧
kă³¹tham³¹	kă³¹tham³¹	砍
ʃaŋ³¹	ʃaŋ³¹	落（山）
khjit³¹	khʒit³¹	怕
kă³¹ʃup⁵⁵	kă³¹ʃup⁵⁵	玩
xa³¹noŋ³¹	kă³¹noŋ³¹	推
khum³³	khʒum⁵⁵	遇见
mă³¹nɯ³³	mă³¹ni³³	笑
khap³¹	khʒap³¹	哭
kă³¹tʃo̪t⁵⁵	kă³¹tʃut⁵⁵	擦
a³¹tʃoʔ⁵⁵	a³¹tʃoʔ⁵⁵	戳
kă³¹pai³¹	kă³¹pai³¹	扔
ʃă³¹pɯm³¹	ʃă³¹pon³¹	捆
tʃo̪i³³	tsu̪i³³	缝
to̪k⁵⁵	to̪k⁵⁵	凿
uk³¹khaŋ⁵⁵	up³¹khaŋ⁵⁵	管
phun³³	phun⁵⁵	穿
loʔ³¹	lot³¹	脱
tho³¹	tho³¹	驮（汉语借词）
ʃen³³	ʃen³³	称（汉语借词）
mă³¹nam³¹	mă³¹nam⁵⁵	闻
n³¹phat³¹	n³¹phat³¹	呕吐
koi³¹	kui⁵⁵	敢
mau³¹	mau³³	呆、惊讶
ŋa⁵¹	ŋa³¹	在

杜连话	标准景颇语	汉语义
xa³¹wut³¹	kă³¹wut³¹	吹灰
ʃă³¹tʃot⁵⁵	ʃă³¹tʃut⁵⁵	追
ʃă³¹lin⁵⁵	ʃă³¹ʒin⁵⁵	教
ʃă³¹to³³	ʃă³¹tu³³	煮
khă³¹lo³³	kă³¹lo³³	做
mă³¹lop³¹	mă³¹ʒop³¹	吸
tip³¹	tip³¹	压
tʃam⁵⁵	tʃam⁵⁵	试
ʃim³¹kap³¹	ʃan³¹kap³¹	打猎
pjet⁵⁵	pʒat⁵⁵	吐
loŋ³³	ʒoŋ³³	有、在（自动）
loŋ⁵⁵	ʒoŋ⁵⁵	使在、关（使动）
mit³¹	mjit³¹	想念
mă⁵⁵jo⁵¹	mă³¹ju³³	想（去）
kă³¹pa³¹	kă³¹pa³¹	大
ʃin³³	ʃin³¹	洗手
ʃuŋ³¹	suŋ³¹	深
phjiŋ³³	phʒiŋ⁵⁵	满
mit³¹	mjit³¹	洗脸
pip³¹	pip³¹	挤（奶）
nep³¹	nep³¹	铺（床）
mă³¹tik⁵⁵	mă³¹tʃiʔ⁵⁵	（头）疼
ʃa³¹kap⁵⁵	ʃă³¹kap⁵⁵	贴
tʃap³¹	tʃap³¹	辣
lă³¹wan³³	lă³¹wan³³	快
tʃaʔ³¹	tʃaʔ³¹	硬
kă³¹tun³¹	kă³¹tun³¹	短
xa³¹lu³¹	kă³¹lu³¹	长
phom³³	phum³³	胖
tʃom³¹	tsom³¹	美丽
lum³³	lum³³	暖和
a³¹pjo³³	a⁵⁵pjo³³	愉快
kum³¹loŋ⁵¹	kum³¹ʒoŋ⁵⁵	骄傲
kaŋ⁵⁵	kaŋ³³	紧

杜连话	标准景颇语	汉语义
kă³¹ʃuŋ³³	kă³¹ʃuŋ³³	冷
toi³¹	toi³¹	甜
tiŋ³¹ʃa³¹	tiŋ³¹sa³¹	旧
kă³¹tʃa³³	kă³¹tʃa³³	好
tʃo⁵¹	tʃo⁵¹	对
ʃut⁵⁵	ʃut⁵⁵	错
khoʔ⁵⁵	khʒoʔ⁵⁵	干
tʃa̠ŋ³³	tsa̠ŋ³³	轻
tʃa̠n³³	tsa̠n³³	远
nji³¹	nji³¹	近
kha³³	kha⁵⁵	苦
khɯ³¹	khʒi³³	酸
kă³¹thet⁵⁵	kă³¹thet⁵⁵	热
n³¹nan³¹	n³¹nan³³	新
that³¹	that³¹	厚
tuɯn³³	to̠n³³	钝（汉语借词）
kă³¹ʃin³¹	kă³¹ʃin³¹	洗（碗）
loʔ³¹	loʔ⁵⁵	多
kă³¹tʃi³¹	kă³¹tʃi³¹	小
kă³¹tʃin⁵⁵	kă³¹tsi̠ŋ³³	生
pa̠³³	pa̠³³	宽
tum³¹pje̠ŋ³³	tum³¹pje̠ŋ³³	直
mă³¹koʔ³¹	mă³¹koʔ³¹	弯
lum³³	lum³³	温
pha³¹	pha³¹	薄
tiŋ³¹lum³³	tiŋ³¹lum³³	圆
ta̠ŋ³³	ta̠ŋ³³	浅
jak³¹	jak³¹	难
kin³¹ʃa³³	kin³¹sa³³	老
n³³	n³³	不
khje̠ŋ³³	khje³³	红
tʃit⁵⁵	tʃit³¹	绿
phuɯ³¹	phʒo³¹	白
tʃa̠ŋ³³	tʃa̠ŋ³³	黑

杜连话	标准景颇语	汉语义
mo³³	mu³³	好吃
ka̠m³³	ka̠m³³	愿意
n³¹tʃa̠ŋ⁵⁵	n³¹tsa³³	上面
ʃoŋ³³	ʃoŋ³³	先
mă³¹kaŋ³³	mă³¹kaŋ³³	先
tă³¹lam³³	tă³¹ʒam⁵⁵	大约
nan³¹	nan³³	亲自
joŋ³¹	joŋ³¹	都
muŋ³¹	muŋ³¹	也
lau³¹	ʒau³¹	一起
phɯn³¹	phon³¹	一共
ʃeʔ³¹	ʃeʔ³¹	才
mji³³jat⁵⁵	mji³¹jat⁵⁵	刚刚
jaʔ³¹ʃa³¹	jaʔ⁵⁵ʃa³¹	刚刚
a³¹tʃo̠m⁵⁵	a⁵⁵tso̠m⁵¹	好好地
khak⁵⁵	khʒak⁵⁵	恰好地
kau³¹ŋui³¹ʃa³¹	kau³¹ŋui⁵⁵ʃa³¹	慢慢地
te̠ŋ³¹	te̠ŋ³¹	真地
lam³³lam³³	ʒam³³ʒam³³	相当
tik⁵⁵	tik⁵⁵	极了
theiʔ³¹	theʔ³¹	和
ju³¹	ju³¹	过（助动词）
ko³¹	ko³¹	话题助词
tă³¹muŋ³¹	ti̠ʔ⁵⁵muŋ³¹	虽然₃₃，但是₃₃
thaʔ³¹n³¹ka⁵⁵	thaʔ³¹n⁵⁵ka⁵⁵	不仅₃₃，而且₃₃
tʃaŋ³³	tʃaŋ³³	的话
jaŋ³¹	jaŋ³¹	的话

有的同源词是由于双方都借用同一个借词而形成的。例如：

杜连话	标准景颇语	汉语义
pă⁵⁵lin⁵⁵	pă⁵⁵lin⁵⁵	瓶子（缅语借词）
tʃen³¹	tʃen³¹	滤（傣语借词）
ta̠k⁵⁵	ta̠k³¹	猜（傣语借词）
tɯn³³	to̠n³³	钝（汉语借词）
tho³¹	tho³¹	驮（汉语借词）

杜连话	标准景颇语	汉语义
ʃen³³	ʃen³³	称（汉语借词）
num³³pat⁵⁵	num³³pat⁵⁵	号码、第（英语借词）
ʃă³¹la³³	să³¹ʒa³³	老师（英语借词）
puk³¹	puk³¹	本（量词）（英语借词）
buɯ³³ja³³	bji³³ja³³	啤酒（英语借词）

（2）半同源词

杜连话	标准景颇语	汉语义
mă³¹ʃin³³	sin³³	冰雹
n³¹mo³¹	lă³¹mu³¹	天空
n³¹ka³¹	ka⁵⁵	土地
ʃoŋ³³kaʔ⁵⁵	ʃoŋ³³teʔ³¹	前面
phaŋ³³kaʔ⁵⁵	phaŋ³³teʔ³¹	后面
pai̯³³kaʔ⁵⁵	pai̯³³ teʔ³¹	左边
kha³³kaʔ⁵⁵	kha³³ teʔ³¹	右边
tho⁵⁵tai̯⁵⁵	tho⁵⁵ʒa³¹	那（高指）
le⁵⁵tai̯⁵⁵	le⁵⁵ʒa³¹	那（低指）
niŋ⁵⁵tʃɯ³³	niŋ⁵⁵ʒai³¹	这样
xai⁵⁵teʔ⁵⁵	kă³¹te³¹	多少
xa³¹niŋ³¹	kă³¹niŋ³¹	怎么
xa³¹maŋ³¹	ma³¹/a³¹ma³¹	小孩
xa³¹nau³³la³³ʃa³⁵	kă³¹nau³³	弟弟
xa³¹nau³³num³³ʃa³⁵	kă³¹nau³³	妹妹
kă³¹puɯŋ³³	po³³	头
xa³¹na³³	na³³	耳朵
mai³¹tʃan³³	n³¹mai³¹	尾巴
n³¹phjet³¹	phjet³¹	屁
u³¹tʃɯ³¹	u³¹ti³¹	鸡蛋
puɯŋ³¹pam³³	puŋ³¹khoʔ⁵⁵	包头
joŋ³¹ʃă³¹wa³¹	maʔ⁵⁵khʒa³¹	全部
xa³¹neiʔ⁵⁵	tai³¹ni⁵⁵	今天
laʔ³¹	tso̯ʔ⁵⁵ʒaʔ³¹	爱
a³¹let³¹	li³³	重
taʔ³¹ʃaŋ³³	tiŋ³¹saŋ³³	故意
khă³¹nei³³	kă³¹noi³³	几乎

(3) 异源词

杜连话	标准景颇语	汉语义
jam³³	kjo³¹naʔ⁵⁵	雪
kum³¹pu̱n³³	num⁵⁵phu⁵¹	灰尘
kum³¹tʃai³³	tsai³¹pʒu³¹	沙子
xup⁵⁵tʃuʔ⁵⁵	tʃi³³	祖父
va̱i⁵⁵tʃuʔ⁵⁵	woi³³	祖母
me̱i³³pa³¹	moiʔ³³	姑母
mă³¹tʃeʔ⁵⁵	lă⁵⁵ti⁵¹	鼻子
ʃiŋ³¹jan³¹	n³¹ʃaŋ⁵⁵	腰
kin³¹laŋ³³	n³¹ʒa³³	骨头
kɯŋ³³	wa³³	牙齿
ʃă³¹meŋ³¹	pu̱³¹khje³³ʃo³¹n³¹na³¹	痔疮
kin³¹ʃo³³	tum³¹su³³	黄牛
mă³¹jan³¹	mă⁵⁵tʃi⁵¹	苍蝇
kă³¹tʃo³³laʔ³¹	khă⁵⁵tsu⁵¹	虾
kă³¹ne̱ŋ³³	kat³¹ne̱n³³	蜜蜂
ʃă³¹thuʔ³/ʃă³¹tʃo³³	ʃat³¹mai⁵⁵	菜
mă⁵⁵kjik⁵⁵	mă⁵⁵tʃap⁵⁵	辣椒
a³³lu⁵⁵ʃi³¹（缅语借词）	jaŋ³¹ji⁵⁵（汉语借词）	马铃薯
a³³lan³³（缅语借词）	toŋ³¹khon³¹	旗子
ŋaiʔ³¹	n³¹phaŋ³³	棵（量词）
phɯ³³	ʒaʔ³¹	要
lɯ̱⁵¹	ʒai⁵⁵	是
ʃă³¹nap³¹	tʃă³¹phot³¹	早上
mă⁵⁵tɯ⁵¹ʃă³¹ne̱iʔ⁵⁵	mă⁵⁵ni⁵⁵ʃoŋ³³ʃă³¹ni⁵⁵	前天
nɯ³¹teʔ³⁵	nan⁵⁵the³³	你们
i̱⁵⁵te³³	an⁵⁵the³³	我们
xa³¹nɯ⁵⁵te³³	ʃan⁵⁵the³³	他们
i̱n³³	an³³	我俩
nɯ³¹jin³³	nan³³	你俩
xa³¹nɯ⁵⁵jin³³	ʃan⁵⁵	他俩
neŋ³³a̱ŋ³³	n³³tai³³koʔ⁵⁵	这里
wo⁵⁵ta̱i⁵⁵	wo⁵⁵ʒa³¹koʔ⁵⁵	那儿

杜连话	标准景颇语	汉语义
ma̠^{31}ka̠u^{33}	mă^{31}ka̠u^{33}	旁边
maʔ^{55}	pha^{55}	什么
xai^{33}	kă^{31}ʒa^{31}	哪个
xai^{33}a̠ŋ^{33}	kă^{31}naŋ^{33}	哪里
ti̠ŋ^{55}tʃɯ^{33}	ʃiŋ^{31}ʒai^{31}	那样
na̠i^{55}lɯʔ^{55}	n^{55}teʔ^{55}loʔ^{55}	这么大、这么多
na̠i^{55}teʔ^{55}	ʃă^{55}teʔ^{55}loʔ^{55}	那么大、那么多
kji̠^{55}	kă^{31}ji̠ŋ^{33}	转动
lo^{31}	phjaʔ^{55}	塌
lim^{31}	mă^{31}kʒaʔ^{31}	抓
ʃiʔ^{31}	mă^{31}ti^{33}	湿
jom^{33}	ʃau^{31}	少
mă^{31}jei^{31}	mă^{31}sen^{31}	尖
kɯk^{31}	khʒop^{55}	脆
ʃaŋ^{33}kan^{51}kan^{31}	thoi^{31}	黄
kin^{31}ʃo^{33}	tum^{31}su^{33}	黄牛
ʃă^{31}pe̠ŋ^{55}	lă^{55}si^{51}	豆子
len^{33}	lui^{33}	流
n^{33}kă^{55}tʃa^{55}（不+好）	then^{31}	坏
ʃă^{31}pa̠^{33}maʔ^{55}	mă^{31}na^{31}mă^{31}ka^{31}	特别
ʃă^{31}mai^{33}	n^{31}na^{33}	然后
ko̠n^{33}	mă^{31}khoi^{33}	也许
xă^{31}leiʔ^{35}muŋ^{31}	tut^{55}noŋ^{33}	经常
tiŋ^{31}jaŋ^{33}	tut^{55}noŋ^{33}	经常
pha̠ŋ^{33}	khuŋ^{31}	别
ni̠ŋ^{35}	nan^{33}	亲自
tho̠^{55}	khʒai^{55}	独自
la^{33}lɯ^{33}	tʃom^{55}ko^{31}	倒是
ta̠i^{55}te^{33} me^{33}	kă^{31}tai^{33}	谁
maiʔ^{31}	mă^{31}tʃo^{31}	因为
ku̠i^{51}	a^{31}kaʔ^{55}	哎呀（语气）
maʔ^{31}	sai^{33}	句尾词（第三人称单数）
ʃaʔ^{55}	sai^{33}	句尾词（非人称）
te^{33} （用于动词后）	ai^{33}	的

杜连话	标准景颇语	汉语义
na³³（用于名词、代词后）	ai³³	的
taʔ⁵⁵（用于形容词后）	ai³³	的
kje³¹	ai³³	的
ŋai³³	ŋje⁵⁵	我的
i⁵⁵teʔ³¹	an⁵⁵the³³aʔ³¹	我们的
teʔ³¹	pheʔ⁵⁵	宾语助词

杜连语中有些词有两个说法，一个与标准景颇语同源，一个与标准景颇语不同源。例如：

杜连话	标准景颇语	汉语义
ʃã³¹tʃo⁵⁵	kă³¹lo³³（不同源）	做
khă³¹lo³³	kă³¹lo³³（同源）	做
am⁵⁵	ʃa⁵⁵（不同源）	吃
ʃa⁵⁵	ʃa⁵⁵（同源）	吃
xa⁵⁵	kă⁵⁵wa⁵⁵（不同源）	竹子
kă³¹wa³³	kă⁵⁵wa⁵⁵（同源）	竹子

（三）语法

杜连话的语法与标准景颇语大致相同。比如：二者基本语序都是相同的；词类的划分也基本相同；构词规则也大体一致。在语法范畴上都有使动范畴；都有丰富的重叠式；都有并列复合式语音和谐；都有丰富的四音格词；都有话题助词、宾语助词、定语助词等助词。

不同点有以下一些：

1. 杜连话的句尾词只表示"体""式"语法范畴，不表示"人称"和"数"，已处于进一步消失的阶段。已保存的句尾词，多数与标准语不同源。例如：

杜连话	中国景颇语	
ʃiʔ⁵⁵tʃoŋ³¹luŋ³¹maʔ³¹.	ʃi³³tʃoŋ³¹luŋ³¹ai³³.	他上学。
他　学校　上　（句尾）	他　学校　上　（句尾）	
xa³¹nuɯ⁵⁵teʔ³¹tʃoŋ³¹luŋ³¹maʔ³¹.	ʃan⁵⁵the³³tʃoŋ³¹luŋ³¹mă³³sai³³.	他们上学。
他们　　学校　上（句尾）	他们　　学校　上　（句尾）	

2. 人称代词"数""格"的变化与标准景颇语不同。主要是：标准语的形态变化更多些。

"数"的变化

	单数		双数		复数	
	杜连	标准景颇语	杜连	标准景颇语	杜连	标准景颇语
第一人称	ŋai³³	ŋai³³	in³³	an⁵⁵	i⁵⁵teʔ³¹	an⁵⁵the³³
第二人称	naŋ³¹	naŋ³³	nuɯ³¹jin³³	nan³³	nuɯ³¹teʔ³¹	nan³³the³³
第三人称	ʃiʔ⁵⁵	ʃi³³	xa³¹nuɯ⁵⁵jin³³	ʃan⁵⁵	xa³¹nuɯ⁵⁵teʔ³¹	ʃan⁵⁵the³³

第一人称"格"的变化

单数主格		单数领格		复数主格		复数领格	
杜连	标准景颇语	杜连	标准景颇语	杜连	标准景颇语	杜连	标准景颇语
ŋai³³	ŋai³³	ŋai³³	nje²⁵⁵	i⁵⁵te²³¹	an⁵⁵the³³	i⁵⁵te²³¹	an⁵⁵the³³a²³¹

3. 杜连话的助词有的与标准景颇语不同。例如："的"，杜连语用te³³，标准景颇语用ai³³。

杜连语	标准语	汉语义
khjeŋ³³te³³	khje³³ai³³	红的
kǎ³¹tun³¹te³³	kǎ³¹tun³¹ai³³	短的
kǎ³¹pa³¹te³³	kǎ³¹pa³¹ai³³	大的

宾语助词杜连话为teʔ³¹，标准景颇语为phe⁵⁵。如："也教教我"。

杜连话：ŋai³¹teʔ³¹　muŋ³¹ʃǎ³¹lin⁵⁵ja³³ eʔ³¹.
　　　　我（宾助）也　教　　给　（句助）

标准景颇语：ŋai³³ phe⁵⁵ muŋ³¹ʃǎ³¹ʒin⁵⁵ja³³ uʔ³¹.
　　　　　　我（宾助）也　教　　给　（句助）

4. 判断助词"是"，杜连话是"lɯ⁵¹"，标准景颇语为"ʒai⁵⁵"。如："我是景颇族"。

杜连话：ŋai³³ko³¹　tʃiŋ³¹phoʔ³¹ lɯ⁵¹ maʔ³¹.
　　　　我（主助）景颇族　　　是　（句助）

标准景颇语：ŋai³³ko³¹　tʃiŋ³¹phoʔ³¹ ʒai⁵⁵ n³¹ŋai³³.
　　　　　　我（主助）景颇族　　　是　（句助）

（四）小结

通过杜连话和标准景颇语的比较，可以看到杜连话和标准景颇语有一定的差异，能构成一个独立的方言，称"景颇语杜连方言"。

从语音上看，标准景颇语的两个重要特点在杜连话中或不存在，或已弱化。如：标准景颇语出现在双唇舌根音上的舌叶化音，在杜连话中都不存在。标准景颇语的弱化音节在杜连话中也不太发达。在语音对应关系上，完全相同的词不及有差异的词多。

在词源关系上，已有16.1%的词语不同源，有的虽然同源，但语音上差异较大。

在语法上，作为景颇语重要特点的句尾词差异较大。杜连话的句尾词已不严格区别句子的"人称""数"。结构助词有许多已与标准景颇语不同源，如宾语助词、定语助词。

至于杜连话为什么会产生这些与标准景颇语不同的特点，其社会条件是什么，目前我们还未能弄清楚。

第五章　中国景颇族的语言生活

语言生活可以从两方面进行分析：一是语言本体结构特点，即从语音、语法、词汇、语义等方面分析语言的特点；二是从语言使用功能上分析语言的特点。二者缺一不可。中国景颇族主要分布在云南省的三个地区：德宏州、耿马、片马。下面分别进行介绍。[①]

第一节　德宏州景颇族的语言生活

一　社会概况

在中国，云南德宏傣族景颇族自治州是景颇族的聚居地。德宏州位于祖国西南边陲，是全国30个、云南省8个少数民族自治州之一，也是一个多民族聚居的地方。州内生活着傣族、景颇族、阿昌族、德昂族、傈僳族五个世居少数民族。这五个世居少数民族与跨境居住在缅甸的同一民族同根同源，有着世代"胞波情谊"。

2016年全州共有人口127.9万人，其中少数民族人口61.5万人，占总人口的48.1%。国土面积为11526平方公里，其三面与缅甸联邦接壤，国境线长503.8公里。目前，州内共有9条公路、28个渡口、64条通道通往缅甸。

由于特殊的地理位置，历史上，德宏就是南方古丝绸之路的要塞，是滇缅公路、史迪威公路、中印输油管道三大通道的出入口。现今，德宏设有瑞丽、畹町两个国家一类口岸和章凤、盈江两个国家二类口岸。

目前，德宏已成为大中华经济圈、东盟经济圈、南亚经济圈的交汇点，是中国陆地连接东南亚、南亚走向印度洋的最佳接合部和最便捷的通道，是中国面向西南开放桥头堡的黄金口岸和云南对外开放的前沿。

[①] 本章主要参考了《云南德宏州景颇族语言使用现状及其演变》（商务印书馆2011年版）一书的成果。为该书付出辛勤劳动的作者有：戴庆厦、余成林、朱艳华、范丽君、王跟国、李春风、陆黛丽、黄平、何勒腊（景颇族）等。本书中的数据均为该课题组2010年7、8月田野调查所得。特此致谢。

中华人民共和国成立以后，德宏州的教育得到了巨大发展，推动了德宏州的经济建设。至 2016 年，德宏州有各级各类学校 547 所（含 109 所民办学校），在校生 246172 人，教职工 16862 人，其中专任教师 14968 人。

全州共有幼儿园 224 所，其中民办幼儿园 130 所。在园幼儿共 43395 人，其中民办幼儿园在园幼儿共 26092 人。43395 名幼儿中，少数民族幼儿 21389 人，占在园幼儿总数的 49.3%。2016 年招生 2205 人。教职工共 3055 人，其中专任教师 1865 人。教师从学历构成看，有专科学历的 940 人，占总人数的 50.4%；有本科学历的 412 人，占总人数的 22.1%；有研究生学历的 5 人，占总人数的 0.3%。教师学历合格率为 97.3%。

全州共有小学 242 所，教学点 142 个。在校生共有 108738 人，其中少数民族学生 61300 人，占在校生总数的 56.4%。2016 年招生 19940 人。教职工共有 6726 人，其中专任教师 6713 人。教师从学历构成看，有专科学历的 3418 人，占总人数的 50.9%；有本科学历的 3148 人，占总人数的 46.9%；有研究生学历的 2 人。教师学历合格率为 99.9%。

德宏州特殊教育生被分配于普通教育和特殊教育两种学校就读。全州共有特殊教育学校 2 所，特殊教育在校生 759 人。其中在特殊教育学校就读的学生共 279 人，随班就读的学生共 516 人。759 名特殊生中，少数民族学生 360 人，占在校学生总数的 45.3%。2016 年招生 62 人。教职工共有 47 人，其中专任教师 41 人。教师从学历构成看，有专科学历的 12 人，占总人数的 29.3%；有本科学历的 29 人，占总人数的 70.7%。教师学历合格率为 100%。

全州共有普通中学 65 所，其中完全中学 4 所（含民办 2 所），高级中学 6 所，九年一贯制学校 6 所，初级中学 49 所。

初中共有在校生 49284 人，其中少数民族学生 26382 人，占在校学生总人数的 53.5%。2016 年招生 16213 人。共有教职工 4036 人，其中专任教师 3766 人。教师从学历构成看，有本科学历的 3481 人，占总人数的 92.4%；有研究生学历的 27 人，占总人数的 0.7%。专任教师学历合格率为 99.84%。

高中共有在校生 19739 人，其中少数民族学生 7634 人，占在校总人数的 38.7%。2016 年招生 6884 人。共有教职工 1628 人，其中专任教师 1418 人。专任教师学历合格率为 99.92%，其中有研究生学历的 99 人，占总人数的 7.0%。

全州共有中等职业学校 7 所，其中中等职业技术学校 1 所，职业高中 6 所。共有在校生 14136 人，其中少数民族学生 6277 人，占在校总人数的 44.4%。2016 年招生 4881 人。共有教职工 576 人，其中专任教师 489 人。专任教师学历合格率为 99.4%。

全州共有高等教育学校 2 所：德宏师范高等专科学校和德宏高等职业技术学院。德宏师范高等专科学校共有在校生 5596 人，其中大专学生 3753 人，中职学生 1843 人。2016 年招生 2187 人。共有教职工 419 人，其中专任教师 352 人。

德宏高等职业技术学院共有在校生 5005 人，其中大专学生 3322 人，中职学生 1683 人。2016 年招生 1998 人。共有教职工 378 人，其中专任教师 324 人。

初等教育的入学率和辍学率如下。

学前三年儿童入学率为 79.22%。小学入学率为 99.77%，辍学率为 0.02%。初中毛入学率为 112.95%，辍学率为 1.15%。高中毛入学率为 73.7%。残疾儿童入学率为 93.3%。

景颇族是德宏州第二大土著民族，主要分布在德宏州的潞西、陇川、瑞丽、盈江、梁河等县（市）的山区。截至 2007 年末，德宏州共有景颇族人口 13.54 万人，占全州人口的 11.5%，主要分布在全州三县两市的 39 个乡镇 145 个行政村 638 个村民小组。各县市分布情况详见表 5–1（注：景颇族人口达不到 20%的行政村还有 16 个，有 1.6 万人未列入表内）。

表 5–1　　　　　云南景颇族人口分布　　　　　单位：人

分布地区	主要分布乡镇	村委会数	人口数
德宏州	33	129	119480
潞西市	8	29	25512
梁河县	2	2	1853
盈江县	10	38	36725
陇川县	8	47	44485
瑞丽市	5	13	10905

在德宏州，与景颇族地理分布相邻的民族有傣族、傈僳族、阿昌族、德昂族和汉族等。傣族、阿昌族、汉族大多分布在坝区，景颇族、傈僳族、德昂族分布在山区。在景颇族的一些山寨，还有少数汉族、傈僳族、德昂族与他们合寨居住一起。不同民族长期友好相邻，在社会、经济、文化各个方面互相影响、互相学习，形成团结、友爱、互助的民族关系。

景颇族的支系主要有五个：景颇、载瓦、浪速、勒期（含茶山）、波拉。各个支系不仅有对自己支系的称法，还有对别的支系的称法。在中国，不同支系人口的分布大致是：

景颇支系约有 3.89 万人，主要分布在盈江县的铜壁关、卡场、太平、平原、姐帽、芒允、昔马、那邦、莲花山、弄璋、新城、油松岭等乡镇；瑞丽市的弄岛、勐秀、姐勒、户育、畹町等乡镇；陇川县的清平、护国、弄巴、王子树、景坎、城子、章风、户撒等乡镇；潞西市的芒海镇；临沧市耿马县的货派、孟定、耿马等乡镇。

载瓦支系约有 7.65 万人，主要分布在陇川县的城子、勐约、清平、弄巴、王子树、章风、景坎等乡镇；盈江县的支那、盏西、新城、莲花山、岗勐等乡镇；潞西市的西山、东山、五岔路、中山、芒海、遮放、三台山等乡镇及城郊镇的桦桃林等地；瑞丽市的户育、勐秀、弄岛等乡镇及畹町经济开发区；梁河县的芒东、勐养等乡镇以及西双版纳州勐海县勐海乡，思茅地区的澜沧县、孟连县等。

勒期支系约有 1.07 万人，主要分布在盈江县的盏西、麻刀、喇哧董、大云坡等山区；陇川县的护国等地；潞西市的西山、中山、东山、三台山、邦各、别弄、营盘和石板等地；瑞丽市的勐力、南京里，梁河县的勐养、芒东等乡镇以及怒江州的泸水县片马镇也有分布。

浪速支系约有 5600 人，主要分布在潞西市的营盘、勐广、允欠、弄龙、党扫、拱卡及中山部分地区；梁河县的邦歪、红场一带；陇川县的护国、拱瓦、垒良等部分地区；瑞丽市的南京里、勐秀、户兰等地；盈江县的盏西、铜壁关的部分地区。

波拉支系是景颇族中人数最少的一个支系，只有 450 人，主要分布在潞西市三台山乡的允欠村和五岔路乡勐广村、弄龙村、项丘、西山乡板栽二组、城郊的桦树林，梁河县的帮外，陇川县的双窝铺、王子树、帕浪弄村等地。

不同支系的分布，总的是交错杂居。但载瓦和景颇两个支系，各自有几块较大的聚居区。如：潞西市的西山区、盈江县的盏西区、陇川县的邦瓦区是载瓦支系的聚居区；盈江县的铜壁乡、瑞丽市弄岛乡的等嘎是景颇支系的聚居区；勒期、浪速、波拉三个支系，多与别的支系杂居。单一支系的聚居区都以村寨为单位。就多数地区而言，都是不同支系杂居在一起的。许多村寨都居住着两个或两个以上的支系，只有少数村寨是单一支系的。在几个支系杂居的村寨，多数是以一个支系为主，并夹杂一些别的支系。如潞西市三台山乡允欠村就是一个典型的多支系杂居的地区。这个乡的各个村寨都有几个不同的支系，但在不同的支系中，则有一个支系人口最多。如邦外村以载瓦支系为主，允欠村以浪速支系为主，广林寨以勒期支系为主，孔家寨以波拉支系为主。也有一些村寨是由人数大致相等的不同支系组成的。

不同支系组成的家庭，子女支系的归属都随父，即父亲是什么支系，子女也属什么支系。但父母始终坚持各说各的支系语言，虽然相互都能听懂，也能说，但在家庭内不说。子女也是分别使用父母的支系语言相互对话。所以跨支系的家庭，成员都具有多支系语言的能力。

二 八个点的语言个案分析

德宏州景颇族分布的地区，由于民族分布、支系分布的不同，城镇条件的不同、距离国界线距离的不同，语言使用出现不同的特点。这里选出八个点来分析，希望能反映景颇族整个的语言特点。

（一）潞西市五岔路乡弯丹村拱母组语言使用个案分析

1. 社会状况

五岔路乡位于潞西市西部，距芒市44公里，下辖芒蚌、梁子街、五岔路、新寨、石板、弯丹6个村民委员会，共有63个村民小组。总人口17900人（2009年）。以汉族、景颇族、德昂族为主，汉族11540人，占全乡总人口总数的64.47%，景颇族5403人，占全乡总人口的30.18 %；德昂族957人，占全乡总人口的5.35%。

弯丹村民委员会位于五岔路乡的西南部，总人口2986人。下辖10个村民小组，以景颇族、汉族为主。景颇族主要是载瓦、勒期、浪速、波拉、景颇等支系，景颇支系较少。拱母村民小组位于五岔路乡政府的西南部，距离乡政府约20公里。共61户，245人。除外地嫁进来的一个汉族媳妇以及个别浪速、勒期支系外，其余均为载瓦支系，是一个载瓦支系高度聚居的村寨。

拱母村民小组的经济模式是传统的小农经济，主要种植水稻、甘蔗、茶叶等农作物，以及养殖猪、牛、鸡等家禽、家畜。

拱母村民受教育程度普遍偏低。50岁以上的多为文盲，30—50岁的大多只有小学文化程度。近年来，随着国家9年义务教育的落实，年青一代大多能读到初中毕业。

拱母多山林，房屋分散建在山地上。传统的草顶木柱篾笆墙的干栏式建筑已很少见，多为砖瓦房或墙体为篾笆墙、屋顶为瓦片的瓦房。

在拱母，景颇族载瓦人的传统文化习俗如婚丧嫁娶保留得较好。如结婚时"过草桥"、送葬时请董萨（巫师），都是必须遵循的仪式。传统的手工制作工艺也保留了下来，如制作犁、铜炮枪和打刀，编织竹篮、竹背篓、酒筒，以及纺线、织锦等。绘制目瑙示栋、制作牛皮鼓，现在仍有一些传承人。寨子里目前有十余人会制作牛皮鼓。

2. 语言使用状况

（1）母语使用状况

村寨里通行的语言是载瓦语，人人都能讲一口流利的载瓦语。村民都喜欢看德宏电视台民语频道的载瓦语节目。

根据61户、221人的调查材料（不包括6岁以下儿童24人），其中除1人为汉族外，其余均为景颇族。计有：载瓦支系211人，占95.5%；浪速支系8人，勒期支系1人。以下是对这221人的语言使用现状的统计、分析。

母语使用现状：全组载瓦人均以载瓦语为第一语言，且100%熟练。具体统计数据如表5-2所示：

表5-2　　　　　　　　拱母景颇族母语使用情况

年龄段（岁）	调查人数（人）	熟练		略懂		不懂	
		人数（人）	百分比（%）	人数（人）	百分比（%）	人数（人）	百分比（%）
6—19	50	50	100	0	0	0	0
20—39	89	89	100	0	0	0	0
40—59	49	49	100	0	0	0	0
60以上	23	23	100	0	0	0	0
合计（人）	211	211	100	0	0	0	0

不同年龄段的载瓦人，其母语水平没有出现代际差异。可以认为，该地母语使用类型为"全民稳定使用母语型"。其成因主要是：一是高度聚居；二是居地封闭、交通不便；三是对母语感情深厚。

该地有8名浪速支系，都是从别的村寨嫁过来的。她们能熟练使用自己母语的有6人，有两名浪速人已不会自己的母语，第一语言已转为载瓦语。

拱母组的勒期支系只有1人，是从缅甸嫁过来的，嫁到拱母组之前一直在缅甸生活。她的第一语言是自己的母语勒期语，但是来到拱母组之后，已转用载瓦语了。

拱母组只有一个汉族，小学文化程度。嫁到拱母之后，平时很少说汉语，多以载瓦语来表达，生活习惯也与载瓦人一样。

（2）兼用语使用状况

拱母组的兼用语有两类，一类是通用语汉语，另一类是同民族其他的支系语言。

① 载瓦支系的兼用语情况

拱母组的载瓦支系多数能够熟练兼用汉语。在211名中有128人能够熟练兼用汉语，占60.7%。但兼用水平存在代际差异。60岁以上能够兼用汉语的比例最低，"熟练"和"略懂"的合计为15人，占7.1%；其次是40—

59岁年龄段的,"熟练"和"略懂"的合计为43人,占20.4%;再次是20—39岁年龄段的,"熟练"和"略懂"的合计为87人,占41.2%;最高的是6—19岁的青少年,50人中全部都能不同程度地兼用汉语。其递减的情况是:6—19岁＞20—39岁＞40—59岁＞60岁以上,代际差异明显。

这里的载瓦人除了兼用汉语之外,还有一部分载瓦人能够兼用其他语言。其中,兼用人数最多的语言是浪速语,最少的是景颇语。

② 浪速支系兼用语情况

8名浪速支系中,有2人的第一语言已转为载瓦语,使用熟练。其余6人的第一语言还使用自己的母语浪速语,但能不同程度地兼用汉语,还都熟练地兼用载瓦语。

③ 勒期支系兼用语情况

拱母组勒期支系的只有1人。她的第一语言是自己的母语勒期语,使用熟练。此外,她还能不同程度地兼用景颇语、载瓦语、缅语、汉语等语言。

④ 汉族兼用语情况

拱母组的汉族只有1人,她嫁到拱母组已经有10多年,已经能够熟练使用载瓦语。

⑤ 景颇文、载瓦文使用现状

拱母组有26人能够不同程度地使用载瓦文。比例较小。

表5–3　　　　　五岔路乡弯丹村拱母组五户语言使用情况

编号	家庭关系	姓名	民族(支系)	年龄	文化程度	第一语言及水平	第二语言及水平	其他语言及水平	文字
1	户主	何干短	载瓦	27	小学	载瓦语,熟练	汉语,略懂	—	—
	妻子	杨自诺	浪速	25	小学	浪速语,熟练	载瓦语,熟练	汉语,熟练	—
	母亲	赵南图	载瓦	51	文盲	载瓦语,熟练	汉语,熟练	—	—
	弟弟	何勒南	载瓦	21	初中	载瓦语,熟练	汉语,熟练	—	—
	长女	何门	载瓦	4	—	—	—	—	—
2	户主	何勒干作	载瓦	62	文盲	载瓦语,熟练	浪速语,熟练	—	—
	妻子	雷滚锐	载瓦	64	文盲	载瓦语,熟练	汉语,略懂	—	—
	次子	何弄	载瓦	36	小学	载瓦语,熟练	汉语,略懂	—	—
	次儿媳	电木松	载瓦,缅甸	25	文盲	载瓦语,熟练	缅甸语,熟练	汉语,熟练;景颇语,熟练	—
	次长孙女	何青	载瓦	3	—	—	—	—	—

续表

编号	家庭关系	姓名	民族（支系）	年龄	文化程度	第一语言及水平	第二语言及水平	其他语言及水平	文字
3	户主	何勒朋	载瓦	43	小学	载瓦语，熟练	汉语，熟练	浪速语，熟练	—
	长女	何木成	景颇（载瓦）	14	初三在读	载瓦语，熟练	汉语，熟练	浪速语，略懂	—
	次女	何该汤	载瓦	8	小二在读	载瓦语，熟练	汉语，略懂	浪速语，略懂	—
4	户主	何勒三	载瓦	33	小学	载瓦语，熟练	浪速语，熟练	汉语，略懂	—
	妻子	杨道业	浪速	32	小学	浪速语，熟练	载瓦语，熟练	汉语，略懂	—
	长子	何勒团	载瓦	9	小一在读	载瓦语，熟练	浪速语，略懂	汉语，略懂	—
	长女	何木伴	载瓦	3	—	—	—	—	—
5	户主	何弄	载瓦	48	小学	载瓦语，熟练	浪速语，熟练	汉语，略懂	—
	妻子	雷水云	载瓦	45	小学	载瓦语，熟练	浪速语，熟练	汉语，略懂	—
	长子	何勒干	载瓦	25	初中	载瓦语，熟练	浪速语，熟练	汉语，熟练	—
	长儿媳	赵木九	载瓦	25	小学	载瓦语，熟练	缅甸语，熟练	汉语，略懂	—
	长孙女	何木成	载瓦	1	—	—	—	—	—

（二）潞西市五岔路乡弯丹村白岩组语言使用个案

1. 社会状况

白岩组是弯丹村所辖的 10 个村民小组中景颇族人口比例最大的一个小组。全组共有居民 62 户，245 人，除 1 个汉族外，其余全部是景颇族。景颇族人口中载瓦支系占 52%，勒期支系占 36%，其余是浪速和波拉支系。

白岩组距五岔路乡政府 10 公里，距弯丹村委会不到 1 公里。耕地以山地为主，总面积 918.5 亩，户均 4 亩左右。经济收入主要靠种植甘蔗、茶叶、核桃、竹子、水稻、玉米等，以及养殖牛、猪等家畜。电视机、手机已经普及，摩托车有 40 辆，汽车 1 辆。水、电、路都已联通至每一家庭。

"普九"之后，白岩组的孩子都能读到初中毕业，读到高中的也比较多，有六七个学生考上了大学。

白岩组景颇族各支系的传统文化、民族习俗基本一致，如服饰、饮食习惯、婚丧嫁娶等。如勒期和载瓦的服装在历史上是有区别的，勒期男人穿长衫，载瓦男人穿短衫，现在两个支系的服装几乎没有区别。

2. 语言使用状况

下面是根据 62 户共 226 人调查对象语言使用现状的统计、分析。

（1）母语使用状况

① 载瓦支系是白岩组的主要支系之一。全组 6 岁以上的载瓦支系有 116 人。除 2 人的第一语言转为勒期语外，其余均以载瓦语为第一语言，且 100%熟练。第一语言转用为勒期语的这 2 人。可见，载瓦语仍是"熟练"程度。具体统计数据见表 5–4。

表 5–4　　　　　　　　白岩组景颇族母语使用情况

年龄段（岁）	调查人数（人）	熟练 人数（人）	熟练 百分比（%）	略懂 人数（人）	略懂 百分比（%）	不懂 人数（人）	不懂 百分比（%）
6—19	23	23	100	0	0	0	0
20—39	52	52	100	0	0	0	0
40—59	27	27	100	0	0	0	0
60 以上	14	14	100	0	0	0	0
合计（人）	116	116	100	0	0	0	0

第一语言转为勒期语的 2 人，她们的语言使用情况是：第一语言勒期语和第二语言载瓦语都很熟练。

② 勒期支系是白岩组一个较大的支系。全组 6 岁以上语言能力正常的勒期支系有 82 人。有 15 人的第一语言已转为载瓦语，其余均以勒期语为第一语言，且 100%熟练。第一语言转用的这 15 人，勒期语都是"熟练"程度。无论年龄大小，均能熟练使用自己的母语勒期语。4 个不同年龄段的勒期人，其母语水平没有出现代际差异，由此可见该地勒期支系的母语传承没有出现断层的迹象。具体统计数据见表 5–5。

表 5–5　　　　　　　　白岩组勒期支系母语使用情况

年龄段（岁）	调查人数（人）	熟练 人数（人）	熟练 百分比（%）	略懂 人数（人）	略懂 百分比（%）	不懂 人数（人）	不懂 百分比（%）
6—19	25	25	100	0	0	0	0
20—39	32	32	100	0	0	0	0
40—59	21	21	100	0	0	0	0
60 以上	4	4	100	0	0	0	0
合计（人）	82	82	100	0	0	0	0

③ 浪速支系是白岩组一个较小的支系。全组 6 岁以上语言能力正常的浪速支系有 24 人。4 人的第一语言转为别的语言。其中，1 人转为汉语，1 人转为载瓦语，2 人转为勒期语。其余均以浪速语为第一语言。

④ 白岩组有 2 名波拉支系，都能熟练使用自己的母语。

⑤ 白岩组的景颇支系有 1 人，是去年才从缅甸嫁来的。景颇语是她的第一语言，也是她在缅甸生活时使用最多的语言，此外，她还能熟练使用缅语。嫁到白岩后，因家人都不懂景颇语和缅语，她慢慢学习使用勒期语，现在跟家里人都能用勒期语交谈。景颇语是她与婆婆排木比之间的交际用语。

⑥ 白岩组只有 1 个汉族，小学文化程度，从勐广汉寨嫁过来。汉语是她的第一语言。嫁到白岩后，因家人和村里人一般都会汉语，所以她的日常交际用语仍以汉语为主。

（2）兼用语使用状况

① 载瓦支系兼用汉语存在以下特点：a. 全民不同程度地兼用汉语。在 116 名载瓦人中，有 103 人能够熟练兼用汉语，占 88.8%；汉语水平为"略懂"的有 13 人，占 11.2%。没有不懂汉语的人。b. 熟练兼用汉语比例存在代际差异。从不同年龄段的汉语使用情况来看，60 岁以上能够熟练兼用汉语的比例最低的只有 6 人，占这一年龄段总人口的 42.9%；其次是 6—19 岁年龄段的，有 20 人，占 87%；再次是 40—59 岁年龄段的，有 26 人，占 96.3%；最高的是 20—39 岁年龄段的，有 51 人能熟练兼用汉语，占 98%。c. 兼用汉语的水平存在文化程度的差异。文化程度越高，兼用汉语的水平越高。水平最高的是高中及以上文化程度，100%熟练使用汉语。最低的是没有受过学校教育的文盲，只有 33.3%的人能熟练兼用汉语。小学和初中文化程度熟练兼用汉语的比例分别是 94.1%和 91.7%。

由于白岩组是一个载瓦、勒期、浪速、波拉、景颇各支系杂居的村寨，周边村寨还有其他民族的村寨，所以这里的载瓦人除了兼用汉语之外，还有一部分载瓦人能够兼用其他语言。他们兼用其他语言具有以下两个特点：a. 兼用比例最高的语言是勒期语，其次是浪速语，最少的是景颇语和缅语。这一数据与该组不同支系人口的比例一致。b. 各年龄段兼用同一种语言的比例相差不大。如：勒期语，6—19 岁、20—39 岁、40—59 岁和 60 岁以上四个年龄段兼用的比例分别为 95.7%、98.1%、100%、100%，相差不大。再如波拉语，这四个年龄段兼用的比例分别为 4.3%、5.8%、3.7%、0，也是相差无几。

② 勒期支系在兼用汉语方面存在以下特点：a. 不同程度地兼用汉语。b. 熟练兼用汉语的比例存在代际差异。60 岁以上能够熟练兼用汉语的比例

最低，只有 2 人能熟练使用汉语；其次是 6—19 岁年龄段的，有 24 人能熟练使用汉语，40—59 岁和 20—39 岁年龄段的，都是 100%熟练使用汉语。
c. 兼用汉语的水平存在文化程度的差异。兼用汉语水平最高的是初中、高中及以上文化程度，都是 100%熟练；其次是小学文化程度，有 98.1%能熟练兼用汉语。而文盲能熟练兼用汉语的比例只有 66.7%。除兼用汉语外，勒期支系 100%能够熟练兼用载瓦语。

③ 浪速支系兼用汉语的特点有：a. 95%以上能够不同程度地兼用汉语。24 名浪速支系中有 23 人能够兼用汉语，只有 1 人不会汉语。b. 除 60 岁以上的老人有 1 人不懂汉语外，其余各年龄段都能够 100%熟练兼用汉语。

浪速支系中小学和初中文化程度熟练使用汉语的比例为 100%，而文盲熟练使用汉语的比例只有 66.7%。

④ 白岩组的 2 名波拉支系都能熟练兼用载瓦语和浪速语，并略懂勒期语。兼用汉语情况有所不同，一位 90 岁的只是略懂汉语，而一位 18 岁的则能熟练使用汉语。

⑤ 白岩村的景颇支系只有 1 人，她的语言使用情况在前面"母语使用现状"中已有描述。

⑥ 小结：其一，各民族、各支系大多以自己的母语为第一语言，且多数能够熟练掌握。其中，载瓦、勒期、波拉、景颇等支系及汉族熟练掌握母语的比例达到 100%。只有浪速支系熟练掌握母语的比例为 87.5%。这说明，白岩组村民母语保留完好，在他们的日常交际中发挥着重要的作用。其二，少数人的第一语言出现了转用，以母语之外的语言为第一语言。其中，第一语言转用比例最高的是勒期支系。共有 15 人出现了转用，占该支系统计人口的 18.3%。浪速支系有 4 人转用，占统计人口的比例为 16.7%；载瓦支系有 2 人转用，占统计人口的比例为 1.7%。从转用的语言来看，勒期支系的 15 人均转为载瓦语，载瓦支系的 2 人均转为勒期语，浪速支系有 1 人转为汉语，1 人转为载瓦语，2 人转为勒期语。其三，文化程度的差异是造成兼用汉语的比例和水平差异的重要因素。小学、初中、高中及以上文化程度的，能熟练兼用汉语的比例都高达 95%以上，不会汉语的为 0；而文盲熟练掌握汉语的比例只有 45%，有 10%不会汉语。

（3）载瓦文使用状况

白岩组有部分村民掌握载瓦文。他们学会载瓦文的途径主要有三个：一是以前学校开展双语双文教学，在学校里学会。20 世纪 90 年代以前，载瓦人聚居区的小学一般都开设有双语双文教学，每周上 1—2 节载瓦文课。那一时期上学的载瓦人，都懂一点载瓦文。二是在村中的夜校里学会。三是向懂载瓦文的亲友学习。

表 5-6　　五岔路乡弯丹村白岩组五户语言使用情况

编号	家庭关系	姓名	民族（支系）	年龄	文化程度	第一语言及水平	第二语言及水平	其他语言及水平	文字
1	户主	祁勒干	载瓦	52	小学	载瓦语，熟练	勒期语，熟练	汉语，熟练	载瓦文
	妻子	永木栽	勒期	49	小学	勒期语，熟练	载瓦语，熟练	汉语，熟练	—
	叔叔	祁当忙	载瓦	69	文盲	载瓦语，熟练	勒期语，熟练	汉语，略懂	—
	长子	祁哥头	载瓦	29	初中	载瓦语，熟练	勒期语，熟练	汉语，熟练	—
	长子媳	孔则木	浪速	22	小学	浪速语，熟练	载瓦语，熟练	勒期语，略懂；汉语，熟练	—
	三子	祁勒腊	载瓦	25	初中	载瓦语，熟练	勒期语，熟练	汉语，熟练	载瓦文
	三长孙女	祁运双	载瓦	2	—	—	—	—	—
2	户主	排勒盏	载瓦	43	初中	载瓦语，熟练	勒期语，熟练	浪速语，略懂；汉语，熟练	载瓦文
	妻子	永木苗	勒期	46	小学	勒期语，熟练	载瓦语，熟练	浪速语，略懂；汉语，熟练	载瓦文
	长子	排早翁	载瓦	22	初中	载瓦语，熟练	勒期语，熟练	浪速语，略懂；汉语，熟练	—
	长子媳	永丁文	勒期	24	初中	勒期语，熟练	载瓦语，熟练	浪速语，略懂；汉语，熟练	—
	长孙女	排南深	载瓦	3	—	—	—	—	—
	次子	排早诺	勒期	20	初中	载瓦语，熟练	勒期语，熟练	浪速语，略懂；汉语，熟练	—
3	户主	石况栽	浪速	54	初中	浪速语，熟练	载瓦语，熟练	波拉语，熟练；勒期语，熟练；汉语，熟练	—
	母亲	孔木咱	波拉	90	文盲	波拉语，熟练	浪速语，熟练	载瓦语，熟练；勒期语，略懂；汉语，略懂	—
	长子	祁跑文	载瓦	32	小学	载瓦语，熟练	勒期语，熟练	浪速语，熟练；波拉语，略懂；汉语，熟练	—
	长子媳	何木丁	载瓦	31	初中	载瓦语，熟练	勒期语，略懂	浪速语，略懂；波拉语，略懂；汉语，熟练	—
	长孙女	祁木半	载瓦	9	小二在读	载瓦语，熟练	勒期语，略懂	浪速语，略懂；波拉语，略懂；汉语，熟练	—
	长孙子	祁勒先	载瓦	3	—	—	—	—	—

续表

编号	家庭关系	姓名	民族（支系）	年龄	文化程度	第一语言及水平	第二语言及水平	其他语言及水平	文字
4	户主	杨勒门	载瓦	35	初中	载瓦语，熟练	勒期语，熟练	浪速语，熟练；波拉语，略懂；汉语，熟练	载瓦文
	妻子	全木南	浪速	38	初中	载瓦语，熟练	浪速语，熟练	勒期语，略懂；波拉语，略懂；汉语，熟练	载瓦文
	长女	杨静	载瓦	12	小五在读	载瓦语，熟练	勒期语，熟练	汉语，熟练；浪速语，略懂	—
	次女	杨速青	载瓦	6	小一在读	载瓦语，熟练	汉语，略懂	—	—
5	户主	杨勒弄	载瓦	33	小学	载瓦语，熟练	勒期语，熟练	汉语，熟练	载瓦文
	妻子	李咪娃	载瓦	31	初中	载瓦语，熟练	勒期语，略懂	汉语，熟练	载瓦文
	长女	杨涛	载瓦	9	小二在读	载瓦语，熟练	勒期语，略懂	汉语，熟练	—
	长子	杨宏福	载瓦	3	—	—	—	—	—

（三）三台山允欠村委拱岭小组语言使用情况个案

1. 社会状况

允欠村拱岭小组距离三台山乡政府 10 公里左右，距离允欠村委会 9 公里，距 320 国道有 6 公里的盘山路。寨子坐落在山岗顶端的洼地，全组 39 户 166 人，散居在洼地两边的山坡上。

2002 年通沙路，可以走农用小拖拉机、小面包车、摩托车等。1986 年通电，1994 年通水。这里的经济作物主要有香蕉、甘蔗，农作物主要有稻谷、玉米及其他瓜类、豆类作物。全组有一百来部手机，平均每家有两部手机。每家都有电视。有摩托车 50 辆左右，拖拉机、四轮车 8 辆。

现在从小学一年级开始就到三台山九年制学校读书，都是住校。这个寨子目前有中专、师范生 2 人，高中（职高）生 14 人。

2. 语言使用状况

拱岭小组是勒期人、浪速人的聚居地。39 户人家中，只有一户载瓦人。还有一家是 20 多年前从缅甸迁过来的缅族人，妻子是当地浪速人，儿子也转成浪速人。从其他寨子里嫁过来的媳妇有载瓦人、波拉人、景颇人、德昂人、傈僳人、汉人，其中载瓦 22 人，景颇 1 人，波拉 1 人，汉族 4 人，德昂 4 人。全组 166 人。

（1）母语使用状况

拱岭小组与外界联系较少，是典型的景颇族聚居区，保留了他们的母语。外地嫁来的载瓦人媳妇，他们语言相通，没有影响母语的保存。景颇支系仅仅1人，汉族、德昂族也仅仅各4人，因为可用汉语或载瓦语交际，不需他们改变自己的语言。表5-7是全组158人使用母语的情况。

表5-7　　　　　　拱岭小组村民母语使用情况

民族及支系	人数（人）	第一语言使用情况			
^	^	第一语言为母语的人数（人）	百分比（%）	第一语言为非母语的人数（人）	百分比（%）
景颇族勒期支系	64	64	100	0	0
景颇族浪速支系	58	58	100	0	0
景颇族载瓦支系	24	24	100	0	0
景颇族波拉支系	1	1	100	0	0
景颇族景颇支系	1	1	100	0	0
汉族	4	4	100	0	0
德昂族	4	4	100	0	0
傈僳族	1	1	100	0	0
缅族	1	1	100	0	0
合计	158	158		0	

（2）兼用汉语状况

表5-8　　　　　　拱岭小组村民兼用汉语情况

年龄段（岁）	人数（人）	熟练		略懂		不会	
^	^	人数（人）	百分比（%）	人数（人）	百分比（%）	人数（人）	百分比（%）
6—19	21	21	100.00	0	0	0	0
20—39	78	78	100.00	0	0	0	0
40—59	52	47	90.38	5	9.62	0	0
60以上	7	1	14.29	6	85.71	0	0
合计	158	147	93.04	11	3.51	0	0

汉语越来越受到人们的重视，成为人们日常生活中必须具备的通用语言。其原因是：a. 学校是学习汉语的一条重要途径。b. 人员的流动使大家认识到学习汉语的重要性。c. 广播电视节目的熏陶。这里家家户户都有电视，能收看 50 多个节目。

（3）景颇族各支系兼用支系语言状况

在所调查的 158 人中，景颇族共 148 人，其中勒期支系 64 人，浪速支系 58 人，载瓦支系 24 人，景颇支系和波拉支系各 1 人。勒期支系人数相对较多，其语言在当地具有一定的强势。各支系兼用勒期语的情况如表 5–9 所示。

表 5–9　　　　　　拱岭小组村民兼用勒期语情况

支系	人数（人）	熟练 人数（人）	熟练 百分比（%）	略懂 人数（人）	略懂 百分比（%）	不懂 人数（人）	不懂 百分比（%）
浪速支系	58	51	87.93	0	0	7	12.07
载瓦支系	24	22	91.67	0	0	2	8.33
景颇支系	1	1	100	0	0	0	0
波拉支系	1	1	100	0	0	0	0
合计	84	75	89.29	0	0	9	10.71

景颇各支系兼用浪速语的情况如表 5–10 所示。

表 5–10　　　　　　拱岭小组村民兼用浪速语情况

支系	人数（人）	熟练 人数（人）	熟练 百分比（%）	略懂 人数（人）	略懂 百分比（%）	不懂 人数（人）	不懂 百分比（%）
勒期支系	64	55	85.94	1	1.56	8	12.50
载瓦支系	24	19	79.17	0	0	5	20.83
景颇支系	1	1	100	0	0	0	0
波拉支系	1	1	100	0	0	0	0
合计	90	76	84.44	1	1.11	13	14.44

景颇各支系兼用载瓦语的如表 5–11 所示。

表 5-11　　　　　　　拱岭小组村民兼用载瓦语情况

支系	人数（人）	熟练 人数（人）	熟练 百分比（%）	略懂 人数（人）	略懂 百分比（%）	不懂 人数（人）	不懂 百分比（%）
勒期支系	64	45	70.31	0	0	19	29.69
浪速支系	58	55	94.83	1	1.72	2	3.45
景颇支系	1	1	100	0	0	0	0
波拉支系	1	1	100	0	0	0	0
合计	124	102	82.26	1	0.81	21	16.93

景颇各支系兼用波拉语的情况如表 5-12 所示。

表 5-12　　　　　　　拱岭小组村民兼用波拉语情况

支系	人数（人）	熟练 人数（人）	熟练 百分比（%）	略懂 人数（人）	略懂 百分比（%）	不懂 人数（人）	不懂 百分比（%）
勒期支系	64	0	0	4	6.25	60	93.75
浪速支系	58	5	8.60	0	0	53	91.38
载瓦支系	24	0	0	0	0	24	100.00
景颇支系	1	0	0	0	0	1	100.00
合计	147	5	3.40	4	2.72	138	93.88

景颇各支系兼用景颇语的情况如表 5-13 所示。

表 5-13　　　　　　　拱岭小组村民兼用景颇语情况

支系	人数（人）	熟练 人数（人）	熟练 百分比（%）	略懂 人数（人）	略懂 百分比（%）	不会 人数（人）	不会 百分比（%）
勒期支系	64	0	0	0	0	64	100.00
浪速支系	58	2	3.45	0	0	56	96.55
载瓦支系	24	0	0	0	0	24	100.00
波拉支系	1	0	0	0	0	1	100.00
合计	147	2	1.36	0	0	145	98.64

上表显示，在同样环境下，学习景颇语的比例比学习波拉语的比例还要小。这可能与景颇族人口少、景颇语难学有关。

拱岭小组非景颇族村民兼用景颇支系语言的情况如表 5-14 所示。

表 5-14　　　　拱岭小组非景颇族村民兼用景颇支系语言情况

兼用语	民族	汉族	德昂族	傈僳族	缅族
		4	4	1	1
勒期语	熟练	0	3	1	1
	略懂	1	1	0	0
	不懂	0	0	0	0
浪速语	熟练	0	3	1	1
	略懂	3	0	0	0
	不懂	0	0	0	0
载瓦语	熟练	0	3	1	0
	略懂	2	0	0	0
	不懂	0	0	0	0

表 5-15　　　　允欠村拱岭小组五户语言使用情况

编号	家庭关系	姓名	民族（支系）	年龄	文化程度	第一语言及水平	第二语言及水平	其他语言及水平	文字掌握情况
1	户主	电丁崩	勒期	39	小二	勒期语，熟练	载瓦语，熟练	汉语，熟练	景颇文、载瓦文
	妻子	何木南	载瓦	42	小学	载瓦语，熟练	勒期语，熟练	汉语，熟练	景颇文、载瓦文
	长子	电伟	勒期	21	初中	载瓦语，熟练	勒期语，熟练	汉语，熟练	
	次子	电崩科	勒期	19	初中	勒期语，熟练	载瓦语，熟练	汉语，熟练	载瓦文、景颇文
2	户主	孔勒当	浪速	47	初中	浪速语，熟练	载瓦语，熟练	汉语，熟练	载瓦文
	妻子	尚木图	载瓦	46	初中	载瓦语，熟练	汉语，熟练	勒期语，熟练	载瓦文
	妹妹	孔木罗	浪速	44	小五	浪速语，熟练	载瓦语，熟练	汉语，熟练	
	长女	孔党目	浪速	24	中专	浪速语，熟练	载瓦语，熟练	汉语，熟练	
	长子	孔党龙	浪速	19	中专	浪速语，熟练	载瓦语，熟练	汉语，熟练	
3	户主	殿昌英	勒期	32	初中	勒期语，熟练	载瓦语，熟练	浪速语、汉语，熟练	
	妻子	保道内	浪速	24	初中	浪速语，熟练	勒期语，熟练	汉语，熟练	
	长女	殿英文	勒期	4	学前				

续表

编号	家庭关系	姓名	民族（支系）	年龄	文化程度	第一语言及水平	第二语言及水平	其他语言及水平	文字掌握情况
4	户主	杨江总	浪速	44	初中	浪速语，熟练	勒期语，熟练	景颇语、汉语、德昂语、波拉语，熟练；载瓦语，略懂	
	妻子	孔南帮	浪速	42	小学	浪速语，熟练	勒期语，熟练	载瓦语、汉语，熟练	
	长女	杨总诺	浪速	40	初中	浪速语，熟练	勒期语，熟练	载瓦语、汉语，熟练	
	长子	杨总孔	浪速	21	初中	浪速语，熟练	勒期语，熟练	载瓦语、汉语，熟练	
5	户主	保则龙	浪速	48	初中	浪速语，熟练	勒期语，熟练	载瓦语、汉语、德昂语，熟练	
	妻子	电木送	勒期	48	小学	勒期语，熟练	浪速语，熟练	载瓦语、汉语，熟练	
	长子	保龙孔	浪速	26	初中	浪速语，熟练	勒期语、载瓦语，熟练	汉语、德昂语，熟练	
	次子	保龙道	浪速	24	初中	浪速语，熟练	勒期语，熟练	载瓦语、汉语，熟练	
	三子	保龙九	浪速	20	高中	浪速语，熟练	勒期语，熟练	载瓦语、汉语，熟练	
	孙子	保孔龙	浪速	3					

（四）盈江县卡场镇丁林寨语言使用情况个案分析

1. 社会状况

卡场镇位于盈江县西北部，距离盈江县城52公里。东与勐弄乡接壤，北与苏典乡为邻，西、南与缅甸山水相依，国境线长41.66公里，距离缅甸景颇族分布地区密支那86公里。

全镇辖5个村委会，35个村民小组。至2009年12月总人口有1758户8599人，其中景颇族4675人，占54%；傈僳族2177人，占25%；汉族1740人，占20%；傣族7人。从统计中可以看出，景颇族、傈僳族、汉族是卡场镇人口较多的民族，而景颇族居首位。

农村主要支柱产业为林业、畜牧业和草果、茶叶种植。2009年实现种植草果 1561 亩，茶叶 2080 亩，油茶 667 亩，坚果 1113 亩，竹子 1143 亩，核桃 6900 亩。截至目前，全镇累计种植茶叶 10764 亩，草果 10453 亩，核桃 12460 亩，坚果 1613 亩，油茶 667 亩，竹子 2423 亩，人工造林 3.28 万亩。畜牧业稳步发展，2009 年肉、蛋总产量 324.1 吨，大牲畜存栏 3927 头，家禽饲养 13936 只。已建和在建的电站有 15 座，总装机容量 33.77 万千瓦，硅冶炼企业一个。

新建的住房不再是茅草屋顶，都是瓦房顶，实木地板、实木墙壁。大部分家庭有电视、手机，半数家庭有摩托车。村里人告诉我们说，"过去是中国的姑娘往缅甸嫁，现在我们的条件好了，中国的姑娘不出去了，都是缅甸姑娘往中国嫁。"

截至 2010 年，全镇共有 20 所小学，其中半寄宿制村完小 5 所，初小点 15 所（一师一校 9 所），有 47 个教学班。小学在校学生 1256 人，其中少数民族学生 816 人，占 70.0%。有 1 所初级中学，7 个教学班，在校学生 316 人，其中少数民族学生 221 人，占 69.9%。在编小学教职工 67 人，其中专任教师 63 人；中学教职工 20 人，其中专任教师 19 人。

丁林寨是卡场镇吾帕村民委员会所属的五个小组之一。该寨与景颇寨子景颇罗思塘相邻。周围的寨子有傈僳族寨子吾帕和麻卖，汉族寨子汉罗思塘。全寨共有 59 户，278 人，除了一名汉族外都是景颇族，是一个景颇族聚居的寨子。除了景颇支系外，载瓦支系有 11 人和勒期支系有 2 人。

丁林寨距离卡场镇政府 5 公里，大部分是道丁石路。往返村镇的交通工具，有摩托车的人家用摩托车，没有的需要步行。

该寨主要的经济作物是草果、核桃、油茶、皂角；主要的粮食作物是玉米、稻谷和油菜。村民主要以种地为生，也有一部分去外省打工或到附近一些来这里发展林业的老板那里打短工。寨子里三分之二的家庭有电视、手机，三分之一的家庭有摩托车，整个寨子共有两辆拖拉机。

丁林寨小学设有学前班和 2、3 年级，有 30 多个学生。4 年级以后学生要到卡场镇中心小学上学。学前班有 16 人，二年级有 12 人，三年级有 10 人。学校专职老师只有一位，还有一位是本寨子里的代课老师。学生大多是丁林寨的学生，只有两个附近麻卖寨的学生。该寨学生大都能读到小学，有些学生因为家庭困难读不完初中就去打工。考上高中的人更少，这两年没有人能考上高中。

丁林寨大部分信仰原始宗教，有 11 户信仰基督教。村子里设有教堂，有两个牧师。每周日下午 1 点到 4 点做礼拜。

2. 语言使用状况

由于景颇支系占绝对优势，所以在寨子里都说景颇语，平常村里开会、广播都用景颇语。寨子里很多人都会景颇文。下面是根据丁林寨59户家庭246人的调查材料做的分析。

（1）景颇支系语言使用状况

景颇支系全部熟练掌握母语景颇语。无论在家庭内部，还是在寨子里，互相之间交流都是用景颇语。表5-16是景颇支系掌握景颇语情况。

表5-16　　　　　丁林寨景颇支系村民母语使用情况

年龄段（岁）	人数（人）	熟练 人数（人）	熟练 百分比（%）	略懂 人数（人）	略懂 百分比（%）	不懂 人数（人）	不懂 百分比（%）
6—19	54	54	100	0	0	0	0
20—39	121	121	100	0	0	0	0
40—59	44	44	100	0	0	0	0
60以上	13	13	100	0	0	0	0
合计	232	232	100	0	0	0	0

景颇支系多数还能兼用汉语。表5-17是景颇支系兼用汉语的情况。

表5-17　　　　　丁林寨景颇支系村民兼用汉语情况

年龄段（岁）	人数（人）	熟练 人数（人）	熟练 百分比（%）	略懂 人数（人）	略懂 百分比（%）	不懂 人数（人）	不懂 百分比（%）
6—19	54	40	74.1	14	25.9	0	0
20—39	121	107	88.4	13	10.7	1	0.8
40—59	44	21	47.7	22	50.0	1	2.3
60以上	13	6	46.2	6	46.2	1	7.7
合计	232	174	75.0	55	23.7	3	1.3

丁林寨汉语掌握的不利因素主要是使用汉语的环境狭小。寨子里缺少使用汉语环境。在吾帕村委会，只有一个汉族寨子，但该寨与丁林寨并不相邻，接触较少。这些情况造成孩子们在学校学习了汉语，但回到家后都说景颇语，对于提高汉语水平来说缺少较好的语言环境。有利因素是，学校教育和传播媒体普及，能为孩子们的汉语学习提供一定的条件。

景颇支系有少数人兼用载瓦语。具体情况见表5-18。

表 5–18　　　　丁林寨景颇支系村民兼用载瓦语情况

年龄段（岁）	人数（人）	熟练 人数（人）	熟练 百分比（%）	略懂 人数（人）	略懂 百分比（%）	不懂 人数（人）	不懂 百分比（%）
6—19	54	6	11.1	0	0	48	88.9
20—39	121	6	5.0	14	11.6	101	83.5
40—59	44	4	9.1	3	6.8	37	84.1
60 以上	13	1	7.7	1	7.7	11	84.6
合计	232	17	7.3	18	7.8	197	84.9

丁林寨景颇支系掌握载瓦语的条件主要有二。一是村子里有一定数量（11 人）的载瓦支系的人，这为村寨别的支系学习载瓦语提供了条件。二是外部载瓦语的影响。在盈江县，有很多载瓦支系，亲戚朋友间的相互交往，也为丁林寨景颇支系掌握载瓦语起了一定的作用。

此外，景颇支系使用勒期语的现象主要集中在这两个家庭中。有 1 户家庭有 4 位能熟练使用勒期语，勒期语传承较好，这主要是受女户主的影响。还有 1 户家庭有嫁进来的勒期支系媳妇，丈夫略懂勒期语，但孩子们都说父亲的景颇语，已经不会讲勒期语。勒期语在丁林寨属于弱势语言，使用范围只限于家庭内部，语言传承受到限制。

（2）载瓦支系语言使用状况

丁林寨景颇族中载瓦支系有 11 人，他们的语言使用情况见表 5-19。

表 5–19　　　　丁林寨载瓦支系村民母语使用情况

语言	熟练 人数（人）	熟练 百分比（%）	略懂 人数（人）	略懂 百分比（%）	不懂 人数（人）	不懂 百分比（%）
载瓦语	11	100	0	0	0	0
景颇语	11	100	0	0	0	0
汉语	7	63.6	4	36.4	0	0
傈僳语	1	9.1	0	0	10	90.9

表 5-19 显示：载瓦支系 100%的人可以熟练掌握载瓦语，母语情况保存完好。但他们又能 100%地掌握景颇语，这是因为他们生活在景颇支系占绝对优势的寨子。此外，63.6%的载瓦支系能熟练地使用汉语。还有 1 个人由于来自傈僳族和景颇族杂居寨子，还能熟练地使用傈僳语。

（3）勒期支系语言使用状况

丁林寨只有 2 个勒期支系的人，而且都是从外寨嫁进来的媳妇，她们都能熟练掌握 4 种语言。

（4）景颇支系掌握景颇文状况

20 世纪 80 年代末，在政府的支持下，从寨子里选出懂景颇文的人来教授景颇文。现在，村委会组织大家在丁林寨学校学习景颇文。不懂的都会主动来学习。现在，丁林寨景颇支系和载瓦支系一半以上的人都会景颇文。两个支系各个年龄段的景颇文掌握情况见表 5-20。

表 5-20　　　丁林寨景颇支系村民景颇文掌握情况

年龄段（岁）	人数（人）	会 人数（人）	会 百分比（%）	不会 人数（人）	不会 百分比（%）
6—19	54	16	29.6	38	70.4
20—39	121	95	78.5	26	21.5
40—59	44	26	59.1	18	40.9
60 以上	13	10	76.9	3	23.1
合计	232	147	63.4	85	36.6

载瓦支系景颇文掌握情况见表 5-21。

表 5-21　　　丁林寨载瓦支系村民景颇文掌握情况

年龄段（岁）	人数（人）	会 人数（人）	会 百分比（%）	不会 人数（人）	不会 百分比（%）
20—39	6	6	100.0	0	0
40—59	3	2	66.7	1	33.3
60 以上	2	0	0	2	100.0
合计	11	8	72.7	3	27.3

丁林寨掌握景颇文的情况应该还是比较理想的。村民学习景颇文的途径主要是参加培训班。20 世纪 80 年代末，在政府的支持下，寨子里选出懂景颇文的人来进行扫盲。所以这个年龄段很多人会景颇文。现在，村委会又重视组织大家学习景颇文。学习景颇文还有一种途径是学校教育，目前卡场镇有条件的学校会在 4 年级以后每周开设 1—2 课时景颇文学习课程，这对景颇文的普及起到了一定的作用。此外，村民对掌握景颇文有着强烈的需求。丁林寨只要会景颇文的，都会到寨子里的文化室读《德宏团结报》（景

颇文版）。

表 5-22　　　　　吾帕村丁林寨五户语言使用情况

编号	家庭关系	姓名	民族（支系）	年龄	文化程度	第一语言及水平	第二语言及水平	其他语言及水平	文字
1	户主	李继文	景颇	29	小学	景颇语，熟练	汉语，熟练		景颇文
	妻子	排艳萍	景颇	28	小学	景颇语，熟练	汉语，熟练		景颇文
	长子	李成永	景颇	8	小一在读	景颇语，熟练	汉语，略懂		
	长女	李安丽	景颇	4	学前		汉语，不懂		
2	户主	腊相	景颇	35	初中	景颇语，熟练	载瓦语，熟练	汉语，熟练	景颇文
	妻子	李玲	景颇	20	小学	景颇语，熟练	汉语，熟练		景颇文
	长子	左世强	景颇	4	学前				
3	户主	阿关途	景颇	51	文盲	景颇语，熟练	汉语，略懂		景颇文
	长子	左成龙	景颇	24	小学	景颇语，熟练	汉语，熟练		景颇文
	长媳	麻锐	景颇	22	小学	景颇语，熟练	汉语，略懂		景颇文
	孙子	左安良	景颇	6	学前班	景颇语，熟练	汉语，略懂		
	孙女	左安伟	景颇	1	学前				
	次子	弄迈	景颇	21	初中	景颇语，熟练	汉语，熟练		景颇文
4	户主	丁林都迈	景颇	32	小学	景颇语，熟练	汉语，熟练		景颇文
	妻子	草波	景颇	36	初中	景颇语，熟练	汉语，熟练		景颇文
	长子	翁扎	景颇	11	小五在读	景颇语，熟练	汉语，熟练		
	次子	普嘎弄	景颇	9	小二在读	景颇语，熟练	汉语，略懂		
5	户主	腊装犇扎	景颇	56	小学	景颇语，熟练	载瓦语，熟练	汉语，熟练	景颇文
	妻子	勒石麻布	景颇	56	小学	景颇语，熟练	汉语，略懂		景颇文
	三子	麻腊	景颇	22	初中	景颇语，熟练	汉语，熟练		景颇文
	三女	左艳	景颇	9	小二在读	景颇语，熟练	汉语，略懂		景颇文

（五）盈江县卡场镇草坝村迈东组语言使用个案调查

1. 社会状况

草坝村迈东村民小组坐落在草坝村东北的山坡上，是一个景颇族景颇支系聚居的村寨。这里的景颇人过去以散居为主，近年来才集中到距草坝村 3 公里的半坡上，盖了新房子，形成一小片聚居区。

全组 49 户 245 人。他们大多务农，以种植业为生，也养殖少量的水牛、鹅、鸡等。一户平均 4 亩左右水田，旱地 10 亩左右。粮油作物主要有水稻、苞谷、红米、油菜等，保障了人们的温饱需求。经济作物主要有草果、八角、红花油茶、西南桦、杉木，还有少量的茶叶、核桃、竹子等。外出打工的人数不多。

电视机、手机普及率达到 80%；约 60% 的家庭有摩托车；全组有 5 辆汽车。购买日用品、看病都是去卡场镇政府所在地吾帕村，骑摩托车需要 40 来分钟，步行要两个多小时。

小组原来有一所小学，但学生人数少。家庭条件好一点的就去吾帕村的九年一贯制学校上学，个别条件差的或不愿意上学的读上两三年便辍学了。由于就读的学生呈减少趋势，2006 年镇政府根据国家有关政策，同意将其撤销，合并到下面的腾拉拱小学。该校离村子 1 公里多一些，孩子们抄小路走也就有八九百米。从三年级起得到草坝村去上学，小学毕业后升入初中的要到吾帕村去上。

村民们受教育的情况是：除了少数文盲外，大多数是小学毕业，初中毕业的有 20 多人，高中在读的 4 人，高中毕业的 1 人，中专毕业的 1 人，大专毕业的 1 人。

寨子里有 7 户信教的家庭，其中 6 户信基督教，1 户信天主教。他们坚持每个星期天到寨子里的简易教堂做礼拜。农闲时节，做礼拜的时间长一些，到农忙时节，做礼拜的时间就会短一些。

这里除了嫁过来的 3 个载瓦、2 个汉族媳妇外，都是清一色的景颇人，日常交流基本上都用景颇语。几个不会说景颇语的外来媳妇，除了一个汉族媳妇因为来得时间短只能略懂景颇语外，都能熟练地转用景颇语了。

2. 语言使用状况

根据 49 户家庭共 224 人的调查材料，景颇族 224 人中，景颇支系 218 人，载瓦支系 3 人，勒期支系 1 人。以下是对这 224 人语言使用情况的统计、分析。

（1）景颇支系母语使用状况

迈东组共有景颇支系 239 人，占迈东组总人口的 97.5%。景颇语是迈东组最主要的交际用语。在迈东组，不仅景颇支系使用景颇语进行交际，景颇族的其他支系和其他民族也能使用景颇语进行交流。景颇支系的母语语言使用能力如表5–23所示。

表 5–23　　　　迈东村民小组景颇支系村民母语使用情况

年龄段（岁）	人数（人）	熟练 人数（人）	熟练 百分比（%）	略懂 人数（人）	略懂 百分比（%）	不懂 人数（人）	不懂 百分比（%）
6—19	69	69	100	0	0	0	0
20—39	91	91	100	0	0	0	0
40—59	51	51	100	0	0	0	0
60以上	7	7	100	0	0	0	0
合计	218	218	100	0	0	0	0

从整体上看，迈东组景颇族景颇支系母语保存情况良好，属于"全民稳定使用母语型"。其成因是：a. 高度聚居是母语保存的先决条件。b. 社会、地理环境是母语保存的有力保障。c. 民族情感是母语保存的长久动力但年青一代对母语态度有些松动。16岁的尹春燕告诉我们，她家里人都会讲汉语，但在家里一般都只讲景颇语。在父母面前讲汉话是会挨骂的，如果父母不在场，她们兄弟姐妹更多时候使用汉语交流。

迈东组只有3人是载瓦支系，她们三人的母语水平都达到熟练水平。她们来到迈东组后，讲载瓦语的机会很少，主要讲景颇语。但她们从小在载瓦寨子长大，虽然现在不怎么讲，但将载瓦话作为其母语的能力依然保存。

勒期支系只有1人。她的母语水平是"熟练"。嫁到迈东组之后，很少讲勒期语，已基本转用景颇语。

迈东组有2个汉族，一位嫁过来时间不长，目前正在学习景颇语，只能听懂一点。另一位嫁过来时间较长，景颇语水平达到"熟练"水平，在家里完全使用景颇语。

（2）兼用语使用状况

景颇支系除使用母语外，还兼用汉语、缅语、载瓦语。兼用汉语情况：多数人能使用汉语进行交流。景颇支系有7人能够兼用缅语。表5–24是兼用缅语情况。

表 5-24　　迈东村民小组景颇支系村民兼用汉语情况

家庭关系	姓名	民族（支系）	年龄	文化程度	第一语言及水平	第二语言及水平
户主	木然相迈	景颇（景颇）	32	小学	景颇语，熟练	缅语，熟练
妻子	腊帮途	景颇（景颇）	24	小学	景颇语，熟练	缅语，熟练
户主	麻直	景颇（景颇）	42	小学	景颇语，熟练	汉语，熟练
侄媳	麻途	景颇（景颇）	31	小学	景颇语，熟练	缅语，熟练
户主	龙相	景颇（景颇）	33	初中	景颇语，熟练	缅语，熟练
侄子	供胖腊	景颇（景颇）	28	小学	景颇语，熟练	缅语，熟练
长女	沙相买	景颇（景颇）	11	小五在读	景颇语，熟练	缅语，熟练

迈东组景颇支系只有雷保 1 人兼用载瓦语，他能够熟练使用自己的母语，同时还熟练掌握汉语和载瓦语，原因是从小生活在载瓦寨子里。

迈东组载瓦支系有三位居民是多语人，每个人最少掌握三种语言。

迈东组只有 1 人是勒期支系。她母语熟练、汉语熟练，嫁到迈东组四年有余，不仅能够讲一口流利的景颇语，还识景颇文。

迈东组的两个汉族媳妇除使用汉语外，都兼用景颇语。但景颇语熟练程度有所不同。其中一位嫁来不久，景颇语还不熟练，只能说一些简单的句子。另一位已嫁来四年多，景颇语水平熟练，可以与家人用景颇语交流。

（3）景颇文使用状况

迈东组大部分村民掌握景颇文。调查数据显示，40 岁以上的村民除文盲外都会景颇文。他们都是在 20 世纪七八十年代政府开办的夜校扫盲班里学会景颇文，现在虽然不经常使用，但是并没有忘记，景颇文报纸和书刊都还能够读懂。

草坝完小是盈江县唯一的一所保留双语教学的试点学校。多年来，草坝完小一直从小学一年级开始用景颇语辅助教学，四年级开始学习景颇文。迈东组的孩子上小学都要到草坝完小。因此，迈东组 10 岁以上从草坝完小毕业的村民都会景颇文。

这个寨子景颇文的掌握情况具有家族性特点，即如果一个家庭的长辈会景颇文，他们的子女也都会景颇文；如果家长不会景颇文，孩子也多数不会景颇文。

迈东组学习景颇文的另一个重要途径就是利用寒暑假进行集中培训。近些年，在德宏州民语委的带动下，德宏州各县、市、乡镇甚至村寨都在纷纷开办免费景颇语培训班，一时间在德宏州掀起了一场学习景颇文的浪潮。

3. 小结

（1）景颇语使用频率高，是当地的强势语言。无论家庭内还是家庭外，人们普遍使用景颇语。在这里长期生活的汉族人，大多会说景颇语。

（2）迈东组语言使用主要有景颇语和汉语，超过两个语言的多语人数量很少。

（3）学校是汉语学习的主要途径。

（4）重视景颇文的学习。这里的景颇人对母语的热爱不仅仅停留在会听会说的层面，还非常重视景颇文字的传承。民间组织经常自发地开办景颇文培训班。

表 5–25　　卡场镇草坝村迈东组五户语言使用情况

编号	家庭关系	姓名	民族（支系）	年龄	文化程度	第一语言及水平	第二语言及水平	其他语言及水平	文字掌握情况
1	户主	麻都	景颇	33	初中	景颇语，熟练	汉语，熟练		景颇文
	妻子	木腊东	景颇	35	高中	景颇语，熟练	汉语，熟练		景颇文
	长子	李文论	景颇	9	小二在读	景颇语，熟练	汉语，熟练		景颇文
2	户主	木然相迈	景颇	32	小学	景颇语，熟练	缅语，熟练		
	长女	麻宽	景颇	9	小二在读	景颇语，熟练			
	次女	保扎	景颇	6		景颇语，熟练			
3	户主	谭红秋	景颇	31	高中	景颇语，熟练	汉语，熟练		
	长女	沙宽洁	景颇	5					
4	户主	腊保	景颇	56	小学	景颇语，熟练	汉语，熟练		
	妻子	弄地介	景颇	52	小学	景颇语，熟练	汉语，熟练		
	长子	沙贵富	景颇	15	初二在读	景颇语，熟练	汉语，熟练		
	妹妹	勒麻鲁	景颇	53	小学	景颇语，熟练			
	侄子	供胖胖	景颇	28	小学	景颇语，熟练	汉语，熟练	缅语，熟练	
	侄媳	麻途	景颇	31	小学	景颇语，熟练	缅语，熟练		

续表

编号	家庭关系	姓名	民族（支系）	年龄	文化程度	第一语言及水平	第二语言及水平	其他语言及水平	文字掌握情况
5	户主	麻拥	景颇	37	小学	景颇语，熟练	汉语，略懂		
	妻子	王雪丽	景颇	30	初中	景颇语，熟练	汉语，熟练		
	姐姐	途散	景颇	40	小学	载瓦语，熟练	汉语，熟练	景颇语，熟练	
	长女	闷扎	景颇	9	小二在读	景颇语，熟练	汉语，熟练		
	长子	麻干	景颇	7	小一在读	景颇语，熟练	汉语，熟练		
	外侄	雷保	景颇	9	小二在读	景颇语，熟练	汉语，熟练	载瓦语，熟练	

（六）盈江县卡场镇草坝村盆都组语言使用现状个案调查

1. 社会状况

草坝村委会盆都村民小组位于卡场镇政府西北，距镇政府约13公里，距缅甸4公里，离缅甸第三大城市密支那仅86公里。东依找勐崩山，西邻石竹河。石竹河是中缅国界河，盆都与缅甸的昔马工村隔河相望。

盆都组是一个景颇族和傈僳族杂居的村民小组。全组共62户287人，其中，傈僳族191人，景颇族96人。景颇族人口中，载瓦支系有3户，其余全是景颇支系。景颇族在此地生活已有四五百年，傈僳族是1958年才迁移至此。两个民族关系融洽，和睦共处。大家一起生产劳动，通婚，参加对方民族的节日。全组现有3户景颇族和傈僳族通婚的家庭。

盆都组村民的经济收入，一部分来源于种植和养殖，一部分则依靠外出打工。养殖方面，一般是各家零散地养点猪、牛、鸡、鹅。种植方面，有传统的粮食作物水稻、玉米，还有新开发的经济作物竹子、核桃以及澳大利亚坚果。经济作物是2009年在政府的支持下开始种植的。20多家有摩托车，40多家有电视，50多家有手机。由于该组海拔高，地处偏僻，只能接收电信的手机信号，别的信号在这里无法接收到。

寨子里现有小学一所，只有学前班到三年级，四年级以后要到草坝村小去上。中学要去卡场镇上。

盆都组景颇族的传统文化习俗发生了一些变化，但也有所保留。比如：结婚要"过草桥"；送葬时要请董萨念经；进新房要邀请全村的人和其他寨子的亲戚朋友，大家欢聚一起敲铓锣、跳舞。宗教信仰有一些改变。以前信原始宗教，现在很多人信基督教。村里有一个教堂，每周星期三和星期六的晚上，信徒要到教堂去念《圣经》、唱赞美诗，周日则全天都要去教堂。圣诞节、复活节也都会开展一些活动。

景颇族传统的服饰、建筑也有所改变。服饰方面，日常的穿着大多跟汉族差不多，不过也有一些人喜欢穿民族服装，平常就穿那种没有银泡的便装，男的还戴头帕。会手工制作景颇族服装的人已不多了，老人会做，年轻人会的少。建筑方面，茅草顶的房子已经很少见了，多数是泥巴或木头房子，屋顶有瓦片、石棉瓦、铁皮三种。老一辈喜欢住泥巴房子，他们喜欢在火塘里烧火；年青一代则喜欢住木头房子。

会讲景颇族的民间故事、历史传说的人不多。

2. 语言使用状况

在62户共252人中，傈僳族166人，景颇支系70人，载瓦支系16人。这些人的语言使用情况是：

盆都组通行的语言是景颇语、傈僳语和汉语，这三种语言多数人都懂。一般是景颇族之间使用景颇语，傈僳族之间使用傈僳语。开村民小组会议的时候，两种语言都使用。

表 5–26　　　　　盆都组景颇支系村民母语使用情况

年龄段（岁）	调查人数（人）	熟练 人数（人）	熟练 百分比（%）	略懂 人数（人）	略懂 百分比（%）	不懂 人数（人）	不懂 百分比（%）
6—19	23	23	100	0	0	0	0
20—39	22	22	100	0	0	0	0
40—59	21	21	100	0	0	0	0
60以上	4	4	100	0	0	0	0
合计	70	70	100	0	0	0	0

表 5–27　　　　　盆都组载瓦支系村民母语使用情况

年龄段（岁）	调查人数（人）	熟练 人数（人）	熟练 百分比（%）	略懂 人数（人）	略懂 百分比（%）	不懂 人数（人）	不懂 百分比（%）
6—19	6	6	100	0	0	0	0
20—39	7	7	100	0	0	0	0

续表

年龄段（岁）	调查人数（人）	熟练		略懂		不懂	
		人数（人）	百分比（%）	人数（人）	百分比（%）	人数（人）	百分比（%）
40—59	1	1	100	0	0	0	0
60 以上	2	2	100	0	0	0	0
合计	16	16	100	0	0	0	0

表 5-28　　　　　　　盆都组傈僳族母语使用情况

年龄段（岁）	调查人数（人）	熟练		略懂		不懂	
		人数（人）	百分比（%）	人数（人）	百分比（%）	人数（人）	百分比（%）
6—19	49	49	100	0	0	0	0
20—39	58	59	100	0	0	0	0
40—59	49	49	100	0	0	0	0
60 以上	10	10	100	0	0	0	0
合计	166	166	100	0	0	0	0

盆都组有一户傈僳族家庭的孩子第一语言已转为景颇语，但还能熟练使用自己的母语傈僳语。

根据以上调查统计的情况，我们将盆都组的语言生活定性为"全民稳定使用各自母语"型。这三个民族（支系）的母语水平都不存在代际差异，代际之间传承稳定。

（1）兼用语使用状况

该组景颇支系、载瓦支系、傈僳族大部分能不同程度地兼用汉语。

景颇支系兼用汉语情况如表 5-29 所示。

表 5-29　　　　　　　盆都组景颇支系村民兼用汉语情况

年龄段（岁）	调查人数（人）	熟练		略懂		不懂	
		人数（人）	百分比（%）	人数（人）	百分比（%）	人数（人）	百分比（%）
6—19	23	17	73.9	3	13.0	3	13.0
20—39	22	14	63.6	3	13.6	5	22.7
40—59	21	13	61.9	5	23.8	3	14.3
60 以上	4	0	0	2	50.0	2	50.0
合计	70	44	62.8	13	18.6	13	18.6

载瓦支系兼用汉语情况如表 5–30 所示。

表 5–30　　　　盆都组载瓦支系村民兼用汉语情况

年龄段（岁）	调查人数（人）	熟练 人数（人）	熟练 百分比（%）	略懂 人数（人）	略懂 百分比（%）	不懂 人数（人）	不懂 百分比（%）
6—19	6	1	16.7	4	66.7	1	16.7
20—39	7	5	71.4	1	14.3	1	14.3
40—59	1	1	100.0	0	0	0	0
60 以上	2	1	50.0	1	50.0	0	0
合计	16	8	50.0	6	37.5	2	12.5

傈僳族兼用汉语情况如表 5–31 所示。

表 5–31　　　　盆都组傈僳族村民兼用汉语情况

年龄段（岁）	调查人数（人）	熟练 人数（人）	熟练 百分比（%）	略懂 人数（人）	略懂 百分比（%）	不懂 人数（人）	不懂 百分比（%）
6—19	49	26	53.1	14	28.6	9	18.4
20—39	58	46	79.3	7	12.1	5	8.6
40—59	49	30	61.2	18	36.7	1	2.0
60 以上	10	3	30.0	5	50.0	2	20.0
合计	166	105	63.3	44	26.5	17	10.2

上述统计数据显示，盆都组 80%以上村民能不同程度地兼用汉语。村民习得汉语的途径主要是：a. 学校教育是学习汉语的主要途径。b. 外出打工与外族人交流提高了汉语的能力。c. 外地汉族来盆都租地搞种植，与村民交往较为频繁，为他们学习汉语起到了一定的作用。d. 电视的普及，使村民足不出户就能每天接触到汉语。

盆都组的傈僳族和载瓦支系多数能不同程度地兼用景颇语。其中，载瓦支系兼用比例高达 100%，傈僳族兼用比例为 80.7%。

傈僳族兼用景颇语情况如表 5–32 所示。

表 5-32　　　　　盆都组傈僳族村民兼用景颇语情况

年龄段（岁）	调查人数（人）	熟练 人数（人）	熟练 百分比（%）	略懂 人数（人）	略懂 百分比（%）	不懂 人数（人）	不懂 百分比（%）
6—19	49	19	38.8	22	44.9	8	16.3
20—39	58	42	72.4	4	6.9	12	20.7
40—59	49	31	63.3	8	16.3	10	20.4
60 以上	10	7	70.0	1	10.0	2	20.0
合计	166	99	59.6	35	21.1	32	19.3

载瓦支系兼用景颇语情况如表 5-33 所示。

表 5-33　　　　　盆都组载瓦支系村民兼用景颇语情况

年龄段（岁）	调查人数（人）	熟练 人数（人）	熟练 百分比（%）	略懂 人数（人）	略懂 百分比（%）	不懂 人数（人）	不懂 百分比（%）
6—19	6	3	50.0	3	50.0	0	0
20—39	7	7	100.0	0	0	0	0
40—59	1	1	100.0	0	0	0	0
60 以上	2	2	100.0	0	0	0	0
合计	16	13	81.3	3	18.8	0	0

傈僳族和载瓦支系兼用景颇语的成因主要有以下几个方面。

第一，景颇支系是这里居住时间最长的民族，其语言对后迁入的民族（支系）有较大的影响力。据了解，盆都组的景颇族早在四五百年前就已在此定居，傈僳族是 1958 年才来到此地。载瓦支系是在 20 世纪 70 年代后期才迁居至盆都的，是一个家族。尽管现在盆都组的人口以傈僳族为最多，但是论语言的影响力，最强的还是景颇语。

第二，景颇语是跨境语言，在与盆都组一河之隔的缅甸广泛使用。盆都组距缅甸仅 4 公里，与昔马工村隔河相望；离缅甸第三大城市密支那也只有 86 公里，那里有大量景颇族分布。该组村民有不少人去过缅甸，还有些人的亲戚仍在缅甸生活，村里很早就有送孩子去缅甸上学的传统。据统计，该组曾接受过缅甸学校教育的有 9 人。

第三，和谐的民族关系是景颇语得到广泛兼用的基础。景颇支系与傈傈僳族和载瓦支系的关系融洽，能够和睦相处。

傈僳族是盆都组人口最多的民族，占全组人口的 66.6%。人口优势使得傈僳语在景颇和载瓦支系中得到较广泛的使用。下面二表是景颇支系和载瓦支系兼用傈僳语的统计数据。

景颇支系兼用傈僳语情况如表 5-34 所示。

表 5-34　　　　盆都组景颇支系村民兼用傈僳语情况

年龄段（岁）	调查人数（人）	熟练 人数（人）	熟练 百分比（%）	略懂 人数（人）	略懂 百分比（%）	不懂 人数（人）	不懂 百分比（%）
6—19	23	17	73.9	0	0	6	26.1
20—39	22	13	59.1	2	9.1	7	31.8
40—59	21	12	57.1	3	14.3	6	28.6
60 以上	4	0	0	2	50.0	2	50.0
合计	70	42	60.0	7	10.0	21	30.0

载瓦支系兼用傈僳语情况如表 5-35 所示。

表 5-35　　　　盆都组载瓦支系村民兼用傈僳语情况

年龄段（岁）	调查人数（人）	熟练 人数（人）	熟练 百分比（%）	略懂 人数（人）	略懂 百分比（%）	不懂 人数（人）	不懂 百分比（%）
6—19	6	1	16.7	2	33.3	3	50.0
20—39	7	4	57.1	1	14.3	2	28.6
40—59	1	1	100.0	0	0	0	0
60 以上	2	1	50.0	1	50.0	0	0
合计	16	7	43.8	4	25.0	5	31.3

据了解，景颇和载瓦支系的傈僳语多是在村寨中自然学会的。因村寨里面傈僳族多，走到哪里都会碰到傈僳族，在日常接触中自然就学会了。

载瓦支系在盆都组人口最少，只占全组人口的 6.3%，因此，能兼用载瓦语的也只有傈僳族和景颇支系中的少数人。具体统计数据见下表。

傈僳族兼用载瓦语情况如表 5-36 所示。

表 5-36　　　　盆都组傈僳族村民兼用载瓦语情况

年龄段（岁）	调查人数（人）	熟练 人数（人）	熟练 百分比（%）	略懂 人数（人）	略懂 百分比（%）	不懂 人数（人）	不懂 百分比（%）
6—19	49	1	2.0	0	0	48	98.0
20—39	58	1	1.7	0	0	57	98.3
40—59	49	3	6.1	2	4.1	44	89.8
60 以上	10	0	0	0	0	10	100.0
合计	166	5	3.0	2	1.2	159	95.8

景颇支系兼用载瓦语情况如表 5-37 所示。

表 5-37　　　　盆都组景颇支系村民兼用载瓦语情况

年龄段（岁）	调查人数（人）	熟练 人数（人）	熟练 百分比（%）	略懂 人数（人）	略懂 百分比（%）	不懂 人数（人）	不懂 百分比（%）
6—19	23	0	0	0	0	23	100.0
20—39	22	2	9.1	1	4.5	19	86.4
40—59	21	3	14.3	0	0	18	85.7
60 以上	4	0	0	0	0	4	100.0
合计	70	5	7.1	1	1.4	64	91.4

上述统计数据显示，傈僳族兼用载瓦语的比例不到 5%，景颇支系兼用载瓦语的比例不到 10%。这说明载瓦语在盆都组的使用范围很小，基本上只在本支系内部使用。

盆都组因与缅甸仅一河之隔，过去寨子里没有学校的时候，有些重视教育的村民就把孩子送去缅甸读书。在缅甸上过学的，一般都能兼用缅语。此外，盆都组还有一些是从缅甸嫁进来的媳妇，或是去缅甸打工的村民，他们中也有懂缅语的。下表分别是傈僳族、景颇支系、载瓦支系兼用缅语的统计数据。

傈僳族兼用缅语情况如表 5-38 所示。

表 5-38　　　　　盆都组傈僳族村民兼用缅语情况

年龄段（岁）	调查人数（人）	熟练 人数（人）	熟练 百分比（%）	略懂 人数（人）	略懂 百分比（%）	不懂 人数（人）	不懂 百分比（%）
6—19	49	0	0	0	0	49	100.0
20—39	58	1	1.7	0	0	57	98.3
40—59	49	3	6.1	1	2.0	45	91.8
60 以上	10	0	0	0	0	10	100.0
合计	166	4	2.4	1	0.6	161	97.0

景颇支系兼用缅语情况如表 5-39 所示。

表 5-39　　　　　盆都组景颇支系村民兼用缅语情况

年龄段（岁）	调查人数（人）	熟练 人数（人）	熟练 百分比（%）	略懂 人数（人）	略懂 百分比（%）	不懂 人数（人）	不懂 百分比（%）
6—19	23	1	4.3	0	0	22	95.7
20—39	22	4	18.2	0	0	18	81.8
40—59	21	0	0	0	0	21	100.0
60 以上	4	0	0	0	0	4	100.0
合计	70	5	7.1	0	0	65	92.9

载瓦支系兼用缅语情况如表 5-40 所示。

表 5-40　　　　　盆都组载瓦支系村民兼用缅语情况

年龄段（岁）	调查人数（人）	熟练 人数（人）	熟练 百分比（%）	略懂 人数（人）	略懂 百分比（%）	不懂 人数（人）	不懂 百分比（%）
6—19	6	0	0	0	0	6	100.0
20—39	7	2	28.6	0	0	5	71.4
40—59	1	0	0	0	0	1	100.0
60 以上	2	0	0	1	0	1	50.0
合计	16	2	12.5	1	6.25	13	81.3

从上述统计数据来看，盆都组兼用缅语的比例较低，各民族（支系）都不到 20%。从年龄段来看，20—39 岁年龄段的相对更多，傈僳族中 40—59

岁年龄段的兼用缅语的比例也相对较高。

兼用缅语的有三种情况：a. 缅甸嫁过来的景颇族或傈僳族媳妇，在缅甸时就学会了缅语。b. 过去盆都没有学校，少数几个人曾到缅甸上过学，学会了缅语。c. 去缅甸打工学会缅语。

（2）景颇文、傈僳文使用状况

景颇文、傈僳文在盆都组推行情况较好，约有一半的村民能够使用其中的一种或两种文字。村民学习景颇文的途径主要有三种：一是去缅甸上学或在缅甸人开办的景颇文学校学会景颇文。20世纪70年代以前，盆都这边没有学校，有重视教育的村民就送孩子去教授景颇文的缅甸学校上学，缅甸学校教景颇文。另外，20世纪80年代，缅甸发生动乱，缅甸难民逃到盆都这边，开办了景颇文学校，有一些人去跟着学习了一段时间。二是跟着懂景颇文的父母或亲友学会。三是由信仰基督教的信徒或传教士教会。

各民族（支系）掌握景颇文的统计数据：

表 5–41　　　　盆都组各民族（支系）景颇文掌握情况

年龄段（岁）	傈僳族		景颇支系		载瓦支系	
	人数（人）	百分比（%）	人数（人）	百分比（%）	人数（人）	百分比（%）
6—19	2	4.1	3	13	2	33.3
20—39	3	5.2	14	63.7	5	71.4
40—59	0	0	12	57.1	1	100
60以上	0	0	1	25	1	50
合计	5	3	30	42.9	9	56.3
总人数及占比	44 (17.5%)					

表 5–42　　　　卡场镇草坝村盆都组五户语言使用情况

编号	家庭关系	姓名	民族（支系）	年龄	文化程度	第一语言及水平	第二语言及水平	其他语言及水平	文字
1	户主	熊木四	傈僳	53	文盲	傈僳语，熟练	汉语，略懂		
	丈夫	栋大	傈僳	41	文盲	傈僳语，熟练	景颇语，熟练	汉语，熟练	傈僳文、景颇文
	长女	栋木大	傈僳	24	文盲	傈僳语，熟练	景颇语，熟练	汉语，略懂	傈僳文、景颇文
	次女	栋木列	傈僳	22	文盲	傈僳语，熟练	景颇语，熟练		傈僳文、景颇文
	三女	栋木三	傈僳	21	小学	傈僳语，熟练	汉语，熟练		傈僳文

续表

编号	家庭关系	姓名	民族（支系）	年龄	文化程度	第一语言及水平	第二语言及水平	其他语言及水平	文字
1	四女	栋木四	傈僳	17	小学	傈僳语，熟练	景颇语，略懂		
	长子	栋德永	傈僳	5					
	次子	栋德文	傈僳	5					
2	户主	卡牙干	载瓦	42	初中	载瓦语，熟练	景颇语，熟练	汉语，熟练；傈僳语，熟练	景颇文
	妻子	李木宝	载瓦	27	小学	载瓦语，熟练	景颇语，熟练	傈僳语，略懂	
	长子	卡牙早里	载瓦	9	小四在读	载瓦语，熟练	景颇语，熟练	汉语，略懂；傈僳语，略懂	景颇文
	次子	麻弄	载瓦	7	学前班	载瓦语，熟练	景颇语，略懂	汉语，略懂；傈僳语，略懂	景颇文
	长女	排扎珑	载瓦	6	学前班	载瓦语，熟练	景颇语，略懂	汉语，略懂	
	次女	排扎英	载瓦	6	学前班	载瓦语，熟练	景颇语，略懂	汉语，略懂	
3	户主	铁将列	傈僳	38	小学	傈僳语，熟练	景颇语，熟练	汉语，熟练	傈僳文
	妻子	早木二	傈僳	39	小学	傈僳语，熟练	汉语，熟练		
	长子	栋文进	傈僳	12	小四在读	傈僳语，熟练	景颇语，略懂	汉语，熟练	
	长女	栋文翠	傈僳	12	小四在读	傈僳语，熟练	景颇语，略懂	汉语，熟练	
	次子	栋文瑞	傈僳	8	小三在读	傈僳语，熟练	景颇语，熟练	汉语，略懂	
4	户主	栋大	傈僳	26	初中	傈僳语，熟练	景颇语，熟练	汉语，熟练	傈僳文
	妻子	早木大	傈僳	26	小学	傈僳语，熟练	汉语，熟练		傈僳文
	长女	栋木列	傈僳	5	学前班				
	次女	栋文芳	傈僳	3	学前				
5	户主	阿级腊	景颇	46	文盲	景颇语，熟练	载瓦语，熟练	汉语，熟练；傈僳语，熟练	
	妻子	麻鲁	景颇	43	文盲	景颇语，熟练			景颇文
	长子	麻干	景颇	14	初一在读	景颇语，熟练	缅语，熟练	汉语，熟练	景颇文
	次子	麻弄	景颇	13	小三在读	景颇语，熟练	傈僳语，熟练	汉语，熟练	景颇文
	长女	李仙美	景颇	8	小三在读	景颇语，熟练	傈僳语，熟练	汉语，熟练	

(七) 瑞丽市弄岛镇等嘎村伍陆央淘宝村语言使用个案

1. 社会状况

等嘎村委会是弄岛镇山区唯一的一个景颇族聚居村。它位于弄岛镇西北部，附近都是傣族寨。北与户育乡的邦岭村相连，南与南碗河和雷允村相接。距镇政府11公里，县城40公里，海拔650—1250米。

这个村景颇语保留得很好，而且多年来本族语言文字的教学也搞得比较好，民族语与汉语的双语教学取得了许多成绩和经验。1990年被定为民族文字无盲村。

伍陆央淘宝村（Wuluyang Seng Ngai Mare）是等嘎村的一个组，地处瑞丽市西部，距瑞丽市区30公里，镇政府北面7公里。它是瑞丽市重点培植的一个新农村建设示范村。

伍陆央淘宝村的前身是弄岛镇等嘎村委会第二村民小组，与缅甸隔河相望，是以景颇族为主体民族的村寨，在等嘎村委会西南10公里，位于现新村北面山上13公里处。现有67户，273人，其中景颇族231人，汉族40人，傣族2人。景颇族中，景颇支系223人，载瓦支系8人。

全村现有耕地和林地2400多亩，水田255亩。那里曾分为9个"独家村"，占地面积300多亩。经济收入主要靠种田、找野菜、山草药、红菌、茶叶为主，属季节性收入。2000年，实施异地搬迁方案；2008年完成异地搬迁工作。异地搬迁到新村后，水、电、路通了，广播电视、电话都有了。

现在，淘宝村经济作物以种植水稻、小春玉米、香料烟、甘蔗和冬季作物——麻竹为主。近一两年开始种植橡胶。该寨多数人务农，也有少数人从事木材、珠宝、运输等生意。

由于淘宝村地处边境，地理位置特殊，与缅甸人通婚较为盛行，全寨有缅甸媳妇三四十个。

淘宝村的儿童四到六年级在弄岛镇中心完小就读。这两所学校坚持教景颇文，每周一课时。此外，村委会和基督教会在每年暑假都组织开办一个月的景颇文培训班。

2. 语言使用状况

根据67户、248人的调查材料，这里有景颇族207人，汉族40人，傣族1人。景颇族中景颇支系有199人，占统计人数的80.3%；载瓦支系有8人。

（1）景颇支系的语言使用状况

全组景颇支系人均以景颇语为第一语言，具体统计见表5-43。

第五章 中国景颇族的语言生活

表 5-43　　伍陆央淘宝村景颇支系村民母语使用情况

年龄段（岁）	调查人数（人）	熟练 人数（人）	熟练 百分比（%）	略懂 人数（人）	略懂 百分比（%）	不懂 人数（人）	不懂 百分比（%）
6—19	55	54	98.2	1	1.8	0	0
20—39	88	88	100.0	0	0	0	0
40—59	38	38	100.0	0	0	0	0
60 以上	18	18	100.0	0	0	0	0
合计	199	198	99.5	1	0.5	0	0

淘宝村的景颇支系在 199 人中有 124 人能够熟练兼用汉语，占 62.3%；汉语水平为"略懂"的有 53 人，占 26.6%；有 22 人不会汉语，占 11.1%。但兼用汉语的比例存在代际差异。60 岁以上能够兼用汉语的比例最低，"熟练"和"略懂"的为 12 人，占这一年龄段的 66.7%；其次是 20—39 岁年龄段的，"熟练"和"略懂"的为 88 人，占这一年龄段的 86.4%；再次是 6—19 岁的青少年，"熟练"和"略懂"的为 55 人，占这一年龄段的 92.7%；最高的是 40—59 岁年龄段的，"熟练"和"略懂"的为 38 人，占这一年龄段的 100%。

淘宝村景颇支系除了兼用汉语之外，还有一部分人能够兼用载瓦语、傣语、缅语等。兼用的特点是：第一，6—19 岁青少年兼用其他语言的比例明显少于其余几个年龄段。说明青少年的语言掌握情况趋向单一，除了使用自己的母语和兼用汉语外，很少会使用其他语言的。第二，兼用载瓦语和傣语的集中在 40 岁以上，兼用缅语的集中在 20—39 岁。兼用语言的具体情况如下列各表。淘宝村景颇支系村民兼用载瓦语的情况如表 5-44 所示。

表 5-44　　伍陆央淘宝村景颇支系村民兼用载瓦语情况

年龄段（岁）	调查人数（人）	熟练 人数（人）	熟练 百分比（%）	略懂 人数（人）	略懂 百分比（%）	不会 人数（人）	不会 百分比（%）
6—19	55	1	1.8	1	1.8	53	96.4
20—39	88	7	8.0	6	6.8	75	85.2
40—59	38	8	21.1	8	21.1	22	57.9
60 以上	18	4	22.2	2	11.1	12	66.7
合计	199	20	10.1	17	8.5	162	81.4

淘宝村景颇支系村民兼用泰语的情况如表 5-45 所示。

表 5-45　　伍陆央淘宝村景颇支系村民兼用泰语情况

年龄段（岁）	调查人数（人）	熟练 人数（人）	熟练 百分比（%）	略懂 人数（人）	略懂 百分比（%）	不会 人数（人）	不会 百分比（%）
6—19	55	0	0	4	7.3	51	92.7
20—39	88	4	4.5	11	12.5	73	83.0
40—59	38	9	23.7	5	13.2	24	63.2
60 以上	18	2	11.1	4	22.2	12	66.7
合计	199	15	7.5	24	12.1	160	80.4

淘宝村景颇支系村民兼用缅语的情况如表 5-46 所示。

表 5-46　　伍陆央淘宝村景颇支系村民兼用缅语情况

年龄段（岁）	调查人数（人）	熟练 人数（人）	熟练 百分比（%）	略懂 人数（人）	略懂 百分比（%）	不会 人数（人）	不会 百分比（%）
6—19	55	0	0	0	0	55	100
20—39	88	11	12.5	1	1.1	76	86.4
40—59	38	2	5.3	3	7.9	33	86.8
60 以上	18	1	5.6	0	0	17	94.4
合计	199	14	7.0	4	2	181	91

上表数据显示，能兼用载瓦语的有 37 人，能兼用傣语的有 39 人，能兼用缅语的有 18 人。该小组原居住地比较分散，周围分布的多是傣族寨子，40 岁以上的村民受傣族影响较大，会傣语的相对较多。兼用缅语的 18 人中，20—39 岁有 12 人，占能兼用缅语总数的 66.7%。这是因为这个年龄段的人中有一些是从缅甸嫁过来的景颇族媳妇，她们来之前已能不同程度地使用缅甸语。6—19 岁能兼用其他语言的仅有 6 人，掌握程度是 1 人熟练，5 人略懂。

（2）载瓦支系的语言使用状况

淘宝村现有载瓦支系 8 人。这些人均以载瓦语为第一语言，100%熟练，不存在代际差异。8 人均以景颇语为第二语言，不存在代际差异，100%熟练。兼用汉语的比例存在代际差异，呈现出随年龄增大而递减的规律。即：6—19 岁＞20—39 岁＞40—59 岁＞60 岁以上。具体统计如下：

表 5-47　　　　伍陆央淘宝村载瓦支系村民母语使用情况

年龄段（岁）	调查人数（人）	熟练 人数（人）	熟练 百分比（%）	略懂 人数（人）	略懂 百分比（%）	不会 人数（人）	不会 百分比（%）
6—19	1	1	100.0	0	0	0	0
20—39	2	2	100.0	0	0	0	0
40—59	5	2	40.0	1	20.0	2	40.0
60 以上	0	0	0	0	0	0	0
合计	8	5	62.5	1	12.5	2	25.0

（3）景颇支系和载瓦支系兼用汉语状况

文化程度与兼用汉语的比例和水平有密切的关系。文化程度越高，兼用汉语的比例和水平越高。高中及以上文化程度的有 7 人，全都能熟练兼用汉语。初中文化程度的有 66 人，也是全部熟练兼用汉语。小学文化程度的有 131 人，能熟练兼用汉语的有 64 人，占 48.9%；略懂汉语的有 46 人，占 35.1%；不会的有 21 人，占 16.0%。没上过学的文盲兼用汉语的比例和水平最低，3 人都不会汉语。

（4）汉族的语言使用状况

在淘宝村，除景颇族外，还有汉族 40 人，约占统计人口的 16.2%。其语言使用情况如下：

全组汉族人均以汉语为第一语言，且 100%熟练。汉族兼用其他民族语言的特点是：兼用景颇语的能力明显高于兼用载瓦语、傣语和缅语。总体情况见表 5-48。

表 5-48　　　　伍陆央淘宝村汉族村民使用少数民族语言情况

语种 \ 程度	熟练 人数（人）	熟练 百分比（%）	略懂 人数（人）	略懂 百分比（%）	不会 人数（人）	不会 百分比（%）
景颇语	11	27.5	9	22.5	20	50.0
载瓦语	2	5.0	0	0	38	95.0
傣语	1	2.5	2	5.0	37	92.5
缅语	1	2.5	2	5.0	37	92.5

不同年龄段兼用景颇语的情况如表 5-49 所示。

表 5-49　　　　伍陆央淘宝村汉族村民兼用景颇语情况

年龄段（岁）	调查人数（人）	熟练 人数（人）	熟练 百分比（%）	略懂 人数（人）	略懂 百分比（%）	不会 人数（人）	不会 百分比（%）
6—19	8	3	37.5	1	12.5	4	50.0
20—39	19	5	26.3	5	26.3	9	47.4
40—59	12	3	25.0	3	25.0	6	50.0
60 以上	1	0	0	0	0	1	100.0
合计	40	11	27.5	9	22.5	20	50.0

不同年龄段兼用载瓦语的情况如表 5-50 所示。

表 5-50　　　　伍陆央淘宝村汉族村民兼用载瓦语情况

年龄段（岁）	调查人数（人）	熟练 人数（人）	熟练 百分比（%）	略懂 人数（人）	略懂 百分比（%）	不会 人数（人）	不会 百分比（%）
6—19	8	0	0	0	0	8	100.0
20—39	19	0	0	0	0	19	100.0
40—59	12	2	16.7	0	0	10	83.3
60 以上	1	0	0	0	0	1	100.0
合计	40	2	5.0	0	0	38	95.0

不同年龄段兼用傣语的情况如表 5-51 所示。

表 5-51　　　　伍陆央淘宝村汉族村民兼用傣语情况

年龄段（岁）	调查人数（人）	熟练 人数（人）	熟练 百分比（%）	略懂 人数（人）	略懂 百分比（%）	不会 人数（人）	不会 百分比（%）
6—19	8	0	0	0	0	8	100.0
20—39	19	1	5.3	0	0	18	94.7
40—59	12	0	0	2	16.7	10	83.3
60 以上	1	0	0	0	0	1	100.0
合计	40	1	2.5	2	5	37	92.5

不同年龄段兼用缅语的情况如表 5-52 所示。

表 5-52　　　　　　伍陆央淘宝村汉族村民兼用缅语情况

年龄段（岁）	调查人数（人）	熟练 人数（人）	熟练 百分比（%）	略懂 人数（人）	略懂 百分比（%）	不会 人数（人）	不会 百分比（%）
6—19	8	0	0	0	0	8	100.0
20—39	19	1	5.3	0	0	18	94.7
40—59	12	0	0	2	16.7	10	83.3
60 以上	1	0	0	0	0	1	100.0
合计	40	1	2.5	2	5	37	92.5

（5）傣族的语言使用状况

统计对象中傣族只有 1 人，景颇语和汉语略懂。平时与妻子各说各的语言，能互相听得懂。与孩子用景颇语或汉语交流，用景颇语的时候更多。

3. 景颇文使用状况

淘宝村 248 名调查对象中，有 128 人能够不同程度地掌握景颇文。主要有以下几个因素：一是民族感情深厚。二是基层政府比较重视。三是宗教因素。全组有 27 户信仰基督教，24 户信仰天主教。教会平时聚会都教景颇文，以便看懂景颇文《圣经》。但据了解：民族语言的学前教育已经暂停，相应的民族语教材也很难找到。即使有人想来学习民族文字也很难实现。曾经有人大代表提议恢复民族语言教学，没有得到响应。

表 5-53　　　　　　淘宝村五户语言使用情况

编号	家庭关系	姓名	民族（支系）	年龄	文化程度	第一语言及水平	第二语言及水平	其他语言及水平	文字掌握情况
1	户主	跑米宽（女）	景颇	54	小学	景颇语，熟练	傣语，熟练	汉语，略懂	景颇文
	次子	勒希腊	景颇	27	小学	景颇语，熟练	汉语，熟练	傣语，熟练	景颇文
	次子媳	张么宽芳	景颇	24	小学	景颇语，熟练	缅语，熟练		景颇文
	孙子	早对仁	景颇	2					
2	户主	宝福章	汉	48	小学	汉语，熟练	景颇语，熟练	傣语，略懂	
	妻子	董香兰	汉	44	小学	汉语，熟练	载瓦语，熟练		
	长子	宝寿红	汉	21	大学	汉语，熟练			
	次子	宝寿生	汉	18	高三在读	汉语，熟练			

续表

编号	家庭关系	姓名	民族（支系）	年龄	文化程度	第一语言及水平	第二语言及水平	其他语言及水平	文字掌握情况
3	户主	勒希干	景颇	33	小学	景颇语，熟练	汉语，熟练	缅语、傣语，熟练	景颇文
	妻子	勒向锐	景颇	29	小学	景颇语，熟练	汉语，熟练		景颇文
	长女	勒希果	景颇	11	小四在读	景颇语，熟练	汉语，熟练		
4	户主	勒排干	景颇	60	小学	景颇语，熟练	汉语，熟练	载瓦语、缅语、傣语，熟练	景颇文
	妻子	木然果	景颇	60	小学	景颇语，熟练	汉语，熟练	载瓦语，熟练；傣语，略懂	景颇文
	长子	勒排干	景颇	39	小学	景颇语，熟练	汉语，熟练	傣语，略懂	景颇文
	儿媳	勒西加	景颇	41	小学	景颇语，熟练	汉语，熟练	傣语，熟练	景颇文
	孙女	勒排相迈	景颇	18	初中	景颇语，熟练	汉语，熟练		景颇文
	孙子	勒排腊仁	景颇	15	初二在读	景颇语，熟练	汉语，熟练		
5	户主	干则糯	景颇	45	小学	景颇语，熟练	汉语，熟练	傣语，熟练；载瓦语、缅语，略懂	景颇文
	妻子	木然鲁	景颇	43	初中	景颇语，熟练	汉语，熟练	傣语，熟练；载瓦语，略懂	景颇文
	长女	干则鲁	景颇	21	初中	景颇语，熟练	汉语，熟练		景颇文
	次女	干则锐	景颇	13	小五在读	景颇语，熟练	汉语，熟练		景颇文

（八）潞西市芒市镇城区母语使用个案调查

1. 社会状况

芒市，是德宏州傣族景颇族自治州所辖的一个县，德宏州州府所在地。地处云南省西部，西北与梁河县相邻，北、东北与龙陵县接壤，西面与陇川县相接，西南与瑞丽市紧挨，南面与缅甸接壤。是 320 国道（又称昆畹公路，原滇缅公路）的必经之地。曾是南方古丝绸之路的主要通道。如今是内地南向发展战略的前沿阵地，是中国通向东南亚、南亚的重要门户。

芒市城区面积 23.15 平方公里，居民 31908 户，116305 人，其中常住人口 24611 户 84655 人，流动人口 7297 户 31650 人。原芒市镇政府辖区范围调整为城区以外的 10 个村委会，总人口约 4 万人。

芒市城区驻有中央、省、州、市属单位和部队共 390 个，有企业 425

户（2008年），其中私营企业7户，个体工商户418户，从业人员1009人。这里分布着汉、傣、景颇、傈僳、德昂、阿昌等民族，各民族中，汉族人口最多，其次分别是傣族、景颇族、傈僳族、德昂族和阿昌族。其中，景颇族常住人口4000余人，占总人口的21%。

中华人民共和国成立前，芒市的主体民族是傣族，并有少量汉族居住。中华人民共和国成立后，芒市成为德宏州州府所在地，各民族兄弟相继拥入这座新兴边陲小镇，过去以傣族为主的民族分布格局正悄然改变，经历了50多年后，逐步形成了汉、傣、景颇、傈僳、德昂、阿昌等各民族和谐共处的局面。

中华人民共和国成立初期，芒市的各民族兄弟主要是来党委政府、企事业单位以及州直县直单位参加工作的，他们有深厚的民族文化根基，懂本民族语言和传统文化。然而，随着时间的推移，他们的后代的母语水平却在普遍下降，其原因是人们除了在家里使用母语外，在单位、学校和多数交际场合中都以汉语为主要交流工具。芒市有很多景颇族家庭的子女，母语水平已明显下降。在德宏州机械厂何永生家里，我们了解到，他是载瓦支系人，他妻子是景颇支系人，平时家里都说汉语。长子何承楣小时候同奶奶生活过一段时间，因而能用载瓦语进行交流。次子何承包从上幼儿园时就一直在使用汉语，只有回老家或走亲戚时才能接触到载瓦语，他的载瓦语水平已明显下降。

2. 景颇族母语使用状况

根据芒市60户景颇族家庭的抽样调查，按年龄段对其中34人进行母语四百词测试，调查结果显示景颇族家庭都在使用母语（景颇族语言）。但母语使用程度在不同家庭以及家庭内不同代际存在较大差异。具体使用情况见表5-54。

表5-54　　　　　　　芒市城区景颇族母语使用情况

年龄	人数（人）	优秀 人数（人）	优秀 百分比（%）	良好 人数（人）	良好 百分比（%）	一般 人数（人）	一般 百分比（%）	差 人数（人）	差 百分比（%）
6—19	8	0	0	1	12.5	0	0	7	87.5
20—29	12	3	25.0	3	25.0	2	16.7	4	33.3
30—39	4	4	100.0	0	0	0	0	0	0
40—59	9	9	100.0	0	0	0	0	0	0
60以上	1	1	100.0	0	0	0	0	0	0
合计	34	17	50.0	4	11.8	2	5.9	11	32.4

表 5-54 数据显示：a. 30 岁以上的中老年母语保存情况良好。20－29 岁的青壮年母语水平有衰退趋势。b. 与 30 岁以上年龄段相比，青壮年的母语水平明显下降，开始出现母语衰退现象。参加四百词测试的 12 人中有 3 个母语水平达到"优秀"，占 25%。3 个达到"良好"；2 个"一般"，4 个"差"。c. 20 岁以下的青少年母语水平已经衰退。接受四百词测试的 8 人中，只有 1 人成绩"良好"，其余 7 人全部是"差"，说明青少年一代已经基本失去使用母语能力，即将走向语言转用。

三 德宏州景颇族母语使用现状及其成因分析

通过对以上调查和分析，对德宏州景颇族的语言使用情况及其成因可以有以下几个认识。

（一）景颇族全民稳定地使用自己的母语

调查数据显示，德宏州 99.7%景颇族能够熟练掌握自己的母语。在景颇族聚居区，许多汉族和傈僳族能够兼用景颇族语言。

在景颇族聚居的寨子里，景颇族语言是最重要的交际用语，6 个聚居寨子的母语掌握情况为 100%熟练，没有"略懂"和"不懂"的情况。盈江县卡场镇草坝村迈东组是个景颇支系聚居的村民小组。虽然全组 80%的村民能够兼用汉语，但村民之间聊天、开会、买东西等场合从来不讲汉语，而是使用景颇语，只有遇到外族人才讲汉语。调查过程中，村民与我们交谈使用汉语，但转身与同组村民交谈时，马上转用景颇语，语码转换应用自如。这说明他们已经完全成为双语人，不会因使用汉语而影响母语水平。

在瑞丽市弄岛镇等嘎二组，景颇语是强势语言，汉语、傣语和载瓦语都是弱势语言。景颇族均能熟练使用景颇语。汉族中有 50%能兼用景颇语，从小在等嘎二组长大的汉族都能熟练掌握景颇语，有的还会一些景颇文。

又如：勐广汉寨的汉族，在长期与景颇族交往中，渐渐学会了景颇语，有 52.2%的汉人兼用载瓦语、39.2%的兼用浪峨语。不同年龄段的母语能力差异不大。达到"熟练"水平的，40 岁及以上的是 100%；40 岁以下的是 99.5%。这说明在不同的年龄段上，母语能力无较大的差异，也说明青少年母语水平并未出现严重退化。

景颇族母语保持活力的主要原因有以下几个方面。

1. 深厚的母语情感是景颇族保存母语的心理基础。景颇族对自己的母语有着深厚的情感，认为景颇族的语言是景颇族的象征，是老祖宗留下的宝贵遗产，是景颇族文化传统中最重要的部分，只有景颇族的语言一代代不间断地传承下去，景颇族才会延续。

原德宏州民语委主任跑承梅何腊在谈到家庭母语使用情况时，说道："我们一家人在家都说载瓦语，出去才说汉语。因为我担心我们民族的语言失传，所以要求她们经常说载瓦语。我的侄孙女现在 7 岁，上小学二年级。她懂三种语言：汉语、浪峨语、载瓦语，这三种语言都说得很好。"

景颇族不会说或不愿说母语会受到父母责骂、族人鄙视。走访中，一位在芒市打工的景颇族小姑娘告诉我们，她虽然在芒市生活了 7 年，但母语一点都不敢忘记。因为回家后如果不说母语，会被父母骂的。她姐姐嫁给了一个傣族，她的爸爸说将来一定要教他的外孙学景颇话。在盈江县卡场镇景颇文培训班，当我们问及为什么要学习景颇文时，小朋友们踊跃举手回答："为了发扬景颇族文化"，"不会景颇文害羞"，"景颇文是景颇族的传统，不会景颇文就等于丢了景颇族的传统。"可见，景颇族对母语的深厚感情从小就在心中根深蒂固。

强烈的支系意识是景颇族热爱母语的另一个重要体现。景颇族的不同支系都有自己的语言，并把本支系的语言作为自己的母语来学习、使用和传承。景颇族聚居区通常杂居着不同支系，支系间兼用对方语言的现象普遍存在，而且兼用语并不影响母语的保存和传承。弯丹村委会主任杨木兰访告诉我们，白岩组里虽然景颇族支系很多，但是相处和谐。交流的时候都各用各的支系语言，互相都听得懂。家里父母教自己的孩子学说话都是教自己的支系语言，不会教别的支系语言。别的语言都是在寨子里自然学会的。

2. 应用价值是景颇族语言得以稳固传承的重要基础。在景颇族地区，无论是在家庭内部，还是在村寨间；不论是聚居区，还是杂居区，凡是有同族人在的场合都要使用自己的母语。即便是县、州一级的领导以及高级知识分子，与同族人在一起时都要说自己的母语。当问及为什么时，回答是"这是习惯，不说自己的语言会感到怪怪的"，"说自己的语言才拉近了距离"。所以，在景颇族地区景颇语的使用频率很高，是维持社会交际、发展社会的一个不可缺少的语言工具。

3. 相对聚居是景颇族稳定使用母语的客观条件，也为杂居村寨保存母语提供了条件。以潞西市三台山乡允欠三组为例，允欠三组是德昂族、景颇族、汉族杂居的寨子。其中德昂族人数最多，占总人口的 74%。景颇族只有 9 人，仅占总人口的 7%。但这 9 个景颇族的母语水平全部是"熟练"，没有一个人出现母语水平衰退的现象，究其原因，是因为寨子周围有大片的景颇族分布区。

境外缅甸有大量景颇族居民分布，对景颇语的保持和传承也有一定的作用。我国景颇族有 10 多万人，但缅甸的景颇族在百万以上。中国景颇族与缅甸景颇族同宗共源，语言相同，交往频繁。有缅甸亲戚的景颇族每年都要到缅甸去探亲，有的把孩子送到缅甸去读书，缅甸亲属也常来中国购物、探亲，也把子女送到中国读书。他们之间交流，全部使用景颇族语言。边民互通的政策使中缅贸易往来大幅增加。越来越多的景颇人前往缅甸，从事玉石生意和木材生意。不懂景颇族语言就无法到缅甸做生意。缅甸的景颇族也常来德宏州赶集、购物。盈江县卡场镇草坝村迈东组村民供胖腊常年在缅甸做生意，缅语水平熟练，不仅生意红红火火，而且还娶了一个缅甸媳妇。

（二）景颇族保留使用各支系语言

多支系、多支系语言是景颇族的一个重要特点，其存在和相互制约从多方面影响景颇族的语言生活。使用不同的支系语言，是景颇族不同支系之间最明显和最主要的区别性特征。要识别一个景颇人属何支系，最简便的也是最准确的方法，就是看他使用哪种语言。

1. 各支系使用本支系语言的情况

景颇族的不同支系的人，在日常生活中，都各自坚持使用本支系的语言，并且认为本支系语言就是自己的民族语言，对它有着一种特殊的感情。所以，景颇族的孩子要首先学习父亲所属民族支系的语言，形成了景颇人坚持使用自己语言的传统。景颇语就这样以家庭为单位，代代传承，相沿习用。

五岔路乡遮旦村景颇社景颇族使用本支系语言情况如表 5–55 所示。

表 5–55　　五岔路乡遮旦村景颇社景颇族村民母语使用情况

民族及支系	人数（人）	第一语言使用情况			
		第一语言为本支系语言的人数（人）	百分比（%）	第一语言为非本支系语言的人数（人）	百分比（%）
景颇族勒期支系	1	1	100	0	0
景颇族浪峨支系	16	4	25	12	75
景颇族载瓦支系	75	75	100	0	0
景颇族景颇支系	1	1	100	0	0

三台山乡允欠村拱岭小组景颇族使用本支系语言情况如表 5–56 所示。

表5-56　三台山乡允欠村拱岭小组景颇族村民母语使用情况

民族及支系	人数（人）	第一语言使用情况			
		第一语言为本支系语言的人数（人）	百分比（%）	第一语言为非本支系语言的人数（人）	百分比（%）
景颇族勒期支系	64	64	100	0	0
景颇族浪峨支系	58	58	100	0	0
景颇族载瓦支系	24	24	100	0	0
景颇族波拉支系	1	1	100	0	0
景颇族景颇支系	1	1	100	0	0

盈江县卡场镇吾帕村丁林小组景颇族使用本支系语言情况如表5-57所示。

表5-57　盈江县卡场镇吾帕村丁林小组景颇族村民母语使用情况

民族及支系	人数（人）	第一语言使用情况			
		第一语言为本支系语言的人数（人）	百分比（%）	第一语言为非本支系语言的人数（人）	百分比（%）
景颇族勒期支系	2	2	100	0	0
景颇族载瓦支系	11	11	100	0	0
景颇族景颇支系	232	232	100	0	0

盈江县卡场镇草坝村迈东小组景颇族使用本支系语言情况如表5-58所示。

表5-58　盈江县卡场镇草坝村迈东小组景颇族村民母语使用情况

民族及支系	人数（人）	第一语言使用情况			
		第一语言为本支系语言的人数（人）	百分比（%）	第一语言为非本支系语言的人数（人）	百分比（%）
景颇族勒期支系	1	1	100	0	0
景颇族载瓦支系	3	3	100	0	0
景颇族景颇支系	218	218	100	0	0

盈江县卡场镇草坝村盆都小组景颇族使用本支系语言情况如表5-59所示。

表 5-59　　盈江县卡场镇草坝村盆都小组景颇族村民母语使用情况

民族及支系	人数（人）	第一语言使用情况			
^	^	第一语言为本支系语言的人数（人）	百分比（%）	第一语言为非本支系语言的人数（人）	百分比（%）
景颇族载瓦支系	16	16	100	0	0
景颇族景颇支系	70	70	100	0	0

瑞丽市弄岛镇等嘎村二组景颇族使用本支系语言情况如表 5-60 所示。

表 5-60　　瑞丽市弄岛镇等嘎村二组景颇族村民母语使用情况

民族及支系	人数（人）	第一语言使用情况			
^	^	第一语言为本支系语言的人数（人）	百分比（%）	第一语言为非本支系语言的人数（人）	百分比（%）
景颇族载瓦支系	8	8	100	0	0
景颇族景颇支系	199	199	100	0	0

2. 兼用别的支系语言的情况

调查结果表明，景颇族各支系除了使用本支系的语言外，有相当一部分人还兼用别的支系语言，有的人能兼用一种，有的人能兼用两三种，这就构成景颇族使用语言的一种重要特点——兼用性。特别是在多支系的杂居区和小片的单一支系的聚居区，许多人都能兼用另一种或两三种别的支系语言。其兼用程度一般都较好，达到能听、会说、较流畅地进行思想交流的水平。总的来说，杂居地区的各支系，兼用语言的程度比聚居区高。下面是各支系兼用其他支系语言的情况。

景颇支系（共 729 人）兼用其他支系语言情况如表 5-61 所示。

表 5-61　　德宏洲景颇支系村民兼用其他支系语言情况

	兼用的支系语言	熟练		略懂	
		人数（人）	百分比（%）	人数（人）	百分比（%）
景颇支系	载瓦语	53	7.27	38	5.21
^	浪峨语	2	0.27	1	0.14
^	勒期语	6	0.82	3	0.41
^	波拉语	0	0	0	0

载瓦支系（共657人）兼用其他支系语言情况如表5-62所示。

表5-62　　　德宏州载瓦支系村民兼用其他支系语言情况

	兼用的支系语言	熟练		略懂	
		人数（人）	百分比（%）	人数（人）	百分比（%）
载瓦支系	景颇语	40	6.09	5	0.76
	浪峨语	62	9.44	304	46.27
	勒期语	118	17.96	151	22.98
	波拉语	0	0	15	2.28

勒期支系（共162人）兼用其他支系语言情况如表5-63所示。

表5-63　　　德宏州勒期支系村民兼用其他支系语言情况

	兼用的支系语言	熟练		略懂	
		人数（人）	百分比（%）	人数（人）	百分比（%）
勒期支系	载瓦语	131	80.86	0	0
	浪峨语	67	41.36	51	31.48
	景颇语	4	2.47	0	0
	波拉语	1	0.62	4	2.47

浪峨支系（共172人）兼用其他支系语言情况如表5-64所示。

表5-64　　　德宏州浪峨支系村民兼用其他支系语言情况

	兼用的支系语言	熟练		略懂	
		人数（人）	百分比（%）	人数（人）	百分比（%）
浪峨支系	载瓦语	142	82.56	0	0
	景颇语	2	1.16	1	0.58
	勒期语	69	40.12	17	9.88
	波拉语	8	4.65	1	0.58

波拉支系（共11人）兼用其他支系语言情况如表5-65所示。

表 5-65　　　德宏洲波拉支系村民兼用其他支系语言情况

	兼用的支系语言	熟练		略懂	
		人数（人）	百分比（%）	人数（人）	百分比（%）
波拉支系	载瓦语	10	90.91	1	9.10
	浪峨语	6	54.55	3	27.27
	勒期语	1	9.10	6	54.55
	景颇语	0	0	0	0

五种支系总体（共 1731 人）兼用其他支系语言情况如表 5-66 所示。

表 5-66　　　德宏洲五种支系全民兼用其他支系语言情况

	兼用的支系语言	熟练		略懂	
		人数（人）	百分比（%）	人数（人）	百分比（%）
五种支系	载瓦语	336	19.41	39	2.25
	勒期语	194	11.21	174	10.05
	浪峨语	155	8.95	359	20.74
	景颇语	46	2.66	6	0.35
	波拉语	9	0.52	30	1.73

3. 景颇族使用支系语言的社会语言学分析

能够操多种支系语言的人们在一起，什么情况下使用本支系的语言，什么情况下使用别的支系语言，都不是任意的，而是由某种特定的条件决定的。这里所谓的条件，有的与语言交际的环境有关，即在不同的环境下使用不同的语言；有的与说话人的辈分、年龄、性别、职业等因素有关。可以概括为以下几个原则。

（1）尊重母语原则

在一个由不同支系的人结合而组成的家庭内，各个成员在什么情况下，使用什么语言都有比较严格的界限。子女以何种语言为自己的语言，一般是随父不随母。在这种家庭里，父亲和子女使用一种语言，母亲是用另一种语言。父母双方虽然都能较好地掌握对方的语言，但在相互交谈时却各自使用自己支系的语言，只听对方说的语言，而不说对方的语言。子女们虽然以父亲的语言为自己的语言，但在家里交谈时，同父亲说父亲的语言，同母亲说话时情况不同，要看居住地的主流语言，如果居住地是以父亲所属支系为主体，那就使用父亲的语言，如果居住地是以母亲所属支系为主体，那就使用母亲的语言，兄弟姐妹之间则使用父亲的语言。其母亲虽然长期坚持使用自己支系的语言，但对子女们则要求他们之间或他们与父亲之间必须使用父亲使用的语言。参加调查的云南民族大学何勒腊老师，景颇族载瓦人，第一语言是载瓦语，兼用浪峨语、景颇语、汉语，母亲是浪峨人，讲浪峨语，但他们在家庭中都是各讲各的母语。

（2）主动套近原则

不同支系的人在一起的时候，如果有甲方是要主动接近乙方的时候，甲方往往要使用乙方的语言，以拉近感情。不同支系的青年男女在恋爱期间，如果双方都熟悉对方的语言，他们交谈时往往是男方主动使用女方的语言，以示爱慕之情。但成立家庭后，男方则用本支系的语言，恢复"各说各的语言"。经常外出打工或是做生意的成年男性，他们往往是要用对方或顾客的语言，主动套近乎，有利于他们做成事情，用他们自己的话说是"到什么山唱什么歌"。

（3）交际有效原则

如果是对不同支系的小孩讲话，害怕小孩听不懂，要用小孩的语言，以便能够互相听懂，保证交际行为的有效性。

景颇族一个支系兼用另一个支系语言的特点，反映景颇族在形成统一民族后的进一步融合。一般说来，一个统一的民族要保持民族内部的交往，必须要有大家都懂得的语言。无疑，支系语言的存在，是不利于民族内部交流的。支系语言的兼用，就是为了解决这个矛盾而出现的。随着景颇族各地人们相互交往的不断加强，以及整个民族文化科学水平的不断提高，能够兼用别的支系语言的人越来越多，特别是近几十年来，语言兼用现象有了较大发展。

4. 景颇族各支系转用其他支系语言情况

改革开放之后，随着人员的流动、迁居、族际婚姻的增多，人们的交际范围逐步扩大，景颇族的语言使用情况有了一些松动，出现了语言转用现象，即有些支系成员放弃本支系语言而转用其他支系语言。有的是初学语言的时候，第一语言用了其他支系的语言，我们称为本支系语言的转用。有的是第一语言是本支系语言，但在使用中退居到次要地位，其他支系的语言成了常用语言，我们称为本支系语言的退位。

如：我们的调查对象孔德华，波拉族，父亲是波拉人，讲波拉语，母亲是载瓦人，讲载瓦语，奶奶是载瓦人，讲载瓦语、波拉语，孔德华从小随家庭迁居到载瓦人聚居的寨子里，第一语言变成载瓦语。父亲去世早，波拉语是后来奶奶教的。在景颇族支系非常聚居的寨子里，从别的支系嫁过来的媳妇，本支系语言退位现象十分明显，我们调查过的盈江县卡场镇吾帕村丁林小组、草坝村迈东小组都是景颇族景颇支系聚居的寨子，从别的支系嫁过来的媳妇，时间一长，他们的常用语言就转用成景颇支系语言了，本支系语言反而退居到次要地位。我们着重考察一下本支系语言转用的情况，综合各调查点的母语转用情况如表5–67所示。

表 5–67　　　　　德宏洲五种支系母语转用情况

转用的第一语言 \ 民族及支系	景颇支系	载瓦支系	勒期支系	浪峨支系	波拉支系
景颇语	—	0	0	0	0
载瓦语	3	—	27	53	2
勒期语	0	3	—	4	0
浪峨语	0	4	0	—	0
波拉语	0	0	0	0	—

从表5–67可以看出，发生母语转用最多的支系是浪峨和勒期，转用后的语言主要是载瓦语。母语转用现象比较明显的是三台山乡邦外村拱别小组，全组266人，载瓦181人，浪峨59人，勒期13人，波拉6人，其他支系同载瓦支系人数悬殊较大，载瓦语在全组占绝对优势，成为这里的通用语言，所以，影响到儿童第一语言的学习，发生本支系语言转用现象相对较多。当然，家庭语言环境也是影响母语转用的一个重要因素，如五岔路乡弯丹村白岩小组浪峨支系的转用情况，浪峨支系是白岩组一个较小的支系。全组6岁以上语言能力稳定的浪峨支系有24人。4人的第一语言转为别的语言。其中，1人转为汉语，1人转为载瓦语，2人转为勒期语。

第二节　耿马景颇族的语言生活[①]

一　社会概况

（一）人口及分布

耿马全县总人口26.3万人，有汉、傣、佤、拉祜、彝、布朗、景颇、

[①] 这一节的语料大多使用了《耿马县景颇族语言使用现状及其演变》的调查成果。为该书付出辛勤劳动的作者是：戴庆厦、蒋颖、余金枝、乔翔、余成林、林新宇、朱艳华、范丽君。特此致谢。

傈僳、德昂、回、白等26个民族，少数民族人口占总人口的51.35%。其中景颇族共1004人，仅占全县总人口的0.38%。（2010年）

景颇族分布在耿马大山的东面和南面的一乡两镇五个行政自然村，分别是贺派乡芒抗村民委员会的景颇新寨、耿马镇弄巴村民委员会的那拢组、孟定镇芒艾村民委员会的草坝寨、孟定镇景信村民委员会的贺稳组、孟定镇邱山村民委员会的河边寨。

耿马县景颇族居住分散、杂居。景颇族的5个支系只有4个在耿马有分布，分别是景颇支系、载瓦支系、浪峨支系和勒期支系，无波拉支系。不同支系之间的习俗、服饰都已经基本趋同，差异主要在语言上，但在近代，景颇支系以外的支系语言的传承出现弱化，大多被景颇支系的语言——景颇语所代替。这是耿马景颇族语言使用与德宏地区景颇族存在的一个重大区别。

（二）历史来源及迁徙

居住在耿马县境内的景颇族，是在1855—1883年从德宏州的盈江、陇川、瑞丽、芒市、遮放和缅甸的普浪、腊戌等地迁来的，至今已有150年左右的历史。根据老人的口述资料，迁至耿马县的缘由有两种传说：

一种传说是景颇族的先辈们听说有一个叫作耿马的地方，坝子很宽，生态较好，资源丰富，野生动植物较多，土地肥沃，容易谋生，是一个适宜人类生存和发展的地方，于是，景颇族的先辈们就请"董萨"算卜，认定该地是繁衍生息的地方，长途跋涉来到了耿马。

另一种传说是，公元1855—1883年，耿马傣族第二十代土司罕荣升因与沧源太爷争斗失败后流亡于德宏的芒市、陇川等地，为恢复土司位，问卜看卦，寻找光复之路。卦师告诉罕荣升说要找身佩短把刀，嘴出血（指景颇族有嚼槟榔的嗜好，嚼槟榔时，口水变红似血）的民族来帮忙，才能夺回土司位。于是，罕荣升就去找景颇族，告诉他们耿马地方宽，坝子大，土地肥沃，人口较少，生存条件很好，鼓动他们去耿马。于是，一些骁勇彪悍的景颇男子就随罕荣升来到了耿马。就这样景颇族在耿马开始了新的生活。其间，发生了风云突变的事件，即"召温班奈"战争和"黄瓜之战"的武装械斗，村寨被烧毁，多数景颇人被勐董太爷逐至缅甸。部分迁回景颇老寨（景颇语称崩弄嘎）建寨定居，延续至今。

以上关于景颇族迁至耿马的传说，是否真实难以考证。耿马景颇族的历史来源，以及其迁徙过程等问题，有待今后进一步研究。

（三）经济现状

1978年以来，耿马景颇族地区经济得到较大的发展，人民生活水平不断提高。伴随农业经济结构调整，农业产业化的不断推进，传统的农业生产经营方式正在适应市场需求，向着高产、高效和特色、绿色农业方面转变。除种一定面积的粮食外，孟定镇三个村寨主要种植橡胶，人均 3.7 亩橡胶地。耿马县贺派乡、耿马镇的两个村主要是发展甘蔗，人均 2.8 亩甘蔗地。通过发展绿色农业，突出抓橡胶、马铃薯、甘蔗产业的发展，产业结构不断优化，农村经济全面发展。

景颇族村寨在抓好种植业的同时大力发展畜牧业，使景颇族群众的收入不断增加和提高。如景颇族村寨由改革开放前人均只有三四百元到现在人均增加到二千多元；由过去缺钱缺粮，到现在不仅不缺粮食，而且有钱用，改善和提高了景颇族群众的居住和生活质量。

随着收入的不断增加，景颇族群众纷纷购买拖拉机和各种家用电器、家里安装电话、身带手机。电视机进入景颇族农家，不仅丰富了农民群众的文化生活，而且对农民群众接受科技知识，了解信息，学习汉语等起到十分重要的作用。

（四）宗教信仰

景颇族大都信仰原始宗教。认为万物都有魂灵，都有神鬼之分。信仰的神鬼种类较多，各姓氏信仰的神鬼不同。从景颇族所信仰的神鬼，就可以确定是不是一家人（直系血亲），若信仰的神鬼是同一种就认为是至亲。所以，过去在耿马县的景颇族中，老人问姓氏后还会问信仰问题。信仰在景颇族中既可以区分亲属关系，即区分是近亲还是远亲，同时又可以区别地位身份。

1950 年之前，几乎家家户户都信仰家神。家神又分为主神和次鬼神，家内前后都有神台。所谓主神和次鬼神的区别是，在祭祀时先祭献家内的祖先神，再祭献门外的神（神台、神架在外）。

为了求得神灵的保佑，官家和百姓家每年都有两次祭祀活动，即在播种前和秋收后，对自家信仰的神灵进行祭献。播种前的祭献，是求家人不生病，种下谷物获得丰收；秋收后祭献就是得到神的保佑，获得丰收。祭祀中是杀牛、杀猪，还是杀鸡、献糖果，要由"董萨"占卜决定。自家祭献基本上都是祭自家的祖先神，寨子还要祭献农尚神。

近期，景颇族信仰基督教的人数在逐渐增多，有的村寨还建立了自己的教堂。

耿马县景颇族社会风气良好，不同民族间团结一致，互相尊重。对老者尊重、对朋友热情已成风气，受到各族群众的称赞。值得一提的是，到目前为止，耿马县景颇族未发现一人吸毒。

二 语言使用状况

（一）母语使用状况

耿马县景颇族人口少，而且居住分散，处在佤族、傣族、汉族的杂居环境中，其语言形成了一个"语言孤岛"。他们在与其他少数民族语言和汉语长期的接触中，其语言的活力如何，是否稳定地在使用，是需要调查研究的一个问题。

为此，2009年6—7月"中国少数民族语言使用情况调查系列"研究团队深入耿马县景颇族聚居或杂居的5个行政村，逐村走访进行语言使用情况的调查，除此之外，还调查了临沧市级机关、耿马县政府机关、孟定镇政府机关单位的景颇族城镇人口，走访了耿马县民族博物馆、普通全日制中小学和民族中小学、乡镇村公所以及医疗卫生所等语言生活社区进行调查，采访村民、村干部、政府公务员、教师和学生等各方面有代表性的人物百余人。这次调查共走访了景颇族家庭183户，景颇族人口共739人，统计对象696人（排除了6岁以下儿童及语言能力有异者），这个数字约占耿马县景颇族总人口的73.6%，能较全面地反映耿马县景颇族的语言使用状况。耿马县景颇族的基本情况如表5–68所示。

表 5–68　　　　　　　　耿马县景颇族基本情况

调查点	景颇族家庭（户）	景颇族人口（人）
耿马县政府机关	11	33（统计人口28）
耿马县孟定镇政府机关	4	16（统计人口16）
耿马县贺派乡政府机关	4	14（统计人口13）
耿马县贺派乡芒抗村景颇新寨	51	230（统计人口217）
耿马县耿马镇弄巴村那拢组	19	56（统计人口52）
耿马县孟定镇景信村贺稳组	51	203（统计人口191）
耿马县孟定镇邱山村河边寨	8	23（统计人口23）
耿马县孟定镇芒艾村草坝寨	35	164（统计人口156）
合计	183	739（统计人口696）

另外，还通过对一些代表人物的访谈，有针对性地了解他们的家庭构成、语言使用状况、语言态度等情况。

通过这次调查，我们对耿马县景颇族语言使用状况有了以下几点认识。

1. 耿马景颇族稳定型母语——景颇语，景颇语是景颇族聚居村寨的主要交际工具，在景颇族社区内仍保持着强大的生命力。

除了完全杂居的邱山村、城镇地区熟练掌握母语的人口比例分别为47.8%、78.0%外，其余均在97%以上。根据这个数字，我们把耿马县景颇族使用母语的类型定为全民稳定使用母语型。耿马县景颇族村民母语使用情况统计如表5-69所示。

表5-69　　　　　　　耿马县景颇族村民母语使用情况

调查点	总人口（人）	熟练 人口（人）	熟练 百分比（%）	略懂 人口（人）	略懂 百分比（%）	不懂 人口（人）	不懂 百分比（%）
芒抗村景颇新寨	217	217	100	0	0	0	0
弄巴村那拢组	52	51	98.1	1	1.9	0	0
景信村贺稳组	191	189	99.0	1	0.5	1	0.5
邱山村河边寨	23	11	47.8	10	43.5	2	8.7
芒艾村草坝寨	156	152	97.4	3	1.9	1	0.6
耿马县城镇	57	45	78.9	6	10.5	6	10.5

在全国通用语汉语，地方强势语言傣语、佤语的包围下，人口如此之少的耿马景颇人却能稳定地传承母语并在日常生活中坚持使用母语，实属难得。

但不同村寨、不同领域、不同年龄段，景颇语使用情况存在差异。

在家庭内部：如果是聚居村寨族内婚姻家庭，大多以景颇语为唯一的交际工具，但在杂居村寨，少数族内婚姻家庭使用"景颇语、汉语"。族际婚姻家庭有的使用"景颇语、汉语"双语。

在学校：景颇孩子课堂上讲汉语普通话，下课后同族孩子单独相处时主要讲景颇语，与他族孩子在一起时则讲当地汉语方言。一般读到高中的景颇族青少年的景颇语水平低于村里的同龄人。而小学低年级的景颇学生说景颇语的时间都长于高年级学生。

村民开会：在景颇新寨、贺稳组，村民们开会也使用景颇语。除了无法对译的汉语新词术语外，会议基本上都能用景颇语贯彻始终。在那拢组，村民会议常常同时使用景颇语、汉语、佤语等多种语言进行。在草坝寨和河边寨村民会议用语以汉语为主。

节日、集会：当地比较隆重的节日主要有景颇族的目瑙纵歌节、汉族的春节和傣族的泼水节等。在节日的盛会上，景颇族用自己的母语景颇语尽情地歌唱，抒发自己的喜悦心情。在节宴上，大家聊天、敬酒也全都使用景颇语。

婚丧嫁娶：婚宴用语景颇人之间是景颇语，景颇人与其他民族之间则说汉语。

村里有人去世时，除贺稳组全组因信仰基督教不请巫师之外，其余 4 个村寨通常都会请本族巫师前来做法事。他们会在葬礼上用景颇语讲述逝者的生平事迹，追忆逝者家族的来历、变迁，并祝祷逝者的灵魂归属到祖先的行列之中。中老年人基本能够听懂巫师的讲述，青少年由于对历史典故、家族谱系不太了解，往往只能听懂一部分。

综上所述，在景颇村寨的各种不同场合中，景颇语都得到了全民性的稳定使用，都发挥了表情达意、沟通思想的重要作用。

2. 耿马景颇族支系基本上转用景颇语

在德宏傣族景颇族自治州，景颇族的 5 个支系特点鲜明。5 种支系语言是支系的重要标志，各支系的人以自己的支系语言为母语。支系语言之间界限分明，绝不混用。

但是在耿马县我们看到，景颇人的支系意识淡化了。5 个支系只有 4 个在耿马有分布，分别是景颇支系、载瓦支系、浪峨支系和勒期支系。其中尤为突出的是载瓦、浪峨 2 个支系的景颇人基本上都转用了景颇支系语言——景颇语，本支系语言的代际传承出现危机。载瓦语、浪速语、勒期语这三种支系语言只在少数中老年人中使用，非景颇支系的绝大多数青少年以及大部分中老年人已完全不懂自己所属支系的语言。由于那拢组、河边寨的景颇人全是景颇支系，不存在支系语言的使用问题，所以下面我们逐村分析其余 3 个村寨的景颇族支系语言情况。

（1）景颇新寨景颇族支系语言情况

景颇新寨共有景颇族 217 人，其中景颇支系 143 人、载瓦支系 34 人、浪峨支系 40 人。这 217 名不同支系的景颇人全部熟练使用景颇语，载瓦语、浪速语已无人会用。景颇新寨的非景颇支系景颇族无论男女老幼，都已转用景颇语，完全不懂自己的支系语言。

（2）贺稳组景颇族支系语言情况

贺稳组有景颇族 191 人。景颇族中景颇支系人口最多，有 93 人，占该组景颇总人口的 48.69%；浪峨支系人口次之，有 60 人，占 31.41%；载瓦支系有 33 人，占 17.28%；勒期支系人口最少，仅有 5 人，占 2.62%。浪峨、载瓦、勒期 3 个支系共计 98 人，基本都能熟练使用景颇语。

该组这 3 个支系 98 人的支系语言出现了明显的退化、衰变现象，其中只有 16.33%的支系人还能够熟练地使用自己的支系语言，8.16%的支系人略懂自己的支系语言，剩余 75.51%的支系人完全不懂自己的支系语言。其中，勒期语的问题最为突出。5 个勒期人全部已转用景颇语，不懂勒期语。载瓦支系 33 人里只有 6 人还能熟练地使用载瓦语。而且这 6 人基本上都是 60 岁以上的老人，其余的人完全不懂自己的载瓦语。浪峨支系 60 人里只有 10 人能够熟练地使用浪速语，并且这 10 人中 70%是 60 岁以上的老人，30%是 40—59 岁的中年人。可见，贺稳组支系语言的代际传承出现了明显的年龄层级差异和突出的语言断层现象。60 岁以上的支系人 91%还能熟练地使用自己支系的语言，但支系 6—19 岁的青少年 100%不懂自己的支系语言。

（3）草坝寨景颇族支系语言情况

草坝寨共有 156 个景颇人。其支系概念已相当模糊，一般都称自己是大山人，只有一人明确说自己是浪峨支系，但他已经不会说浪速话。载瓦支系有 7 人，其中能熟练使用载瓦语的有 4 人。此外还有 8 位景颇支系的人会说载瓦语。

通过上面 3 个村寨的支系语言使用情况可以看到，耿马县景颇族的支系观念已经淡化，支系语言发展不平衡。景颇支系还在稳定使用自己的母语——景颇语，但其他 3 个支系都普遍出现了语言转用现象，浪峨、载瓦、勒期人里的大多数已不懂自己的支系语言，转而使用景颇支系语言——景颇语。目前懂得 3 个支系语言的景颇人基本都是 60 岁以上的老人，非景颇支系的青少年 100%不懂自己的支系语言，支系语言出现了明显的衰退倾向。可以肯定的是，随着时间推移，耿马景颇族将不再区分支系，景颇语将逐渐取代全部的支系语言，成为各支系景颇人的母语。

3. 在景颇族聚居地，景颇语是其他民族的兼用语

在耿马，与景颇人生活在一起的其他民族，许多人也会兼用景颇语，使得耿马景颇语的语言活力有所增强。尤其是在景颇人高度聚居的景颇组和贺稳组里，汉族及其他少数民族普遍兼用景颇语，其中大部分人能达到熟练等级，还有一部分能基本听懂，完全不懂景颇语的人很少。

以景颇新寨为例，除景颇族外，还有汉族、佤族、拉祜族、傣族和彝族。这些民族占全寨统计人口的 18.10%，景颇新寨的汉族、佤族等民族 48 人中有 68.75%能熟练兼用景颇语；29.17%的人能听懂景颇语，但口语表达能力较差；只有 2.08%的人完全不懂景颇语。

在景颇人口占优势，但分布上处于民族杂居状态的草坝寨，汉族、拉祜族等民族 179 人中，近 40%能熟练兼用景颇语；21%左右的人能听懂景颇语，但口语表达能力较差；近 40%的人完全不懂景颇语。

而在"大杂居、小聚居"的那拢组，佤族人口占全组总人口的80%。在景颇族和佤族相互通婚的族际婚姻家庭，佤族人普遍习得了景颇语。但在纯佤族人家庭里，佤族一般不懂景颇语。

但是也看到，耿马景颇族青少年的母语掌握出现了一定程度的衰退现象。特别是杂居型和城镇型的表现比较突出。例如，与其他民族杂居的河边寨景颇人由于族际婚姻多、大杂居分布、人口总数少，出现了比较突出的青少年母语断层的现象。河边寨能够熟练使用景颇语的人不到一半，代际更是出现了明显的母语水平差异。绝大多数青少年的景颇语水平较低，甚至有近30%的青少年完全不懂景颇语。城镇景颇人40岁以上的母语保留较好，40岁以下的由于在城镇生活时间长，受学校教育程度高，使用景颇语的机会少，母语水平下降较为明显，甚至有的城镇青少年根本不懂自己的民族语——景颇语。

（二）兼用通用语状况

耿马景颇族虽然普遍使用自己的母语，但还兼用国家通用语——汉语。其兼用的情况如下：

1. 普遍性：无论是在乡镇还是在村寨，无论是聚居还是杂居，无论是老人还是儿童，无论是男性还是女性，无论文化程度高还是低，他们都能自如地使用汉语等兼用语。

耿马县五个村寨村民兼用汉语的情况如表5-70所示。

表5-70　　　　　　耿马县五个村寨村民兼用汉语情况

调查点	总人口（人）	熟练 人口（人）	熟练 百分比（%）	略懂 人口（人）	略懂 百分比（%）	不懂 人口（人）	不懂 百分比（%）
芒抗村景颇新寨	217	217	100.0	0	0	0	0
弄巴村那拢组	52	48	92.3	4	7.7	0	0
景信村贺稳组	191	184	96.3	6	3.1	1	0.5
邱山村河边寨	23	21	91.3	2	8.7	0	0
芒艾村草坝寨	156	155	99.4	0	0	1	0.6
耿马县城镇	57	57	100.0	0	0	0	0

2. 层次性：耿马景颇族兼用汉语还具有一定的层次性。耿马县五个村寨村民不同年龄段兼用汉语情况如表5-71所示。

表 5–71　耿马县五个村寨村民不同年龄段兼用汉语情况

年龄段（岁）	人数（人）	熟练 人数（人）	熟练 百分比（%）	略懂 人数（人）	略懂 百分比（%）	不懂 人数（人）	不懂 百分比（%）
6—19	203	200	98.5	3	1.5	0	0
20—39	273	273	100.0	0	0	0	0
40—59	171	168	98.2	3	1.8	0	0
60 以上	49	41	83.7	6	12.2	2	4.1
合计	696	682	98.0	12	1.7	2	0.3

表 5–71 显示，耿马景颇族基本上能够全民兼用汉语，但在不同年龄段上汉语水平有细微差别。景颇族适龄儿童一般 6—7 岁入学。在入小学之前，在村寨居住的景颇儿童接触到的大多是景颇语。进入小学以后，汉语才慢慢熟练起来。因此，共有 3 个 6—19 岁的青少年汉语水平只是略懂。到 20—39 岁年龄段的景颇人由于接触汉语的时间已经足够长，加上正处于劳动工作责任重、对外交往多的壮年时期，使用汉语的机会远远超过老人和儿童，因此这个年龄段的景颇人汉语水平最高，达到了 100%熟练使用汉语。部分老年人以及个别较少离开村寨的中年人汉语水平一般。60 岁以上的老年人里有两人完全不懂汉语。因为两人都是文盲，其中一人年已 88 岁；一人是景颇族浪峨支系，从傣族聚居地嫁来，浪速语、傣语、佤语都很熟练，但不懂汉语。

耿马景颇族除了使用自己的母语和兼用汉语以外，不少人还会兼用当地的一些少数民族语言，如傣语、佤语、拉祜语等，形成多语现象。如景颇新寨，由于南、北两边是傣族寨，东、西两边是佤族寨，所以该组的 217 个景颇族人除了兼用汉语，还有少部分人能兼用傣语和佤语。又如，那拢组总人口的 80%是佤族，那拢景颇人的大部分成年人还能够兼用佤语。再如，河边寨拉祜族人口最多，该村的景颇人能熟练兼用拉祜语的高达 91.4%。

三　耿马景颇族语言生活的成因

（一）母语稳定使用的成因

1. 相对聚居是景颇族稳定使用景颇语的客观条件

虽然在耿马县的景颇族人口少，但他们相对集中地分布在 5 个村寨，基本都处于"大杂居、小聚居"的居住状态。这是保证景颇语稳定使用的一个重要因素。在景颇新寨、那拢组、贺稳组和草坝寨，景颇人都处于组内小聚居的分布状态。其中，景颇新寨和贺稳组是景颇人高度聚居村寨。景颇新寨有71户，298人，由景颇族、佤族、汉族、拉祜族、傣族等多个民族构成。其中景颇族人口最多，约占全组总人口的80%。贺稳组全组共有53户，246人。其中景颇族人口最多，占全组总人口的84.15%。在那拢组，虽然佤族人口占绝对优势，但景颇人迁入那拢的历史长，组内的景颇族房屋相连、田地紧挨、关系亲密，所以实际上仍处于组内小聚居的状态。在草坝寨，虽然是景颇、拉祜、汉等多个民族杂居，但景颇人在寨内占了人口总数上的优势。草坝寨共有84户，381人，其中景颇族50户，230人。在这4个寨子里，无论是寒暄聊天、日常劳动、生活贸易，还是婚丧嫁娶、节日庆典、村民会议，景颇人每天都使用着自己的母语——景颇语，形成了一个良性循环的景颇语语言环境。

只有邱山村是民族杂居，而且景颇族人口总数少，占全村总人口的比例很低。邱山村下辖10个组，只有2组（河边寨）有景颇人。2组是一个拉祜族、景颇族、汉族杂居的自然村寨，全组有53户，其中景颇族仅10户。景颇族的母语使用水平出现了明显的下降现象，只有47.8%的景颇人景颇语达到"熟练"水平，43.5%的景颇语能力为"略懂"水平，还有8.7%的人不懂景颇语，出现了第一语言转用现象。

可见，小聚居对保存母语的重要作用。

2. 与缅甸景颇族关系密切、往来频繁是景颇语保持活力的一个原因

耿马县与缅甸接壤，县内国境线长47.35公里，两国边民交往频繁。耿马与缅甸的景颇人同出一支，血脉相通，很多本地景颇人有缅甸亲戚。每逢景颇人的传统节日或婚丧嫁娶，两国景颇人会互相邀请，积极参加这些活动。本地景颇族与缅甸景颇族的语言基本相同，双方能够流畅地使用景颇语进行交流。耿马县景颇族人口少，但在缅甸的景颇族有100余万人，约占缅甸全国总人口的2.4%。

3. 母语感情深厚是稳定使用景颇语的情感基础

景颇语不仅是耿马县景颇人最重要的交际工具，还是当地景颇人民族心理、民族习惯、民族文化、民族感情的重要载体。景颇族对自己的民族语言有着很深厚的感情。他们把景颇语与景颇族人的身份紧密联系在一起，认为语言是一个民族的重要标志之一，作为一个景颇人就必须掌握本民族的语言，只有把语言传承下去才能真正保护、传承景颇人的优良民族传统。景颇人这种强烈的民族意识和语言情感有利于景颇语的传承。

由语言情感决定的语言态度对语言的传承影响巨大。景颇人都不担心孩子的汉语水平，担心的是孩子说不好景颇语。日常生活中，景颇人发自内心地倾向于尽量使用母语。语言感情深厚，对母语持高度认同的语言态

度，是景颇族稳定使用母语的情感基础。

4. 景颇人语言兼用能力强是景颇语稳定保存的一个有利因素

语言兼用在一定的条件下也有助于母语的保存。景颇族与当地汉族、佤族、拉祜族、傣族的关系十分密切，经过长期的接触交流，景颇族基本全民兼用汉语，还有一部分人能够同时兼用佤语、拉祜语、傣语等少数民族语言。母语景颇语和多种兼用语都是他们生活中不可缺少的交际工具。景颇语主要在家庭内、村寨内和传统活动等领域使用，担负着日常交际以及传播民族文化的功能。其他少数民族语言主要在村寨周边、集贸市场等领域使用，汉语则主要在商贸、学校、机关单位使用。它们"各司其职"，各自在不同场合、不同领域发挥作用。母语与兼用语的这种有机互补，有利于景颇语的保存。这是景颇语得以保存的另一重要原因。

5. 国家语言政策是景颇语保持语言活力的保障

我国《宪法》规定："各民族都有使用和发展本民族语言文字的自由。"在这一政策之下，人口较少的耿马景颇族能够自由地使用、传承自己的母语。不管是在政府机关还是在田间地头、集贸市场、医院、学校、家庭等各种场所，只要人们想讲景颇语，就能毫无顾忌地敞开了讲。这为保持景颇语的语言活力提供了政策上的保障。

（二）耿马景颇族其他支系转用景颇支系语言的成因

1. 其他支系人数少，被景颇支系包围

耿马景颇族中的载瓦、浪峨和勒期支系少量散布于芒抗村景颇新寨、景信村贺稳组和芒艾村草坝寨，他们被景颇支系所包围，景颇语成为强势语言。在此情况下，他们基本上转用了景颇支系语言——景颇语。

2. 与缅甸来往密切

耿马景颇人和缅甸景颇人同根同源，很多本地景颇人有缅甸亲戚，甚至耿马景颇族有一部分是从缅甸迁徙过来的。而缅甸景颇族的其他支系都以景颇语为共同语，普遍会说景颇语，这种现象也影响了耿马景颇族其他支系。

3. 与宗教信仰有关

耿马景颇人除了信仰原始宗教之外，有相当一部分人也信仰基督教，以孟定镇景信村贺稳组为例，该村80%的人受洗。而基督教信众所使用的是景颇文的《圣经》，景颇语在他们心目中地位较高，促使他们转用景颇语。

（三）耿马景颇人兼用汉语的成因

1. 与其他少数民族一样，汉语通用语的重要性是少数民族兼用汉语的最主要原因。耿马景颇族人口少，要上学、要出去打工、要发展，不学汉语就不能走出山村。所以他们都迫切希望能够学好汉语。在短短的几十年时间中，已实现了普遍兼用汉语。

2. 语言态度开放、兼容是景颇族全民兼用汉语的情感背景。景颇人对母语持有深厚的情感，同时也具有与时俱进、开放兼容的语言态度。我们在调查中遇到的每一位景颇人都能热情爽朗地用汉语与我们亲切交谈。

3. 学校是耿马景颇人习得汉语的重要场所。耿马景颇人的子女从小就进入小学接受教育，一两年内他们就能够听懂汉语授课，到了小学毕业，便可具有使用汉语进行交际的能力。

四 耿马景颇族语言使用情况五个个案分析

耿马县景颇族分布的地区，可以根据其人口特点和分布特点，将它们分为城镇型、村落聚居型和村落杂居型三类，具体划分如表5-72所示。

表 5-72　　　　　　　　耿马县景颇族分布类型

调查点	类型	
耿马县贺派乡芒抗村景颇新寨	村落聚居型	
耿马县孟定镇景信村贺稳组		
耿马县耿马镇弄巴村那拢组	村落杂居型	大杂居小聚居型
耿马县孟定镇邱山村河边寨		杂居村落，景颇人口占多数
耿马县孟定镇芒艾村草坝寨		高度杂居村落，景颇人口占少数
耿马县政府机关	城镇型	
耿马县孟定镇政府机关		
耿马县贺派乡政府机关		

由于民族分布、支系分布的不同，语言使用出现不同的特点。因此我们选取五个有代表性个案来具体分析，希望能反映耿马地区景颇族整个的语言特点。

（一）贺派乡芒抗村景颇新寨语言使用情况个案分析

1. 社会状况

景颇新寨是贺派乡芒抗村的一个景颇族聚居寨，也称景颇组。它北距耿马县城7公里。全寨有71户，298人，主要由景颇族、佤族、汉族、拉祜族、傣族构成。其中景颇族人口最多，约占80%。景颇新寨的人口是从1954年起陆续由老寨迁移而来的。老寨位于新寨对面3公里的山上，交通不便。到1976年前后，老寨的住户已全部搬迁至景颇新寨。

景颇新寨南、北两边是傣族寨，东、西两边是佤族寨。这些不同民族的村寨之间相互交往密切，来往频繁，民族关系和谐、融洽。如今，景颇人的婚姻观念变得更加开放，择偶范围扩大。景颇新寨的族际婚姻家庭较多，约占50%。在景颇新寨，融洽的族际婚姻促进了民族关系的和谐。

景颇新寨近10年来，调整产业结构，大力发展甘蔗产业。农民年人均收入比以前增加了3000元左右，生活条件比以前有了很大的改善。

景颇新寨人普遍重视文化教育。适龄儿童的小学入学率达到了100%，初中达到了90%，高中有50%左右。寨子里出了1个研究生，4个大学生。父母亲对孩子接受学校教育的态度是，只要孩子想继续读书，读得上去，哪怕家里再困难也要供。

景颇族的传统习俗在景颇新寨已出现一定程度的淡化。人们平时大都着汉装，文化生活主要是看电视。但在过年过节、婚丧嫁娶等重要的日子，或有贵宾到来的时候，会穿上景颇族的传统服饰，准备好传统的竹筒饭，村民们从四面八方赶来，跳起传统的"统嘎"舞。

2. 语言使用状况

根据69户家庭（其中景颇族家庭51户）265人（景颇族有217人，其他民族有48人）的调查材料分析，景颇新寨的语言使用情况如下。

（1）景颇族的语言使用状况

① 景颇语是景颇新寨全体景颇族的第一语言，100%的人都能够熟练地掌握运用景颇语。景颇语是这里是最通用的语言，景颇人见面都用景颇语交谈，景颇族的孩子在一起玩耍时说的也是景颇语。寨中的一些传统文化习俗，如宗教祭祀、婚丧嫁娶，一般由寨中的巫师主持，所使用的语言也是景颇语。其他民族的村民也都能听懂景颇语。此外，景颇语的民间故事、歌曲、唱词等，也仍在寨中流传。

② 景颇新寨的景颇族全民兼用汉语。汉语是景颇族的重要交际工具，汉语的使用能力不存在代际差异，均能熟练运用。汉语的使用范围主要在寨子以外以及族际婚姻家庭。如：景颇族学生在学校的用语是汉语；村民外出打工、办事、做买卖、走亲戚时，一般也使用汉语，除非交谈对象也会景颇语。在族际婚姻家庭，如果一方不会景颇语，则双方多使用汉语。不会景颇语的人与寨中人交往时，寨中的景颇族都会迁就对方，使用汉语与之交谈。

③ 少数景颇族还兼用傣语、佤语。在217位景颇人中，傣语使用为"熟练"的有18人，占8.29%，"略懂"的为33人，占15.21%，二者合计为51人。"不懂"的为166人，占76.50%。从年龄段来看，傣语使用

人口呈现出代际差异，即从老年到青少年，各年龄段傣语使用能力为"熟练"和"略懂"级别的比例呈递减的趋势，而"不懂"级别的比例呈递增的趋势。9 名 60 岁以上的人中，有 8 人能"熟练"使用傣语或"略懂"傣语。

佤语的使用也大致呈现出这一规律。

傣语和佤语在景颇新寨使用人口少，使用范围也较有限。40 岁以下的景颇人多数已不懂这两种语言了。

④ 景颇支系已转用景颇语。景颇新寨的景颇族有 3 个支系：景颇支系（143 人）、载瓦支系（34 人）、浪峨支系（40 人），3 个支系的人口 100%能熟练使用景颇语，载瓦语、浪速语已无人使用。

（2）非景颇族的语言使用状况

在景颇新寨，除景颇族外，还有汉族、佤族、拉祜族、傣族、彝族。这些民族占全寨统计人口的 22.1%。

① 汉族的语言使用特点是：景颇新寨的汉族人口有 17 人，第一语言均为汉语，全都能熟练运用汉语。景颇语是他们的第二语言，100%掌握景颇语。这些汉族人都来自外地，有四川、贵州、湖南等省的，也有耿马县其他地区的。达到"熟练"的有 6 人，占 35.3%，"略懂"的 11 人，占 64.7%。

② 佤族的语言使用情况：兼用汉语、景颇语的水平较高。属于熟练等级的人数，汉语为 26 人，景颇语为 25 人，均高于对自己母语熟练的人数。佤族青少年已不会自己的母语。景颇新寨佤族人口中，6—19 岁年龄段的青少年有 3 人，这 3 人均不懂佤语，说明佤语的使用在景颇新寨已出现断层。

③ 拉祜族的语言使用情况：景颇新寨的拉祜族共 2 人，全都能熟练使用拉祜语和汉语，能熟练使用景颇语和不懂景颇语的各为 1 人。二人均没有受过学校教育。

④ 傣族的语言使用情况：景颇新寨的傣族人口为 1 人，不懂傣语，但能熟练运用汉语和景颇语。

⑤ 彝族的语言使用情况：景颇新寨的彝族人口为 1 人，不懂彝语，但能熟练使用汉语和景颇语。

表 5–73　　　　芒抗村景颇新寨五户语言使用情况

家庭编号	家庭关系	姓名	年龄	民族	教育程度	第一语言及水平	第二语言及水平	其他语言及水平
1	户主	李智和	49	景颇（浪速）	大学	景颇语，熟练	汉语，熟练	傣语，熟练；佤语，略懂；懂景颇文

续表

家庭编号	家庭关系	姓名	年龄	民族	教育程度	第一语言及水平	第二语言及水平	其他语言及水平
1	妻子	王燕枝	43	汉	初中	汉语，熟练	景颇语，略懂	
	长子	李春俊	19	景颇（浪速）	中专	景颇语，熟练	汉语，熟练	
	长女	李春霞	17	景颇（浪速）	中专二年级在读	景颇语，熟练	汉语，熟练	
2	户主	李忠才	53	景颇（浪速）	小学	景颇语，熟练	汉语，熟练	傣语，熟练；佤语，略懂
	长女	李燕	31	景颇（浪速）	高中	景颇语，熟练	汉语，熟练	
	长孙	彭建雄	3	景颇（浪速）				
3	户主	李佳斌	39	景颇（浪速）	初中	景颇语，熟练	汉语，熟练	傣语、佤语，略懂
	妻子	杨阿花	32	汉	初中	汉语，熟练	景颇语，略懂	
	长子	李大康	7	景颇（浪速）	小二在读	景颇语，熟练	汉语，熟练	
4	户主	李金英	40	景颇（浪速）	高中	景颇语，熟练	汉语，熟练	傣语，略懂；懂景颇文
	长女	李芳	11	景颇（浪速）	小五在读	景颇语，熟练	汉语，熟练	傣语，略懂；懂景颇文
5	户主	李萍	46	景颇（浪速）	小二	景颇语，熟练	汉语，熟练	
	长子	李洪云	24	景颇（浪速）	初中	景颇语，熟练	汉语，熟练	
	长女	李洪香	21	景颇（浪速）	初中	景颇语，熟练	汉语，熟练	
	次子	李洪斌	18	景颇（浪速）	中专在读	景颇语，熟练	汉语，熟练	

（二）耿马镇弄巴村那拢组语言使用情况个案分析

1. 社会状况

那拢组属耿马镇弄巴村委会所辖的17个自然小组之一，是一个由佤族、景颇族、汉族组成的自然村寨。那拢组又分为一、二两个组，共有86户人家，这两个组共有24户景颇族共70人，15户汉族，其余均为佤族，佤族人口占总人口的80%，其中景颇族大部分分布在一组。那拢组位于耿马县城东边，距县城10公里左右，村里3年前修了水泥路，自来水已通了五六年。村里有三辆公交车，进城方便。

那拢组主要从事农业经济，农作物有甘蔗、玉米、水稻。有些村民也养猪养鸡，以补贴家用。全村只有几个人外出打工，人均月收入3500元左右。那拢组的经济状况在整个弄巴村处于中上。现在，几乎家家都有摩托车、手机，有70%—80%的家庭有固定电话。

弄巴村 17 个组的孩子都在弄巴完小读书。弄巴完小共有 400 多名学生，民族成分有佤族、汉族、傈僳族、景颇族等。完小全部用汉语授课，现在小孩子上小学前都已经学会说汉话。那拢组 80%学生都能完成九年义务教育。

那拢组由 3 个民族组成，即佤族、景颇族、汉族。其中佤族比其他两个民族的总数还要多。在这里生活的各民族关系相处融洽，婚丧嫁娶，无论哪个民族，大家都会互相邀请。各民族之间互相通婚，族际婚姻家庭的后代的民族成分一般随父亲。村子中互相交流大多用汉语。那拢组原来归属于傣族居多的允捧村委会，1980 年后归属于佤族居多的弄巴村委会，所以村里 50 岁以上的人一般都会傣语。因为佤族居多，村里人大都能听得懂佤语。

那拢组一般过景颇族的目瑙纵歌节、傣族泼水节、佤族的青苗节和汉族的春节等传统节日，其中那拢组的佤族青苗节是近几年才开始过的。整个村的风俗习惯以景颇族风俗习惯为主。这是因为中华人民共和国成立以前，景颇族最先迁到这个地方。中华人民共和国成立后沧源的佤族，四排山乡的汉族、佤族等才陆续搬过来，形成了现在的那拢组。这里各民族婚丧嫁娶的风俗有所改变，但景颇族还保留较好。佤族来自四面八方，风俗像汉族。

2. 语言使用状况

这里 26 户会说景颇语的家庭，其中户主是佤族的有 7 户，户主是景颇族的有 19 户。景颇族都是景颇支系。下面分析的是景颇族和家庭中会说景颇语的佤族家庭的语言使用特点。

（1）那拢组景颇族的语言使用状况

① 那拢组景颇族母语保持比较好，20 岁以上的人都能熟练地掌握本民族的语言。表 5-74 是 19 户景颇族 52 人的母语能力的统计分析。

表 5-74　　　　　　弄巴村那拢组村民母语使用情况

年龄段（岁）	人数（人）	熟练 人数（人）	熟练 百分比(%)	略懂 人数（人）	略懂 百分比(%)	不懂 人数（人）	不懂 百分比(%)
6—19	17	16	94.1	1	5.9	0	0
20—39	16	16	100.0	0	0	0	0
40—59	16	16	100.0	0	0	0	0
60 以上	3	3	100.0	0	0	0	0
合计	52	51	98.1	1	1.9	0	0

调查说明，那拢组景颇族第一语言都是景颇语。各个年龄段的人几乎能会熟练地使用本民族语言。其中有一人的母语能力为"略懂"。

那拢组景颇族周围遍布佤族、汉族，在整个组中景颇族算是少数。周围村寨更是以傣族、佤族等为主，没有一个景颇族村寨。如果说耿马景颇族与其他地方的景颇族相比，像是处在一座孤岛上，那么那拢组的景颇族在那拢组算得上处于孤岛中的孤岛上。虽如此，本民族语言是他们最先习得的。景颇族非常重视自己民族语言的学习和传承。在我们对该组村民岳成明的访谈中也证实了这一点。

虽然如此，景颇语的使用范围已在逐渐缩小。表现之一是，由于那拢组佤族占多数，几乎所有的人都能听懂佤语，有的也会说，但听得懂和说景颇语的并不多，景颇语的使用场合仅限于那拢组里景颇族之间。表现之二是，那拢组景颇族族内婚姻只有 4 户，其他是景颇和佤族、景颇族和汉族组成的族际婚姻，族际婚姻家庭之间说景颇语的机会减少。

② 那拢组景颇族92.3%能熟练地兼用汉语，其余的7.7%为略懂。汉语在景颇族的日常生活中起到很重要的作用。其具体能力如表 5-75 所示。

表 5-75　　　　弄巴村那拢组村民兼用汉语情况

年龄段（岁）	人数（人）	熟练 人数（人）	熟练 百分比(%)	略懂 人数（人）	略懂 百分比(%)	不懂 人数（人）	不懂 百分比（%）
6—19	17	16	94.1	1	5.9	0	0
20—39	16	16	100.0	0	0	0	0
40—59	16	15	93.8	1	6.3	0	0
60以上	3	1	33.3	2	66.7	0	0
合计	52	48	92.3	4	7.7	0	0

汉语在他们的日常生活中起着重要作用，村民认为在平常的日常交流中，最有用的是汉语。如组长在广播通知时，一般用汉语，有时也用佤语，有时这两种语言混着讲。在遇到不会对方民族语的情况时，对话的双方也都用汉语交流。现在，使用汉语的频率越来越高，在表示祝贺时，向对方说祝福的话，不论对方是什么民族，都用汉语表达。原因是汉语表达方式多样，表达内容丰富。

表 5-75 显示，那拢组的景颇族几乎每个人都能听懂和讲汉语，无论是青少年还是壮年和中年人，汉语的熟练程度超过了90%，20—39 岁年龄段的青壮年和中年人熟练使用汉语的比例达到100%。60 岁以上的老人普遍汉语言能力不强，虽然说得不是太好，但不影响交流。景颇族孩子从小在家

学习母语，5—6 岁时自然习得一些汉语，等到入学后，学校用汉语授课，他们的汉语语言能力开始逐渐变强。故入学后汉语水平都能达到"熟练"级别，再加上社会生活中经常使用汉语，大部分人能熟练地掌握汉语。

③ 那拢组景颇族有 53.8%的人能熟练兼用佤语，38.5%的人佤语能力为"略懂"级别，能听懂佤语，只是说得不太好。只有 7.7%的景颇族不懂佤语。弄巴村那拢组村民兼用佤语的情况如表 5–76 所示。

表 5–76　　　　　弄巴村那拢组村民兼用佤语情况

年龄段（岁）	人数（人）	熟练 人数（人）	熟练 百分比（%）	略懂 人数（人）	略懂 百分比（%）	不懂 人数（人）	不懂 百分比（%）
6—19	17	4	23.5	11	64.7	2	11.8
20—39	16	12	75.0	2	12.5	2	12.5
40—59	16	11	68.8	5	31.3	0	0
60 以上	3	1	33.3	2	66.7	0	0
合计	52	28	53.8	20	38.5	4	7.7

那拢景颇族所在的一组、二组主要居住的是佤族，佤族占到两组总人口的 80%，因为使用人口多，在那拢组中处于强势地位。

总的来说，那拢组的景颇族大多是三语人，每种语言有它们使用的场合。家庭内部和景颇族之间讲话一般用景颇语，有时也用汉语，和外面人交流用汉语，遇到佤族和对方用佤语交流。

（2）佤族家庭兼用景颇语状况

调查组抽样统计了 7 户佤族家庭，这些家庭中的成员几乎都会说景颇语，景颇语成了有的家庭的第一语言。在所统计的 29 个佤族村民中，包括佤族外嫁的人口，不包括 2 个 6 岁以下的儿童，实际统计人数为 27 人。弄巴村那拢组佤族村民兼用景颇语的情况如表 5–77 所示。

表 5–77　　　　　弄巴村那拢组佤族村民兼用景颇语情况

年龄段（岁）	人数（人）	熟练 人数（人）	熟练 百分比（%）	略懂 人数（人）	略懂 百分比（%）	不懂 人数（人）	不懂 百分比（%）
6—19	4	0	0	4	100.0	0	0
20—39	16	5	31.3	9	56.3	2	12.5
40—59	7	1	14.3	6	85.7	0	0
60 以上	0	0	0	0	0	0	0
合计	27	6	22.2	19	70.4	2	7.4

表 5–77 显示，92.6%的佤族懂景颇语，这当中景颇语使用熟练的有 6 人，占统计人数的 22.2%。为什么这些佤族的第一语言为景颇语，并且语言能力能达到"熟练"级？主要是因为他们的双亲中有一位是景颇族。70.4%的佤族的景颇语能力为"略懂"级别，能听懂景颇语，并能进行简单的交流。主要是因为他们家庭中有说景颇话的成员。

表 5–78　　　　弄巴村那拢组六户家庭语言使用情况

家庭编号	家庭关系	姓名	年龄	民族	文化程度	第一语言及水平	第二语言及水平	其他语言及水平
1	户主	肖理明	39	佤	初中	景颇语，熟练	汉语，熟练	佤语，熟练
	妻子	赵小萍	39	佤	小学	佤语，熟练	汉语，熟练	景颇语，略懂
	长子	肖冬	15	佤	初二在读	佤语，熟练	景颇语，略懂	汉语，熟练
	长女	肖梅	11	佤	小五在读	佤语，略懂	汉语，熟练	景颇语，略懂
2	户主	肖理荣	36	佤	小学	景颇语，熟练	汉语，熟练	佤语，熟练
	妻子	赵琴	29	佤	小学	佤语，熟练	汉语，熟练	景颇语，略懂
	长女	肖艳	10	佤	小四在读	佤语，略懂	汉语，熟练	景颇语，略懂
3	户主	李国祥	42	佤	小学	佤语，熟练	汉语，熟练	景颇语，略懂
	妻子	肖新红	40	佤	初中	景颇语，熟练	汉语，熟练	佤语，熟练
	长子	李军	22	佤	初中	佤语，熟练	景颇语，略懂	汉语，熟练
	次子	李建成	20	佤	初中	景颇语，熟练	汉语，熟练	佤语，略懂
4	户主	肖理华	32	佤	高中	景颇语，熟练	汉语，熟练	佤语，熟练
	妻子	龚文英	32	汉	高中	汉语，熟练	景颇语，略懂	佤语，略懂
	母亲	岳小兰	60	景颇	文盲	景颇语，熟练	汉语，熟练	佤语、傣语，熟练
	女儿	肖彤	4	佤	学前			
5	户主	岳成明	38	景颇	初中	景颇语，熟练	汉，熟练	佤语，熟练
	妻子	李萍	32	佤	初中	佤语，熟练	汉语，熟练	景颇语，熟练
	长子	岳航顺	13	景颇	初一在读	景颇语，熟练	汉语，熟练	佤语，略懂
	长女	岳航秋	8	景颇	小二在读	景颇语，略懂	汉语，熟练	佤语，略懂

续表

家庭编号	家庭关系	姓名	年龄	民族	文化程度	第一语言及水平	第二语言及水平	其他语言及水平
6	户主	岳文祥	47	景颇	初中	景颇语，熟练	汉语，熟练	佤语，熟练
	妻子	李红梅	44	佤	小学	佤语，熟练	汉语，熟练	景颇，略懂
	长子	岳天明	24	景颇	大专	景颇语，熟练	汉语，熟练	佤语，熟练
	次子	岳天云	22	景颇	初中	景颇语，熟练	汉语，熟练	佤语，熟练
	三子	岳天雷	20	景颇	初中	景颇语，熟练	汉语，熟练	佤语，熟练

（三）孟定镇芒艾村草坝寨语言使用情况个案分析

1. 社会状况

芒艾村是一个多民族杂居村，有傈僳、景颇、拉祜、汉语、彝、傣、佤7个民族。芒艾村共有居民663户，总人口2683人，下辖7个小组。景颇族主要分布在2组草坝寨，草坝寨有84户，381人，其中景颇族50户，230人；拉祜族29户，115人；汉族5户，36人，佤族、傣族、傈僳族各有几户。

草坝寨东面是耿马大青山，南与崇岗村接壤，西边是孟定农场一分厂，是一个国营橡胶农场，北是勐简乡，是傣族、汉族、佤族聚居乡，村子距离孟定镇34公里。

该寨的主要经济来源是橡胶、木薯、砂仁、草果等。现在坝田全部转让给从四川来的汉族，改种香蕉，租期3年，每亩田付给村民1100元。

全寨1972年通电。电视机拥有率为95%，大部分家庭安装了卫星电视接收器。2000年以后，村委会设法接通了自来水，现在已全部覆盖。全村座机拥有量不多，使用手机较为普遍，摩托车基本上家家都有。

全寨40岁以上的村民，念完小学的有30%左右，无文盲。即使是没有受过学校教育的老一代，也会一些景颇文。因为过去省民委举行过扫盲活动，而且最近一两年来，耿马景颇族协会利用学生的寒暑假开设景颇文的培训班，全寨的景颇族不论男女老少，有时间都去参加景颇文学习。

草坝寨的景颇族保留部分民族特征，如饮食和服饰。景颇族传统的饮食有竹筒饭、竹筒鸡、竹筒鱼以及各种野菜等。除景颇族节庆时穿较为隆重的服饰外，平常穿便装。

芒艾村的少数民族，村民相互来往，各民族的风俗习惯以及语言文字和谐地交融，老一代中懂得多种民族语言的人为数不少，目前青壮年和青少年中，不同民族的人相互交流使用汉语的越来越普遍。

2. 语言使用状况

根据芒艾村草坝寨抽取的 79 户 372 人（其中景颇族 164 人，汉族 87 人，拉祜族 100 人，其他民族 21 人）材料，语言使用状况可归纳为以下几个特点。

（1）景颇族的语言使用状况

① 景颇语是这里景颇族人的通用语。根据 156 人的调查统计，有 97.4% 的草坝寨景颇族能够熟练使用景颇语，各个年龄段的景颇族都在使用景颇语，掌握母语的能力大多为"熟练"级。母语是景颇族人最早习得的语言，他们从小就接受了母语的文化熏陶，母语成为他们思考和交际的主要工具。

② 草坝寨 99.4% 的景颇族能够熟练地兼用汉语，只有 0.6% 的人不会汉语。人们平时交流都用景颇语，汉语在他们的日常生活、生产劳动中也起到重要作用。在使用汉语的能力上，草坝寨没有出现代际性差别，全民能够熟练使用汉语。156 名景颇族村民中，只有一位老人完全不懂汉语。

③ 除了景颇语和汉语外，这里的景颇族大多还会使用一种或多种民族语言。草坝寨景颇族村民兼用其他民族语言的情况如表 5–79 所示。

表 5–79　　芒艾村草坝寨景颇族村民兼用其他民族语言情况

民族语	人数（人）	熟练 人数（人）	熟练 百分比（%）	略懂 人数（人）	略懂 百分比（%）	不懂 人数（人）	不懂 百分比（%）
傈僳语	156	37	23.7	46	29.5	73	46.8
拉祜语	156	5	3.2	2	1.3	149	95.5
佤语	156	2	1.3	1	0.6	153	98.1
傣语	156	3	1.9	4	2.6	149	95.5

与草坝寨临近的芒艾村 1 组、3 组、4 组和 5 组，都是以傈僳族为主，草坝寨景颇族人长期和傈僳族生活劳作在一起，慢慢学会用傈僳语，能够熟练使用傈僳语的占到 24%。而与同住一村的拉祜族平时都用汉语交流，所以只有 5% 的景颇人会说拉祜语。寨子里的傣族、佤族人口本来人数就很少，因此会傣语、佤语的人就更少。

不同于耿马景颇族聚居的其他寨子，草坝寨是多民族杂居区。除景颇族外，寨子里的汉族和拉祜族也占相当的比例。因此，下边是对这里的汉族和拉祜族的语言使用特点进行了统计。

（2）汉族的语言使用状况

① 汉语使用状况

根据 84 位汉族的统计材料，草坝寨 100%的汉族的第一语言仍是汉语，汉语是这里汉族的通用语言。

② 景颇语使用状况

草坝寨汉族由于长期和景颇族杂居，他们不同程度地学会使用景颇语，能与景颇族交流。在我们统计的 84 名汉族中，有一半的人能熟练使用景颇语，其余 20%的人中，有的会听，有的不但会听还能说出简单的句子，但有 30%的人完全不懂景颇语。

（3）拉祜族的语言使用状况

根据 95 人调查材料，草坝寨拉祜族语言使用特点有以下几个方面。

① 第一语言是母语拉祜语的有 32 人，能够不同程度使用拉祜语的为 55 人，其中能够熟练使用的为 38 人，占人口总数的 40%。在使用能力上出现代际性差别，中年拉祜族 100%能够使用拉祜语，青少年能够不同程度地使用拉祜语的占 36.6%，不懂拉祜语的比例达到 64.4%，说明拉祜语出现明显衰退趋势。

② 草坝寨的拉祜族全部能够熟练使用汉语，其中第一语言是汉语的达 61 人。

③ 草坝寨的拉祜族有 30%的人熟练地掌握了景颇语，景颇语水平相当于母语人；22%的拉祜族人听得懂景颇语，也能简单地说几句；不懂景颇语的拉祜族人占 48%。该村各个年龄段景颇语使用能力最好的是 60 岁以上的老年人，"熟练"和"略懂"比例都是最高的，分别为 62.5%和 25%。青少年掌握景颇语的能力最弱，只有 39%的人能够不同程度地兼用景颇语，61%的青少年不会景颇语。

与居住在同一个寨子的拉祜族相比，景颇族更加完好地保留着自己的语言。寨子里的长辈们都会自觉地、不厌其烦地教年青一代景颇语，父母们会一遍一遍地反复说景颇语给孩子们听。外出打工的人回到寨子，也会坚持说景颇语。耿马景颇族协会还从缅甸请来老师教大家景颇文。但这里的支系概念已相当模糊，都称自己是大山人，只有一户明确自己是浪速人，但已经不会说浪速语；载瓦支系的有 7 个人，能熟练使用载瓦语的 4 人，此外还有 9 位景颇支系人会说载瓦语。

由于受媒体、网络、电视等的影响，越来越多的孩子不愿意说景颇语，父母对孩子说景颇语，孩子们用汉语回答，觉得汉语更便利顺口。和别的民族在一起时，他们才会说景颇语，以显示自己是不同民族的人。如果仅从统计数据上看，草坝寨景颇族的景颇语熟练度较高，但实际上很多景颇族民族歌曲、民间故事，孩子已经不会唱、不会讲、不知道了，一些新词语、流行语都是借用汉语夹杂在景颇语里来讲。

表 5-80　　　　芒艾村草坝寨五户家庭语言使用情况

家庭编号	家庭关系	姓名	年龄	民族	文化程度	第一语言及水平	第二语言及水平	其他语言及水平
1	户主	陈进华	35	汉	小四	汉语，熟练	景颇语，熟练	拉祜语，略懂
	妻子	赵小柳	35	汉	小学	汉语，熟练		
	母亲	李红	57	汉	文盲	汉语，熟练	景颇语，熟练	拉祜语，熟练
	长子	陈兵	15	汉	小六在读	汉语，熟练	景颇语，熟练	
	次子	陈二	13	汉	小五在读	汉语，熟练	景颇语，熟练	
2	户主	杨光荣	38	汉	小四	汉语，熟练	景颇语，熟练	
	妻子	李鲜花	39	拉祜	文盲	拉祜语，熟练	汉语，熟练	景颇语，略懂
	母亲	李小白	75	汉	文盲	汉语，熟练	景颇语，熟练	
	长子	杨长寿	17	汉	小学	汉语，熟练	景颇语，略懂	
	长媳	岁忠兰	16	拉祜	小学	汉语，熟练	拉祜语，略懂	景颇语，略懂
3	户主	杨大妹	80	景颇	文盲	景颇语，熟练		
4	户主	罗大	30	拉祜	小学	汉语，熟练	拉祜语，略懂	景颇语，略懂
	妻子	罗会新	40	拉祜	小五	汉语，熟练	拉祜语，略懂	景颇语，略懂
	长子	罗大龙	13	拉祜	小五在读	汉语，熟练		
	次子	罗二	10	拉祜	小三在读	汉语，熟练		
5	户主	罗文华	45	拉祜	小四	拉祜语，略懂	汉语，熟练	景颇语、傈僳语，略懂
	妻子	胡三妹	38	傈僳	文盲	傈僳语，熟练	汉语，熟练	
	长子	罗大	19	拉祜	文盲	汉语，熟练	傈僳语，略懂	
	长女	罗大妹	17	拉祜	文盲	汉语，熟练		

（四）孟定镇邱山村河边寨语言使用情况个案分析

1. 社会状况

耿马县孟定镇邱山村委会下辖10个组，共有400多户，2000多人。其中人口最多的是拉祜族，有200多户，其次是佤族、傈僳族、汉族，人口较少的是景颇族、傣族、彝族。邱山2组是一个拉祜族、景颇族、汉族杂居的自然村，位于耿马县南边，距县城70多公里，属山区。全寨53户，其中拉祜族有26户，傈僳族有15户，景颇族10户，汉族2户。

该组景颇农户人均耕地面积9亩，经济作物主要是橡胶，每户平均拥有200多棵橡胶。虽然橡胶树较多，但都还比较小，从未收割过，所以经济收入不高。每家还养一些猪、鸡等家禽，但数量少，只够自己食用，不能形成经济效益。目前本寨已基本解决温饱问题。

摩托车是沟通村里和外界的主要交通工具。2 组距离孟定镇 18 公里，20 世纪 70 年代通了单行土路，可以直接开车去镇里。1981 年开始建电站，1982 年全村通电，80 年代家家有了自来水。

邱山村有一所完全小学，是半寄宿学校。农村普及九年制义务教育以来，2 组景颇族村民受教育面不断扩大，有小学生 15 人（含在校生），初中生 5 人（含在校生），高中、中专生 3 人。

该寨景颇族与其他民族通婚的有 18 人，其中景颇族娶拉祜族的 6 人、娶佤族的 1 人、娶汉族的 1 人；嫁拉祜族的 1 人、嫁傣族的 2 人、嫁佤族的 3 人、嫁汉族的 4 人。

村民之间各民族关系和睦，过各种民族节日。例如汉族的春节、傣族的泼水节，各个民族都参加，而且过得很隆重。景颇族的目瑙纵歌节主要在耿马过，本县景颇人在节日时都集中在贺派乡芒抗村景颇组，载歌载舞地欢度自己的节日。

2. 语言使用状况

根据 8 户 23 人的调查材料，语言使用特点如下。

（1）景颇族语言使用状况

① 该村 23 名景颇族村民，景颇语的使用水平出现下降的现象，达到"熟练"级的只有 11 人，占 47.8%。景颇语能力为"略懂"级的有 10 人，占 43.5%。还有 2 人不懂景颇语，占 8.7%。部分景颇族出现第一语言转用的现象。

表 5-81　　孟定镇邱山村景颇族村民母语使用情况

年龄段（岁）	人数（人）	熟练 人数（人）	熟练 百分比（%）	略懂 人数（人）	略懂 百分比（%）	不懂 人数（人）	不懂 百分比（%）
6—19	7	2	28.6	3	42.9	2	28.6
20—39	10	5	50.0	5	50.0	0	0
40—59	5	3	60.0	2	40.0	0	0
60 以上	1	1	100.0	0	0	0	0
合计	23	11	47.8	10	43.5	2	8.7

在耿马县 5 个景颇族村寨中，河边寨是唯一一个景颇语使用能力出现明显下降的村寨。能够熟练地使用景颇语的人不到一半，代际出现明显的差异。60 岁以上的老人和 40—59 岁的中年人还全部以景颇语为第一语言，母语保持得很好。20—39 岁的青壮年有 10 人，其中 4 人的第一语言已转为

拉祜语，景颇语成为其在拉祜语、汉语之后掌握的第三语言，并且使用能力为"略懂"级，即只能听得懂，也能说简单的日常用语，但不能像母语人一样熟练自如地运用。6—19岁的青少年有7人，第一语言转为拉祜语的有5人，景颇语也是他们的第三语言，其使用能力为"略懂"级，其他2名青少年的第一语言是景颇语，使用能力为"熟练"级，但他们同时也能熟练地使用拉祜语。也就是说，该寨的景颇族出现景颇语使用能力下降的现象。第一语言发生转用的原因是族际婚姻家庭的出现。景颇族男子娶拉祜族女子为妻，他们的下一代出生时，由于母亲还没有学会景颇语，所以最先教给孩子的自然是拉祜语，日常生活中的交际也以拉祜语为主。

第一语言转为拉祜语的景颇族，都是景颇族和拉祜族结合的家庭中的第二代人。拉祜族是河边寨的主体民族，拉祜语是该组的强势语言，是拉祜族家庭内部和村寨内的主要用语，其他民族如景颇族、傈僳族大部分人能兼用拉祜语。景颇族因为人数最少，因此景颇语很少被其他民族的人兼用。在景颇族和拉祜族组成的家庭中，丈夫迁就妻子的语言，即夫妻双方用拉祜语进行交际。在妻子学会景颇语之前，他们的孩子出生了，由母亲抚养成长，自然习得了拉祜语。

② 景颇族兼用汉语状况

景颇族兼用汉语的比例较高，全部以汉语为重要的交际工具。在23人中，有21人能够熟练地使用汉语，占91.3%。只有2人的汉语水平为"略懂"，占8.7%。

③ 景颇族兼用拉祜语状况

景颇族掌握拉祜语的水平较高。23人中有21人能够熟练地掌握运用拉祜语，占91.3%。其中青少年和老年人100%熟练地使用拉祜语。青少年至青壮年年龄段使用拉祜语的能力，部分与族际婚姻家庭影响有关，其母语已转为拉祜语；另一原因就是村寨内拉祜人居大多数，儿童成长的环境中拉祜语的使用范围最广，跟拉祜族同龄人玩耍、上学以及其他生活交往，使得他们从小就学会了拉祜语。老人较好地保持着民族语言和传统风俗，他们更愿意使用民族语言交流。

（2）其他民族语言使用状况

耿马县的景颇族人口较少，只有1004人，邱山村河边寨又是全县5个景颇族分布的村寨中人口最少的一个。景颇族为了自身发展，必须要适应周围的环境，与其他各族人民和谐相处，在经济、文化、教育和婚姻等方面提高自己，发展自己。该寨的景颇族与其他民族通婚的有10人，其中娶拉祜族媳妇的7人、汉族媳妇的1人，还有傈僳族上门女婿1人。他们的语言使用情况如表5-82所示。

表 5-82　孟定镇邱山村与景颇族通婚的其他民族村民语言使用情况

家庭编号	家庭关系	姓名	年龄	民族	教育程度	第一语言及水平	第二语言及水平	第三语言及水平
1	妻子	李娜我	28	拉祜	小学	拉祜语，熟练	汉语，熟练	景颇语，不懂
2	妻子	娜我	55	拉祜	小二	拉祜语，熟练	汉语，熟练	景颇语，不懂
	儿媳	李小三	26	拉祜	小学	拉祜语，熟练	汉语，熟练	景颇语，不懂
4	母亲	小珍	60	汉	文盲	汉语，熟练	景颇语，不懂	拉祜语，略懂
	妻子	罗秀英	19	拉祜	初中	拉祜语，熟练	汉语，熟练	景颇语，不懂
5	妻子	李会兰	37	拉祜	初中	拉祜语，熟练	汉语，熟练	景颇语，不懂
6	妻子	娜木	40	拉祜	小学	拉祜语，熟练	汉语，熟练	景颇语，略懂
7	妻子	刘芳	20	汉	小学	汉语，熟练	景颇语，不懂	拉祜语，不懂
8	户主	余二	32	傈僳	小学	拉祜语，熟练	汉语，熟练	傈僳语，略懂

从表 5-82 可以看出景颇族家庭中的其他民族的家庭成员的语言使用有以下几个特点。

① 拉祜族 7 人还都以拉祜语作为主要的交际工具，这些人用拉祜语就足以应付村寨内部的日常生活交际。不管嫁给景颇族多少年，她们大都没有学习景颇语，只有 1 人略懂一点景颇语，使得她们的下一代人中部分以拉祜语作为母语。

② 汉族 2 人以汉语为唯一的交际工具，都不会其他民族语言。

③ 傈僳族 1 人，其母语水平为"略懂"级，与景颇族妻子结婚后，没有学习过景颇语，日常生活以汉语和拉祜语为主要交际工具。

从以上的分析可以得出这样一个认识：从内部来说，族际婚姻家庭对景颇语的传承具有一定的影响。从外部来说，人口占少数的景颇族处于其他民族的包围下，容易形成一个语言孤岛。以河边寨的景颇族为例，在全组 53 户家庭中，有 26 户是拉祜族，景颇族仅有 10 户，景颇语的使用被压缩到很有限的范围内。其他民族不会来学习使用景颇语。而人数较少的景颇族，在这种语言环境下，只能逐渐放弃使用景颇语。

表 5-83　　邱山村河边寨五户家庭语言使用情况

家庭编号	家庭关系	姓名	年龄	民族	文化程度	第一语言及水平	第二语言及水平	第三语言及水平
1	户主	李存忠	30	景颇	初二	拉祜语，熟练	景颇语，略懂	汉语，熟练
	妻子	李娜我	28	拉祜	小学	拉祜语，熟练	汉语，熟练	
	长子	李龙	8	景颇	小二在读	拉祜语，熟练	汉语，略懂	

续表

家庭编号	家庭关系	姓名	年龄	民族	文化程度	第一语言及水平	第二语言及水平	第三语言及水平
2	户主	李大	60	景颇	小学	景颇语，熟练	拉祜语，熟练	汉语，熟练
	妻子	娜我	55	拉祜	小二	拉祜语，熟练	汉语，熟练	
	次子	李存永	27	景颇	小学	拉祜语，熟练	景颇语，略懂	汉语，熟练
	儿媳	李小三	26	拉祜	小学	拉祜语，熟练	汉语，熟练	
	长孙女	李连梅	6	景颇	小一在读	拉祜语，熟练	汉语，熟练	
	次孙女	李连青	4	景颇	学前	拉祜语，熟练	汉语，略懂	
3	户主	岳二	55	景颇	小二	景颇语，熟练	拉祜语，熟练	汉语，熟练
	妻子	岳学红	51	景颇	小学	景颇语，熟练	汉语，熟练	拉祜语，略懂
	次子	岳国华	30	景颇	高中	景颇语，熟练	拉祜语，熟练	汉语，熟练
	次子媳	孔玉梅	23	景颇	初中	景颇语，熟练	汉语，熟练	
	三子	岳国庆	27	景颇	高中	景颇语，熟练	拉祜语，熟练	汉语，熟练
	长孙	岳增	4	景颇	学前	景颇语，熟练	汉语，略懂	拉祜语，略懂
	次孙	岳骏	2	景颇	学前			
4	户主	岳大山	24	景颇	小学	景颇语，略懂	拉祜语，熟练	汉语，熟练
	母亲	小珍	60	汉	文盲	汉语，熟练		拉祜语，略懂
	妻子	罗秀英	19	拉祜	初中	拉祜语，熟练	汉语，熟练	
5	户主	岳永华	40	景颇	小学	景颇语，略懂	拉祜语，熟练	汉语，熟练
	妻子	李会兰	37	拉祜	初中	拉祜语，熟练	汉语，熟练	
	长女	岳明明	19	景颇	小学	拉祜语，熟练	汉语，熟练	景颇语，略懂
	长子	岳尹春	14	景颇	小六在读	拉祜语，熟练	汉语，熟练	景颇语，略懂

（五）城镇机关景颇族家庭语言使用情况个案分析

1. 社会状况

耿马傣族佤族自治县有景颇族1004人，其中城镇人口主要集中在耿马镇、孟定镇和贺派乡机关。

耿马景颇族于2007年4月17日正式成立"耿马景颇族协会"。有164名会员，24名理事会理事，9名常务理事。

2008年景颇族协会组织、聘请德宏州及缅甸的景颇文老师，利用寒暑假进行扫盲，普及景颇文字。扫盲班先后举办了两期，有250人参加，现有 70 人能够使用景颇文。

2. 语言使用状况

根据耿马县 3 个调查点 28 户城镇家庭的 57 人的调查，统计分析结果如下。

（1）大部分城镇景颇族能使用景颇语

景颇族城镇居民母语使用情况如表 5-84 所示。

表 5-84　　　　耿马县景颇族城镇居民母语使用情况

年龄段（岁）	人数（人）	熟练 人数（人）	熟练 百分比（%）	略懂 人数（人）	略懂 百分比（%）	不懂 人数（人）	不懂 百分比（%）
6—19	20	14	70.0	4	20.0	2	10.0
20—39	18	13	72.2	2	11.1	3	16.7
40—59	16	15	93.8	0	0	1	6.3
60 以上	3	3	100.0	0	0	0	0
合计	57	45	78.9	6	10.5	6	10.5

表 5-84 数据显示，89%的城镇景颇族不同程度地使用景颇语，78.9%是熟练等级。其中 60 岁以上的老年人和 40—59 岁的中年人熟练度较高，分别达到 100.0%和 93.8%。而青壮年和青少年的熟练度分别是 72.2%和 70.0%。各个阶段熟练掌握景颇语的能力呈递减的趋势。

耿马县城镇景颇族完全不会讲景颇语的有 6 人，占被调查人口总数的 10.5%。

（2）耿马县城镇景颇族全民使用汉语，能熟练使用的达 100%。第一语言是汉语的有 18 人，占总人数的 31.6%。

（3）城镇景颇族还能够不同程度地掌握其他民族语言。具体情况如表 5-85 所示。

表 5-85　　　　耿马县景颇族城镇居民兼用其他民族语言情况

民族语	人数（人）	熟练 人数（人）	熟练 百分比（%）	略懂 人数（人）	略懂 百分比（%）	不懂 人数（人）	不懂 百分比（%）
傣语	57	17	29.8	6	10.5	34	59.6
佤语	57	14	24.6	4	7.0	39	68.4
拉祜语	57	5	8.8	2	3.5	50	87.7
傈僳语	57	6	10.5	3	5.3	48	84.2

耿马县有 26 个少数民族，城镇机关单位也不乏这些少数民族人才。机关干部到基层工作会和当地少数民族接触，在长期的工作生活交往中，很多景颇族干部学会了多种民族语。

（4）城镇景颇族在使用景颇语的能力上出现代际差异，青少年的景颇语能力有下降的趋势。

40 岁以下的城镇景颇人，由于在城镇生活时间长，受学校教育程度高，使用景颇语的机会少，母语水平下降较为明显。景颇族不同年龄段城镇居民母语使用情况如表 5-86 所示。

表 5-86　　耿马县景颇族不同年龄段城镇居民母语使用情况

年龄段（岁）	人数（人）	熟练 人数（人）	熟练 百分比（%）	略懂 人数（人）	略懂 百分比（%）	不懂 人数（人）	不懂 百分比（%）
6—19	20	14	70.0	4	20.0	2	10.0
20—39	18	13	72.2	2	11.1	3	16.7
40—59	16	15	93.8	0	0	1	6.3
60 以上	3	3	100.0	0	0	0	0
合计	57	45	78.9	6	10.5	6	10.5

表 5-86 显示，40 岁以上的城镇景颇人母语保留较好，但在城镇长大的青少年景颇人由于多出生于族际婚姻家庭，缺乏景颇语语言习得环境，加上从幼儿园、学前班开始接受汉语教育，学校生活及大多数的社会交往都以汉语为唯一的交际工具，景颇语水平下降明显，甚至有的城镇居民根本不懂自己的民族语景颇语。

6—19 岁的景颇族青少年共 20 人，第一语言为景颇语的共 7 人，占 35%，第一语言为汉语的青少年为 12 人，占 60%，有 1 人第一语言为傣语，占 5%。

城镇生活、族际婚姻使半数以上的耿马县城镇景颇族青少年的第一语言转用汉语，母语景颇语逐渐退到第二语言或第三语言的位置上。有的虽然景颇语说得熟练，但仅限于日常交际；有的只听得懂但不会说；有的会说一点儿简单话语但不愿意说。由于出现语言能力下降，在语言交际上呈现出一种回避的语言表现力，即见到会说景颇语的就避开不说，或遇到对方用景颇语跟自己说话，就用汉语回答。

第三节　片马茶山景颇族的语言生活

一　社会概况

（一）人口分布及地理状况

茶山景颇人属景颇族勒期支系，主要分布在泸水县片马镇的片马、岗房、古浪一带（约100人），其中片马村下片马16户，岗房村一组12户，古浪村11户以及其他地方的散居人口。

片马镇是中国云南省怒江傈僳族自治州泸水县下属的一个镇，位于横断山脉高黎贡山西坡，西、南、北三面与缅甸克钦邦接壤，东与泸水县鲁掌镇相连，茶山人大多分布在中缅边境上。

片马镇国土面积为153平方公里，东西宽8公里，南北长24公里。国境线全长64.44公里。镇政府所在地距怒江州府六库96公里，距省会昆明731公里，距缅甸北部密支那195公里（直线距离不到50公里），距国境线（国门）1.5公里。

片马镇下辖片马、古浪、岗房、片四河4个村委会和景朗居委会，共有13个村民小组和8个居民小组。共有居民595户，常住人口1844人。其中，少数民族人口1670人，占全镇总人口的90.56%，主要有景颇、傈僳、白族、汉族等民族，是一个多民族杂居的边境乡镇，其中傈僳族人口最多，有684人，其次是景颇族茶山人，有587人。

（二）历史来源及迁徙

景颇族茶山人是在片马地区居住时间较长的民族群体。据史籍记载，茶山人的祖先来到片马已有上千年的历史。唐代《南诏德化碑》上就篆刻有"寻传、禄郫、丽水、祁鲜"等名称。据考证，"寻传"就是今天的景颇族先民；丽水就是今天的伊洛瓦底江；禄郫则是丽水的支流，即今天片马的小江。小江自片马、岗房、古浪边境西北流入伊洛瓦底江上游的恩梅开江。上述大片地区迄今为止仍是景颇族分布的地区，即中缅边界的茶山人地区。又据《蛮书》卷七记载："犀，出越赕（腾越，今之腾冲），高丽共人以陷阱取之。""高丽共人"一词系景颇语的"高丽山的人"。"高丽"是景颇族的一个部落，又称"高黎"或"高日"。由此可见，至少约公元8世纪时，景颇族高丽部落已居住在高黎贡山一带了。

明朝中叶以后，自云龙州往西至里麻(今缅甸境内克钦邦)地区内的"峨昌"或"寻传"部落，在政治、经济、文化上受内地先进民族不同程度的影响，发展不平衡，逐渐正式分化成现在的阿昌族和景颇族中的载瓦支、浪峨支、勒期支、茶山支。

（三）文化特色

片马茶山人在文化方面与景颇族其他支系相比，虽有许多相同点，但是也存在很多他们自己的特色。如：

片马茶山人的舞蹈，有"支高""戈板高""开死麻支高""春节舞""婚礼舞"。茶山舞蹈可分为娱乐性和祭祀性两大类。如"支高"是茶山人在盖新房、进新房时跳的一种娱乐性集体舞。在茶山语中，"支"是唱，"高"是跳，合起来即是又唱又跳。

茶山人盖房子和进新房别具特色。每当村里人盖新房，全村人都主动带上斧子、刀子等工具前往帮忙。有的还送蔬菜、水酒、大米，甚至送羊、猪资助。茶山人盖房，通常是清晨破土动工，早上做完屋架，中午盖房顶，下午装修，傍晚一幢新房落成。新房竣工后，主人拿出火药枪对天鸣放，寨里人听到枪声，便前来祝贺。主人领着全家老小列队于新房前恭迎徐徐到来的客人。男主人用草烟敬客，女主人用金竹筒向客人敬酒。山寨里的歌手们，身背象脚鼓，手执铓锣，跳起古老的舞蹈。猎手们到新房一侧列队，高举火药枪朝天鸣放。然后客人在主人的陪同下走进新房，向主人赠送米酒、粮食等贺礼，并围坐在火塘边，主人再次依先老后幼的次序给客人敬酒，真诚感谢乡亲们的帮助。酒过数巡，在主人的邀请下，客人欢快起舞，主人给每人送来一碗象征团结友爱的糯米饭，饭上装有荤素相间的菜，人们边吃边舞，直到深夜才散。

茶山妇女，头戴青布包头，包头饰有一簇蓬松的红线顺头部左侧下垂。上衣为黑色或蓝色对襟短衫，有十二对银制泡纽，每对纽扣外侧，均有一串银质三穗下垂，衣领绣花，袖口镶有红蓝两色花边，且绣有各种图案。脖子上挂着红白两色琉璃珠各四串，下垂胸前，腰系海贝交叉成的带子，带子串有蓝色琉璃珠和小铜铃。下着白色细麻布织成的裙子，裙脚镶有各色图案的花边。年轻女子衣服色彩鲜艳，装饰华丽。老年妇女服饰大方，色彩素雅。茶山男子，上着蓝色对襟短衣，无领。下着黑色大裆裤，头戴黑布包头，出门腰配长刀，刀不离身。

近代，茶山人的宗教信仰已由传统的原始宗教向信仰基督教转变。

二 语言使用特点

景颇族是一个由北方南下的民族，在迁徙的过程中，茶山支系与景颇族的主体分离了，在封闭的怒江州片马地区定居。他们人口少，同时又处在多个民族的包围之中，其语言形成了一个"语言孤岛"，因此在语言使用上出现了一些新的特点。

(一)母语使用特点

1. 全民稳定使用母语

根据对 3 个茶山人聚居的村寨 78 人母语使用情况调查的统计数据显示,片马茶山人使用母语的类型属于"全民稳定使用母语型"。具体数据如表 5-87 所示。

表 5-87　　　　　　　　片马茶山景颇人母语使用情况

调查点	人数（人）	熟练 人数（人）	熟练 百分比（%）	略懂 人数（人）	略懂 百分比（%）	不懂 人数（人）	不懂 百分比（%）
岗房	40	38	95.0	2	5.0	0	0
古浪	15	15	100.0	0	0	0	0
下片马	23	21	91.3	2	8.7	0	0
总计	78	74	94.9	4	5.1	0	0

表 5-87 显示,3 个调查点茶山语使用情况基本一致,各村寨熟练使用茶山语的比例都很高,这说明片马茶山语仍保持着强劲的活力。而"熟练"和"略懂"加在一起是 78 人,也就是说,片马的茶山人没有不懂茶山语的。

茶山语在茶山人生活中不可或缺,这里的社会生活和家庭生活要靠茶山语来维系,茶山人之间的信息和感情要靠茶山语来传递。在全国通用语汉语、片马亚强势语言傈僳语的包围下,人口如此之少的片马茶山人却能稳定地传承母语,非常难得。

1. 不同场合、寨子的母语使用状况有差异

家庭内部:族内婚姻家庭以茶山语为主要的交际工具;族际婚姻家庭中,有些以茶山语为主要交际工具,有些则是使用"茶山语—汉语""茶山语—傈僳语"。

学校:岗房、古浪和下片马都是一村一校,在村小通常是从学前班读到三年级,课堂上讲汉语普通话,课间做游戏或下课后和同族孩子单独相处时主要讲茶山语,与他族孩子在一起时则讲傈僳语或汉语。四年级到六年级要到片马镇民族完小住读。在完小,茶山学生以说汉语为主,和同村来的同学说茶山语,打电话回家时也用母语茶山语。初中开始要到鲁掌或六库去住读。升入高中的茶山学生不太多,一般读到高中的茶山族青少年的茶山语水平低于村里的同龄人。

田间劳作：茶山人居住的村寨，临近中缅边界。两地居民平时干农活的时候接触很多，而且村里很多人在缅甸有亲戚，娶进来的缅甸媳妇也有不少。村民们都有边民通行证，到了播种或收割的农忙季节，这边的小伙子还要到对面岳父家帮忙干农活。所以他们相互之间讲的自然都是茶山语。

综上所述，在茶山村寨的各种不同场合中，茶山语都得到了稳定的使用，起到了表情达意、沟通思想的重要作用。

2. 部分青少年母语能力下降

从年龄上看，母语的使用情况明显地反映出两个不同的层次：20 岁以上的茶山人，母语水平是"熟练"的比例达到 100%；而 6—19 岁的茶山人，"熟练"级的比例只有 80%。由此可见，青少年的母语使用能力有所下降。其具体表现有三：

（1）通过对茶山少年陈昌路（12 岁）和董雯（14 岁）进行 400 个基本词测试，我们发现他们有 30%左右的 D 级词汇（即不会的基本词）都不会了，这说明片马茶山青少年的茶山语已出现不同程度的衰退苗头。

（2）母语习得顺序发生转变，即非母语成了第一语言。片马镇有 5 位出生于族际婚姻家庭的青少年（占 25%），先习得一种或两种语言后才习得母语，而 5 人中只有 1 人的茶山语水平是"熟练"级，其余均为"略懂"。可见，母语习得顺序的改变已经对青少年的母语水平的高低产生了影响。

（3）"听"和"说"的能力发展不平衡。因为茶山语没有文字，因此运用茶山语的能力主要体现为"听""说"两种能力。通过访谈和词汇测试，发现茶山青少年的母语"听"的能力较强，"说"的能力较弱。如他们能听懂茶山人的山歌和喜庆歌，但自己不会唱；能听懂用茶山话讲的民间故事，但自己不会说。

（二）片马茶山人多语生活特点

片马镇辖下片马、片四河、古浪、岗房 4 个行政村 13 个村民小组和景朗社区居委会，是一个景颇（茶山支系）、傈僳、白、汉、彝等 8 个民族居住的杂居镇。片马茶山人在与其他民族的长期接触中，在习得自己的母语以后，又先后习得了汉语、傈僳语等其他民族语言，成为具有多种语言能力的人。茶山人多语生活具有以下几个特点。

1. 全民性

根据对茶山人分布较多的岗房、下片马、古浪三个自然寨进行的调查，茶山人掌握母语和兼用语的具体情况如表 5-88 所示。

表 5-88　　　　　　片马茶山景颇人母语及兼用语使用情况

自然寨	人数（人）	懂母语 人数（人）	懂母语 百分比（%）	懂傈僳语 人数（人）	懂傈僳语 百分比（%）	懂汉语 人数（人）	懂汉语 百分比（%）
岗房	40	40	100.0	40	100.0	39	97.5
古浪	15	15	100.0	15	100.0	12	80.0
下片马	23	21	91.3	20	87.0	23	100.0
合计	78	76	97.4	75	96.2	74	94.9

3个寨子78位茶山人中，懂母语的有76人，占97.4%；懂傈僳语的有75人，占96.2%；懂汉语的有74人，占94.9%。这个数字说明，茶山人绝大多数是具有3种语言能力的多语人。也就是说，多语是片马茶山人语言生活的共同特征。

2. 稳定性

片马茶山人用汉语、傈僳语等语言也具有稳定性特点。表5-89是茶山人不同年龄段兼用汉语、傈僳语的分类统计。

表 5-89　　　　　　片马茶山景颇人兼用汉语和傈僳语情况

年龄段（岁）	人数（人）	汉语熟练 人数（人）	汉语熟练 百分比（%）	汉语略懂 人数（人）	汉语略懂 百分比（%）	汉语不懂 人数（人）	汉语不懂 百分比（%）
6—19	20	16	80.0	4	20.0	0	0
20—39	37	29	78.4	8	21.6	0	0
40—59	17	10	58.8	4	23.5	3	17.6
60以上	4	1	25.0	2	50.0	1	25.0
合计	78	56	71.8	18	23.1	4	5.1

表5-89显示汉语水平与年龄之间的关系是：年龄越大，汉语水平越差。年龄越小，汉语水平越高。不懂汉语的4人都是40岁以上的中老年人，青少年的汉语水平普遍较好。

表 5-90　　　　　　片马茶山景颇人不同年龄段兼用傈僳语情况

年龄段（岁）	人数（人）	傈僳语熟练 人数（人）	傈僳语熟练 百分比（%）	傈僳语略懂 人数（人）	傈僳语略懂 百分比（%）	傈僳语不懂 人数（人）	傈僳语不懂 百分比（%）
6—19	20	17	85.0	2	10.0	1	5.0
20—39	37	34	91.9	2	5.4	1	2.7

续表

年龄段（岁）	人数（人）	傈僳语熟练		傈僳语略懂		傈僳语不懂	
		人数（人）	百分比（%）	人数（人）	百分比（%）	人数（人）	百分比（%）
40—59	17	15	88.2	1	5.9	1	5.9
60 以上	4	3	75.0	1	25.0	0	0
合计	78	69	88.5	6	7.7	3	3.8

由表 5-90 可见，不同年龄段的茶山人熟练使用傈僳语的比例是 75.0% 到 91.9%，这个数字反映傈僳语在不同年龄段之间没有明显的差距。傈僳语在不同代际之间得到了较好的传承。

3. 和谐性

语言的和谐性，是指同一个民族或同一群体的多语在一个社会里能够和谐共处，它们之间互补互利，既不相互排斥，也不发生冲突。片马茶山人能够根据不同的交际对象、不同的交际内容、不同的交际场合，选择使用不同的语言，以协调语言生活，从而使自己的语言生活形成了多语共存、和谐互补的良性系统。

在片马镇，茶山人族内婚姻家庭，家庭成员不论辈分高低，不管年龄大小，都习惯使用母语交流，语言的交际功能和语言的情感功能在族内婚姻家庭里得到充分的发挥。

而族际婚姻家庭成员之间的交际有多种选择：长辈之间，用茶山语或傈僳语；长辈与晚辈之间，晚辈迁就长辈，选用长辈喜欢说的语言，大多是说茶山语或傈僳语，有时也用汉语。晚辈之间用茶山语、傈僳语或汉语。

片马镇茶山人大多分布于下片马、古浪、岗房三个自然寨。茶山人与傈僳族杂居，这种分布状况，为茶山人习得傈僳语提供了很好的条件。在寨子里，一般是茶山人之间说母语；茶山人与傈僳或其他民族多说傈僳语；跟外地嫁来的媳妇或客人说汉语。但总的来说，还是使用傈僳语的时候多。

在村小，由于师生关系很近，老师说什么话，孩子就跟着说什么话。比如岗房村的陈昌路（12 岁，茶山人）介绍说，他们学校只有一位傈僳族老师，上课时总是先用傈僳话，然后才用汉语。下课跟学生玩儿时，老师还是多说傈僳话，有时也说普通话，他的傈僳语和汉语主要是跟老师学会的。

到了镇完小，由于学生来源于全镇，民族成分较多，学校的通用语用的是普通话。师生之间或同学之间多用汉语交流。只有本族同学在一起时，才说自己的母语。

三 片马茶山人语言生活的成因

（一）母语稳定使用的成因

片马茶山人能够稳定使用、传承母语的原因主要有以下四个方面。

1. 茶山人是片马的世居民族，有自己独特的文化

据《泸水县志》记载，1000多年前，景颇族就已南迁到怒江西岸和片马地区。如今的片马茶山人还保留着自己独特的民居建筑方式、服饰、历史故事和"建新房"仪式等，这些明显的茶山支系特征，为茶山人传承母语提供了有利的土壤。

2. 境外有大量茶山人，边民的自由接触扩大了茶山语的使用范围

片马镇南、西、北三面与缅甸接壤，国境线长64.44公里，是中缅边境北段的交通要道和商业往来的重要通道。两国边民交往频繁。片马与缅甸的茶山人同出一支，血脉相通，很多人有缅甸亲戚，有些人还娶了缅甸茶山人做媳妇。因此，与缅甸茶山寨往来频繁是茶山语保持活力的一个原因。

3. 茶山人母语感情深厚是稳定使用茶山语的情感基础

茶山语不仅是片马茶山人的重要交际工具，还是当地茶山人的民族心理、民族习惯、民族文化、民族感情的重要载体。茶山人对自己的民族语言有着很深厚的感情。语言是一个民族的重要标志之一，只有掌握本民族的语言，把语言传承下去才能真正保护、传承本民族的传统。茶山人这种强烈的民族意识和语言情感有利于茶山语的传承。

4. 国家语言大法对民族语言的使用和发展起了切实保证的作用

《中华人民共和国宪法》所规定的"各民族都有使用和发展本民族语言文字的自由"的政策，从根本上保障了各少数民族都可以根据自己的条件和意愿使用和发展本民族的语言和文字。茶山语的情况也不例外。茶山人虽然人口较少，但同全国其他少数民族一样享有国家民族语言政策所赋予的权利，这是茶山语能够较完整保留下来的制度性前提。

（二）部分青少年母语能力下降的成因

片马茶山青少年的茶山语已出现不同程度的衰退迹象。究其原因主要有两条：

1. 族际婚姻家庭因素对家庭成员语言使用的影响。以上文提及的陈昌路（茶山人，12岁），他的妈妈虽然是茶山人，但外婆是傈僳族，所以妈妈的傈僳语十分熟练，平时妈妈和昌路在一起的机会较多，因此他们主要是用傈僳语交流。

2. 学校教育对语言使用情况的影响。在村里的村小只能读到三年级，

四年级以后要到片马镇民族完小住读，中学要到更远的鲁掌或六库去住读。学校里都是用汉语交流，说茶山语的机会少，这也是青少年母语使用能力下降的原因之一。

（三）多语和谐的成因

片马茶山人的语言生活之所以能够多语和谐，其成因主要有以下几点。

1. 我国的民族语言方针政策是多语和谐的基本保障

我国政府十分重视民族语文工作，中华人民共和国成立后颁布了一系列有关民族语言文字的方针政策。从我国的宪法到各历史时期的民族语文政策，核心思想都是强调语言平等和语言的自由使用。其中"各民族都有使用和发展自己语言文字的自由"是我国政府对待少数民族语言文字一贯坚持的立场。在现代化建设的新时期，我国的语言状况和语言关系有了新的发展。国家对少数民族语言不仅实行语言平等政策，还对少数民族和少数民族语言施行特殊照顾的政策，对弱势语言给予照顾。

在片马镇，我们看到各民族都能随心所欲地使用自己的语言，不会受到别人的阻拦和干涉。他们还可以根据自己的意愿选择兼用语言，协调个人的语言生活。无论是在机关，还是在学校，还是在广大的农村。我们到处都可以听到茶山语、傈僳语、汉语在使用。这已经是一个习以为常的语言生活。

2. 民族关系的和谐是多语和谐的前提条件

语言是民族的一个重要特征，与民族意识、民族感情密切相关。民族关系直接影响语言关系。民族关系好，语言关系也好；反之，民族关系不好，语言关系也会受到消极的影响。和谐的民族关系是构建语言和谐的前提条件。

片马镇是有悠久历史的多民族杂居镇。生活在片马镇的各民族之间没有历史的瓜葛和纠纷，各民族来到片马的共同愿望就是与周围的民族和谐相处，共同发展。片马镇的茶山人不仅在生活中与其他民族友好相处，还在1911年爆发的"片马事件"中与傈僳、汉等民族一起奋起抗英，与英军展开了长达10余年的浴血奋战。在战争中与傈僳族以及其他民族结下了深厚的情感。

在片马镇，不仅镇内的民族和睦相处，而且还与毗邻的缅甸人友好往来。片马的南、西、北与缅甸接壤。与片马镇临近的是缅甸的大田坝区，这个区所辖的12个自然寨与片马镇所辖的13个自然寨山水相连。两边的茶山人和傈僳人说的是一样的语言，交往密切，贸易自由，通婚自由。不同国籍的族内婚姻在片马镇很常见。两国的茶山人和傈僳人互相探访，农忙时节还互相帮助。

民族关系的和谐还体现在民族文化的相互交融上。大家住一样的房子，说一样的话，过一样的节日。茶山、傈僳、汉、白等不同民族都同样过春节、吃年夜饭、看春节联欢晚会。一个民族的节日，不同的民族一起过。如茶山族过新米节时，全寨人都聚在一起，不管你是傈僳族、汉族还是其他民族，大家都穿上各自的民族服装，一起唱茶山语歌曲和跳茶山舞蹈。又如傈僳族过阔时节，茶山人和其他民族的人也会前去祝贺。进新房、办喜事丧事，大家都一起帮忙，根本不问你的民族成分。这样友好的民族关系其语言关系自然是和谐的。因为友好的交往，营造了不同民族悦纳了彼此语言和文化的氛围，而不同民族的彼此接纳必然会促成语言关系的和谐互补。民族关系和语言关系是双向互动的。

3. 开放包容的语言态度是多语和谐的心理基础

片马镇茶山人对语言的兼用是一种包容开放的态度。他们热爱自己的母语，认为母语是祖宗的语言不能忘记，不能丢失，但也认同别的民族语言，认为只有掌握别的民族语言才能很好地与其他民族交流沟通。这与片马镇的民族构成有关。片马镇分布着景颇、傈僳、白、汉、彝、壮等八个民族。这些不同的民族在这里聚集，他们不同的语言文化也在这里交融。各民族既保留自己的母语，以满足本民族的交际需要和族群认同，又兼用共同语——汉语以满足民族自身发展的需要，同时还兼用当地通行面较广的傈僳语或其他民族语以满足友好的邻里交往。

正是这种对不同语言各取所需的兼容态度，成就了茶山人的多语生活。他们认为：需要使用哪种语言就学习哪种语言，多掌握一种语言，就等于多了一门技能，多了一条走进那个民族的路径。这种开放包容的态度，为多种语言和谐共存奠定了良好的心理基础。

4. 九年制义务教育的普及促进了片马镇茶山人的多语和谐

九年制义务教育对傈僳语，特别是汉语的习得发挥了重要的作用。片马镇小学生入学率达到100%。因为傈僳族学生最多，而且入学前大多是母语单语人或母语—汉语半双语人，即只能听懂汉语但不会说的双语人。所以，在村小里，不仅傈僳族学生说傈僳语，有的老师也说傈僳语。学前班或一年级时，傈僳语还是课堂教学的辅助语。与傈僳同学同窗三年的茶山儿童自然而然地习得了傈僳语。在村小接受了三四年教育后，茶山儿童汉语的"听"和"说"能力得到了较大提高，能熟练地使用汉语进行口语交际。四年级后，全镇各族学生都到镇完小寄宿就读，课上和课下都说汉语。汉语的口语和书面语能力都得到提高。从2009年9月起，片马镇取消村小，实行中心完小就读制，从一到六年级都到镇完小住宿就读。长达6年的寄宿学习，为学生学习汉语提供了更好的语言环境，茶山青少年的汉语文水平也将越来越高。大部分茶山学生接受了九年制义务教育以后,汉语的"听、说、读、写"能力得到较大提高,具有较强的汉语口语能力和书面语能力。有的茶山青少年的汉语能力甚至超过了母语,在日常生活用语中,也更习惯于选择汉语。

九年义务教育对茶山人语言和谐关系的促进,已经在青少年的语言生活中得到显现,九年义务教育将使汉语在茶山人的多语和谐中发挥更重要的作用。

5. 社会的进步是促进片马多语和谐发展的原动力

语言是为社会生活服务的,有什么形式的社会生活,就有什么形式的语言生活。语言生活随着社会生活的发展而发展。

片马镇的茶山人多居住在山腰。20 世纪 80 年代以前,不通公路,交通基本靠走。很多寨子都不通电。经济生活单一,日出而作日落而息。在这样的社会条件下,茶山人与外界的交往范围限于本寨或临近寨子,他们只要掌握茶山语或傈僳语即可满足日常交际的需要。

80 年代以后,茶山人在经济生活和文化生活上都得到了很大的提高。1991 年,片马被云南省列为省级二类开放口岸,同时,缅甸一方也开始向中国的私人老板出售当地自然资源——木材和矿产资源,片马经济在 90 年代曾一度繁荣。当时片马的本地居民只有 1400 多人,而外来的流动人口和暂住居民已经超过了 3 万人。现在,片马的经济虽然不及 90 年代繁荣,但与 80 年代以前相比,还是有了很大的进步。基本上实现了"三通"——通路、通水、通电。从片马镇到州府六库还通了班车。人均年收入达到 1000多元,其中下片马人均收入达到了 1840 元。家家都有电视机、固定电话或手机。有的家庭还有洗衣机、电冰箱、摩托车。

社会的进步、经济的繁荣影响到人们生活的方方面面,具体到语言生活上,是年青一代比祖辈们更加积极地学习使用普通话和当地方言,母语、傈僳语、汉语在不同年龄段的茶山人的语言生活里发挥着不同作用。他们根据自己的交际需要,妥善地调解不同语言的使用功能,使这些语言在自己的语言生活中各司其职、各有所用、和谐共存。

四 片马茶山人语言使用情况三个个案分析

(一)下片马语言使用个案分析

1. 社会状况

下片马距离片马镇区 2 公里,在片马口岸的哨所附近,与缅甸大田坝相邻。近 10 年来,下片马的经济生活比缅甸好,缅甸的茶山人及其他民族不断有女子嫁到下片马来。现在,下片马的茶山人在逐渐增加。

片马村共有184户，614人。首先，人口最多的民族是傈僳族，约占全村总人口的60%；其次是汉族和白族，各占全村人口的15%左右。片马村的茶山人共有31户，57人，占片马村人口的9.3%。茶山人主要分布在下片马村，下片马村属片马村所辖的5个村民小组的第1组，是个傈僳、茶山、白、汉、壮等民族的杂居寨，其中傈僳族人口最多。

全村年人均收入1840元左右。主要经济作物有核桃、梅子、木瓜、草果等。家家户户有电视、手机，三分之二的家庭装有固定电话，全村有16台拖拉机。

村里有1所初级小学，小学入学率是100%，初中入学率是99%。迄今为止，下片马村一共培养了6位大学生，1位研究生。

下片马的茶山人大多会说汉语和傈僳语。傈僳、白、汉等其他民族也有一些人会说茶山话。村里的各民族关系很好，不同民族之间和谐相处，互帮互助。村子的婚姻状况有族内婚姻、族际婚姻和跨国婚姻三种形式。村内的跨国婚姻多为片马男子娶缅甸的茶山、傈僳、勒期等少数民族女子。这个村有三分之一的村民信仰基督教，大部分是傈僳族，茶山人信仰基督教的不多。

2. 语言使用状况

根据对23名下片马村茶山人的调查，他们的语言使用情况有如下特点。

（1）全民稳定使用母语

该组的26名茶山人年龄都在60岁以下。他们使用母语的基本情况是，20—39岁的12人和40—59岁的4人母语水平为"熟练"级；6—19岁的7人中，母语水平为"熟练"级的有5人，占71.4%，"略懂"级的有2人，占28.6%。没有人不懂自己的母语。

另外，通过对9名茶山人进行400词测试发现，他们均掌握370词以上，达到优秀级。这说明他们掌握母语的词汇量大，母语水平高，母语成为他们日常生活中最重要的交际工具。

（2）全民兼用汉语

景颇族茶山支系全民兼用汉语。23位茶山人，除了2位的汉语水平是"略懂"级以外，其余的21人都是"熟练"级。汉语水平为"略懂"级的2名茶山人是宗雷和枪吕。他们的汉语水平低，原因是与语言习得顺序有关。他们都是把汉语作为第三语言习得的，习得汉语的时间不及其他人长。

（3）大部分人兼用傈僳语

因村里傈僳人多，茶山人兼用傈僳语的水平也较高。23人中，除了3人不懂傈僳语以外，其余的20人都懂傈僳语，并且有16人的傈僳语水平是"熟练"级，占总人数的69.7%。

这个寨子大多数茶山人兼用傈僳语,与傈僳族在该村 80%的人数比例密切相关。傈僳语在下片马语言社区中处于强势地位,成为通行面较广的语言。作为下片马村中人数较少的民族,茶山人需要兼用傈僳语来满足社交。

(4)少部分茶山人还兼用第三或第四种语言

除了兼用汉语、傈僳语以外,少数人还兼用了缅语、白语、景颇语以及载瓦、波拉等景颇族的其他支系语言。具体的统计数据见表 5–91。

表 5–91 　　　　　　　　下片马人兼用语使用情况

语言及景颇族的支系语言	人数（人）	熟练 人数（人）	熟练 百分比（%）	略懂 人数（人）	略懂 百分比（%）	不懂 人数（人）	不懂 百分比（%）
缅	23	2	8.7	4	17.4	17	73.9
白	23	1	4.3	0	0	22	95.7
景颇	23	1	4.3	2	8.7	20	87.0
波拉	23	0	0	3	13.0	20	87.0
载瓦	23	0	0	1	4.3	22	95.7

兼用以上语言的人数不多。其兼用原因与个人的经历和家庭语言环境有关。如胡玉兰和胡玉琴两姐妹兼用缅语和景颇语的原因与家庭环境有关。她们的妈妈是缅甸嫁过来的茶山人,舅舅在缅甸工作,所以她有条件去缅甸密支那上学,自然就学会了缅语。由于她俩的妈妈景颇语水平高,就跟妈妈学会了景颇语。

表 5–92 　　　　　　　　下片马村五户家庭语言使用情况

家庭编号	家庭关系	姓名	年龄	民族	文化程度	第一语言及水平	第二语言及水平	第三语言及水平	备注
1	户主	董绍军	32	景颇（茶山）	初中	茶山,熟练	傈僳,熟练	汉,熟练	白,略懂
1	妻子	枪吕	26	景颇（茶山）	文盲	茶山,熟练	傈僳,略懂	汉,略懂	—
1	儿子	董江涛	5	景颇（茶山）	学前	茶山,熟练	傈僳,略懂	汉,略懂	—
2	户主	刘家翠	31	景颇（茶山）	初中	茶山,熟练	汉,熟练	傈僳,熟练	
2	丈夫	赵喜松	35	白	初中	白,熟练	汉,熟练	茶山,不懂	
2	儿子	赵彭成	10	景颇（茶山）	小四在读	汉,熟练	茶山,略懂	—	

续表

家庭编号	家庭关系	姓名	年龄	民族	文化程度	第一语言及水平	第二语言及水平	第三语言及水平	备注
3	户主	宗雷	51	景颇（茶山）	初中	茶山，熟练	景颇，熟练	汉，略懂	傈僳，熟练
	长女	胡玉兰	20	景颇（茶山）	初中	茶山，熟练	汉，熟练	景颇，略懂	傈僳，熟练；缅，熟练
	次女	胡玉琴	17	景颇（茶山）	高中	茶山，熟练	汉，熟练	景颇，略懂	—
4	户主	张启政	45	汉族	初中	汉语，熟练	傈僳语，略懂	茶山，略懂	
	妻子	董玉芳	43	景颇（茶山）	初中	茶山语，熟练	汉语，熟练	傈僳，熟练	
	长女	张春兰	24	汉	初二	汉，熟练	茶山，熟练	傈僳，熟练	
	次女	张春天	22	汉	小学	汉，熟练	茶山，熟练	傈僳，熟练	
	长女婿	蜜玉强	26	傈僳	小学	茶山，熟练	汉，熟练	傈僳，熟练	
	次女婿	赵喜勇	24	白	小学	白，熟练	汉，熟练	茶山，略懂	
	长孙女	张晶	5	汉	学前	—	—	—	
	次孙女	蜜文静	2	汉	学前	—	—	—	
5	户主	褚玉强	34	景颇（茶山）	小五	茶山，熟练	傈僳，熟练	汉，熟练	波拉，略懂；载瓦，略懂
	妻子	苏李花	35	白	初中	白，熟练	汉，熟练	傈僳，略懂	
	儿子	褚学海	16	景颇（茶山）	初中	茶山，熟练	傈僳，熟练	汉，熟练	
	女儿	苏丽菊	16	白	初中	汉，熟练	白，熟练	—	

（二）岗房语言使用个案分析

1. 社会状况

岗房村位于片马镇南 31 公里处，与缅甸只隔一条小江。全村总共 88 户，334 人，3 个组。主要有傈僳族、茶山人和白族。其中，傈僳族有 70 户，250 人；茶山 11 户，45 人；白族 7 户，39 人。

岗房村原来主要是茶山人，在片马回归前夕，多数迁到缅甸，现在只有一组有茶山人。白族和傈僳族都是后来迁移过来的，尤其白族是七八十年前从兰坪、云龙县搬过来的。

岗房村的经济作物以种植草果和核桃为主，还有梅子和木瓜。粮食作物以玉米和水稻为主，兼种其他杂粮。水稻每年一季。人均年收入1140元。村里有30辆左右的摩托车，电视机家家户户都有，手机每家1部，有的家里人手1部，座机95%以上的家庭都有。20世纪70年代通水，2002年通电，1992年通路。

村里通用的语言有傈僳语、茶山话、汉语，但这三种语言的通用程度不同，通用程度最高的是傈僳语，其次是茶山话，最后是汉语。

2. 岗房村的语言使用特点

根据对岗房村一组的11户茶山家庭和2户白族家庭（其中茶山人40人，白族7人，傈僳族1人）的调查发现，他们语言使用的特点如下。

（1）茶山人的语言使用特点

① 茶山人使用茶山语的情况分析：95%的茶山人能够熟练地掌握茶山话，只有5%的茶山人略懂茶山话。

在岗房地区，不管是青壮年还是中老年，他们都能够熟练地掌握茶山话，青少年中只有2位略懂茶山话（具体情况见下表）。这两位略懂茶山话的都是10岁及其以下的少年儿童，但是他们只占整个10—19岁总人数的18.18%，所占的比例较小。这说明茶山话总体情况保持比较好，但是也有衰变的趋势。

表5-93　　　　岗房茶山两位略懂茶山话儿童基本情况

姓名	年龄	民族	文化程度	第一语言及水平	第二语言及水平	第三语言及水平
李咏春	7	景颇（茶山）	小一在读	傈僳，熟练	茶山，略懂	汉语，略懂
车毅	10	景颇（茶山）	小三在读	汉语，熟练	傈僳，略懂	茶山，略懂

② 茶山人使用傈僳语的情况分析

岗房村虽然原来茶山人比较多，但是现在茶山人比较少，傈僳族比较多，傈僳族成了该村的主体民族，傈僳语就成了该村的通用语。调查结果显示，95.0%的茶山人能够熟练地掌握傈僳语，只有2.5%的茶山人略懂傈僳语，2.5%的茶山人不懂傈僳语。统计结果见下表：

表5-94　　　　　　岗房茶山人傈僳语使用情况

年龄段（岁）	人数（人）	熟练 人数（人）	熟练 百分比（%）	略懂 人数（人）	略懂 百分比（%）	不懂 人数（人）	不懂 百分比（%）
6—19	11	10	90.9	1	9.19	0	0
20—39	19	19	100.0	0	0	0	0
40—59	6	6	100.0	0	0	0	0
60以上	4	3	75.0	0	0	1	25
合计	40	38	95.0	1	2.5	1	2.5

据表 5-94 可以看出,茶山人不仅能够熟练掌握自己的母语茶山话,而且可以熟练地掌握本村的主体语言傈僳语,尤其是 20—60 岁年龄段人群。

③ 茶山人使用汉语的情况分析

岗房村主要是少数民族的居住地。这里的茶山人,平时和汉族人接触较少,只在上学的时候才开始接触汉语。因此这里的汉语水平较差。统计结果表明,仅 55.0%的茶山人能够熟练地掌握汉语,还有 42.5%的茶山人略懂汉语,2.5%的茶山人不懂汉语。统计数据如表 5-95 所示。

表 5-95　　　　　　　岗房茶山人使用汉语情况

年龄段（岁）	人数（人）	熟练		略懂		不懂	
		人数（人）	百分比（%）	人数（人）	百分比（%）	人数（人）	百分比（%）
6—19	11	6	54.5	5	45.5	0	0
20—39	19	12	63.2	7	36.8	0	0
40—59	6	3	50.0	3	50.0	0	0
60 以上	4	1	25.0	2	50.0	1	25.0
合计	40	22	55.0	17	42.5	1	2.5

由表 5-95 中的数据可以看出,岗房村所调查的茶山人的汉语使用水平明显比傈僳语和茶山语低。汉语使用水平的总体情况是:熟练水平由青壮年向老年递减。这说明在岗房地区,语言能力受语言环境很大的影响。因为只有到了学校才学习汉语,再加上这几年改革开放的大好形势,青壮年可以走出民族地区,接触外边的机会越来越多,学习外边的先进技术也越来越方便。在青壮年略懂汉语的 7 人中,有 6 人是从缅甸嫁过来的媳妇,她们也在慢慢地学习汉语。

(2) 白族、傈僳族的语言使用特点

岗房村的主体民族是傈僳族,但在岗房一组主要是茶山人。因此,调查组还考察了属于该组的 6 名白族人和 1 名傈僳族人的语言使用情况。

由于白族迁来的时间比较早,距今已有七八十年了,然而寨子里缺乏习得和使用白语的语言环境,受访的 6 名白族人中,只有 1 人还会白语。

① 白族使用傈僳语的情况分析

6 名白族人中,5 人能够熟练地掌握傈僳语,只有 1 位从六库嫁过来不久的媳妇略懂傈僳语,这说明傈僳语在此地的交际地位和作用。

② 白族、傈僳族使用茶山话的情况分析

在所调查的 7 人中,只有 2 人(青少年段)能够熟练地掌握茶山话,5 人(中年段)略懂茶山话。由于岗房村地区是以傈僳族为主,茶山次之。

因此，茶山话的作用没有傈僳语那么重要，成年人中都只是略懂一点茶山话，或者说只是听得懂而不会讲茶山话；由于小孩子经常在一起，他们在日常生活中慢慢地就学会了茶山话。

③ 白族、傈僳族使用汉语的情况分析

在所调查的7人中，只有4人能够熟练地掌握汉语，3人略懂汉语。略懂汉语的有两位都是10岁以下的小学生，他们是才到学校学习，正式接触汉语的时间不长，所以他们的汉语水平还不怎么好。成人只要是和外界接触多了，他们的汉语水平就会很好，否则，就会差一些。可预见的是，这里的汉语水平会越来越高。

表 5-96　　　　岗房村五户家庭的语言使用情况

家庭编号	家庭关系	姓名	年龄	民族	文化程度	第一语言及水平	第二语言及水平	第三语言及水平
1	户主	德科	67	景颇（茶山）	义盲	茶山,熟练	傈僳,熟练	汉,熟练
	次子	陈玉华	40	景颇（茶山）	初中	茶山,熟练	傈僳,熟练	汉,熟练
	次儿媳	浪旺	34	景颇（茶山）	小四	茶山,熟练	傈僳,熟练	汉,略懂
	长孙	陈昌路	10	景颇（茶山）	小学	茶山,熟练	傈僳,熟练	汉,熟练
2	户主	宗江	75	景颇（茶山）	小二	茶山,熟练	傈僳,熟练	汉,略懂
	次子	江国	44	景颇（茶山）	小四	茶山,熟练	傈僳,熟练	汉,熟练
	次儿媳	张忠秀	38	景颇（茶山）	小学	茶山,熟练	傈僳,熟练	汉,熟练
	长孙女	董艳	18	景颇（茶山）	初中	茶山,熟练	傈僳,熟练	汉,熟练
	二孙女	董雯	14	景颇（茶山）	小学	茶山,熟练	傈僳,熟练	汉,熟练
3	户主	张忠杰	27	白族	初中	傈僳,熟练	茶山,略懂	汉,略懂
	妻子	中追	29	景颇（茶山）	小一	茶山,熟练	傈僳,熟练	汉,略懂
	长女	张会	7	白族	小一在读	茶山,熟练	傈僳,熟练	汉,略懂
	长子	张顺	2	白族	学前			汉,略懂
4	户主	腊友付	57	景颇（茶山）	小二	茶山,熟练	傈僳,熟练	汉,略懂
	妻子	崩双	61	景颇（茶山）	文盲	茶山,熟练	傈僳,不懂	汉,不懂
	长子	麻志荣	27	景颇（茶山）	小四	茶山,熟练	傈僳,熟练	汉,熟练
	次子	麻志华	24	景颇（茶山）	小二	茶山,熟练	傈僳,熟练	汉,略懂
5	户主	董玉秀	33	景颇（茶山）	初二	茶山,熟练	傈僳,熟练	汉,熟练
	长子	车毅	10	景颇（茶山）	小三在读	汉,熟练	傈僳,略懂	茶山,略懂

（三）古浪语言使用个案分析

1. 社会状况

古浪位于片马镇东北部，距片马镇政府所在地约 20 公里，距州府六库约 118 公里。与缅甸老窝科一河之隔。

古浪分为一组、二组，茶山人主要分布在二组。二组共 24 户，其中有 5 户茶山族，17 户傈僳族和 2 户汉族。

茶山人聚居的寨子名叫"五朝口"，"五朝口"茶山语为"茶山的老寨子"之义。景颇族是这里的世居民族，早期没有傈僳族，全部是茶山族。据说过去茶山族少则 50 户多则 80 户。在抗日战争时期，很多人避难逃往缅甸。我国改革开放以来，一部分村民又从缅甸搬回这里。

这个寨子的主要农作物是玉米和水稻，主要经济作物是核桃和草果，现在家家都有洗衣机、电视机和固定电话。

古浪二组主要有傈僳族、茶山人和汉族，民族关系和谐融洽。各族人民互相通婚，与缅甸的关系也很融洽，交流也很方便，有很多缅甸姑娘外嫁到这里。

片马镇中心教堂坐落在古浪二组，教堂礼拜六和礼拜三晚上祷告念经。教堂传教都用傈僳语。景颇族 5 户人家中，有 2 户不信教，其他都信仰基督教。这里的景颇族因为人数太少，没有人组织，所以不过景颇族的传统节日——目瑙纵歌节。

2. 语言使用状况

（1）茶山人茶山语的使用特点

五朝口寨 15 位茶山人 100%能熟练使用茶山语。这与他们集中居住在古浪"五朝口"寨有关，茶山语是他们的日常用语。另外，此地的茶山人与外族的交流很少，但与缅甸茶山人的交往比较频繁。这些都是茶山语得以完好保存的重要因素。

（2）茶山人傈僳语的使用特点

100%的古浪茶山人能熟练地使用傈僳语。古浪村委会傈僳族居多，属于人数上强势的民族，所以茶山人都会使用傈僳语，他们之间在村中的交流也是用傈僳语。

（3）茶山人汉语使用特点

表 5-97 是 15 位茶山人使用汉语的情况统计表。

表 5-97　　　　　　　　古浪茶山人使用汉语情况

年龄段（岁）	人数（人）	熟练 人数（人）	熟练 百分比（%）	略懂 人数（人）	略懂 百分比（%）	不懂 人数（人）	不懂 百分比（%）
6—19	2	2	100	0	0	0	0
20—39	6	6	100	0	0	0	0
40—59	7	4	57.1	0	0	3	42.9
60 以上	0	0	0	0	0	0	0
合计	15	12	80.0	0	0	3	20.0

根据统计得知，古浪茶山人中 40 岁以下的人口 100%能熟练地使用汉语，40—59 岁的人口共有 7 人，其中 3 人不懂汉语，这 3 个人都没有受过教育，而且基本上没有长时间出过远门，故汉语水平不高。

表 5-98　　　　　　　　古浪五朝口寨五户语言使用情况

家庭编号	家庭关系	姓名	年龄	民族	文化程度	第一语言及水平	第二语言及水平	第三语言及水平
1	户主	崩绍	55	景颇（茶山）	小学	茶山，熟练	傈僳，熟练	汉，熟练
1	长子	绍路	26	景颇（茶山）	小二	茶山，熟练	傈僳，熟练	汉，熟练
1	儿媳	姜丽芬	20	汉	初中	汉，熟练	—	—
1	孙子	路英	1	景颇（茶山）	学前	—	—	—
2	户主	崩枪	42	景颇（茶山）	小学	茶山，熟练	傈僳，熟练	汉，熟练
2	妻子	胡玉妹	41	傈僳	小学	傈僳，熟练	茶山，熟练	汉，不懂
2	长女	韩南	11	景颇（茶山）	小四	茶山，熟练	茶山，熟练	汉，熟练
3	户主	德江	45	景颇（茶山）	文盲	茶山，熟练	茶山，熟练	汉，不懂
3	妻子	欧秀珍	45	景颇（茶山）	初中	茶山，熟练	茶山，熟练	汉，熟练
3	二子	江玉寒	20	景颇（茶山）	小学	茶山，熟练	茶山，熟练	汉，熟练
4	户主	崩江	47	景颇（茶山）	初中	茶山，熟练	茶山，熟练	汉，熟练
4	妻子	欧向英	42	白	初中	傈僳，熟练	汉，熟练	茶山，熟练
4	长子	江归	22	景颇（茶山）	小学	茶山，熟练	傈僳，熟练	汉，熟练
4	次子	江拉	20	景颇（茶山）	初中	茶山，熟练	傈僳，熟练	汉，熟练
4	三子	江宝	18	景颇（茶山）	小学	茶山，熟练	傈僳，熟练	汉，熟练
5	户主	崩宗	52	景颇（茶山）	文盲	茶山，熟练	傈僳，熟练	汉，不懂
5	妻子	德珍	55	景颇（茶山）	文盲	茶山，熟练	傈僳，熟练	汉，不懂
5	长子	宗波	31	景颇（茶山）	小学	茶山，熟练	傈僳，熟练	汉，熟练
5	次子	宗得	20	景颇（茶山）	初中	茶山，熟练	傈僳，熟练	汉，熟练

第四节 小结

通过对各地景颇族语言生活的调查、分析，我们对中国景颇族的语言情况大体可以归纳出以下几个特点。

一、中国景颇族 90%以上的人还在坚持使用自己的母语。在家庭、村寨等领域景颇语仍是主要交际工具。但在农村青少年中母语水平出现一定程度的降低。在城镇青少年中还出现部分不会使用母语而转用汉语的现象。

二、中国景颇族也是多支系、多语言的民族。支系有景颇、载瓦、浪峨、勒期（含茶山）、波拉五个，各个支系都有自己的支系语言即母语。在家庭和村寨里一般都用自己的支系语言进行交际，而且坚持使用自己母语的理念很稳固。

三、景颇语及景颇文是自治州规定的景颇族的标准语和文字。在省、自治州的广电系统都设有景颇语广播，在省、自治州的出版社还用景颇文出版读物。学校在初级阶段使用景颇文进行教学。但由于中国的载瓦支系人口比较多，而载瓦支系大多不会景颇语，学习景颇语又有一定的困难，所以国家为载瓦支系设计了载瓦文，并在群众中推行，同时在各类媒体里使用载瓦文，以增进对载瓦文的推广和学习。所以在中国载瓦文也成为景颇语族的通用语。两种通用语共同为景颇族服务。

四、中国景颇族普遍兼用国家的通用语——汉语，并接受汉语文的学校教育，实行母语和通用语的双语制。中国景颇族普及汉语的速度很快，中华人民共和国成立后的 50 年代只有少数人会汉语文，但现在掌握汉语文（能用汉语文交际）的人已占本族人口的 80%以上。除少数 60—70 岁及以上的人不会汉语外，大多可用汉语交际。特别是青少年，只要经过 5 年的学校教育，都会说一口流利的汉语。今后学习汉语的热情将不断高涨，掌握汉语的水平也会不断提高。

五、由于景颇族地区具有"大杂居、小聚居"的分布特点，有不少景颇族除了兼用国家通用语以外还会兼用其他少数民族语言，如傣语、拉祜语、傈僳语、德昂语等。在景颇族地区的汉族和其他民族，部分也会使用景颇语。

附录：调查个案及访谈录

附录一：中缅边境一个景颇族村寨的语言文化特点

  在中国西南离印度洋最近的一个大口岸——畹町镇的东北 4.1 公里处，有一个与缅甸隔河相望的村寨——弄弄村。该村每户人家的房顶上都插着耀眼的国旗，与河对岸的缅甸村寨形成鲜明的对比。2017 年 7 月 31 日，我们到这个村寨调研。

  弄弄村属半山小坪地，以地形地貌的特征命名。"弄弄"是景颇语音译，意思是"水塘上方"，即水塘上边的寨子。① 它与缅甸边寨只有半公里之隔，两地居民来往犹如同村串亲戚。

  弄弄村是一个景颇族载瓦支系聚居的村寨。全村共有村民 87 户，531 人。87 户人家中，除 2 户汉族外，其余户主都是载瓦人。这 2 户汉族，1 户是由保山昌宁迁来的，1 户是由保山过来的上门女婿。

  该村目前已基本解决温饱问题，村民以种植水稻、玉米、烟叶等农作物为主要经济来源。村寨的居住条件较好。20 多年前全村就通了自来水，2015 年全村有了通往各家各户的水泥路。由芒市中山乡经芒海乡到瑞丽的公共汽车，经过该村。村寨的民居房现已都是现代建筑的样式，多为木质结构或砖瓦结构的两层楼房。

  在该村的一个小山坡上，有一所 1—6 年级的小学——瑞丽市畹町经济开发区芒棒中心小学村里的小孩多在该学校上小学。小学毕业后，孩子需到畹町镇上初中、高中。弄弄村村民普遍是初中、高中、中专文化水平。至今，全村只出了 1 名大学生。

  在宗教信仰上，弄弄村村民多数信仰原始宗教，也有一部分信仰基督教。负责该村语言文字传承的老师何勒用（兼传教人）告诉我们，目前该村有 23 户人家信仰基督教。该村有目瑙示栋和教堂，二者建在同一个地方，位于去往畹町镇的公路旁。

  在婚姻上，该村既有族际婚姻，也有跨境婚姻。在族际婚姻方面，该村既有少数从外地嫁过来的景颇族内的景颇、勒期、浪速等支系的女子，也有从保山过来上门的汉族女婿。在跨境婚姻方面，该村大约有 13 家男子娶了河对面缅甸的女子。这些缅甸媳妇，有景颇族、德昂族、汉族、傈僳

---

① 尤廷兰：《景颇族家庭教育现状研究——以德宏州畹町经济开发区弄弄村、广董村为实证案例》，载云南省民族学会景颇族研究委员会编《景颇族研究》（第一辑），云南民族出版社 2008 年版。

族、傣族等。缅甸媳妇嫁来该村后都感到满意。

一 语言的使用和传承

（一）弄弄村的语言使用情况

1. 弄弄村村民的语言能力

弄弄村的载瓦人普遍保留自己的母语，多数还兼用汉语，部分人还会景颇语、傣语、缅语。下面是村民穆东锋一家的语言使用情况。

穆东锋，今年72岁，景颇族载瓦支系，1957年曾随父母移居到河对面的缅甸生活。在缅甸时，他曾在缅文学校读了两年书，但因年龄小、时间短，并未学会缅语。1963年底，穆东锋又随家回到了弄弄村。他说，那时考虑到还是回到自己的家乡好，落叶归根吧！

穆东锋的妻子叫何木安，今年66岁，景颇族载瓦支系。他和妻子生有三男两女，一个女儿未成年就去世了。目前，穆东锋家已是三世同堂。他和家人掌握的语言情况是：都会说自己的母语载瓦语，多数还会说汉语，部分还会说景颇语、傣语、缅语。具体情况如表5-99所示。

表5-99　　　弄弄村载瓦人穆东锋一家语言使用情况

家庭关系	名字	民族（支系）	年龄	文化程度	职业	母语及水平	兼用语及水平
户主	穆东锋	载瓦人	72	初中	务农	载瓦语，熟练	景颇语、汉语、傣语，熟练
妻子	何木安	载瓦人	66	文盲	务农	载瓦语，熟练	
大儿子	穆勒刀	载瓦人	50	初中	务农	载瓦语，熟练	景颇语、汉语，熟练
大儿媳	李木瑞	载瓦人	50	文盲	务农	载瓦语，熟练	景颇语、汉语、缅语，熟练
二儿子	穆勒炯	载瓦人	46	中专	公务员	载瓦语，熟练	汉语、傣语，熟练
三儿子	穆勒腊	载瓦人	43	高中	牧师	载瓦语，熟练	景颇语、汉语、缅语，熟练
大孙子	穆先勇	载瓦人	28	初中	打工	载瓦语，熟练	汉语，熟练
二孙子	穆弄刀	载瓦人	23	中专	务农	载瓦语，熟练	汉语，熟练
二孙媳妇	靠雅	载瓦人	19	小五	务农	载瓦语，熟练	缅语、汉语，熟练

穆东锋的大儿媳李木瑞和二孙儿媳靠雅都是缅甸人，所以她们俩都会缅语；二儿子穆勒炯娶了傣族女子，所以会傣语；三儿子穆勒腊在年轻时就去了缅甸做牧师，所以会缅语。景颇语是缅甸景颇族的族内通用语，所以缅籍大儿媳李木瑞和现在在缅甸做牧师的三儿子穆勒腊都会景

颇语。

表5-99也显示，老一辈比年青一代掌握的语言要多。如穆东锋和大儿子穆勒刀除会母语载瓦语、国家通用语汉语外，还会景颇语；穆东锋甚至还会傣语。但穆东锋的大孙子穆先勇和二孙子穆弄刀只会母语载瓦语、国家通用语汉语。

穆东锋和家人的语言掌握情况基本上能代表弄弄村村民的语言能力。

2. 弄弄村和谐的语言关系

在弄弄村村民的语言生活中，存在着两对语言关系。一是母语载瓦语和国家通用语汉语的关系；二是支系语言载瓦语和景颇语的关系。母语载瓦语和国家通用语汉语既互相竞争又和谐互补，各自在一定的范围内发挥着作用。支系语言景颇语由于文字的历史较长，加上目前已出版的民族语的《圣经》只有景颇文版，因此，随着基督教在弄弄村的传播和发展，景颇语已逐渐在弄弄村村民的语言生活中显现出一定的活力。

母语载瓦语是弄弄村的强势语言，其使用场合主要是家庭和村寨。我们在村寨里调研时看到的情况也是这样。如我们在穆东锋家调研时，穆东锋和他的妻子、二孙子及二孙儿媳间都是说载瓦语。村民见面打招呼、在一起聊天时也都是使用载瓦语。

值得一提的是，由于载瓦语强势语言的地位，从保山迁入本村的汉族及从外地嫁入本村的其他民族的女子，现在也都会载瓦语。如我们在该村"景颇嫂农家乐"吃饭时了解到，"景颇嫂农家乐"的老板娘陈翠江，芒市潞西的汉族，2007年和该村一载瓦男子结婚，来弄弄村生活10年，现已熟练掌握载瓦语。

国家通用语汉语的使用场合主要是学校、机关单位、媒体等领域。如我们在该村小学——瑞丽市畹町经济开发区芒棒中心小学调研时，该校负责教学的副校长宋兰书告诉我们：学校从一年级开始课堂教学语言就是普通话；课下，本民族的学生在一起，刚入学时说民族语，后来慢慢改说汉语了。弄弄村几乎每家每户都有电视，村民收看的电视多是用汉语播放的。如我们进入穆东锋家调研时，他的妻子何木安正在观看用汉语播放的电视，尽管她只略懂汉语。与不会载瓦语的外族人交流时，村民也会使用汉语。如我们团队成员多数不会载瓦语，在穆东锋家时，其家人除何木安外，都用汉语和我们交流。

景颇语主要使用于村寨内的教堂。弄弄村有一个教堂，"瑞丽市畹町镇景颇族文化培训中心"也设于该教堂内。负责该村语言文字传承的老师何勒用（兼传教人）告诉我们，目前弄弄村共有23户人家信仰基督教。周末，基督徒会来教堂做礼拜。做礼拜时，教徒们用载瓦语祷告，用景颇语念《圣经》、唱赞美歌。

总之，在弄弄村，母语载瓦语、支系语言景颇语、国家通用语汉语，三者和谐共存，在各自的范围内满足着村民的交际需要。

（二）弄弄村的民族语言文化传承

为传承本民族的语言文化，弄弄村在教堂设有"瑞丽市畹町镇景颇族文化培训中心"。该培训中心目前有教师3人、学生30多人（学生既有基督教徒也有非基督教徒）。该中心日常所需的经费主要靠教会解决，州、县里的民宗局也给一些资助。

该培训中心利用每年的寒暑假为村里的孩子提供培训。暑假一般上课20多天。每天的上课时间是上午9:00—12:00、下午2:00—4:30。在上课内容上，暑假主要教授学生民族语文，如景颇语文、载瓦文；寒假主要教授学生民族乐器等。两个时间段也都会宣讲一些禁毒、防艾的知识。在教材方面，该培训中心既使用国内出版的景颇语文、载瓦语文的会话课本，也使用缅甸编写的景颇语文课本。

我们进入教堂时，有十来个孩子正坐在教堂里等着老师来上课。他们聊天时都使用载瓦语。经了解，这些孩子当中有四五个来自中缅跨国婚姻家庭。孩子的学习状态好、热情高。因当天的教学内容有一部分需要由学生自己表演，课前他们都认真准备好了道具。我们离开前，这些孩子还为我们演唱了两首载瓦语歌曲。

二 跨境民族的和谐

弄弄村和缅甸掸邦只有一河之隔，因此，弄弄村民和生活在缅甸边境线上的澡塘河、棒赛、广思体等村寨的村民来往密切。澡塘河、棒赛、广思体等村寨的村民主要是景颇族、汉族、德昂族、傈僳族等。跨境居住在中缅两侧这些寨子的各民族村民，世世代代共饮一江水，和谐相处。各民族村民的和谐相处主要表现在以下一些方面。

（一）两国村民互通婚姻

随着我国边民生活水平的改善和提高，国境线上的缅甸女子多愿意嫁到我国的民族村寨。弄弄村也是如此。村民穆东锋告诉我们，该村男子，尤其是"90后""00后"的男子都乐意娶缅甸的女子为妻，目前全村约有13家的男子娶了缅甸的女子为妻。穆东锋家就是一个典型的跨国婚姻家庭，他的大儿子穆勒刀娶了缅甸载瓦支系女子李木瑞为妻，二孙子穆弄刀也娶了缅甸载瓦支系女子靠雅为妻。

我们了解到，嫁入弄弄村的这些缅甸籍女子，普遍满足于现状，觉得在中国这边的生活有安全感、幸福感，不用整天担心随时会爆发的战争。当然，也有少数跨国婚姻家庭出现离婚的现象。

由于两国村民互相通婚，两国很多家庭间世代都有亲戚关系。这就使得两国村民的交往更为密切、频繁。比较稳定的前些年，两国村民在节庆日、红白喜事时会互相走动。这几年，由于缅甸不安定，我国边民很少去缅甸，以缅甸边民来我方为多。

（二）缅甸国境线上的适龄儿童来村小学上学

近几年来，随着我国教育的不断开放和云南省在边境沿线的乡镇义务段学校实行"三免费"（免书费、免杂费、补助文具费）和"两免一补"（免书费、免杂费、寄宿生补助生活费）的教育政策，生活在缅甸国境线上的适龄儿童来我国求学的越来越多。

弄弄村村小——瑞丽市畹町经济开发区芒棒中心小学最近几年都在接收缅甸籍学生。该校分管教学的副校长宋兰书告诉我们，学校目前有31名缅甸籍学生，多时会达到40人。这些学生以景颇族、汉族居多，主要来自缅甸国境线上的澡塘河、棒赛、广思体等村寨。瑞丽市畹町经济开发区芒棒中心小学是寄宿制学校，在校的缅甸籍学生与我国学生享受同等待遇：周一至周五住校，寄宿生补助生活费，免书费、杂费，补助文具费，享受200天800元的营养餐等。

在学习上，缅甸籍学生与我国学生几乎没有差别。在礼仪上，缅甸籍的学生特别是高年级的学生做得很好，他们尊重教师、关爱其他同学。缅甸籍学生与我国学生在学校和课后都相处融洽，如课后我国学生会邀请缅甸籍学生参加他们的同学聚会。再如，去年5月缅甸籍学生的家乡发生战争时，很多缅甸籍学生不敢回家，我国的学生就会邀请他们住在自己家中。

缅甸籍适龄儿童来我国求学，从小与我国边民同学习、同生活，有利于中缅两国"胞波情谊"的延续和边境的安全、稳定。

（三）两国村民互市

长期以来，中缅两国边民互通有无，互市往来频繁。缅甸物产丰富，尤其盛产玉石和红木，很多边民从缅甸采购玉石或者红木，然后在当地售卖，有些还会销往外地。这段时间正是缅甸收获玉米的季节，弄弄村的村民会去河对岸的缅甸寨子收购玉米，然后卖往外地。

三 弄弄村调研的几点思考

（一）建设好边境村寨是维护边疆安定的重要一环

我们在弄弄村亲眼看到，村民安居乐业，生活蒸蒸日上，热爱祖国，对未来充满信心。一排排新建的居民房和平坦、干净的村公路给人一种幸福、美好的感觉。河对岸的缅甸人看到我国边民的这种幸福生活都有一种强烈的羡慕感。我们还看到，弄弄村每家房顶上都插着中国国旗，既有安全防备的气氛，又有显示大国国力的作用。站在村寨环视四周，一种自豪感油然而生。小小的边寨，在维护边疆安全上做出了不可替代的重要贡献。

（二）在我国现代化进程中，应重视少数民族母语文的使用

目前，由于现代化进程的快速发展以及人们追求上进的心理，我国一些地区出现了忽略弱势语言的保护和发展的现象。如在景颇族地区，目前景颇族母语的教育和文字使用还不尽如人意，有些该进行景颇族母语文教学的地区没有用母语文授课，有些地区不同程度地出现了青少年母语水平下降的现象。这种情况下，我国政府必须从长远考虑，解决好通用语和母语的关系问题，切实让少数民族在学好国家通用语的同时，又能保存好自己的母语，实现"两全其美"。弄弄村"瑞丽市畹町镇景颇族文化培训中心"的建立和该培训中心系列民族语言文化传承活动的开展，是保护本村民族语言文化的有力之举，是利国利民的好事，值得其他少数民族地区借鉴。

（三）宗教活动在民族语言的传承中有着积极的推动作用

在我国的景颇族中，现有20%左右的人信仰基督教。他们主要通过自己的语言文字学习《圣经》，在学习过程中，提高了自己本族语言文字的能力。缅甸各支系的景颇族，之所以普遍掌握民族通用语景颇语，教堂起了重要的作用。但在我国，情况与缅甸有所不同。在景颇语通行的地区，教堂的宗教活动对提高景颇族群众的母语水平有着积极的作用。但在载瓦支系分布较多的地区，由于大多数人不会景颇语，所以进教堂做礼拜使用景颇语念《圣经》、唱赞美歌有一定的困难。我们在芒市教堂福音堂看到，为了让教徒更好地理解教义，牧师在用景颇语讲经后只好再用载瓦语解释一遍。据悉，目前德宏州正在用载瓦文翻译《圣经》，将会改变这种局面。

（四）我国边境小学为培养缅甸籍学生做了大量有益的工作，对边民的交流、团结起到积极的作用

近几年来，随着我国教育的不断开放，以及云南省在边境沿线的乡镇义务段学校实行"三免费"（免书费、免杂费、补助文具费）和"两免一补"（免书费、免杂费、寄宿生补助生活费）的教育政策，生活在缅甸边境线上的适龄儿童来我国求学的越来越多。这些缅甸籍儿童从小与我国边民同学习、同生活，有利于中缅两国"胞波情谊"的延续，也有利于"一带一路"建设的实施。

附录二：访谈录

访谈一：瑞丽市人大常务委员会主任排云祥访谈录

访谈对象：排云祥，景颇族载瓦支系人，男，55岁，本科文化程度，瑞丽市勐秀乡人，瑞丽市人大常务委员会主任

访谈时间：2017年7月25日

访谈地点：瑞丽市人大办公室

访谈人：金海月

整理人：金海月

问：排主任，您长期担任瑞丽市的领导工作，您如何认识中华人民共和国成立后瑞丽市的发展？

答：由于区位优势，瑞丽是中国大陆沿边最早开放的城市，特别是近几年发展很快，但发展不平衡、不协调。一是城乡差距大；二是文化建设跟不上；三是生物多样性遭到蚕食、自然生态受到破坏；四是城市病开始出现，城市精细化管理滞后。

问：瑞丽市的民族关系有哪些特点？

答：瑞丽是个包容的城市，民族关系和谐、文化相融。如傣族的泼水节、景颇族的目瑙纵歌节、中缅胞波狂欢节等都是各民族共同欢庆的节日。

问：在解决民族问题上，国家是如何因地制宜的？

答：根据不同民族的不同特点，国家采取了"一族一策""一山一策""一族几策"的做法，不断促进民族团结进步，改善民生，支持民族发展，繁荣民族文化，使各族人民同呼吸、共命运、心连心的理念深入人心，不断巩固和发展我国各民族共同团结奋斗、共同繁荣发展的良好局面。

问：景颇族有自己的语言文字，对于推广、保护景颇文您有哪些想法？

答：一是要加大民族语言文字的推广和使用力度，这方面现今显得很脆弱，已经很少有人关注与重视了；二是要在省州一级大专院校中恢复民语班，加强人才培养；三是必须在小学、初中阶段开设双语教学课程。

问：请您给我们介绍一下缅甸景颇族的情况及所面临的问题。

答：缅甸景颇族大约有160万人，主要分布在克钦邦、掸邦等地，自古跟缅邦等没有隶属关系。克钦民族在第一次世界大战与第二次世界大战中为维护世界和平付出了极大牺牲、做出了突出贡献。在建立缅甸联邦共和国时发挥了主导作用，直到吴努发动政变，推翻了联邦政府，单方面废除了联邦宪法，缅甸联邦从此解体，不存在了。

问：缅甸景颇语言文字的使用与中国有哪些不同，有什么特点？

答：没有什么大的差别，要说特点的话，缅甸景颇族使用的语言文字受英语影响，而中国景颇族受汉语影响。

问：中缅跨境景颇族语言文字存在一种什么关系？今后的发展趋势如何？

答：没有什么特殊关系，缅甸克钦文和中国景颇文是通用的。是景颇族的"普通话"。随着经济文化的交流交往，共同发展势在必行，锐不可当。

问：排主任，您父亲是一位爱国的、有突出贡献的山官，想听听您对景颇族董萨文化的评价。

答：我的父亲是世袭的山官，也是一名虔诚的基督教徒。而董萨是景颇族传统文化的继承者与传播者，是口头文化的传播者。在景颇族民间文学中特别是上万行的史诗中，只有董萨靠惊人记忆力诵读流传。

问：在全球现代化进程的大环境中，中缅跨境景颇族都有不同形式的变迁，在这种形式下，您认为如何对待传统文化继承与发展？

答：文化是一个民族的灵魂，文化有相融相通，但不同的民族有不同的文化特点。现在很多优秀的传统文化已经失传了，必须引起高度重视。一是要抢救；二是要保护；三是要挖掘传承发展。

问：从发展"一带一路"的角度看，作为一带一路经济带上的跨境民族，我们景颇族可以起到何种角色？

答：首先是民族认同、文化认同。"一带一路"文化要先行；其次是克钦邦战略位置太重要了，直抵孟加拉、印度进入印度洋，可以突破缅邦政府联合美英日对中国的围堵；再次是资源丰富、共同繁荣发展，前景看好。同时还可以发挥掸邦克钦专区景颇族的作用，总之跨境民族的角色太重要。

访谈二：瑞丽市人民代表大会原常务委员会主任排生访谈录

访谈对象：排生，男，62 岁，景颇族

访谈时间：2017 年 7 月 12 日上午

访谈地点：瑞丽市到班岭口岸途中

访谈者：满欣

问：排主任，请问您的老家在哪里？您是哪个支系的？

答：我的老家在瑞丽市户育乡，我是载瓦支系，载瓦语、景颇语我都会说。户育百分之八九十都是载瓦支系，有的寨子穿插着一两户景颇支系。户育大部分人景颇语、载瓦语都会，现在的年轻人基本上都不会景颇语了，但是也比芒市的情况好一些，芒市的载瓦语非常强势，景颇语基本上不说。但缅甸又不一样，缅甸景颇语是主要的，成了他们的普通话。

盈江说景颇语的多一些。盈江有两个极端，在铜壁关一带的景颇族不懂载瓦语，而盏西的景颇族不懂景颇语。盏西只有两种话，一种是茶山话，一种是小山话（载瓦语）。

问：茶山支系的人多吗？有没有聚居村寨？

答：盏西大部分还是茶山，但是他们都懂小山话，他们平时两种话都说，一下说茶山话，一下说小山话。瑞丽的南京里，就是什么支系语言都有人说，景颇、茶山、浪速。瑞丽说景颇话的只有三个寨子，等嘎、伙马、贺岛。在等嘎，大部分人不懂载瓦语。

问：那缅甸呢？

答：缅甸主要使用景颇语，一是因为景颇语的使用人数较多，二是克钦邦的通用语。但中国情况不同，所以我们要推行的是两种景颇族语言，一是景颇，二是载瓦。景颇语在中国相对弱势，使用人口比不上载瓦语。

问：景颇各支系的分布为什么这么复杂？

答：这主要是跟各支系的迁徙路线有关系，以及后来各支系的演变，就形成了今天的这种状况。比如大山话（景颇语）中有一个土语叫"khakhu"，意思是水路顺伊洛瓦底江"源头"的意思。

请看前方的雷公山，以前非常有名，有个佛寺叫雷公寺，寺里的坐佛毁于"文化大革命"时期，这尊坐佛当时在云南是最大的。那尊坐佛是当年我们户育的老山官带着三个随从去仰光请的。

问：景颇族信仰佛教吗？

答：景颇族是没有佛教的。

问：那当时是怎么请的？

答：历史上，瑞丽的傣族和景颇族的关系非常好，所以户育山官和傣族的土司关系也很好。比如遇到兵乱时，他们还互相帮忙。傣族历史上有个"罕献事件"，瑞丽的小土司和遮放的罕献土司是同父异母的兄弟，他们的老土司去世了，罕献土司想兼并瑞丽坝子，但瑞丽小土司的母亲不愿意，她想到瑞丽的傣兵不是遮放傣兵的对手，于是就请户育的山官来帮助他们。由于户育山官率领的景颇兵人多兵强，因此他们平息了"罕献事件"。当时瑞丽的小土司才4岁，母亲担心他被暗杀，于是就将小土司交给户育山官抚养，将其养到14岁，14岁后送下山登基。但是他的母亲仍然不放心傣族的士兵，全部请户育的景颇族保镖来保卫他。我的爷爷也是当年的保镖之一。我的奶奶曾经把爷爷的传奇故事讲给我听。

景颇族是个非常英勇、团结的民族，二战期间，本来要征召1000名景颇士兵，但实际上有10000人应征入伍，他们为二战胜利做出了巨大的牺牲。

我的父亲也参加了抗日战争，日本人轰炸飞机场时，部队被打散了，就跑到缅甸参加美国 101 部队，日本投降那年才回到了中国。

瑞丽这个坝子过去由两个土司共管，缅甸的土司叫"街揽"，瑞丽的土司在老城子这边。瑞丽历代土司有刀家、坎家和思家。刀京版是盈江的土司。

瑞丽坝子有三分之一属于缅甸，因此也可称为"一坝两国"。

问：当时为什么要这样划分国界？

答：当时国界是根据两边土司的管辖范围来划定的，主要是要尊重历史。1956 年，周总理来到瑞丽，共商国界划定问题。

瑞丽的国境线不是直的，而是犬牙交错的。全国界碑密度最高的地方就在瑞丽，国境线 200 多公里，共有近 80 个界碑。瑞丽界碑密度最高的地方又在姐告，姐告 1.92 平方公里内，界碑就有 8 个。

问：请你介绍一下与我国接壤的缅甸八莫县木瓜坝（NBA PA）的情况。

答：木瓜坝是一个乡。木瓜坝以前非常有名，出了很多人才，从这儿走出去的专家学者遍布各国，比如英国、美国、日本、泰国、马来西亚等等。那也是景颇族的文化发祥地，以前我们还送很多景颇族孩子去木瓜坝学习。

问：木瓜坝是个山区吗？

答：是个丘陵地带，就是俗称的"二台地"。

问：木瓜坝是载瓦支系的人多还是景颇支系的人多？

答：在木瓜坝是载瓦支系多一点。

问：2014 年在瑞丽开了景颇族国际学术交流大会，影响很大哦！

答：是的，那是 2014 年 2 月 21 日至 23 日在瑞丽召开的。有来自中国、缅甸、泰国、日本、英国、印度等国的专家学者 230 余人参加了这次盛会。这次学术交流大会把景颇族语言文化研究推向了一个新的历史阶段，必将为景颇族优秀传统文化的挖掘、传承、保护起到积极的推动作用。我们景颇族人口少，能开这样一个大会是很不容易的。

但是总体来说，景颇族还是发展得太慢了，中华人民共和国成立初期景颇族人口十多万人，现在还是十多万人。

问：我们一直不明白"克钦"是什么意思？

答："克钦"是个英译词语，当时英国人在缅甸殖民时期说的。很多少数民族的名称都带有"克"头，比如克伦、克耶等，大概是根据居住地来说的。也有人解释为是景颇语的"gahkeng"，原意是"红土"。传说外国人问一个景颇族，"你是哪里人？"他回答"我们来自红土地"。后来语音变为"克钦"。当然这就是一种传说，不一定可靠。

"景颇族"这个名称也有各种解释。一种解释是，古时候，青海的盐矿首先是景颇族先民开的，在民族之间的争斗过程中景颇族退出了，后来汉族到了青海，见到景颇先祖，就问他们，你们是什么人，他们不会说汉语，就说我们是"开盐矿的人"，jum pho（jum 是盐，pho 开），后来"jinghpo"就变成了景颇族的名称。

中华人民共和国成立初期，景颇族被称为"山头族"，这个名称还用过。比如勐秀，以前叫"陇川县勐秀山头族自治乡"，现在还有公章。但后来不用了。

问：你家里有几口人？

答：我有两个儿子，他们小时候会说载瓦话，但是因为长在城里，现在已经不太会说了，一去幼儿园就不用了。我爱人是傈僳族，会说傈僳话，老家就在我们今天要去的班岭口岸的班岭二队，那里也是个民族和谐的寨子，有汉族、景颇族（大山、小山都有）、傈僳族三个民族。

问：这里也有人做贩牛的生意吗？

答：当地做贩牛生意的人还挺多的，因为中国的牛肉消费需求很大，有利可图。这些牛有的是缅甸自生自养的，有的是来自印度。从印缅边境赶牛过来，每天赶四五十公里，有时赶一个多月才到这边，像游牧民一样。

问：你看，缅甸的景颇族男子穿裙子，中国的景颇族一般不穿。这个服饰特点和中国有些区别。

答：对，按照景颇族传统，男人是不穿裙子的。一方面是因为气候问题，天气太热，穿裙子凉快；另一方面，是受缅甸男子着装习惯的影响。

问：好像在这边穿景颇族传统服饰的人不多。

答：对，平时不太多，因为景颇族的传统服饰不便于日常的生产生活。景颇族的便装是多种多样的，比如刚才我们在学校看到的老师们穿的就是景颇族便装。

问：多年来您担任瑞丽市领导，为继承和发扬景颇族的传统文化做了大量的工作。想听听您在这方面的工作体会。

答：关于继承和发扬景颇族传统文化的问题，每个民族都有自己独特的文化并且在社会的发展过程中不断地创新发展。我个人认为与时代不相适应的要改进创新：如习俗文化落后的要改进，与时代不相适应的要创新，不能机械地去传承。例如现今的目瑙纵歌既保持了过去的传统，又改进和融入了时代性的文化，体现了现代式的传承，传承中发展，发展中传承。

问：中缅跨境景颇族同出一源，请您谈谈对两国景颇族的共性、差异的认识。

答：中缅两国的景颇族本是同一根，但是所处的不是同一国度。文化也是没有什么区别（传统），只是在时代的变迁中，宗教信仰上各持不同而已。

问：瑞丽市是一个边防市，有哪些特点值得我们认识。

答：对瑞丽特点的认识，首先要了解瑞丽的基本历史，地缘关系，怎样形成了"桥头堡""开发开放试验区"。由于地理位置特殊，中缅两国边民同族跨境而居，交往频繁，通婚互市，从而形成了一寨两国、同饮一井水、农田一沟共灌、一坝两国等特殊的地缘关系。

问：在全球现代化进程的大环境下，中缅跨境景颇族的传统文化都有不同程度的变迁。在这种形势下，您认为应当怎样对待传统文化的继承和保留。

答：为了解决这个问题，我曾带领全市的景颇族干部群众建立了景颇族博物馆，在瑞丽市目瑙纵歌场，地址在瑞丽城以北帕色坝。有的传统文化，以图片展的形式向社会向公众展示，大量的传统文化、文物尚未挖掘发现与追寻、访谈、记录等。因景颇族的历史进程，形成的文化、文物、事件没有记载，特别是远古的历史文化以口传为主。

问：请您谈谈中缅跨境景颇族语言文字存在一种什么关系？今后的发展趋势如何？

答：中缅跨境景颇族的语言文字没有什么差别，同样两边都有六个支系，各支系的语言都一样。

问：现在到什么地方了？

答：前方转角的住户，以前只有三家人，所以叫作"三家寨"，现在人多了，有十多户，有景颇族和汉族。他们是中华人民共和国成立前从山上搬到下山的，"文革"时期又搬回来了。

问：排主任，你对瑞丽各方面的情况都非常了解啊！

答：我当过瑞丽市副市长，在瑞丽，几乎没有我没去过的村寨。

问：（路边香蕉林）排主任，这些地主要是当地人在种还是外地人来承包？

答：现在种香蕉的大多是外地人。

问：他们雇用的工人主要是哪些人呢？

答：缅甸工人也多，当地人也多。但是很多本地的老百姓不想打这些小工，特别是年轻人都想进城务工。

问：瑞丽市里缅甸籍工人很多，会不会对当地的就业造成冲击？

答：一般不会，因为当地青年又跑到内地，比如江浙、东南沿海一带打工。缅甸劳动力的成本较低，比如一个饭馆服务员只要管饭，一个月一千多块钱他们就满足了，而对当地人来说，管饭、给两千块钱都不愿意做。

问：今天我们看到克钦邦，虽然发展相对滞后，但是非常重视教育，入学率很高，在交通不便的情况下甚至会派老师到寨子里专门教学。

答：对，他们都觉得学习很重要。现在中国周边的国家都是"学中文热"，这是件好事，特别能服务国家"一带一路"政策。

问：对，通过语言的学习，增进交流与沟通，对国家安全也是很有好处的。

（到达住地）

问：排主任，今天辛苦了，陪我们走访了中缅边界，让我们学习到很多知识。我们不知怎么感谢您！

答：我这个人只要是对景颇族发展有利的事，我都愿意尽力去做。

访谈三：原德宏州民族出版社副社长孔早若访谈录

访谈对象：孔早若，景颇族，男，80岁，大学文化程度，芒市芒海人，原德宏州民族出版社副社长

访谈时间：2017年6月26日

访谈地点：德宏芒市鑫杰宾馆

访谈人：彭茹

整理人：彭茹

问：你是德宏州老民族语文干部，请你给我们介绍一下你的个人情况。

答：我八九岁的时候因家里穷，在缅甸孟古芒遮帮傣族放牛，放了两年半。后来回到家乡芒海雷允寨。1953年3月进芒市一小上学，1957年7月小学毕业，同年9月进潞西民族中学学习，1963年7月高中毕业，毕业后被中央民族大学录取，入校后学习景颇语。

问：你会哪些语言？

答：我会景颇语、载瓦语、浪速语、勒期语、汉语。因为娶了傣族老婆，也会一些傣语。

问：你是怎么学会这些语言的？

答：我们家由景颇、载瓦、浪速、勒期这些支系组成，大家在一起的时候，都是各说各支系的语言。寨子也是由景颇族各支系组成的杂居寨，所以自然就学会了。

问：缅甸靠近中国的寨子语言使用情况怎样？

答：我当时所在的傣族寨子，傣族都会说景颇语，所以当年我学不会傣语。但那家有一位傣族媳妇，她不会说景颇语，所以慢慢地向她学会了一些傣语。

问：缅甸那边是通行景颇语还是通行载瓦语？

答：通行景颇语、景颇文，我们的景颇文和他们的一样。

问：那边的载瓦人会不会说景颇语？

答：缅甸的各景颇族支系都会说景颇语。

问：为什么他们都会说景颇语？

答：早期的牧师都是操景颇语的，且《圣经》用的也是景颇文，那时他们那边还没有载瓦文，现在的载瓦文是由中国传过去的。

问：为什么中国的载瓦人不会说景颇语？

答：因为载瓦居住的村寨交通闭塞，且呈聚居状态，再加上中国载瓦信仰基督教的不多，大部分信仰原始宗教。因此没有太多的机会接触景颇语、景颇文。

问：缅甸景颇族各支系是以景颇语为通用语，但是在中国可能是景颇语和载瓦语两种支系语言并行，对这个问题你怎么看？

答：我同意，实际情况就是这样。载瓦支系的人口多，这是没办法的，成片成片的载瓦支系都说载瓦话。载瓦支系学景颇语，难度有点大。但也有例外，我的一个学生是勒期人，很快就学会了景颇语，因为他爸爸会景颇文，信基督教。但是载瓦人学景颇语就没这么快。

问：请你谈谈缅甸那边的情况？

答：去年缅甸战乱时，炸弹都落到我们田坝上了，但那个炸弹没有爆炸，老百姓都说我们中国有神威，连炸弹都不爆炸。

问：现在难民都过来了吗？

答：去年缅甸战乱时，老百姓都跑到我们寨子来避难了，每天我们政府供应他们 5 吨粮食。战乱结束后，我们政府就动员他们回国。他们在国内都没有了家园，每次战乱时他们都跑来我们田坝上搭棚子，或者直接跑到寨子里住。

问：你在缅甸那边还有亲戚吗？

答：有，但是他们现在在那边生活不好，因为战乱不断。他们常来我们这边谋生，收甘蔗时他们会过来砍甘蔗，赚了钱就回去。也有在饭馆打工、埋电缆线、修路的。我的侄孙子，家里老人去世后连公墓都买不起，就来中国打工赚钱，回去交公墓费。

问：他们都上学吗？

答：多数都上学，一般上到 10 年级。

问：他们要交学费？

答：要交。很多人都勤工俭学。很多景颇族去外国留学，我三妹的孩子去加拿大留学了，还打电话要我祝福他。

问：现在缅甸那边的少数民族年轻人都会缅语吗？

答：大部分都会。

问：我们中国边界线上的村民会缅语吗？

答：大部分年轻人会讲一些，因为街子天时，会互相赶街，来往多了，就学会了。不会缅语，赚不了钱。现在缅甸那边的边民，会讲汉话的多起来了。

问：你可以给我们介绍你在缅甸亲戚的情况吗？

答：可以。我介绍一下侄儿子和妹妹的情况。我侄儿子叫 Zahkung Zau Yam，2000 年的时候，我去密支那参加目瑙纵歌节，去过他们寨子，他们寨子叫 Kawa Yang，村寨都是景颇族。寨子很大，有千把人。寨子旁边有柏油路，小贩在路两边摆着马鹿干巴叫卖。另外，还有麂子肉、羚羊肉、大象肉、大象皮。村民都会景颇语，且都兼用缅语。

我侄儿子 50 多岁，文化程度是 3 年级，会景颇文，会说景颇语、缅语、英语。侄媳妇也是景颇族，现在 50 多岁，文化程度是 3 年级，会说景颇语、缅语。嫂子是从中国跑过去的，景颇族，会说景颇语、载瓦语、浪速语、勒期语。在家说景颇语。

我妹妹叫孔囊图，现在 60 多岁，曾经是护士，从密支那医院退休了。现在郊区买了一块地，养羊、养鸡、养鸭、种玉米、种谷子。她会说景颇语各支系的语言，也会缅语，懂景颇文和缅文。他的爱人是傈僳族，现在 60 多岁，在家务农，他会说傈僳语、景颇语、缅语。外侄女，叫南旺，20 多岁，学医，来过中国两次，会说傈僳语、景颇语、缅语，懂景颇文、缅文。他们在家说景颇语。

问：密支那山上都是景颇族？

答：都是。坝子上是缅族，山上是景颇族。

问：密支那的地形怎样？

答：是一个大平原，一望无际。

问：你去过密支那大学吗？

答：没有。妹妹当护士，我住在她家。

问：那里民族关系怎样？

答：老百姓各民族关系融洽，但都对政府有意见。当地的老百姓告诉我，说中国的政府对老百姓真是好，如果我们的政府也对我们这么好就好了。缅政府担心少数民族造反，就把他们集中在一起，成立集中营。

问：学校里学景颇文吗？

答：现在政府不允许开设景颇文课。那边的景颇族都是利用星期天的时间在教堂学习景颇文。

问：你信基督教吗？

答：我不信。

访谈四：德宏州芒市教育局主任科员孔志恩访谈录

访谈对象：孔志恩，景颇族波拉支系人，男，58岁，大专文化程度，德宏州芒市三台山乡允欠寨人，德宏州芒市教育局主任科员

访谈时间：2017年7月2日

访谈地点：德宏芒市鑫杰宾馆

访谈人：彭茹

整理人：彭茹

问：上午您谈到，现在你们已对整个德宏州的景颇族波拉支系的分布和人口做了统计。请您介绍一下波拉支系的分布状况和人口数量。

答：几个月的调查统计数据显示，目前德宏州波拉支系共有84户，462人，主要分布在芒市三台山乡的允欠寨和五岔路乡的勐广中寨、梁河县勒奔寨的邦歪寨。我老家在芒市三台山乡允欠寨。

问：你们寨子里有多少波拉人？

答：目前有25户87人。

问：寨子里除了波拉人还有其他的民族吗？

答：我们寨子一共有130多人，以我们波拉人为主，此外，还有少量的浪速和载瓦支系。最初，我们寨子是由孔家和保家立的。保家是浪速支系，孔家是波拉支系。保家浪速支系和孔家波拉支系以前是独立的两个寨子，都有自己的官庙和寨头，后来就合并了。

问：两个寨子大概是什么时候合并的？

答：大概是1953年互助合作时期就合并了。

问：波拉支系作为一个人口较少的景颇族支系，母语保留得怎样？

答：保留得很好。就拿我弟弟家来说，我弟媳是载瓦支系，她和我弟弟讲话时，各讲各的，但和我侄子侄女多数讲波拉语。所以波拉语保留得好。

问：你弟媳的波拉语是什么时候学会的？

答：她嫁过来以后才学会的。

问：你们一般希望嫁进来的女子要学会讲波拉语吗？

答：我们景颇族男子还是有些大男子主义的，结婚后一般不会和妻子说他们支系的语言，很希望自己的语言能保留下来。

问：你认为波拉语会一直保存下去吗？

答：在农村，波拉语的保存问题不大，问题主要出在城镇。波拉人进城以后，周围一般是汉语环境，所以小孩往往就不会说波拉语了，特别是

那些娶了汉族媳妇的家庭中的孩子。当然，在夫妻都是波拉人的家庭中，波拉语都还可以保留。

问：现在芒市城区有多少波拉人？

答：不多，从三台山乡进城了7户，从五岔路乡进城了4户。

问：生活在城里的这些波拉支系的语言保留得怎样？

答：主要是几个娶了汉族媳妇的家庭中的小孩不会说波拉语。他们能听懂，但不会说。

问：生活在城里的这些波拉人平时相聚吗？

答：过节的时候，我们城里的这些波拉人会聚在一起。大人在一起时就聊我们波拉人自己的历史，比如父辈是从哪些地方迁来的，辈分关系如何。我们想把这些历史告诉下一代。

问：小孩乐意听这些历史吗？

答：他们乐意听。因为如果不了解这些，同是波拉人，在街上碰面了，彼此可能都会不知道自己的身份。

问：我了解到，波拉支系兼用景颇族其他支系或别的民族的语言能力较强，这是为什么？

答：这里边有两个方面的原因吧。一是我们波拉人口少，常常和景颇族其他支系或别的民族杂居在一个村寨中，周围也多是景颇族其他支系或别的民族。像我们寨子就是和德昂族、傣族相邻，和他们接触久了，村民都会说他们的语言。就拿我来说，我会说德昂语、傣语以及景颇族其他支系的所有语言。二是通婚的缘故。我们波拉人一般会娶浪速支系的女子做媳妇。在家里，夫妻俩各说各的语言，生活在一起久了彼此就能学会彼此的语言。

问：允欠寨的浪速、载瓦支系都会波拉语吗？

答：都会。在生产队开会时，用波拉或浪速其中一种语言就行了。

问：我有个疑问，景颇族4个支系的语言，波拉语、浪速语、载瓦语、勒期语，是4种不同的语言，为什么4个支系的人在一起时各说各的能彼此听懂？

答：这可能与我们迁徙的历史有关。景颇族的5个支系，景颇支系可能单独是一条迁徙路线，而其他4个支系迁徙的时候分分合合，关系比较密切，且也经常通婚，所以就熟悉了彼此的语言。

问：上午您和戴老师聊到，波拉人已搬到允欠新寨。那么村寨的搬迁会影响波拉语的保留吗？

答：村寨的搬迁对语言的保留没有任何影响，因为大家还都是住在一起。

问：新寨子的建房用地怎么解决？

答：是用我们的土地和周围的寨子置换的。

问：波拉人是什么时候搬到新寨的？

答：是从 2010 年开始陆陆续续搬下来的。

问：新寨的房子，是政府出资建的还是自己建的？

答：所有的正房都是由政府出资建的，每户国家给 6 万元左右。寨子的马路也是国家修建的。

问：孔老师，上午您谈到现在在缅甸有两户波拉支系人家。请您介绍一下这两户波拉支系的情况。

答：据了解，这两户波拉支系大约于 100 多年前从芒市五岔路乡勐广中寨移居到缅甸的邦卡。现在这两家各有一个儿子娶了中国景颇族的媳妇，并随着媳妇来中国定居了。其中一户生活在畹町弄弄村，一户生活在我们的允欠寨。有一户人家的女儿还嫁到了芒市五岔路乡的石板寨。这两户人家和我们这边的波拉支系常有来往，比如节日、婚丧嫁娶我们都会互相走动。现在我们还建立了微信群，平时彼此用波拉语通话。前段时间缅甸打仗时，他们会不时地告诉我们那边的战况。我们会叮嘱他们多加小心，并说如果那边战乱不停的话，他们可以来我们这边躲一躲。

问：现在这两户发展到多少户、多少人口了？

答：现在统计到的数据是 9 户，但具体多少人还不清楚。我可以用微信和他们联系，问问他们。（孔老师当场用微信和缅甸的波拉人联系，帮忙询问那边的户数、人口数。随后，缅甸的波拉人告诉孔老师，邦卡有 6 户 29 人，滚弄有 2 户 6 人，帕普有 2 户，南刀有 1 户。）

问：他们在家庭内部使用什么语言？

答：在家都用波拉语。据我所知，有一户人家的儿子娶了一个汉族媳妇，现在汉族媳妇也学会了波拉语，平时跟子女都是说波拉语。

问：他们的波拉语和我们这边的波拉语有差别吗？

答：没有。

问：他们的生活习俗与我们这边有差别吗？

答：没有。因为他们生活的地方比较闭塞，所以还保留了原有的传统文化，比如传统的原始宗教，敬拜鬼神。当然有些家庭的子女可能信奉基督教。

问：那边的教育情况怎样？

答：他们学习景颇语和缅甸语，因为和上层交往的时候需要用景颇语文。

问：那边有景颇语文的学校吗？

答：在山区有私立的景颇语文学校。

问：他们那边的生活情况怎么样？

答：主要是靠种田、种地，找点山野菜、药材卖掉为生。

问：他们那边的生活有没有我们这边好？

答：他们的生活不好，基本上连肉都不吃，山上的人家还不到我国改革开放初期的水平。

问：你去过那边吗？

答：去过。差不多20年前，那边有老人去世，去过一次。就如刚才所说的，红白喜事的时候我们会互相来往。像现在我们在做这项工作，他们很支持，尽量为我们提供一些材料。比如迁徙史、宗教习俗方面不清楚的，我们就向他们请教。

问：他们认为都是从中国迁过去的吗？

答：是的。我们景颇族的浪速、波拉，都是从哀牢国沿着三江流域，到达缅甸的密支那，然后再到盈江，之后再到陇川、梁河，最后到芒市的五岔路、三台山。从陇川到芒市的五岔路、三台山时，与当地的土著民族发生过战争。三台山勐磨是景颇族的山官排姓，他们与当地的土著民族打了九年，打不下来。排姓就跟我们说，我们打不下来，你们去打吧。五岔路勐广中寨的波拉就去打了三年半，把勐磨攻下来，于是就定居在那个地方。由于后续部队没有跟上，那个寨子只有他们一个家族。娶媳妇时，他们如果娶不到景颇族的其他支系，就娶村寨的土著民族德昂族的女子。慢慢地，波拉支系被当地的土著民族德昂族同化了，随之语言也被同化了。虽然民族及语言被同化了，但是名字还是得用波拉支系的名字，因为波拉支系是父子联名制。这一家，我们前不久去走访了一下，他们家的老人很高兴，说是家乡的人来了。

访谈五：景颇族传教人排永强访谈录

访谈对象：排永强，景颇族载瓦人，男，45岁，大学文化程度，盈江县弄璋镇人，传教人

访谈时间：2017年6月27日

访谈地点：德宏芒市鑫杰宾馆

访谈人：彭茹

整理人：彭茹

问：请你介绍一下你的个人情况。

答：1972年出生在盈江县弄璋镇南缓村，是景颇族载瓦支系。1980年在我们村小拱另小学上学，1985年在弄璋镇三中（原四中）上初中，1988年在旧城上高中。1992年至1998年在缅甸密支那一个玉石场做了6年的玉石生意。1998年至2002年在缅甸曼德勒眉苗神学院（由本地华侨开办）学

习。从神学院毕业回国后主要从事传教，也做一点玉石生意。家里有两个女儿，大女儿上小学六年级，小女儿上小学二年级。

问：你会哪些语言？

答：景颇族各支系的语言，除了浪速语外，其他的都会说。除此，还会说傈僳语、缅语。

问：你的景颇语是怎么学会的？

答：在国内时，景颇语只能听懂一点，去了缅甸密支那后就学会了。

问：你爱人是什么民族？

答：我爱人也是景颇族载瓦支系，会说载瓦语、景颇语。

问：你的两个小孩会景颇语吗？

答：不会，在家里我们跟小孩说载瓦语。

问：缅甸密支那的景颇族多吗？

答：多。密支那城区也有很多。

问：密支那山区都是景颇族？

答：是的。密支那主要是景颇族、掸族。

问：城区的景颇族主要从事什么职业？

答：主要是做玉石生意。距密支那70公里左右的帕敢出产玉石，全世界有名。

问：现在缅甸政府还允许开采玉石吗？

答：允许。不过近几年政府采取了一些限制措施。1992年我去的那会儿，都是人工开采，挖20米左右就能找到玉石，现在需要挖几百米下去才会发现玉石。现在公司都是使用机器开采。公司大部分是华人开办的。

问：密支那属缅政府管辖还是克钦独立军管辖？

答：山区由克钦独立军管，城区由缅政府管。

问：密支那大学还有吗？

答：有。

问：景颇族上密支那大学吗？

答：上。

问：密支那大学开设景颇语文课吗？

答：不开。

问：密支那出版景颇文书籍吗？

答：出版。以教会名义出版的多。

问：报刊、电视有吗？

答：没有。目前只有拉咱有景颇语的电视台，但覆盖面小。

问：据我们了解，在缅甸，以前政府公立学校是允许开设景颇语文课的。这种情况是从什么时候发生改变的？

答：大概是从20世纪80年代以后，学校就不允许开设景颇语文课了。在城区，主要由教会负责景颇语文的教授，在山区，私立学校还可开设景颇语文课。

问：密支那景颇族哪个支系人口最多？

答：景颇支系最多，其次是浪速。

问：密支那景颇族各支系间说什么语言？

答：他们以景颇语为通用语。

问：缅甸景颇族各支系都有自己的文字吗？

答：都有。

问：使用情况怎样？

答：在教会，6个支系在一起的时候，用缅文。景颇、载瓦、浪速、勒期四个支系在一起时，用景颇文。本支系的人在一起时，就会用本支系的文字。

问：在缅甸，傈僳、日旺被确认为景颇支系。对此，景颇族内部各支系持什么观点？

答：景颇族这种观念很强，认为傈僳、日旺是景颇族的两个支系。但从心理上，傈僳、日旺不愿意接受这种划分。

问：傈僳、日旺会说景颇语吗？

答：与景颇族杂居在一起的会景颇语，聚居区的不会。

问：缅甸景颇族信仰基督教的比例大概是多少？

答：98%左右。各支系都信仰基督教。

问：中国景颇族信仰基督教的比例是多少？

答：十分之一左右吧。

问：中国和缅甸在基督教信仰方面有什么差别？

答：我们这边没有什么教派意识，缅甸那边这种意识很强，有很多教派。

问：中国景颇族和缅甸景颇族在文化习俗方面有差别吗？

答：差别不大。

问：缅甸景颇族那边还信鬼吗？死人还杀牛吗？

答：不杀。

问：你现在在这里翻译《圣经》，需要工作多长时间？

答：最少三年以上。

第六章 缅甸景颇族的语言生活

这一章,我们将介绍缅甸景颇族主要分布区的语言生活状况,包括支系母语的使用、民族共通语的使用、兼语状况、语言关系等。为了便于认识语言生活,先简要绍一下缅甸的社会人文概况。

第一节 缅甸概况

缅甸景颇族长期在缅甸生活,在各方面不可避免地会受到缅甸国情及其他民族的影响。这一节,将简要介绍一下缅甸的总体概况,包括地理人口、资源、民族、语言等情况。

一、缅甸是位于东南亚的一个大国

缅甸全名是缅甸联邦共和国,简称"缅甸"。它位于东南亚的西北部,东部、东北部、东南部分别与老挝、中国、泰国接壤,西北部与印度、孟加拉国相邻,西南濒临孟加拉湾,东南为安达曼海。面积676581平方公里。首都是内比都(原先是仰光)。

缅甸全国下辖7个省、7个邦和一个联邦特区。省、邦同级。省、邦下设县,县下设镇区,镇区下设村组。人口以少数民族为主的地区称为邦,如掸邦。人口以主体民族缅族为主的地区则称为省。14个省、邦是:伊洛瓦底省、勃固省、马圭省、曼德勒省、实皆省、德林达依省、仰光省、钦邦、克钦邦、克耶邦、克伦邦、孟邦、若开邦、掸邦。缅甸共65个县,330个镇区,13747个村组。[①]

缅甸的人口约6000万人(2012年),大量的华人长期生活于此,华人主要来自云南、福建、广东等省份,缅北地区的华人大部分来自云南。

仰光原是缅甸的首都,是缅甸第一大城市。位于缅甸南部,是全国政治、经济、文化和交通中心。人口约500万人。曼德勒(又称"瓦城")是缅甸第二大城市,著名古都,曼德勒省省会。位于缅甸中部,人口约100万人。内比都为缅甸首都,位于缅甸中部,人口约80万人。

---

① 钟智翔、尹湘玲、扈琼瑶等:《缅甸概论》,世界图书出版公司2012年版,第23页。

缅甸拥有丰富的自然资源和优厚的天然环境。森林面积共 3000 多万公顷，国土森林覆盖率高达 50%左右。富有多种矿产资源，如锌、钨、锡等。水系丰富，多条江河贯穿缅甸全境。盛产宝石和玉石。

缅甸经济以农业为基础，农业人口约占全缅甸总就业人口数的 70%。主要农作物有粮食、豆类、制油作物、工业原料作物和果蔬等。

旅游业是缅甸的主要产业。缅甸是东南亚的佛教圣地，素有"佛塔之国"的美称，全国共有大小佛塔 10 万多座。佛塔多、寺庙多、和尚多是缅甸佛教文化的三大特色。发达的佛教文化和优美的自然风光，如掸邦境内的塔林、茵达湖为缅甸吸引了大量的游客。

二、缅甸是一个多民族、多语言的国家

缅甸是东南亚民族情况、语言情况最为复杂的国家之一。但关于缅甸民族、语言的种类，目前尚未形成一个统一、清楚的认识。其原因除了情况复杂外，还与研究不够有关。

早在 20 世纪 30 年代初的 1931 年，英国殖民者以语言为标准将缅甸的民族划为 13 个族群 135 个支系。目前缅甸官方的划分法是：缅甸由 8 个大族群组成，各族群下又分为若干民族，共 135 个民族。

缅甸民族的复杂性，决定了语言的多样性。但缅甸究竟有多少种语言，从未进行过系统、全面的调查研究。缅甸学者吴佩貌丁认为缅甸境内的语言可分为三大语系、六大语族：

（一）汉藏语系：

1. 苗瑶语族：苗语、瑶语
2. 克伦语族：斯戈克伦语、勃固语、波克伦语、摩布瓦地区方言、白克伦语、布维克伦语、百叶语、克耶方言、巴当语、茵波语、格固语、山地克伦方言、萨茵地区方言
3. 汉泰语族：汉语、掸语
4. 藏缅语族：那加语支、库基钦语支、帖语支、景颇语支、缅语支

（二）南岛语系：摩京语（塞隆）、南部海岛方言

（三）南亚语系：孟语（缅甸南部）、崩龙语、伊昂语、腊瓦语、德垒语、安语、克木语、德诺语

第二节　克钦邦景颇族的语言生活

一、克钦邦概况

克钦邦是缅甸联邦共和国 14 个省邦之一，位于缅甸东北部，北部与我

国西藏昌都市相邻，南部与缅甸掸邦毗邻，东部与中国云南怒江傈僳族自治州和德宏傣族景颇族自治州接壤，西部与缅甸实皆省相连。面积8.97万平方公里，约占全国面积的13%。首府在密支那。

克钦邦下辖4个县18个乡。4个县分别是密支那县、八莫县、葡萄县、莫因县（孟养）。全邦人口约160万人（2010年），以景颇族为主体民族（约36万人），邦内还杂居有掸、汉、阿依等少数民族，另外还有印度、巴基斯坦、孟加拉国的侨民。

克钦邦主要经济来源为农业。农业以稻米为主，有70%的可耕地，其他作物为高粱、玉米、甘蔗、油菜等。除农业外，主要的经济来源是靠克钦邦生产的翡翠和柚木。翡翠分布于汉巴、龙钦等地，柚木则分布于八莫、密支那。但由于柚木盗采相当严重，克钦邦政府蒙受了相当大的损失。克钦邦工业较落后，现仅有一些碾米厂、锯木厂、制糖厂和卷烟厂等。20世纪60年代中期，一些大型工业企业已收归国有。克钦邦内的南木底和沙莫两个国营蔗糖厂平均年产糖600—700吨。有几座小发电厂，总发电量304万度，全邦已有15个镇区和15个村组使用电力照明。在密支那、八莫等城市，商业开始发展。

二、克钦邦景颇族语言生活现状

克钦邦是景颇族主要分布的地区，为了了解这一地区景颇族的语言生活，我们随机调查了18户97位不同支系的景颇族。其中：景颇支系14户71人，浪速支系2户17人，勒期支系2户8人，载瓦支系1人。在克钦邦，傈僳人的语言生活与景颇族关系密切，而且景颇族把他们看成"景颇联盟"的成员，所以我们也调查了9位傈僳人的语言生活。这18户景颇族家庭，有12户生活在克钦独立军管辖区，其余6户生活在缅甸政府管辖区。

（一）克钦邦景颇族母语掌握情况

克钦邦景颇族是使用多种支系语言的民族，支系语言是他们的母语。通常情况下，一个家庭子女的母语是随父亲，父亲的支系语言就是他们的母语。也有个别例外。有的由不同支系组成的家庭，父亲是非景颇支系，母亲是景颇支系，由于他们生活的地方景颇支系的人口占绝对优势，所以他们子女的母语不随父而随母。克钦邦景颇族母语掌握的特点有以下三点。

1. 克钦邦景颇族各支系普遍掌握自己的母语

统计数据显示：71位景颇支系、17位浪峨支系、8位勒期支系、1位载瓦支系，都熟练掌握自己的母语。具体统计数据如表6–1所示。

表 6-1　　　　　　　　克钦邦景颇族母语使用情况

支系（人数）	熟练		略懂		不会	
	人数（人）	百分比（%）	人数（人）	百分比（%）	人数（人）	百分比（%）
景颇（71）	71	100	0	0	0	0
浪峨（17）	17	100	0	0	0	0
勒期（8）	8	100	0	0	0	0
载瓦（1）	1	100	0	0	0	0
合计（97）	97	100	0	0	0	0

表 6-1 显示，克钦邦景颇族掌握自己母语的比例是 100%，说明支系语言在克钦邦有强大的活力。相比之下，中国景颇族支系语言的活力要弱一些。

下面以 3 个景颇族家庭为例，具体说明各支系母语的掌握情况。

例 1：Lahtaw jat Awang 一家的母语掌握情况。这一家是 Lai Za 县 Laja Yang 村的景颇支系。他和妻子 Lahpai Nang Ra 及 3 个孩子 Lahtaw Shing Rip、Lahtaw Nu Pan、Lahtaw Htoi Shawng 都熟练掌握自己的母语景颇语。

例 2：Hang Hkawng 一家的母语掌握情况。这一家是 Myitkyina 市的浪速支系。他和妻子 Zawng Naw 及 9 个孩子 Hkawng Naw、Hkawng Lum、Hkawng Dau、Hkawng Gyung、Hkawng Nan、Hkawng Ngoi、Hkawng Zawng、Hkawng Dai、Hkawng Tsai，都熟练掌握自己的母语浪速语。

例 3：Maw Wan 一家的母语掌握情况。这一家是曼洒寨的勒期支系，她和 3 个孩子 Kjang Nan、Kjang Suan、Kjang Shawng 也都熟练掌握自己的母语勒期语。

2. 景颇族各支系掌握母语的途径存在差异

由于克钦邦景颇族各支系母语地位和身份不同，使得各支系掌握母语的途径存在差异。景颇族支系母语的地位和身份分属两类：一类是景颇语，身具两种身份，它既是景颇支系的母语，又是各支系的通用语，地位较高；另一类是其他支系的语言，只有"支系母语"一种身份，不具有民族通用语的地位。

景颇语作为民族通用语，除在家庭内部普遍使用外，还广泛被各支系所使用。在克钦独立军管辖区还是唯一进入学校教育、媒体领域的语言。因此，景颇支系可以通过家庭、学校、教堂、媒体等途径掌握母语。而载瓦、浪速、勒期、波拉等支系则主要通过家庭教育或与村寨、社区内同一支系的交流掌握支系母语。

载瓦、浪速、勒期、波拉等支系掌握本支系母语，会因生活地区人数的多少出现差异。在某一支系人数多的地区，除了家庭外，还可以通过村寨或者社区内的交流习得母语；而在某一支系人数少的地区，主要通过家庭习得母语。

某一支系人数多的地区如：Zahkung Bawm Hkaw，今年 23 岁，景颇族勒期支系，目前在腾冲上学，他生长的克钦邦 Pang Wa 寨是一个勒期支系聚居的村寨。Pang Wa 寨的村民普遍掌握自己的母语勒期语，还普遍兼用缅语，部分村民还会一点汉语。在家庭及村寨内部都使用勒期语。

Zahkung Bawm Hkaw 的父母都是景颇族勒期支系。他家有 4 口人，家人都普遍掌握勒期语、缅语，还都会一点汉语，他和哥哥还都略懂景颇语。Zahkung Bawm Hkaw 告诉我们，他的勒期语主要是通过家庭教育及与村寨里的勒期村民交流两种途径掌握的。在家里，从小母亲和家人就教他说勒期语。在村寨里，因村民全部是勒期人，与他们交流时也都说勒期语。

在某一支系人口少的地区，母语的习得主要依靠家庭教育。

例如：Maran Ma Sam，今年 68 岁，景颇族载瓦支系，文盲。他的父母是中国的载瓦支系，1958 年从中国迁去缅甸克钦邦的 Ran Nan 寨。Ran Nan 寨有 60 多户人家。这 60 多户人家多数是景颇支系，另外还有 7 户汉族，3 户载瓦支系。村民在村寨内主要使用景颇语，3 户载瓦支系和 7 户汉族也都会说景颇语。

Maran Ma Sam 的妻子 Mung Yi Kai 是景颇支系，他们孩子的支系和支系语言都随母亲 Mung Yi Kai。Maran Ma Sam 和妻子都掌握各自的母语，还掌握对方的支系语言；Maran Ma Sam 的孩子除普遍掌握他和妻子的支系语言外，还都会缅语。在家里，妻子和孩子都用景颇语和 Maran Ma Sam 交流；在村里，村民也都是用景颇语和他交流。

当我们问及 Maran Ma Sam 身在景颇语包围的环境下为何支系母语还能掌握得如此熟练时，他的女儿 Ma Zan Lu San 告诉我们："父亲自学说话起，爷爷、奶奶就是教他说支系母语载瓦语，和村寨内少数几户载瓦人交流时也都说载瓦语，久而久之自然就会讲了。"可见，Maran Ma Sam 主要靠家庭教育学会了载瓦语，当然与村寨内少数几户载瓦人的交流也起着一定的补充作用。

3. 强烈的母语意识是景颇族各支系坚守自己母语的根本原因

景颇族各支系都有着强烈的支系母语意识。这种支系母语意识表现在：通常情况下，他们会坚持自己子女的支系及支系母语随父亲的原则，子女从小就要学说父亲的支系语言；在夫妻不是同一支系的景颇族家庭中，夫妻双方交流时也都坚持说自己的支系母语，尽管他们也都掌握对方的语言。

这种强烈的支系母语意识正是景颇族各支系能熟练掌握自己母语的根本原因。我们仍以上文提到的 Ma Zan Lu San 家的语言使用情况为例加以说明。

Ma Zan Lu San 的父亲 Maran Ma Sam 是载瓦支系，母亲 Mung Yi Kai 是景颇支系。由于他们生活的村寨 Ran Nan 以景颇支系人口占绝对优势，所以在支系和支系母语上，Ma Zan Lu San 及其兄弟姐妹随景颇支系的母亲 Mung Yi Kai。但 Ma Zan Lu San 和他的父亲及兄弟姐妹仍然都会说载瓦语，这是由于与爷爷、奶奶、伯父、叔叔交流时他们又得说载瓦语。

（二）克钦邦景颇族各支系掌握民族通用语情况

近一百年来，克钦邦景颇族形成了一个各个支系都使用的民族通用语——景颇语。这种通用语随同景颇文迅速在缅甸景颇族中被广泛使用。如今景颇语和景颇文已是缅甸景颇族在政府机关、学校、传媒等领域使用的民族通用语文。无论哪个支系的景颇族，绝大多数会说景颇语、会写景颇文。他们说："景颇语是我们的普通话。"

克钦邦景颇族各支系在民族通用语的掌握上已形成以下两个显著特点。

1. 景颇族各支系多数掌握民族通用语

通过对 97 位景颇族民族通用语掌握情况的统计，我们看到，除 8 位勒期人略懂或不会景颇语外，其他景颇族都熟练掌握景颇语，比例高达 91.8%。具体统计数据如表 6-2 所示。

表 6-2　　　　克钦邦景颇族掌握民族通用语情况

支系（人数）	民族通用语"熟练" 人数（人）	百分比（%）	民族通用语"略懂" 人数（人）	百分比（%）	民族通用语"不会" 人数（人）	百分比（%）
景颇（71）	71	100.0	0	0	0	0
浪速（17）	17	100.0	0	0	0	0
勒期（8）	0	0	2	25.0	6	75.0
载瓦（1）	1	100.0	0	0	0	0
合计（97）	89	91.8	2	2.1	6	6.2

8 位勒期人略懂或不会景颇语主要是由于他们生活的村寨景颇支系少，加上学校又不开设景颇语文课，也不信仰基督教，平时很少有机会接触到景颇语。以 Maw Wan 一家的语言掌握情况为例：

1978 年以前，Maw Wan 生活在德宏州芒市的中山乡，那时 Maw Wan 只会勒期语。1978 年她迁入缅甸克钦邦曼洒寨，并与克钦邦勒期人结婚、生儿育女。曼洒寨是一个景颇族勒期、载瓦、浪速等支系与汉族杂居的村寨，村民在家里及村寨内都说自己的母语，村里的学校不开设景颇语课，Maw Wan 和家人也不信仰基督教，所以 Maw Wan 和大女儿 Kjang Nan 不会景颇语，二女儿 Kjang Suan 和儿子 Kjang Shawng 也只是略懂景颇语。

此外，在克钦邦除景颇族各支系掌握民族通用语外，被看成"景颇联盟"成员的傈僳人，也都普遍掌握景颇语。我们调查对象中有 9 位傈僳人都熟练掌握景颇语。下面是克钦邦 N HKwang Pa 村傈僳人 Nnawa Le 一家的语言掌握情况。

Nnawa Le，今年 60 岁，克钦邦 N HKwang Pa 村的傈僳人，娶了傈僳女子 Naw Ma Sa 为妻，育有 6 个孩子。全家 8 口人，除会自己的母语傈僳语外，还都熟练掌握景颇语和缅语。具体情况如表 6–3 所示。

表 6–3　　　　克钦邦景颇族 Nnawa Le 一家语言使用情况

家庭关系	名字	民族	年龄	文化	职业	母语及水平	兼用语及水平
户主	Nnawa Le	傈僳	60	初中	务农	傈僳语，熟练	景颇语、缅语，熟练
妻子	Naw Ma Sa	傈僳	59	初中	务农	傈僳语，熟练	景颇语、缅语，熟练
男老大	Nnawa Ta	傈僳	39	高中	务农	傈僳语，熟练	景颇语、缅语，熟练
男老二	Nnawa Le	傈僳	33	初中	务农	傈僳语，熟练	景颇语、缅语，熟练
女老大	Nnawa Ma si	傈僳	29	高中	务农	傈僳语，熟练	景颇语、缅语，熟练
男老三	Nnawa Hpaw Law	傈僳	25	本科	牧师	傈僳语，熟练	景颇语、缅语，熟练
女老二	Nnawa Mi	傈僳	23	本科	上学	傈僳语，熟练	景颇语、缅语，熟练
女老三	Nnawa Lu Mi	傈僳	7	小学	上学	傈僳语，熟练	景颇语、缅语，熟练

2. 不同地区的景颇族在掌握民族通用语文的途径上存在明显的差异

生活在缅甸政府管辖区和克钦独立军管辖区的景颇族，在掌握民族通用语文的途径上存在明显的差异。这种差异主要是由民族通用语景颇语是否能被纳入学校教育体系而产生的。在克钦独立军管辖区，景颇语能进入幼儿园、小学、中学乃至大学等各级学校，学校一般从幼儿园开始直到大学都开设有景颇语文课；但在缅政府管辖区，景颇语不能进校园。

因此，生活在缅甸政府管辖区的景颇族，由于景颇语学校教育的缺失，景颇族尤其是非景颇支系的景颇族，主要靠与景颇支系交流、教堂活动或私人培训学校习得民族通用语。而克钦独立军管辖区的景颇族，学校教育是他们习得民族通用语和文字的最主要的途径。

非景颇支系除了与景颇支系交流学习民族通用语外，主要靠教堂活动习得民族通用语。如：Hkawng Gyung，今年 21 岁，克钦邦 Myitkyina 市的浪速支系（现在云南省德宏州芒市高等师范专科学校上学），他生活的社区属缅政府管辖区，主要有印度人、傣族、汉族等。社区的学校属缅政府的公立学校，从幼儿园到 10 年级只开设缅语文、英语两门语言课，不开设景颇语文课。Hkawng Gyung 和家人都会说景颇语、写景颇文。Hkawng Gyung 告诉我们，他和家人都是利用缅文学校放假的时间去教堂学会景颇语文的。

克钦独立军管辖区的景颇族可以通过学校教育习得民族通用语。如：克钦邦八莫县木瓜坝镇的景颇族普遍都会民族通用语文，就连傈僳族、汉族等也会说景颇语。

木瓜坝镇属克钦邦八莫县，是克钦独立军管辖区。距离我国瑞丽市户育乡班岭口岸只有 3 公里，两地以南宛河为界。该镇有景颇族、汉族、傣族、傈僳族，以景颇族为主。景颇族中，又以景颇族支系居多，另外还有载瓦、勒期、浪速等支系。该镇的各级学校都开设有景颇语文课，景颇族可以通过学校教育习得景颇语文。下面以木瓜坝镇公立高级学校（Asuya Lahta Tsang Jong）为例，介绍景颇语文的教育情况。

木瓜坝镇公立高级学校（Asuya Lahta Tsang Jong）校长告诉我们，该校从幼儿园到 10 年级都开设景颇语文课。景颇语文课开设的总体状态是：从幼儿园到 4 年级周课时不断递减，到 5 年级往后直至 10 年级，周课时一直维持在 5 个。具体开设情况是：幼儿园每周有景颇语课 8 个课时，1 年级每周有景颇语课 7 个课时，2 年级每周有景颇语课 6 个课时，3 年级 A 班（Tsang3A）每周有景颇语课 7 个课时，3 年级 B 班（Tsang3B）每周有景颇语课 5 个课时，4 年级 A 班（Tsang4A）、B 班（Tsang4B）每周有景颇语课 6 个课时，5—10 年级都是每周有景颇语课 5 个课时。该校的学生，入学三年后基本上能熟练掌握景颇语文。

（三）克钦邦景颇族各支系掌握国语（缅语）情况

缅语是缅甸的国语，是缅甸各民族包括景颇族在内相互间交流的重要工具。景颇族为了谋求更好的生存和发展，普遍积极、主动学习缅语。克钦邦景颇族在国语（缅语）的掌握上具有以下 2 个特点。

1. 多数人能熟练掌握国语（缅语）

数据统计显示，克钦邦 97 位景颇族中，熟练掌握缅语的有 87 人，略懂或不会缅语的只有 10 人，熟练掌握缅语的比例达 89.7%。具体统计数据如表 6-4 所示。

表 6-4　　　　　　　克钦邦景颇族缅语使用情况

支系（人数）	缅语"熟练" 人数（人）	缅语"熟练" 百分比（%）	缅语"略懂" 人数（人）	缅语"略懂" 百分比（%）	缅语"不会" 人数（人）	缅语"不会" 百分比（%）
景颇（71）	67	94.4	0	0	4	5.6
浪速（17）	16	94.1	1	5.9	0	0
勒期（8）	4	50.0	3	37.5	1	12.5
载瓦（1）	0	0	0	0	1	100.0
合计（97）	87	89.7	4	4.1	6	6.2

略懂或不会缅语的主要是没有接受过学校教育或接受学校教育较少的人。这些人，既有 60 岁以上的老者，也有 20 岁至 50 岁年龄段的青壮年，还有刚入学的小孩。下面以 3 个景颇族为例，具体说明他们未能掌握缅语的原因。

例 1：Maran Ma Sam，今年 68 岁，克钦邦 Lwi Ye 镇 Ran Nan 寨的载瓦支系，因从未上过学，不会缅语，只会载瓦语和景颇语。

例 2：Kjang Shawng，今年 33 岁，克钦邦曼洒寨的勒期支系，因没有接受过缅甸公立学校的系统教育，只会勒期语、载瓦语、浪速语，缅语水平只是"略懂"。

例 3：Hpau Yawm Sutring Awng，今年 7 岁，克钦邦 Ban Dawng 寨的景颇支系，由于入学学习的时间短，目前还不会缅语。

但在克钦邦有些景颇族聚居的地区，由于缅族人口较少，日常生活中缺少使用缅语的环境，部分景颇族未能掌握好缅语。

2. 学校教育是景颇族掌握缅语的最主要的途径

克钦邦景颇族主要通过学校教育习得缅语文。缅语文在媒体、村寨等领域中的使用，又使他们的缅语得到进一步的巩固和提升。

我们曾两次到缅甸调研，了解到无论是在缅政府管辖区还是在克钦独立军管辖区，学校都开设缅语文课，学生在接受几年的学校教育后，一般都能掌握缅语文。下面还是以克钦邦八莫县木瓜坝镇公立高级学校（Asuya Lahta Tsang Jong）为例，介绍缅语文的学校教育情况。

该校的校长告诉我们，学校从幼儿园到 10 年级每天都开设缅语文课。缅语文课开设的总体状态是：从幼儿园到 2 年级周课时不断递减，到 3 年级往后直至 10 年级，周课时一直维持在 5 个。具体开设情况是：幼儿园每周有缅语课（Myan）9 个课时，1 年级每周有缅语课 8 个课时，2 年级每周有缅语课 6 个课时，从 3 年级往后到 10 年级都是每周有缅语课 5 个课时。该校的学生，入学几年后普遍都能熟练掌握缅语文。

访谈中遇到的景颇族，凡是接受过一定学校教育的都能熟练掌握缅语。如 Ma Zan Lu San，今年 32 岁，克钦邦 Lwi Ye 镇 Ran Nan 村的景颇支系，缅文学校 8 年级毕业，现为和合珠宝温泉酒店服务员，会景颇语、载瓦语、缅语。

（四）克钦邦景颇族各支系掌握其他支系语言情况

1. 不少人不同程度地掌握其他支系的语言

克钦邦景颇族除普遍掌握自己的母语和民族通用语外，不少人还不同程度地掌握其他支系的语言。如 Pungga Ja Ing，她是 Myitkyina 市 Shatapru 村的景颇支系，除了会自己的母语景颇语外，还熟练掌握支系语言浪速语和傈僳语。又如 Kjang Suan，曼洒寨的勒期支系，她除了会自己的母语勒期语外，还熟练掌握载瓦语和浪速语。

通过对 97 名景颇族掌握其他支系语言情况的统计发现，有 43 人掌握其他支系的语言（有些人同时掌握几种支系语言），占调查对象总数的 44.3%。具体统计数据如表 6–4 所示。

表 6–4　　　　　　　　克钦邦景颇族兼用语使用情况

支系（人数）	兼用景颇语 人数（人）	兼用景颇语 百分比（%）	兼用载瓦语 人数（人）	兼用载瓦语 百分比（%）	兼用勒期语 人数（人）	兼用勒期语 百分比（%）	兼用浪速语 人数（人）	兼用浪速语 百分比（%）	合计 人数（人）	合计 百分比（%）
景颇（71）	0	0	4	5.6	0	0	9	12.7	17	23.9
浪速（17）	17	100.0	0	0	0	0	0	0	17	100.0
勒期（8）	0	0	4	50.0	0	0	4	50.0	8	100.0
载瓦（1）	1	100.0	0	0	0	0	0	0	1	100.0
合计（97）	18	18.6	8	8.2	0	0	13	13.4	43	44.3

2. 不同支系通婚和杂居是景颇族掌握其他支系语言的主要原因

景颇族内部不同支系通婚现象很普遍，这是景颇族掌握其他支系语言的重要原因之一。因为不同支系组建家庭后，夫妻双方交流时仍坚持说自己的支系语言。久而久之，夫妻双方通过接触对方的语言，就能掌握对方的支系语言。跨支系婚姻家庭中的子女，一般先要学习说父亲的支系语言，但因从小生长在双语环境中，也普遍能掌握母亲的支系语言而成为双语人。下面以 Sabaw Shawng 一家人的语言掌握情况做说明。

Sabaw Shawng，克钦邦 Lai Za 的景颇族，娶了浪速支系的女子 Maru hkong naw 为妻，他们育有 2 男 2 女：Sabaw brang awng、Sabaw seng ja、Sabaw Laja、Sabaw hkong ring。Sabaw Shawng 和 4 个孩子除会自己的母语景颇语外，还会浪速语；他的妻子 Maru hkong naw 除会自己的母语浪速语外，还会景颇语。

不同支系杂居也是景颇族掌握其他支系语言的一个原因。克钦邦景颇族不同支系的分布与中国的情形大体一致：不同支系的分布，总的是交错杂居的局面。人口较多的支系各自有几块较大的聚居区；单一支系的聚居区都以村寨为单位。就多数地区而言，都是不同支系杂居在一起的。在几个支系杂居的村寨，多数是以一个支系为主，并夹杂一些别的支系。克钦邦景颇族不同支系交错杂居，不同支系又都说自己的支系语言，这就为景颇族掌握其他支系语言提供了天然的语言环境。下面以 Maw Wan 一家人的语言掌握情况做说明。

Maw Wan，女，景颇族勒期支系，目前生活在克钦邦曼洒寨。曼洒寨是一个景颇族几个支系杂居的村寨，村民以勒期支系为主，另外还有载瓦、浪速支系及少数的汉族。村民除普遍掌握自己的母语外，还掌握其他支系的语言。如 Maw Wan 和她的三个孩子 Kjang Nan、Kjang Suan、Kjang Shawng 除会母语勒期语，还熟练掌握载瓦语、浪速语。

（五）克钦邦景颇族各支系外语（汉语）掌握情况

克钦邦地区生活着一定数量的汉族，加上该邦又与中国山水相连，两地的边民互通有无，所以相当一部分的景颇族还不同程度地掌握汉语。

在我们调查的 97 位景颇族中，部分人不同程度地掌握汉语，但多数人的汉语还是"略懂"水平，熟练掌握者较少。具体统计数据如表 6–5 所示。

表 6–5　　　　　　　　克钦邦景颇族汉语使用情况

支系（人数）	汉语"熟练"		汉语"略懂"		汉语"不会"	
	人数（人）	百分比（%）	人数（人）	百分比（%）	人数（人）	百分比（%）
景颇（71）	3	4.2	11	15.5	57	80.3
浪速（17）	0	0	3	17.6	14	82.4
勒期（8）	0	0	6	75.0	2	25.0
载瓦（1）	0	0	0	0	1	100.0
合计（97）	3	3.1	20	20.6	74	76.3

以上数据显示，97 位景颇族中，熟练掌握汉语的有 3 人，占总数的 3.1%；略懂汉语的有 20 人，占总数的 20.6%；不会汉语的有 74 人，占总数的 76.3%。

克钦邦的景颇族主要通过和汉族的交往、私立学校的培训等途径学习汉语。

克钦邦景颇族生活的地区，尤其是中缅边境一带的村寨，生活着一定数量的汉族。景颇族和汉族长期共处一寨，彼此就能不同程度地掌握对方的语言。下面还是以 Nnawa Le 一家人的语言掌握情况为例做说明。

Maw Wan，女，景颇族勒期支系，生活在克钦邦曼洒寨。曼洒寨除了有勒期、载瓦、浪峨等景颇族支系外，还有少数的汉族。由于长期与汉族同在一个寨子里生活，Maw Wan 和她的三个孩子 Kjang Nan、Kjang Suan、Kjang Shawng 除会勒期语、载瓦语、浪峨语外，也会说一点汉语。

（六）克钦邦景颇族语言生活中语言功能的定位

科学地认识克钦邦景颇族语言生活中语言功能的定位，必须把握缅甸国家及克钦邦景颇族的语言国情。总的看来，克钦邦景颇族的语言生活存在两对关系：一是缅甸是一个多民族多语言的国家，而且是一个以缅语为国语的国家，克钦邦景颇族为了谋求生存和发展，要学习、使用缅语，这就决定了缅语是景颇族与外族交流的重要工具，景颇语是景颇族各支系间的通用语。二是克钦邦景颇族各支系都有自己的母语，又都需要学习、使用民族通用语，这就存在支系母语和民族通用语的关系。下面以克钦邦 Myitkyina 市 Shatapru Lawk 镇的语言使用情况为例，说明景颇族各支系母语、民族通用语、国语在景颇族语言生活中的功能地位。

Myitkyina 市 Shatapru Lawk 镇，属缅甸政府管辖区，距离密支那市 100 多公里。从该地坐汽车到中国德宏州的芒市需 1 天时间。该镇共有 5000 多户 3 万多人。从居民的民族构成看，有景颇族（包括景颇族各支系）、缅族、印度人、日旺等，其中景颇族的人口最多。

该地区的景颇族，各支系普遍掌握自己的母语，还普遍会民族通用语和缅语。在家庭内部及同一支系间交流时，各支系都说自己的母语；在社区，景颇族不同支系交流时说民族通用语；在社区，景颇族和缅甸、印度、日旺等外族人交流时使用缅语。

三、克钦邦景颇族语言生活的特点

通过对克钦邦景颇族语言生活现状的分析，我们认为克钦邦景颇族的语言生活具有以下四个方面的特点。

（一）景颇语在克钦邦具有稳定的民族通用语的地位

近一百年来，克钦邦景颇族形成了一个各个支系都使用的民族通用语——景颇语。这种通用语随同景颇文迅速在缅甸景颇族中被广泛使用。如今景颇语和景颇文已是缅甸景颇族在政府机关、学校、传媒等领域使用的民族通用语文。无论哪个支系的景颇族，绝大多数会说景颇语、会写景颇文。他们说："景颇语是我们的普通话。"这种通用语稳定的地位，今后将会长期坚持下去。

（二）基督教堂在克钦邦景颇族民族通用语的传承上发挥着重要的作用

在克钦邦，尤其是民族通用语不能进入学校教育体系的缅政府管辖区，基督教堂在景颇族民族通用语的传承上发挥着重要的作用。

克钦邦 90%以上的景颇族居民信仰基督教，由于民族通用语的学校教育在一些地区受到限制，教堂不仅是景颇族从事宗教活动的场所，也是景颇族小孩学习景颇语文的主要场所。周末，在教堂做礼拜时，景颇族诵读景颇文的《圣经》，用景颇语唱赞美歌；寒暑假时，景颇族小孩去教堂学习景颇语文。所以教堂在景颇语文的传承上起了重要的作用。

（三）景颇族各支系母语仍在克钦邦景颇族的生活中发挥重要作用

克钦邦景颇族和中国景颇族一样，都有支系的划分，每个支系都有自己的支系母语。目前看来，各支系的母语仍在他们的生活中发挥重要作用。克钦邦景颇族的语言生活不断在调整支系母语、民族共同语、国语（缅语）、外语（英语、汉语）等语言关系，使其得以各尽所能、互相补充。今后，支系母语的地位会不会发生新的变化，目前还看不清楚。

第三节 掸邦景颇族的语言生活

一、掸邦概况

掸邦是缅甸联邦共和国14个省邦中面积最大、人口最多的少数民族自治邦，面积约15.58万平方公里，约占缅甸总面积的四分之一。人口800多万人（2005年）。

掸邦位于缅甸东部，北与东北部与中国接壤，东部与老挝交界，东南部毗邻泰国，南部与克伦邦、克耶邦相连，西部与曼德勒省，西北与克钦邦、实皆省相邻。掸邦共有11个县，54个镇区，首府在东枝。除东枝外，还有莱林、腊戍、木姐、皎脉、滚弄、老街、景栋、孟萨、孟别和大其力等10个县市。

掸邦是一个少数民族众多的邦，居住着掸族、佤族、果敢族、勃欧族、特努族、克钦族等26个少数民族。掸族为掸邦的主体民族，约占全邦人口的60%。克钦族人口约为18.8万人，占掸邦总人口的2.35%。各民族都有自己的语言，有些民族如掸族、克钦族、勃欧族等还拥有自己的文字。[1]

掸邦的主要宗教是佛教，大部分民众是虔诚的佛教信徒。境内佛塔林立，僧侣众多。除佛教外，还有基督教、印度教和伊斯兰教等。

掸邦边贸繁荣，是仰光、曼德勒以外省邦中经济较为发达的地区。其经济以农业为主，主要农产品有大蒜、玉米、烟叶、黄豆、青菜等。其中，大蒜和烟叶为掸邦特产，销售至缅甸各地。掸邦缺乏能源开发的技术和人才，其能源未能充分利用，导致电力匮乏、工业落后。高级技术人员有许多来自中国。

在掸邦与中国接壤的地区，两国贸易频繁，经济合作密切。掸邦地处"金三角地区"，以前罂粟种植是该地区主要经济来源，毒品危害极大，为从源头上解决毒品对我国及全球的危害，从20世纪90年代起，我国就在

---

[1] 廖亚辉：《缅甸经济社会地理》，中国出版集团、世界图书出版公司2014年版。

金三角地区开展跨境"替代种植"。掸邦的替代种植项目主要分布在木姐、九谷、腊戌、南渡、木帮和东枝等地。例如，木姐县勐古镇区与德宏芒市的芒海镇接壤，国境线长 26.6 公里，中方企业龙江糖厂在勐古镇扶持当地农民种植高产优质甘蔗，使得昔日的境外烟农成了蔗农，让他们看到了新的希望。

境外替代种植工作不仅在杜绝毒源和减少毒品危害问题上具有重要的政治意义，对带动罂粟种植区群众就业、增加收入、改善生产生活条件，实现两地边民共同富裕和边疆和谐稳定起到了重要作用。

二、掸邦克钦族语言生活现状

为了解掸邦的克钦族语言使用情况，我们抽样调查了 21 户克钦族家庭共 124 人。其中景颇支系 69 人，浪峨支系 33 人，波拉支系 7 人，载瓦、勒期支系各 5 人，其他民族共 5 人。（不包括 6 岁以下儿童）调查范围涉及城市、山区农村和边境村寨。

（一）掸邦克钦族母语掌握情况

1. 掸邦克钦族各支系全民熟练掌握自己的母语

在我们调查的 119 位克钦人中，每个人都能熟练地掌握自己的母语。具体数据如表 6-6 所示。

表 6-6　　　　　　　掸邦克钦族母语使用情况

民族（人数）	熟练 人数（人）	熟练 百分比（%）	略懂 人数（人）	略懂 百分比（%）	不会 人数（人）	不会 百分比（%）
景颇（69）	69	100	0	0	0	0
浪峨（33）	33	100	0	0	0	0
波拉（7）	7	100	0	0	0	0
勒期（5）	5	100	0	0	0	0
载瓦（5）	5	100	0	0	0	0
合计（119）	119	100	0	0	0	0

据入户普查表和掸邦克钦人提供的信息，无论在城镇还是农村、是聚居还是杂居，掸邦的克钦族均能熟练地使用本支系语言。下面简单介绍几户克钦族家庭语言的使用情况。

（1）腊戌市的 Namdo Zaung Ze 一家，户主为浪峨支系，会说浪峨话、景颇话和缅语；妻子 Hapau Yam Htu Ja 为景颇支系，会说景颇话、浪峨话和缅语。子女会熟练掌握浪峨话、景颇话、缅语并略通汉语、英语。在家里他们说着各自的支系语言，但对外交流时都使用景颇族的通用语——景颇语。

（2）Labya Luya（景颇支系）所在的掸邦南坎镇 Mung Wi Mare 村，位于中缅边境，杂居着傣族、汉族、克钦族和缅族。傣族人口最多，汉族和克钦族数量相当，还有少量缅族，即便是这种多民族杂居的情况，他们一家四口都能熟练地使用景颇语跟人交流。

2. 不同支系通婚家庭子女的母语情况

如果是同支系的婚姻家庭，子女的母语自然都为该支系语言。例如掸邦谷开区 Bangnoi Namrim 村的 Hkawng Dau 一家，父母均为浪速支系，家里 11 个孩子，年龄跨度为 14 岁到 40 岁，母语均为浪速语，浪速语也是他们日常生活中的主要交际工具。具体情况如表 6-7 所示。

表 6-7　　　掸邦克钦族 Hkawng Dau 一家语言使用情况

家庭关系	姓名	民族	年龄	职业	母语及水平	兼用语及水平
父亲	Hkawng Dau	浪速	60	务农	浪速语，熟练	景颇语、缅语，熟练；汉语，略懂
母亲	Nang Seng	浪速	54	务农	浪速语，熟练	景颇语、缅语，熟练；汉语，略懂
男老大	Dau Hkawng	浪速	40	务农	浪速语，熟练	景颇语、缅语，熟练；汉语，略懂
男老二	Dau Lum	浪速	38	务农	浪速语，熟练	景颇语、缅语，熟练；汉语，略懂
男老三	Dau Ze	浪速	36	务农	浪速语，熟练	景颇语、缅语，熟练
女老大	Dau Naw	浪速	32	务农	浪速语，熟练	景颇语、缅语，熟练；汉语，略懂
女老二	Dau Nan	浪速	28	务农	浪速语，熟练	景颇语、载瓦语、缅语，熟练；汉语，略懂
女老三	Dau Nyoi	浪速	26	养猪	浪速语，熟练	景颇语、缅语，熟练；汉语，略懂
男老四	Dau Hawng	浪速	24	务农	浪速语，熟练	景颇语、缅语，熟练；汉语，略懂
女老四	Dau Tse	浪速	24	打工（芒市）	浪速语，熟练	景颇语、载瓦语、缅语，熟练；汉语，略懂
女老五	Dau Yang	浪速	22	打工（芒市）	浪速语，熟练	景颇语、缅语，熟练
女老六	Dau Nyi	浪速	18	上学	浪速语，熟练	缅语，熟练
女老七	Dau Tsai	浪速	14	上学	浪速语，熟练	缅语，熟练；景颇语，略懂

如果是景颇族不同支系间的通婚，子女的母语则有以下几种情况。

（1）母语随父

克钦族家庭子女的支系归属，传统是随父，母语也随父。我们所说的母语实际上是"父语"。母语随父与景颇族现行父系婚姻制有关。

（2）母语随母

除了支系归属、母语随父的情况外，我们在调查中也发现了支系归属随父，但语言随母，甚至是支系归属及家庭语言都随母的少数情况。

例如：Hkangda Gam Seng 一家，父亲为勒期支系，熟练掌握勒期语、浪速语、景颇语等，母亲为浪速支系，熟练掌握浪速语、景颇语和载瓦语等。他们家的三个孩子在支系归属上都随父亲，属于勒期支系，但是他们的母语均为浪速语，而且不会说父亲的勒期语，也就是说，勒期语在他们家庭内部丢失了。具体情况见下表：

表 6–8　掸邦克钦族 Hkangda Gam Seng 一家语言使用情况

家庭关系	姓名	民族	年龄	母语及水平	兼用语及水平
父亲	Hkangda Gam Seng	勒期	61	勒期语，熟练	景颇语、浪速语、载瓦语、缅语，熟练
母亲	Hanggau Ze Yang	浪速	55	浪速语，熟练	景颇语、载瓦语、缅语，熟练
女老大	Hkangda Ja San Li	勒期	34	浪速语，熟练	景颇语、载瓦语、缅语，熟练
女老二	Hkangda Seng Tsin	勒期	28	浪速语，熟练	景颇语、载瓦语、缅语，熟练
男老大	Hkangda Seng Htoi Hpung	勒期	23	浪速语，熟练	景颇语、载瓦语、缅语，熟练

出现这样的反例，有其原因可寻。如表 6–8 中的 Hkangda Gam Seng 一家，母亲说的是浪速语，父亲说的是勒期语，但子女的母语随母不随父，这是因为该村寨浪速支系人口多，母亲的语言浪速语为村寨中的强势语言。

又如：Nam Hpak Ka 寨的 Zahkung Hkawng je 一家，父亲为浪速支系，母亲为景颇支系，他们都熟练掌握景颇语、浪速语、载瓦语等语言。但是，他们家的 5 个子女的支系归属和母语均随母。原因是这一家文化程度较高、跟外界交流较多，而且该地景颇语更为强势，因此他们在语言选择上，选择了既是母亲的母语又是民族共同语的景颇语，不继承父亲的浪速语。这一家语言具体情况见表 6–9：

表 6–9　掸邦克钦族 Zahkung Hkawng je 一家语言使用情况

家庭关系	姓名	民族	年龄	职业	母语及水平	兼用语及水平
父亲	Zahkung Hkawng Je	浪速	55	务农	景颇语，熟练	浪速语、载瓦语、缅语，熟练
母亲	Lashi Lu	景颇	47	务农	景颇语，熟练	浪速语、载瓦语、缅语、傣语，熟练

续表

家庭关系	姓名	民族	年龄	职业	母语及水平	兼用语及水平
男老大	Zahkung Nang Ra	景颇	32	教师	景颇语，熟练	缅语，熟练
女老二	Zahkung Zau Mai	景颇	28	自由职业	景颇语，熟练	缅语，熟练
男老三	Zahkung Nu Pa	景颇	23	做生意	景颇语，熟练	缅语，熟练；汉语、云南方言，略懂
女老四	Zahkung Nu htu	景颇	20	上学	景颇语，熟练	缅语，熟练
男老五	Zahkung Ma Dang	景颇	17	上学	景颇语，熟练	缅语，熟练

（3）双母语

实际上，景颇族多支系家庭子女的语言习得过的是一种双母语型的语言生活。他（她）必须学习父亲的语言，即通常我们所说的"母语"，严格说是"父语"。学说父亲的语言是出于民族意识的需求，即把父语作为自己民族的归属，这关系到他支系身份的传承，指明他是属于父亲这一支系的。自然，他会把学习母语当成自己学习语言的首要任务。但他一出生就跟母亲在一起，所以母亲的语言不可避免地对他有强力的影响。自然，他也会把母亲的语言学得很好，但母亲的语言不具有支系身份的地位，只是一种反映母亲亲情的附属物，所以我们也把它称为"母语"。为区别这两种母语的差异，我们称父亲的母语为"族传母语"，称母亲的母语为"母传母语"。这两种母语的语言地位不相同，在家庭里，他对母亲说母传母语，对父亲说族传母语，对兄弟姐妹都说族传母语。在村寨内，一般情况下，与自己支系不同的人交流，只要对方能听懂都说族传母语。假如你要问他，你的母语是什么，他会很快地回答你，是父亲说的那种语言。在语言习得顺序上，大多是两种母语同时习得，在调查中，很难回答哪个是第一语言，哪个是第二语言。景颇族的母语问题与我们传统所说的母语是有区别的。其区别究竟在哪些方面，还有待今后进一步挖掘。

下面，我们举例说明双母语家庭的语言使用情况。

Marip Labyen 一家，父亲是载瓦支系，母亲是景颇支系，父母都能熟练使用自己支系的语言——景颇语和载瓦语，而且还都能使用对方的语言，但在家庭内只听不说。他们的子女的载瓦语和景颇语也均达到熟练水平。在家跟父亲说父亲的语言，跟母亲说母亲的语言，跟兄弟姐妹交流都说父亲的语言。具体情况见表6-10：

表 6-10　　　　掸邦克钦族 Marip Labyen 一家语言使用情况

家庭关系	姓名	民族	年龄	母语及水平	兼用语及水平
父亲	Marip Labyen	载瓦	45	载瓦语，熟练	景颇语、缅语，熟练
母亲	Nmau Htu Bu	景颇	40	景颇语，熟练	载瓦语、缅语，熟练
男老大	Marip Zau Awng	载瓦	22	载瓦语，熟练	景颇语、缅语，熟练
女老大	Marip Naw Bu	载瓦	17	载瓦语，熟练	景颇语、缅语，熟练
男老二	Marip Nu Mai	载瓦	14	载瓦语，熟练	景颇语、缅语，熟练

在跟 Marip Zau Awng 的访谈中，当我们问及他的母语究竟是什么时，他自己也说不清先后，认为载瓦语和景颇语是同时学会的，并没有明显的学习顺序的差异，载瓦语和景颇语的水平也不相上下。

又如：Seng Khawn 一家是掸邦 lowi 村人，从 lowi 村到畹町有半小时车程，属于边境村寨。该村寨有 40 户人家，10 户为汉族，其余的皆为克钦族载瓦支系。在家庭内部，父亲是载瓦支系，母亲是景颇支系，孩子们也成了双母语人，载瓦语和景颇语都能熟练掌握，但载瓦语水平略优于景颇语，这是因为当地靠近中国，而中国景颇族以载瓦支系为主，载瓦语的交际面更广。具体情况见表 6-11：

表 6-11　　　　掸邦克钦族 Seng Khawn 一家语言使用情况

家庭关系	姓名	民族	年龄	职业	母语及水平	兼用语及水平
户主	Ma Tun	载瓦	42	务农	载瓦，熟练	景颇、缅语、傣语、汉语，熟练
妻子	Khawn Pan	景颇	46	务农	景颇，熟练	载瓦、缅语、傣语、汉语，熟练
儿子	Ma La	载瓦	25	务农	景颇、载瓦，熟练	缅语、傣语，熟练；汉语，略懂
女儿	Seng Khawn	载瓦	22	打工	载瓦、景颇，熟练	缅语、傣语，熟练；汉语，略懂

这样双母语的现象，在不同支系之间通婚家庭的孩子身上非常常见。

3. 母语使用状况的成因分析

为什么掸邦克钦人能完好地保存其母语，下面我们将做些分析。

（1）克钦人传统的婚姻制度有利于母语保留

在我们调查的 21 户人家中，支系内婚姻有 12 户，支系间婚姻有 7 户，族际婚姻为 2 户。在找结婚对象时，景颇族一般是首选本支系的人，家长也更愿意子女找本支系的对象。因为同支系的人结婚，生活习惯差异小，语言相同。次选是支系之间通婚，家长也是赞同的。由于风俗习惯基本一致，只是语言沟通上会带来一些问题。景颇各支系除了景颇语之外，语言的差异不算太大，共同生活一段时间后也能掌握对方的语言。然而，如果是不同民族通婚，就很容易因文化差异引起矛盾。比如白色在景颇族中表示喜事，但汉族是丧事才用白色；红色在汉族中表示喜庆，但是景颇族还用红色表示不吉利。

（2）相对闭塞的村落环境和较为落后的经济文化水平阻止了外界对克钦语的冲击

克钦族属于山地民族，多数居住在 1500 米左右的半山腰或山间的小平地，少数居住在坝区边缘。"傣族不上山，景颇不下坝"的谚语，形象地描绘了景颇族居住地的特点。掸邦克钦村寨多分布于交通不便、经济落后地区，使克钦人长期处于相对闭塞的生存环境里。在生产生活方式上，克钦人以务农为主，外出打工的不多，所以人口流动小，与外界接触的机会也较少。这些都阻碍了村寨与外界的联系和交往。这种相对闭塞的村落环境和较为落后的经济文化水平，无疑为母语的保存筑起了一层壁垒，阻止了外来语言对母语的冲击。虽然这种因素有其消极的一面，但却成为克钦语得以完整保存的一个客观因素。

（3）强烈的民族意识和支系意识成为保存母语的一种感情基础

母语不仅是克钦人最重要的交际工具，也是他们民族心理、民族习惯、民族文化、民族感情的重要载体。克钦人对自己的民族语言有着很深厚的感情，他们把克钦语与克钦人的身份紧密联系在一起，认为语言是一个民族的重要标志之一。景颇族的传统文化认为，说自己的支系语言是对对方的尊重。在家庭内部或村寨中，不同支系的人交谈，各说各话，构成了一幅奇妙的语言画面。

语言感情深厚，对母语持高度认同的语言态度，是克钦人稳定使用母语的情感基础。我们在与掸邦 lowi 村 Seng Khawn 的访谈中看到，说汉语或者缅语都是出于现实生存、发展的需求，而母语是最能够流畅表达自己情感的语言。就算在异国遇到会说景颇语的陌生人，只要有机会，她就会自觉地使用自己的母语，这也是克钦族母语得以保留的一个重要原因。

（二）兼用语特点

1. 克钦人都是双语或多语人

调查的 119 名克钦人，没有发现单语人，都能熟练使用两种及以上语言。他们掌握多种语言的情况如表 6-12 所示。

表 6-12　　　　　　　　克钦人掌握多语情况

语言数量	两种语言	三种语言	四种语言	五种语言	六种语言	总计
人数（人）	47	40	21	2	9	119
所占比例（%）	39.5	33.6	17.6	1.7	7.6	100

实际上他们除了以上熟练使用的语言外，还略懂其他语言。也就是说，他们的兼语数量要高于以上统计数据。

2. 兼用语的数量及种类存在代际差异

一般是年龄越大，兼用的语种越多。这里以40岁为线，分40岁以上和40岁以下两段。从中就能看出兼用语数量的差异。

40岁以上中老年段兼语数量具体情况（其百分比是根据总数119人来计算）如表6-13所示。

表6-13　　40岁以上的克钦人掌握多语情况

语言数量	一种语言	两种语言	三种语言	四种语言	五种语言	总计
景颇支系（人）	8	10	5	1	0	24
浪速支系（人）	0	6	5	0	1	12
载瓦支系（人）	0	2	0	0	0	2
勒期支系（人）	0	2	0	1	0	3
波拉支系（人）	0	0	0	0	8	8
总计（人）	8	20	10	2	9	49
百分比（%）	16.3	40.8	20.4	4.1	18.4	

40岁以下青少年兼语数量具体情况如表6-14所示。

表6-14　　40岁以下的克钦人掌握多语情况

语言数量	一种语言	两种语言	三种语言	四种语言	五种语言	总计
景颇支系（人）	37	3	3	0	0	43
浪速支系（人）	2	14	5	0	0	21
载瓦支系（人）	0	3	0	0	0	3
勒期支系（人）	0	0	3	0	0	3
总计	39	20	11	0	0	70
百分比（%）	55.7	28.6	15.7	0	0	

表6-14显示景颇支系40岁以上的兼用一种语言的只有6.7%，而40岁以下的兼用一种语言的有32.8%，相差26.1%。

从兼用语的种类上看，40岁以上兼用民族支系语言或其他民族语言的比例大，而40岁以下的兼用民族共同语、国家通用语及外语的比例大。

3. 各支系普遍兼用民族共同语——景颇语

在我们调查的50位非景颇支系克钦人中，仅有4人不会景颇语，占总人数的 8%。各支系兼用景颇语具体情况如表 6-14 所示。

表 6-14　　　　　　　非景颇支系克钦人兼用景颇语情况

	熟练		略懂		不会	
	人数（人）	百分比（%）	人数（人）	百分比（%）	人数（人）	百分比（%）
浪速支系	28	56	1	2	4	8
载瓦支系	5	10	0	0	0	0
勒期支系	4	8	1	2	0	0
波拉支系	7	14	0	0	0	0
总计	44	88	2	4	4	8

4. 兼用语使用特点的成因分析

（1）大杂居的民族分布状态是克钦族全民兼语的客观基础

掸邦克钦族人口仅占全邦人口的 2.35%，大多与汉族、掸族、缅族杂居在一起，人口数量处于弱势。如 Marip Gyang Kawng 所居住的 Kut Kai 县 Nam Hpa Ka 村是缅政府军管辖区域，居住着克钦族、掸族、汉族和缅族，其中克钦族内部还有景颇、浪速、勒期、傈僳、载瓦和日旺等各支系。Marip Gyang Kawng 一家属浪速支系，除了掌握母语外，还能熟练使用景颇语和缅语。

又如 Labya Luya 所居住的南坎镇 Mung Wi Mare 村，寨子中有傣族、汉族、克钦族、缅族等。傣族最多，汉族和景颇族差不多一样多，缅族最少。该村的景颇支系村民，景颇语能力最强，绝大多数还同时兼用汉语、掸语和缅语。

掸邦城镇中的克钦人更是少数民族里的少数民族，处于各种民族语言的包围之中。

这样的大杂居分布状态为克钦人学习、兼用其他民族的语言提供了客观条件。这种分布状态必然带来多民族的频繁接触和交际往来，掌握更多的语言成为克钦人的内在需要。

（2）生活环境的变化是造成兼用语代际数量、种类差别的重要原因

随着时代的发展，掸邦克钦族的兼用语数量和分布上出现了代际差异。如上所述，40 岁以上的兼用语数量多，兼用语主要为本民族其他支系语言，40 岁以下的兼用语数量少，兼用语主要是作为民族通用语的景颇语和作为国语的缅语，同时能熟练掌握汉语、英语、泰语的青少年也不断增加。这与近年来，缅甸的社会经济发展、中缅经济贸易频繁、跨境婚姻盛行、边境教育发展等有密切关系。

过去，掸邦克钦族生活环境较为封闭，受教育程度低，社会交往主要局限于本民族内部或其他少数民族，掌握各支系语言或其他民族语言成了满足交流的需要。因此，40 岁以上的普遍掌握多种其他支系语言或其他民族语言。

现在，随着社会经济的进步，掸邦克钦人生活范围扩大，与外界交往增多，出于经济原则的考虑，如果能掌握景颇语和缅语，就能完成大部分的交际。随着景颇语作为民族通用语地位的确立，各支系克钦人如果掌握了景颇语，便能完成族内交际。随着缅语作为国语的普及，克钦人如果掌握了缅语，就能与国内各族人民交流。这样的语言选择，既满足了展示民族身份的需求，又提高了语言使用的效率。

另外，由于掸邦克钦族大多处于缅政府军管辖区，学校教育中开设缅语、英语课程，取消了景颇语文教学，因此，40 岁以下的克钦人的缅语水平明显优于 40 岁以上年龄段。

近几年来，随着中国教育的不断开放，云南省在边境沿线的乡镇义务段学校实行"三免费"和"两免一补"的教育政策，生活在缅甸国境线上的适龄儿童来我国求学的越来越多。这些缅甸籍儿童从小与我国边民同学习、同生活，会说汉语的克钦人也越来越多。

如 Lahpai Ja Beng Pu 所在的那萨寨，位于那邦河边境，全村 500 多户，大部分为景颇族村民，还有少量华侨，仅他们村寨就有 100 多人来中国接受高等教育。

调查中，我们还发现了不少掸邦克钦人，因为来中国务工或来中国做边境贸易，也略懂或熟练掌握汉语。

因此，可以预计，在掸邦克钦人中，会说汉语的人以后会越来越多。

（3）不同支系的人普遍都会使用景颇语，反映了景颇语在克钦族中的民族通用语地位

在缅甸，景颇支系的人口数远高于其他几个支系，因此，缅甸的克钦族形成以景颇语为民族通用语的现状有其必然条件。目前看来，它已成为克钦族在正式场合中使用的官方语言，如在政府机关、报章杂志、新闻传媒中，均以景颇语为通用语言。

克钦人对景颇语的认同感极高，如掸邦南坎镇 Mung Wi Mare 村有一所 1—10 年级的学校，学校只开设缅语课和英语课。为提高村中景颇族孩子的景颇语水平，该村还开设了私立的景颇语培训班，培训班每年利用缅甸政府公立学校 3—6 月放假的时间为村里的景颇族教授景颇语文。教材由克钦邦提供，教师由村里的村民担任，教师课酬由村民自行筹集发放（但课酬不高）。克钦族家长们都希望孩子能学会景颇语文，孩子们的学习热情也很高。

另外，宗教信仰巩固了景颇语的民族共同语地位。在缅甸，90%的克钦人笃信基督教，无论是牧师诵经布道还是克钦人祷告、唱赞美诗，他们都使用景颇语，《圣经》也是景颇文版。在缅政府军管辖区，克钦族无法通过学校教育来学习本民族语言文字。但克钦人接受基督教后，教堂不仅是开展宗教活动的场所，同时也发挥着传承克钦族语言文化的功能。

第四节　缅甸景颇族的语言教育

缅甸景颇族的语言教育受缅甸的政治、经济、教育、语言政策以及国际环境等多个因素的制约，具有鲜明的时代特征和地域特征。

本节先介绍缅甸现行的语言政策，然后对缅甸景颇族的语言教育现状进行分析，最后对缅甸景颇族语言教育存在的问题及其对我国景颇族语言教育的启示谈一些看法。

一、缅甸现行的语言政策

缅甸现行语言政策的制定和推行，受国内外政治、经济因素以及国际形势走向的制约。我们先看一看缅甸宪法中有关语言政策的论述。

自1948年1月缅甸宣告独立以来，缅甸政府就以宪法的形式确定了缅甸主体民族语言缅语是国语和官方语言的地位。在后来1974年、2008年制定、颁布的宪法中都重申了缅语的这一地位。

如在1974年联邦政府的宪法中写道："Burmese shall be used as the official language for the purpose of uniformity and clarity in communications between the higher and lower level organs of the State and between such organs at the same level.If necessary the language of the national race concerned may be used."[1]（为了交流的统一、清楚，各级政府部门及其相应机构，均应使用缅语作为官方语言。在有必要的情况下，可以使用其他民族语言。）

2008年缅甸制定、颁布的新宪法中重申了治理国家、对待民族问题的基本原则和思想。主要有[2]：

第一章国家基本原则第六条规定："国家将维护联邦不分裂，保持民族团结不破裂，保持主权稳固。"

第一章国家基本原则第十一条规定："始终坚定不移地固守和维护联邦

---

[1] Language, Education and Nation-building Assimilation and Shift in Southeast Asia, Edited by Peter Sercombe and Ruanni Tupas.

[2]《缅甸联邦共和国宪法（一）》（2008年），李晨阳、古龙驹译，[缅]缅甸宣传部印刷与书籍发行公司，2008年。

不分裂、民族团结不破裂、主权稳固的目标；国家宣扬以公平、自由、平等为内涵的社会思想，巩固和维护全国各民族人民和平富足的生活；在我国培养和巩固贯穿民族平等思想的、是真正爱国主义的联邦精神，各族人民永远团结在一起，共同生活；始终努力维护以世界和平、各国之间的友好合作与交流为目标的和平共处原则。"

第一章国家基本原则第二十二条规定："国家将协助推进少数民族语言、文字、艺术、文化的繁荣发展。协助推进和实现少数民族之间的团结、友爱、尊重和互助。协助推进欠发达少数民族教育、卫生、经济、交通等在内的社会经济的发展进步。"

第十五章总则中的第四百五十条规定："缅文是官方文字。"

第十五章总则中的第四百五十二条规定："对本宪法的序言、条、款、词汇、词语的含义进行解释时必须以缅文版本为准。"

从文字上看，以上国家颁布的宪法、法规体现了民族平等，尊重少数民族的语言、文字、艺术、文化的思想。但在实际过程中，缅甸的语文政策如何对待少数民族母语、华语、英语等问题，是需要我们去认识的。

（一）少数民族语言在缅甸语言生活中的地位及存在的问题

缅甸少数民族语言在国家语言生活中的地位，自 1988 年缅甸军政府上台以后，使用范围发生了较大改变。原来少数民族语言的使用范围是：家庭、村寨、学校、宗教活动、媒体等领域，但后来其在学校、媒体领域的使用逐渐受到较大的限制，甚至有许多地方已经不再在这两个领域使用。这是一个重大的变化。

1988 年军政府上台以前的吴努、奈温政府，曾经以公文或教育法的形式规定了各少数民族可以在家庭、村寨、学校、宗教活动以及媒体等领域自由使用自己的母语。吴努政府执政时在政府文件中规定：在少数民族邦内，公立中小学可教授该邦主要少数民族的语言，如掸语、克伦语、钦语、克耶语和孟语，只有当某个地区的主要少数民族人数少于其他少数民族时，才使用缅语作为教学语言；有文字的少数民族可以使用自己的文字出版报纸、刊物、教材等各类读物。奈温政府在 1966 年颁布的《教育法》中规定：民族地区的公立小学在二年级之前都要开展民族语言教学，教育部还印制了孟语、掸语、钦语、克钦语等语言教学的课本。如为二年级以上的学生开设语言课，可以在课余时间使用公立学校的教室。[①]

在这种背景下，各少数民族的母语得到了一定自由的使用。这里以景颇族文字的创制和使用为例来说明。

---

① 李佳：《缅甸的语言政策和语言教育》，《东南亚南亚研究》2009 年第 2 期。

1890年，美国牧师欧拉·汉森（Han son）博士和景颇族知识分子德冒诺和拉巴底等，在总结前人创制景颇文的经验教训的基础上，在缅甸八莫一带的景颇族地区，使用拉丁字母拼写景颇语，在1892年获得了成功。1895年，缅甸的英联邦政府宣布正式推行这套景颇文。

这套文字先在缅甸境内的景颇族聚居区景颇文教会学校使用，用它来教景颇文和传教。其中有影响的景颇文教会学校有：八莫、南坎、思巴坝、罗丹、罗孔、密支那、多彭央七所教会学校。在缅甸还曾用这套景颇文翻译出版了《圣经》《赞美诗》等宗教读物，编写了识字课本、景颇语歌曲和报纸、杂志等。1906年，在缅甸仰光还出版了由汉森主编的一本收词丰富、解释得当的中型景颇语与英语对照的词典——*Dictionary of Kachin Language*（《克钦语词典》）。该词典由缅甸仰光出版社1906年出版，1954年再版。这是第一部景颇语词典，收入15000多词条，较好地反映了景颇语的特点。此后，景颇文迅速在缅甸景颇族地区传播、推广，出版了数量较多的景颇文报纸、课本和读物。景颇文逐渐被景颇族所认可，成为代表他们民族的文字。

缅甸政府自1988年军政府上台至今，虽然在宪法及国家重要公文中都谈到各民族平等，但在实际中则限制少数民族语文的学校教育。我们在缅甸民族地区调查时也看到了这种情况。如2014年1月，在掸邦勃欧族生活的地区我们了解到作为缅甸一个合法的少数民族勃欧族，其语言勃欧语未能进入学校教育体系。勃欧人如果想学本民族语言，只能利用假期的时间去寺庙学习。又如2017年7月我们到克钦邦八莫县木瓜坝镇了解景颇族的语言生活，看到景颇语文只有在克钦独立军管辖区才能进入学校、媒体领域，而在缅甸政府管辖区的使用则受到限制。

（二）华语教育在缅甸的地位和问题

缅甸有为数众多的华人，而且与中国山水相连，历史上早就有过交流和合作。华文教育理应在缅甸的语言教育中占有重要的地位。但受到缅甸政府语文政策的限制，华语教育在缅甸语言生活中的地位时起时伏，甚至还有过艰难发展的历程。

英属殖民地时期，由于英国殖民政府对缅甸的华文教育没有特殊的限制，华文教育得到了一定的发展。如：1872年，华侨华人在仰光的广东观音庙开设了第一间教授华文的私塾，以《三字经》《千字文》作为教学内容。又如：1904年华侨华人创办了第一间正规的学校中华义学。到20世纪初，全国上下开办了数量不少的华校或华文教育班。吴努政府时期（1948—1962），尤其是自1950年6月8日缅甸与新中国建立外交关系后，华文教育迎来了新的发展机遇。据统计，1960年缅甸共有205所华校。

但到了 1962 年 3 月奈温政府上台后，缅甸的华文教育受到了限制。1965 年 4 月，缅甸政府颁布《私立学校国有化条例》，民间华校被收归国有。1967 年 "6·26" 排华事件后，华文补习班随之被禁止，缅甸的华文教育也因此走入低谷。此后，华人华侨只能以讲授佛经的名义开办华文补习班，谨慎地开展华文教育。

1988 年军政府上台后，特别是 20 世纪 90 年代以来，随着中缅边贸的发展及中国经济实力的强大，缅甸的华文教育有了新的发展。如：在果敢特区，华文教育得到了政府的特许；在曼德勒，福建同乡会于 1993 年开办了"福庆语言电脑学校"；在仰光，缅甸福建同乡会总会于 2002 年创办了仰光地区规模最大的一所汉语培训学校"福星语言与电脑学苑"。

从 2001 年起，中缅两国教育部联合在缅甸举办了中国汉语水平考试（HSK），中国向缅甸派遣汉语教师。2008 年 2 月，中国国家汉语言办公室与缅甸曼德勒福庆语言电脑学校及仰光语言与电脑学苑签订了建立"孔子课堂"的协议。

尽管如此，目前华语教育仍未能进入缅甸的公立学校，只能以私立学校或培训班的形式存在。

（三）英语在缅甸教学体系中的地位和问题

1824 年至 1885 年英国先后发动了 3 次侵缅战争，到 1886 年英国占领缅甸并将其划为英属印度的一个省。在英国殖民统治时期，英语被规定为缅甸的官方语言，在缅甸国内通用。这一时期，英国殖民当局还在全国各地开设了用英语或英、缅双语进行教学的学校，规定从幼儿园到大学都要用英语教学。如：1835 年在毛淡棉、1837 年在皎漂、1844 年在实兑开办了用英、缅两种语言进行教学的学校；1852 年在英国侵占下缅甸以后，又在仰光、勃固、东吁、卑谬等地开设了用英语或英、缅双语进行教学的学校。

1948 年 1 月 4 日缅甸脱离英国的殖民统治宣布独立后，缅语替代了英语官方语言的地位，英语降格为第二语言。但英语在缅甸的使用范围仍很广泛，在 20 世纪 50 年代其地位仅次于缅语。到奈温政府时期，为消除英国殖民统治对缅甸的影响，英语的地位从第二语言变为外语。

1964 年以后，小学取消了英语课，到初中阶段才开设英语课程，这在一定程度上造成了英语教学水平的滑坡。70 年代末，英语的重要性再次受到关注，教育部特地召开会议探讨英语教学的作用。1981 年，为提高教育的整体水平，英语再次被定位为一门必修课，从幼儿园教起。英语还作为高中的教学语言之一，教授自然类和经济类课程。在媒体领域，国家电视新闻都用缅、英双语播出，国内几类大报都有缅、英两种文本。

随着缅甸经济的发展和国际合作的不断扩大，特别是 1997 年缅甸加入东盟以来，英语教育再次升温，在缅甸各级学校的语言教学中占有相当的比例。如：初等小学阶段和高等小学阶段的共同核心课程是缅文、英文和数学。缅甸的中学教育也同样重视英语学习。中学毕业之后，学生能用英语进行日常生活对话，英语还成为初中和高中入学考试的科目之一。在高考中，英文与缅文、数学都是必考科目。

二、缅甸景颇族语言教育的现状

缅甸景颇族教育存在比中国景颇族语言教育更为复杂的特点。特点之一是，缅甸景颇族同样存在支系的划分，每个支系都有自己的语言，支系语言成为日常使用的母语，但是在近百年来的发展过程中，由于他们统一使用书写景颇支系语言的景颇文，景颇语已成为不同支系的通用语，也成为他们的母语。这就存在不同的支系如何对待支系语言和民族通用语的关系问题。特点之二是，当前景颇族生活的地区有的由缅甸政府管辖，有的属于克钦独立军管辖。不同的管辖区在对待景颇族通用语景颇语是否进入学校教育体系的问题上，存在不同的做法，有着不同的教学体系。特点之三是，缅甸景颇族除了学习本族通用语外，还要学习本支系的母语，以及国家通用语缅语、外语等。这些不同的语言构成了景颇族语言教育的系统。下面对这些语言的教育情况分别加以介绍。

（一）景颇族通用语景颇语的教育

景颇族通用语景颇语的教育，在缅甸政府管辖区和克钦独立军管辖区具有不同的特点，突出表现在景颇语的学校教育上。在克钦独立军管辖区，景颇语能进入幼儿园、小学、中学乃至大学等各级学校，学校一般从幼儿园开始直到大学都开设有景颇语课。而在缅政府管辖区，景颇语不能进校园。

因此，生活在这两个不同区域的景颇族，在通用语景颇语的掌握途径上存在较大差异。这种差异表现在，缅甸政府管辖区的景颇族，由于景颇语学校教育的缺失，家庭、村寨、族内、教堂、培训班成为他们习得景颇语的主要场所。尤其是景颇支系以外的景颇族，要学习通用语，由于缺少家庭的环境，更需要依靠村寨、族内、教堂、培训班四个场所习得。而克钦独立军管辖区的景颇族，习得通用语景颇语的过程中，家庭、村寨、族内、学校、教堂各自发挥着不同的作用。下面分别分析两个区域通用语的教育情况。

1. 缅甸政府管辖区的通用语教育

尽管缅甸政府管辖区不在学校开设景颇语课，但景颇族大多还会自己的民族通用语及文字，其途径有以下一些。

（1）通过家庭教育、村寨教育、族内教育、教堂教育等多种途径学会景颇语

例如：Labang Na San Ra，今年 17 岁，景颇族景颇支系，目前在德宏高等师范专科学校留学。她出生的村寨 Shatapru 属缅甸军政府管辖区，从该村坐汽车到我国的德宏州陇川县章风镇需 1 天的时间。村里有景颇族、缅族、傣族、印度人、汉族等民族的村民 50 多户，以景颇族居多。Shatapru 村各民族村民普遍掌握自己的母语，还大多兼用缅语。在家庭内部，各民族村民说自己的母语。在村寨内，景颇族各支系间说景颇语，各支系与其他民族如缅族、傣族、汉族、印度人交流时说缅语；缅族、傣族、印度人、汉族相互间也说缅语。

Labang Na San Ra 出生在族际婚姻家庭，父亲是傈僳族，母亲是景颇族景颇支系，Labang Na San Ra 的民族成分随母亲。她家共有 5 口人，家人普遍掌握景颇语、缅语、傈僳语，她和母亲还会浪速语。

当我们问到她是如何学会景颇语的问题时，Labang Na San Ra 告诉我们，她首先通过家庭教育掌握了景颇语，接着村寨领域的交流使她的景颇语不断得到巩固和提升，教堂对她的景颇语文尤其是景颇文的学习发挥了重要的作用。因为从小母亲和家人就教她说景颇语，在家里与家人、在村寨内与景颇族村民交流时她都是使用景颇语。周末她还会和家人去教堂做礼拜。教堂使用的《圣经》是景颇文版的，大家在一起都是用景颇语诵读《圣经》、唱赞美诗。

可见，Labang Na San Ra 是通过家庭教育、村寨教育、族内教育、教堂教育等多种途径学会景颇语的。

（2）通过与景颇支系的交流学会景颇语

例如：Dau Yang 是浪速支系，在家庭、村寨里都说浪速语，上的学校是缅文学校，而她又能熟练地掌握景颇语和景颇文。当我们好奇地问她是如何学会景颇语文的问题时，Dau Yang 告诉我们，她是上学时在学校向景颇支系的同学学会的，平时与景颇支系同学还用景颇文通信。

这个例子说明，非景颇支系 Dau Yang 学习景颇族通用语不是靠家庭，而是靠与景颇支系的交流学会的。

又如：排永强，1972 年出生在德宏州盈江县弄璋镇南缓村，景颇族载瓦支系。1980 年在南缓村村小拱另小学上学，1985 年在弄璋镇三中（原四中）上初中，1988 年在旧城上高中。由于生活在载瓦支系的聚居区，在国内没能学会景颇族通用语。1992 年至 1998 年在缅甸密支那一个玉石场做了 6 年的玉石生意。到缅甸密支那玉石场工作后，因为他周围的景颇族都说景颇语，在景颇语环境中，他自然很快就学会了景颇语。

这个例子说明，在缅甸政府管辖区虽然学校不开设景颇语文课，但景颇族非景颇支系的人也能通过与周围景颇支系的交流学会景颇语文。

（3）教堂是缅甸政府管辖区景颇族各支系学会景颇语的主要场所

以曼德勒为例，散居的景颇族各支系主要通过教堂学会景颇语文。2014年1月，我们对曼德勒（属于缅政府管辖区）景颇族的语言生活进行了调查。获知曼德勒有景颇族200多户1500多人，他们散居于曼德勒各地。200多户景颇族中，景颇支系的人口最多，载瓦、勒期、浪速等支系各有少量。曼德勒的景颇族主要来自克钦邦，迁入的时间并不太长。据了解，最早迁入曼德勒的一批景颇族大概是在第二次世界大战期间，后来也有少数景颇族士兵和政府公务员随着部队和政府部门来到曼德勒生活，最近20年因战乱或求学又有不少景颇族迁入曼德勒居住。迁入曼德勒的景颇族主要从事玉石买卖、农业种植、水产养殖等职业。

我们利用随机抽样调查的方法，对生活在曼德勒市区的13户景颇族家庭的66人（属景颇族的有63人，另有3人是与景颇族通婚的其他民族）进行了调查。这63名景颇族中，景颇支系54人，载瓦支系3人，浪速支系2人，勒期支系4人。调查结果显示，63名景颇族熟练掌握景颇语的比例高达95.2%，3个载瓦人、2个浪速人、4个勒期人全部熟练掌握景颇语，54个景颇人中有1人略懂景颇语、2人不会景颇语。这3人是来自景颇族与傣族通婚的族际婚姻家庭的孩子。他们的父亲是景颇支系，母亲是傣族。

这13户景颇族散居在曼德勒市各地，平时缺乏使用景颇语的环境，在学校也没有学习景颇语文的机会，怎么会普遍掌握景颇语。特别是3个载瓦人、2个浪速人、3个勒期人在家庭教育、族内教育缺位的情况下，又是如何熟练掌握景颇语的。经了解，教堂教育是他们掌握景颇语的最重要的一个途径。

据了解，曼德勒90%以上的景颇族信仰基督教。基督教与他们的生产、工作、生活紧密联系在一起，他们的日常生活处处受到基督教的影响。他们在接受基督教之后，面对景颇语不能进入学校的无奈现实，就将景颇语教育与基督教活动结合起来，借助宗教的强大力量，通过教会的形式，学习景颇语文及其他的本民族文化知识。这种情况下，教堂教育成为他们习得景颇语文的重要场所。

下缅甸克钦浸礼教协会（Lower Myanmar Kachin Baptist Association）总部就设在曼德勒市Chanmyatharzi镇Aungpinle区，那是一个很大的活动中心。每到假期，绝大多数景颇族家长就会把孩子送到那里参加克钦语言文化知识学习班。在那里，孩子们学习读写景颇文，学习用景颇语诵读《圣经》，还学习建房、种菜、缝纫等生活技能。所有的教学内容都用景颇语教授。

在曼德勒市区还有一个景颇族的基督教堂,每逢周日或圣诞节、新年等重要节日时,曼德勒的景颇族大多会去那里做礼拜。每个周日教堂要接待近 800 人,圣诞节或新年时去教堂的则会多达 1000 人。礼拜时,教堂会根据景颇族是来自族际婚姻家庭与否来安排做礼拜的具体时间。8:00—10:00 时间段属于来自族际婚姻家庭的景颇族,约 200 人参加;10:00—12:00 时间段属来自族内婚姻家庭的景颇族,约 600 人参加。教堂的语言使用情况是:族内婚姻家庭的景颇族礼拜时使用景颇语;族际婚姻家庭的景颇族礼拜时则使用缅语。我们还看到,教堂除了作为宗教场所开展宗教活动外,还作为景颇族文化协会和景颇族青年学生会的活动场所,发挥着传播景颇族文化的功能。

(4)培训班是缅甸政府管辖区一部分景颇族各支系学会景颇语的另一重要场所

例如:Ah ra,今年 24 岁,掸邦南坎县 Mung Wi Mare 村的景颇族景颇支系,现在我国德宏州瑞丽市的一个加油站打工。

Mung Wi Mare 村属缅甸政府管辖区,距离瑞丽口岸约 3 个小时的车程。该村村民从民族构成看,有景颇族、傣族、汉族、缅族。其中傣族最多,汉族和景颇族的人口持平,缅族最少。该村有一所 1—10 年级的学校,学校只开设缅语课和英语课。

该村村民的语言能力是:景颇族的语言能力最强,绝大多数掌握景颇语、汉语、傣语、缅语四种语言;汉族除会自己的母语外,还普遍兼用傣语和缅语;傣族除会自己的母语外,也普遍兼用汉语和缅语。该村景颇族和其他民族交流时,都使用对方的民族语言,如和汉族说汉语。

Ah ra 会景颇语、汉语、傣语、缅语。她告诉我们,她的景颇语文是在村里的私立景颇语培训班学会的。Mung Wi Mare 有一所 1-5 年级的景颇语培训班,教师由村里的村民担任,教材由克钦邦提供。培训班每年利用缅甸政府公立学校 3—6 月放假的时间为村里的景颇族教授景颇语文,每天上课时间是上午 9:00—12:00,下午 1:00—3:30。任课教师的课酬由村民自行筹集发放,但课酬不高。为了传承本民族的语言,景颇族家长都希望孩子能学会景颇语文,孩子的学习热情也很高。

2. 克钦军管辖区的景颇族通用语教育

与缅甸军政府管辖区的景颇族相比,克钦军管辖区的景颇族,在习得景颇族通用语的过程中,家庭、村寨、教堂教育的情况基本一致,只是增加了学校教育这一环节。因此,这部分我们将重点介绍这一地区景颇族通用语的学校教育。以克钦邦八莫县木瓜坝镇为例。

木瓜坝镇有景颇族、汉族、傣族、傈僳族,以景颇族为主。景颇族中,又以景颇族支系居多，另外还有载瓦、勒期、浪速等支系。该镇隶属克钦邦八莫县，是克钦军管辖区。距离我国瑞丽市户育乡班岭口岸只有3公里，两地以南宛河为界。

该镇景颇族各支系的母语都保存较好。各支系间，景颇语是强势语言，是通用语。缅语是国家通用语，接受过学校教育的都会缅语。部分来中国留过学或与中国人接触、交往较多的还会汉语。如镇医院妇产科医生道仙（Dau Seng），今年33岁，是景颇族浪速支系。会浪速语、景颇语、缅语、勒期语，略懂载瓦语、汉语。她曾在我国保山中医药高等专科学校学习过3年，学会了一些汉语。

八莫县克钦军管辖区共有23所学校，3000多名学生。学校普遍开设景颇语。学校的学制是：小学6年，初中3年，高中3年。景颇语文的授课情况是：1—3年级景颇语文在语言课中所占比例较大，3年级后慢慢削弱。

木瓜坝镇公立高级学校（Asuya Lahta Tsang Jong）由幼儿园、小学部、初中部、高中部组成，高中部去年才开始招生。学校办学条件艰苦，校舍由一排两层楼的木质结构教室及两排竹篾结构的平房组成，有些教师甚至还带着或背着小孩来上课，有些班级连课桌都没有。

学校共有学生450人，教师28人。目前学校有18个班级，其中幼儿园（Ningnan Hpung）1个班，1年级（Tsang1）1个班，2年级（Tsang2）1个班，3年级（Tsang3）2个班，4年级（Tsang4）2个班，5年级（Tsang5）2个班，6年级（Tsang6）1个班，7年级（Tsang7）1个班，8年级（Tsang8）1个班，9年级（Tsang9）3个班，10年级（Tsang10）3个班。

学校教师都会景颇语、载瓦语、缅语、英语。学校授课语言是景颇语，学生有听不懂的地方也会用载瓦语、缅语、英语进行解释。

学校每天有7节课，每节课45分钟。景颇语文课开设的总体状态是：从幼儿园到4年级周课时不断递减，到5年级往后直至10年级，周课时一直维持在5个。该校景颇语文课的具体开设情况是：幼儿园每周有景颇语课8个课时，1年级每周有景颇语课7个课时，2年级每周有景颇语课6个课时，3年级A班（Tsang3A）每周有景颇语课7个课时，3年级B班（Tsang3B）每周有景颇语课5个课时，4年级A班（Tsang4A）、B班（Tsang4B）每周有景颇语课6个课时，5—10年级都是每周有景颇语课5个课时。从幼儿园到10年级该校景颇语文的开设情况如图6-1所示。

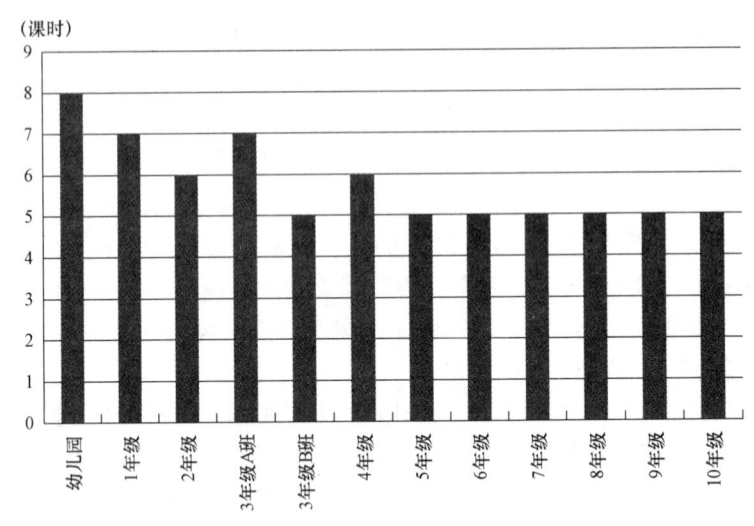

图 6-1　木瓜坝镇公立高级学校各年级景颇语文开设课时

可见，该地区景颇语的学校教育在通用语的习得过程中发挥着重要的作用。

在克钦军管辖区，媒体教育在通用语的教育中也发挥着一定的作用。在该镇能看到由拉扎（Laza）出版的景颇文读物，也能收放由拉扎播送的景颇语电视。景颇族各支系可以通过景颇文读物、景颇语电视习得景颇语文。

（二）各支系母语教育

缅甸景颇族各支系普遍掌握自己支系的母语。在支系母语掌握的途径上，各支系存在一定的差异。景颇语作为景颇族通用语，除在家庭内部普遍使用外，还广泛应用于景颇族各支系、教堂等语域，在克钦独立军管辖区还是唯一进入学校教育、媒体领域的语言。因此，景颇支系往往可以通过家庭、村寨、族内、教堂等途径掌握母语，甚至还可以通过学校、媒体教育等途径掌握母语。而载瓦、浪速、勒期、波拉等支系则主要通过家庭教育、村寨教育掌握支系母语。

载瓦、浪速、勒期、波拉等支系的支系母语教育，因为不存在学校教育，所以不因管辖区的不同而出现差异。但会因聚居或杂居的差异在学习途径上出现差异。某一支系聚居的人，他们可以通过家庭、村寨教育学习支系语言，而各支系或与其他民族杂居的地区，由于村寨一般使用景颇族通用语，因而母语教育主要依靠家庭。

1. 通过家庭教育和村寨教育相结合的途径学习支系语言

例如：Dau Yang，今年 22 岁，景颇族浪速支系，缅文学校 10 年级毕业，目前在德宏州芒市某一餐馆做服务员。她生长的村寨 Bangnoi Namrim 位于掸邦 KutKai Grinwang 区。KutKai Grinwang 区属缅甸军政府管辖区。

Bangnoi Namrim 村距离缅甸掸邦的勐姐（靠近我国德宏州的瑞丽市）约 3 个小时的车程。该村有 80 户人家，全是浪速支系。村民生活困难，主要靠种植水田为生。周围有 Bang Noi 和 Man Pyin 两个村寨。村寨 Bang Noi 生活着景颇族浪速支系、傈僳族、汉族，以景颇族浪速支系居多；村寨 Man Pyin 也生活着景颇族浪速支系、傈僳族、汉族，以汉族居多。

Bangnoi Namrim 村的村民普遍掌握自己的母语浪速语，还普遍兼用景颇语、缅语，部分村民还会汉语。在家庭及村寨内部都使用浪速语，在教堂做礼拜时使用景颇语，和周围村寨的其他民族如缅族、傈僳族、汉族主要说缅语。村里只有一所从 1 年级到 4 年级的小学，4 年级以后孩子需要到别的寨子上学。学校从 1 年级到 10 年级都开设缅语文课、英语课。

Dau Yang 的父母都是景颇族浪速支系。她家有 13 口人，家人除两个妹妹 Dau Nyi 和 Dau Tsai 不会景颇语外，其他普遍掌握浪速语、景颇语、缅语。父母及大哥 Dau Hkawng、二哥 Dau Lum、四哥 Dau Hawng、大姐 Dau Naw、二姐 Dau Nan、三姐 Dau Nyoi、四姐 Dau Tse 还都略懂汉语。二姐 Dau Nan（嫁来我国）、四姐 Dau Tse（在我国德宏州芒市打工）还会载瓦语。

Dau Yang 告诉我们，她的浪速语主要是通过家庭教育、村寨教育两种途径掌握的。在家里，从小母亲和家人就教她说浪速语。在村寨里，因村民全部是浪速人，与他们交流时也都是说浪速语。

2. 主要通过家庭教育学习支系语言

例如：波拉南当峦哲，今年 56 岁，景颇族波拉支系，缅文学校小学毕业，出生在缅甸掸邦九谷镇邦卡村，祖籍是我国德宏州芒市三台山允欠寨。1958 年，为了谋生他父亲跑到缅甸掸邦的邦卡寨。1982 年波拉南当峦哲回到祖籍地，1983 年成家，其妻子丁况业是景颇族浪速支系。他们生有 3 个孩子，2 男 1 女。老大叫波拉南当志孔，娶了缅甸德昂族的媳妇，现生有一个男孩，今年 7 岁。老大现已去世。老二叫波拉南当志恩，现在还没成家。

波拉南当峦哲小时候生活的村寨邦卡，隶属缅甸掸邦九谷镇，现为缅甸政府管辖区。从邦卡村到我国德宏州瑞丽市的畹町，走路需 1 小时左右。该村是一个由景颇族各支系及日旺、傈僳族等构成的杂居村，共有 50 来户 300 多人。其中景颇族景颇支系的人口最多，波拉支系只有 6 户 29 人。景颇族不同支系或不同民族的村民会互相通婚。村民主要靠种田为生。

邦卡村村民普遍掌握自己的母语及缅语。除生活在山区的傈僳族外，村民还普遍兼用其他支系或民族的语言。如景颇族景颇支系的村民，通常会景颇语、缅语、载瓦语、浪速语、勒期语、波拉语、日旺语。村里的学校，现在只开设缅语文课、英语课。

波拉南当峦哲在缅甸时，家里共有 9 口人，家人都会波拉语、景颇语、载瓦语、浪速语、勒期语、日旺语、缅语，也略懂傈僳语。现在波拉南当峦哲生活在缅甸的家人还经常会和祖籍地芒市三台山允欠寨的波拉人用波拉语联系。比如节日、婚丧嫁娶他们都会互相走动，在一起时他们都说波拉语。现在他们还建立了微信群，聊微信时彼此用波拉语通话。如德宏州芒市教育局主任科员孔志恩，是芒市三台山乡允欠寨波拉人，现在正在统计我国及缅甸波拉支系的人口情况，有关缅甸波拉人口数据不清楚的地方，他就会用波拉语通过微信和缅方的波拉人联系询问情况。

当我们问及波拉支系作为村寨内人口较少的支系母语为何还保存如此完好时，波拉南当峦哲告诉我们，家人从小最先学会的语言都是波拉语，和村寨内少数几户波拉人交流时也都说波拉语，久而久之自然就会讲了。可见，波拉南当峦哲等波拉人主要靠家庭教育学会了波拉语，当然村寨的语言教育也起着一定的补充作用。

（三）国语（缅语）的教育

缅语是缅甸的国语，是缅甸各民族包括景颇族在内相互间交流的重要工具。目前，无论是生活在缅甸政府管辖区的景颇族还是生活在克钦军管辖区的景颇族，为了谋求更好的生存和发展，都会积极、主动学习缅语文。这种国家通用语的意识，在缅甸景颇族中是普遍存在的。

生活在缅甸政府管辖区和克钦军管辖区的景颇族，在缅语文教育上，相同点是主要的，不同点是次要的。相同点表现在学校教育都是两个地区景颇族学习缅语的主要途径，而且还靠媒体传播使他们的缅语水平得到进一步的巩固和提升。不同点表现在两个地区学校缅语课的比例、缅语的使用频率存在差异。缅政府管辖区学校缅语课的比例、缅语的使用频率要高于克钦军管辖区的学校。缅甸政府管辖区的学校，按照缅甸国家的统一部署，从幼儿园到 10 年级都开设缅语课，学校的语言课通常只有缅语和英语两门，授课语言是缅语；而克钦军管辖区的学校，从幼儿园到 12 年级（学制不同于缅甸政府管辖区）也都开设缅语课，但学校的语言课通常有景颇语、缅语和英语三门，授课语言主要是景颇语。克钦军管辖区的学校，由于多开设了一门景颇语课，其缅语课的比例自然要低于缅甸政府管辖区的学校。下面我们分别介绍缅政府管辖区和克钦军管辖区的景颇族的国家通用语缅语的教育情况。

1. 缅甸军政府管辖区的国家通用语缅语教育

缅甸军政府管辖区的景颇族主要通过学校教育习得缅语文，缅语文在媒体、村寨等领域中的使用，又使他们的缅语得到进一步的巩固和提升。

例如：Lahtaw Shing Rip，男，今年 21 岁，缅文学校 10 年级毕业，景颇族景颇支系，现在云南师范大学华文学院学习。他出生在 Laja Yang 村。

该村隶属克钦邦 Lai Za 县，属缅甸政府管辖区。Laja Yang 村靠近我国德宏州盈江县的那邦，从该村走路到那邦约需两个小时。Laja Yang 村有人口 40 多户，由景颇族各支系及日旺、傈僳等民族构成。寨子位于坝区，村民主要以种水田和旱地为生，也有部分村民做点生意。

Laja Yang 村各民族的母语保存完好，村民还普遍兼用缅语。该村景颇族的语言使用情况是：各支系在家说支系语言，在寨子里不同支系间说景颇语，跟其他民族说缅语。景颇语和缅语在该村的地位是：景颇语是景颇族各支系间的强势语、通用语；缅语是各民族间的通用语。村民包括景颇族认为为了发展、建设国家都要学习缅语。村寨里有幼儿园、小学、中学，高中时学生需要到县城就读。学制按照国家统一规定设置，小学 4 年（1—4 年级），中学 4 年（5—8 年级）、高中 2 年（9—10 年级）。村里的学校从幼儿园开始开设的语言课有缅语和英语两门。

Lahtaw Shing Rip 出生在景颇族家庭，父母都是景颇族景颇支系。他家共有 5 口人，家人普遍掌握母语景颇语，并兼用缅语。Lahtaw Shing Rip 告诉我们，从小他父母教他说景颇语，在村寨多数时候也是说景颇语，只是在与景颇族以外的其他民族交流时才说缅语，他和家人的缅语主要是通过学校教育的途径学会的，再就是依靠媒体，因为在家收看的电视基本上都是用缅语播放的。

可见，Lahtaw Shing Rip 主要通过学校教育习得缅语，而缅语在媒体、村寨等领域的使用，又使他的缅语得到进一步的巩固和提升。Lahtaw Shing Rip 就读学校的缅语课的具体开设情况，与缅甸国家规定的一致。

2. 克钦军管辖区的国家通用语缅语教育

在国家通用语缅语的习得途径上，克钦军管辖区的景颇族与缅甸军政府管辖区的景颇族一样，都主要是通过学校教育这一途径习得。但克钦军管辖区的学校由于增设了一门民族通用语景颇语课，且学校授课语言也是景颇语，因此，生活在克钦军管辖区的景颇族在学校习得缅语的机会要比缅甸军政府管辖区的景颇族少。下面我们还是以克钦邦八莫县木瓜坝镇的公立高级学校（Asuya Lahta Tsang Jong）为个案，介绍克钦军管辖区景颇族的国家通用语缅语的教育情况。

公立高级学校（Asuya Lahta Tsang Jong）缅语文课开设的总体状态是：从幼儿园到 2 年级周课时不断递减，到 3 年级往后直至 10 年级，周课时一直维持在 5 个。该校缅语文课的具体开设情况是：幼儿园每周有缅语课（Myan）9 个课时，1 年级每周有缅语课（Myan）8 个课时，2 年级每周有缅语课（Myan）6 个课时，从 3 年级往后到 10 年级都是每周有缅语课（Myan）5 个课时。从幼儿园到 10 年级该校缅语文的开设情况如图 6-2 所示。

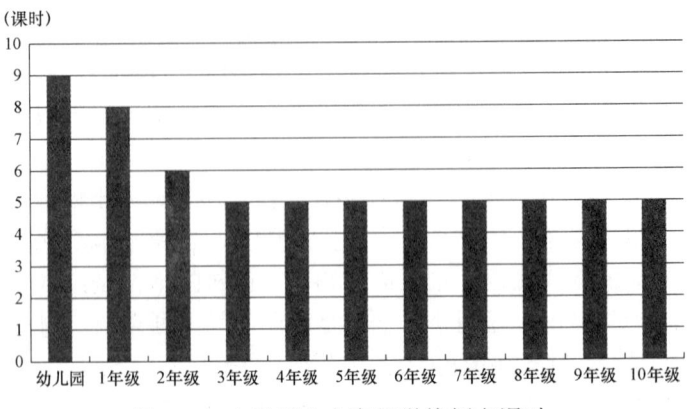

图 6-2 木瓜坝公立高级学校缅文课时

由于学校教育是景颇族习得缅语的最主要的途径，因此，景颇族中一些未能接受学校教育的老人甚至部分中青年人会出现不会缅语的现象。我们在调查中就遇到了这样的个案。如 Lashi Tu Lum，今年 60 岁，景颇族景颇支系，掸邦果开县 Mung Ya 寨人，文盲，现在在家务农。他因没上过学，加上寨子里的村民多是景颇族各支系及德昂族，在家里、寨子里多数时候说景颇语，与德昂族说德昂语，所以不会说缅语。又如 Hkawn San，今年 44 岁，景颇族景颇支系，掸邦 Mung gu 村人，文盲，现嫁给了中国一位河南男子，目前在德宏州芒市务工。由于没上过学，加上在家里、寨子里用景颇语就能满足日常交际的需要，所以不会说缅语。

（四）外语教育

受缅甸历史及当今国际形势等因素的影响，缅甸全国重视外语教育特别是英语教育，汉语教育正在兴起。部分景颇族地区目前也积极学习英语、汉语等外语。

1. 英语教育

英语教育在缅甸包括景颇族地区的外语教育中具有特殊的地位，这与缅甸曾被英属印度统治的历史及当今国际形势密切相关。1824 年至 1885 年英国先后发动了 3 次侵缅战争，到 1886 年英国占领缅甸并将其划为英属印度的一个省，直到 1948 年 1 月 4 日缅甸才脱离英国的殖民统治宣布独立。英国殖民统治时期，英语是缅甸的官方语言，也是学校的授课语言。缅甸独立后，为消除英国殖民统治的影响，几任政府曾一度限制英语在缅甸的地位，英语教育受挫。目前，随着缅甸经济的发展和国际合作的不断扩大，特别是 1997 年缅甸加入东盟以来，英语教育再次升温，在缅甸各级学校的语言教学中占有相当的比例。

在这种背景下，相当一部分景颇族也积极、主动地学习英语，并不同程度地掌握英语。目前，无论是在缅甸政府管辖区还是在克钦独立军管辖区，景颇族主要通过学校教育掌握英语。与国家通用语缅语教育的情况一样，生活在缅甸政府管辖区和克钦军管辖区的景颇族，在英语教育上，相同点是主要的，不同点是次要的。相同点表现在：在学习途径上，学校教育都是两个地区景颇族学习英语的最主要的途径；在教材上，初、高中，理科类课程如数学、物理、化学、生物、科学都采用英文版的教材。不同点表现在两个地区学校英语课的比例存在差异，缅政府管辖区学校英语课的比例要稍微高于克钦军管辖区的学校。缅甸政府管辖区的学校，按照缅甸国家的统一部署，从幼儿园到 10 年级都开设英语课，学校的语言课通常只有缅语和英语两门。而克钦军管辖区的学校，从幼儿园到 12 年级（学制不同于缅甸政府管辖区）也都开设英语课，但学校的语言课通常有景颇语、缅语和英语三门。克钦军管辖区的学校，由于多开设了一门景颇语课，其英语课的比例自然要低于缅甸政府管辖区的学校。

下面我们还是以克钦邦八莫县木瓜坝镇的公立高级学校（Asuya Lahta Tsang Jong）为个案，介绍克钦独立军管辖区景颇族的英语教育情况。

公立高级学校（Asuya Lahta Tsang Jong）英语课开设的总体状态是：从幼儿园到 3 年级周课时不断递增，到 4、5 年级时周课时有所下降，从 6 年级到 8 年级周课时又增加到 8 个，到 9、10 年级时，周课时又下降到 5 个。该校英语课的具体开设情况是：幼儿园每周有英语（Eng）课 6 个课时，1 年级每周有英语（Eng）课 7 个课时，2 年级每周有英语（Eng）课 8 个课时，3 年级 A 班（Tsang3A）每周有英语（Eng）课 7 个课时，3 年级 B 班（Tsang3B）每周有英语（Eng）课 8 个课时，4 年级 A 班（Tsang4A）每周有英语（Eng）课 5 个课时，4 年级 B 班（Tsang4B）每周有英语（Eng）课 6 个课时，5 年级 A 班（Tsang5A）每周有英语（Eng）课 7 个课时，5 年级 B 班（Tsang5B）及 6 年级、7 年级、8 年级每周有英语（Eng）课 8 个课时，9 年级、10 年级每周有英语（Eng）课 5 个课时。从幼儿园到 10 年级该校英语的开设情况如图 6-3 所示。

2. 汉语教育

由于缅甸和中国的地缘优势及中国经济的不断发展、国际地位的日益提高，越来越多的缅甸人包括景颇族都乐意学习汉语，汉语教育在缅甸特别是缅北地区取得了较大的发展。如从 2001 年起，中缅两国教育部联合在缅甸举办中国汉语水平考试（HSK），中国向缅甸派遣汉语教师。2008 年 2 月，中国国家汉语言办公室与缅甸曼德勒福庆语言电脑学校和仰光语言与电脑学苑签订了建立"孔子课堂"的协议。尽管如此，由于受 1967 年"6·26"

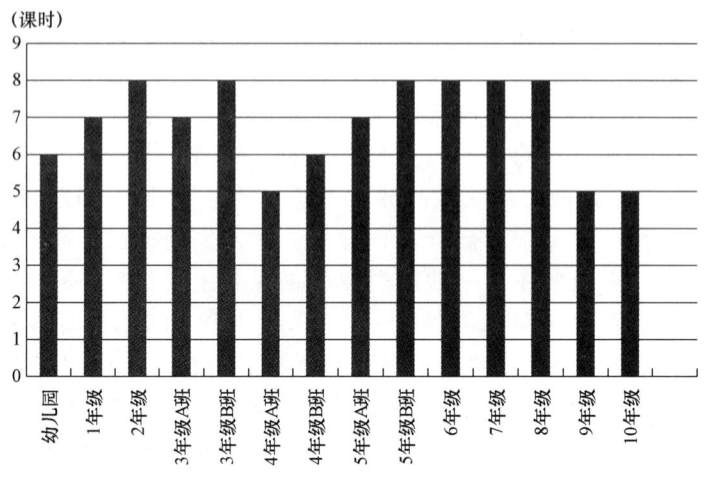

图 6-3　木瓜坝公立高级学校英文课课时

排华事件的影响，目前除果敢特区汉语教育得到政府特许能进入公立学校外，其他地方的汉语学校教育并未取得合法地位。人们如果想学汉语往往只能去私立学校学习。

缅甸的景颇族主要分布在与中国接壤的克钦邦、掸邦等地区，这些地区往往还生活着一定数量的汉族，加上中缅两国山水相连，边民互通有无，相当一部分的景颇族可以通过和汉族（中缅两国的汉族）的交往、私立学校的培训等途径学习汉语。

汉语教育因为不存在学校教育，所以不因管辖区的不同而出现差异，但会因居住在边境还是内地的差异在学习途径上出现差异。居住在中缅边境的景颇族，由于有较多接触汉族的机会，他们可以通过和汉族（中缅两国的汉族）的交往、私立学校的培训两种途径学习汉语。居住在缅甸内地的景颇族，由于接触汉族的机会相对较少，他们如果想要学习汉语只好去私立培训学校学习。

（1）通过与汉族的交往学习汉语

例如：Mariang，今年 23 岁，景颇族，在景颇语文学校上了三年学，现因与我国保山市龙陵县一位汉族男子结婚而生活在中国。她出生在掸邦 Mung Gu 村，该地区属缅甸政府管辖区。该村与我国云南芒市芒海只有一河之隔。村里有 1000 多户人家，由汉、景颇、傣、德昂等民族构成。各民族中以汉族居多，景颇族约 300 多户。村民有的在中国老板的帮助下开始种植甘蔗，而生活在山区的村民则主要种山地，也种水田，有些也种植甘蔗。

Mung Gu 村各民族的母语保存较好，接受过学校教育的村民还普遍能兼用国家通用语缅语。不少傈僳族还会说景颇语、浪速语。多数汉族也会说景颇语、浪速语、载瓦语。该村景颇族的语言使用情况是：在家庭内部，他们说自己的母语；在村寨，他们本民族内部说自己的支系通用语景颇语，与其他民族交流时，使用何种语言则会视自己及对方的语言能力而定。

Mariang 的父母都是景颇族景颇支系。她父亲已去世，母亲 3 年前改嫁给我国一位河南男子。她母亲会景颇语、浪速语、载瓦语。Mariang 的母语景颇语只是略懂水平，却熟练地掌握汉语。我们访谈时，她能自如地使用汉语和我们交流。Mariang 告诉我们，辍学后她就来芒市务工，后来又与中国人结婚，所以现在只会汉语，景颇语反而不会了。可见，Mariang 主要是通过与汉族交流学会汉语的。

（2）通过私立学校的培训学习汉语

如前文所说，由于汉语学校教育并未在缅甸除果敢特区以外的地方取得合法地位，景颇族如果想学汉语就会去私立学校学习。我们在克钦邦八莫县木瓜坝镇调研时，走访了木瓜坝圣光中文学校。该校是基督教开办的私立学校。下面以该校为个案介绍景颇族的汉语教育情况。

在该校任教、来自我国德宏州盈江县卡场的景颇族志愿者李晓东告诉我们，圣光中文学校建立于 2015 年，目前学校共有 7 个教师，学生人数则会因缅文学校放假与否有变动。缅文学校放假时，学生会多达 110—120 人，固定学生人数在 70 个左右。学生主要是景颇族、德昂族。景颇族中，以景颇支系为主，其次是载瓦支系，还有一些浪速支系，也有一两个傈僳人。学校从学前班到 5 年级，共有 6 个年级。学前班开设 6 门课，分别是拼音、语言、数学、圣经、音乐、体育。1—5 年级开设 7 门课，分别是语文、数学、英语、圣经、品德、音乐、体育。

（3）通过与汉族的交往和私立学校的培训两种途径学习汉语

例如：Zinnaw Zau Mun，今年 31 岁，景颇族载瓦支系（父亲是载瓦支系，母亲是景颇支系）。他在掸邦 Hpai kawng Hka Lum 寨出生。Hpai kawng Hka Lum 寨距离我国畹町 6 公里，共有 100 多户人口。寨子里有景颇族的景颇、载瓦支系及汉族、傣族等。以汉族居多，共有七八十户。他会景颇语、载瓦语、缅语、汉语。他们在寨子里与汉族交流时说汉语，他还上过汉语培训班，后来又去德宏芒市高等专科学校上过学，所以汉语说得很好。可见，Zinnaw Zau Mun 是通过与汉族的交往和私立学校的培训两种途径学会汉语的。

三、缅甸景颇族语言教育存在的问题及对我国景颇族语言教育的启示

科学地认识缅甸景颇族语言教育的定位及存在的问题，必须把握缅甸国家及景颇族的语言国情。总的看来，缅甸景颇族语言生活存在两对矛盾：

一是缅甸是一个多民族多语言的国家，而且是一个以缅语为国语的国家，存在各民族包括景颇族如何学好国语的重大任务；二是景颇族是一个存在多支系语言的民族，在语言生活中多种支系语言都在起作用，存在如何处理好自己支系语言的关系问题。这两对矛盾制约着缅甸景颇族的语言教育。

（一）如何处理好国语和景颇族母语的关系是一对主要矛盾

在这两对矛盾中，如何处理好国语和少数民族语言的关系是一对主要矛盾，即在缅甸的语文政策上要不要实现民族平等，尊重少数民族语言的使用，让少数民族既学会国语又保持使用自己的母语。

从目前的情况看，缅甸政府虽然在宪法及国家重要公文中，都谈到各民族平等，但在实际中则限制少数民族语文的学校教育。这样做的结果，既妨碍了民族教育的正常发展，又引发了民族矛盾和冲突。在我们的调查中，常看到、听到这样的例子。

景颇族在缅甸分布相对聚居，20世纪80年代以前他们一直在学校使用景颇语文进行中小学教育，在教会用景颇语文传教，并有景颇文的报纸、杂志等，如今他们使用景颇语文的权利受到限制，在缅政府管辖区学校不再开设景颇语文课，学生想要学习本族语文只好到教堂去学习。

（二）如何处理好景颇族各支系语言的关系要有未雨绸缪的意识

缅甸景颇族和中国景颇族一样，存在支系、支系语言的划分，支系和支系语言同样是民族特征之一，各支系对自己的支系语言都怀有强烈的情感，支系和支系语言都存在稳定性、长期性的特点。支系和支系语言的特征是历史形成的，有其客观的必要性和合理性。在缅甸，景颇族是克钦邦的主体民族，需要有一个民族的通用语。景颇支系由于人口多，加上又有代表这一支系语言的景颇文，景颇语自然成为各支系的通用语。多年来，其他支系都兼用景颇语。在这种情况下，其支系语言就必然成为弱势语言，其存在和发展受到一定的限制。所以，如何保护这些弱势的支系语言应当成为景颇族解决族内语言关系的一项内容。虽然这一矛盾目前还不突出，但在一定条件下可能会加深。所以，在处理缅甸景颇族语言关系的问题上必须要有解决好各支系语言关系的意识。

缅甸景颇族的语言教育对我国办好景颇族的语言教育有着一定的启示。我国景颇族是国内的一个小小民族，受到国家政策的特殊照顾。享受国家民族平等、语言平等的政策恩惠。中华人民共和国成立以来，景颇各支系语言的使用和发展得到国家法律的保护，在家庭、村寨、学校和媒体各个领域都能得到自由使用。景颇人不会因说自己的民族语言受到歧视，而是以会说本族语为荣。这一点与缅甸政府管辖区的情况形成鲜明对比。来到中国的景颇人，看到中国平等的民族政策、语言政策都情不自禁地赞叹中国的政策好。

但是由于现代化进程的快速发展以及人们追求上进的心理，会出现忽略弱势语言的保护和发展的现象。如在中国的景颇族地区，目前景颇族母语的使用还不尽如人意，有些该进行景颇族母语教学的地区没有真正实行用母语授课。有些地区不同程度地出现了青少年母语水平下降的现象。虽然本族人还没意识到问题的存在，觉得当前主要任务是解决好国家通用语的使用，但政府必须要从长远考虑，解决好通用语和母语关系的问题，切实让景颇族既学好国家通用语，又能保存好自己的母语，实现"两全其美"。

附录：调查个案及访谈录

附录一：调查个案

个案一：克钦邦八莫县木瓜坝镇（NBA PA）概况

一、民族、人口、地理位置

该镇有景颇族、汉族、傣族、傈僳族等民族，以景颇族为主。景颇族中，又以景颇族支系居多，另外还有载瓦、勒期、浪速等支系。

该镇隶属克钦邦八莫县，是克钦独立军管辖区。距离我国瑞丽市户育乡班岭口岸只有3公里，两地以南宛河为界。

二、语言使用及语言态度

景颇族各支系的母语都保存较好。但在各支系间，景颇语是强势语言，通用语。缅语是国家通用语，接受过学校教育的都会缅语。部分来中国留过学或与中国人接触、交往较多的还会汉语。

Myitung Brang Seng，今年31岁，是傈僳人。会傈僳语、载瓦语、缅语、景颇语，也懂日常汉语。他出生、成长的寨子除傈僳人外还有景颇族载瓦支系。小时候在家庭内部及寨子里学会了傈僳语、载瓦语，上学后学会了缅语。17岁参军后学会了景颇语。通过与中国人交往，学会了简单的日常汉语。

又如，镇医院妇产科医生道仙（Dau Seng），今年33岁，是景颇族浪速支系。会浪速语、景颇语、缅语、勒期语，略懂载瓦语、汉语。她曾在我国保山中医药高等专科学校学习过3年，学会了一些汉语。

再如，八莫县的Zinnaw Zau Mun，今年31岁，是景颇族载瓦支系（父亲是载瓦支系，母亲是景颇支系）。他在掸邦Hpai Kawng Hka Lum寨出生。Hpai Kawng Hka Lum寨距离我国畹町6公里，共有村民100多户。寨子里有景颇族的景颇、载瓦支系及汉族、傣族等。以汉族居多，共有七八十户。他会景颇语、载瓦语、缅语、汉语。他们的寨子与汉族交流时说汉语，他还曾在德宏芒市高等专科学校上学，所以汉语说得很好。

三、学校教育情况

八莫县的 Myitung Lasom 告诉我们，八莫县克钦军管辖区共有 23 所学校，3000 多名学生。学校普遍开设景颇语、缅语、英语等语言课，另外还有专门的汉语学校。学校的学制是：小学 6 年，初中 3 年，高中 3 年。语言课的具体授课情况是：1—3 年级以教授景颇语文为主，3 年级后慢慢削弱。缅语文从学前班开始就教授，每天 1 个课时，每周共 5 个课时。

为了更好地掌握该镇学校教育情况，在 Myitung Lasom、Myitung Brang Seng 等陪同下，我们走访了公立高级学校（Asuya Lahta Tsang Jong）和木瓜坝圣光中文学校。

公立高级学校（Asuya Lahta Tsang Jong）由小学部、初中部、高中部组成，高中部去年才开始招生。学校办学条件艰苦，校舍由一排两层楼的木质结构教室及两排竹篾结构的平房组成，有些教师甚至还带着或背着小孩来上课。有些班级连课桌都没有。我们走进一高中班时，学生正在考试，多是趴在椅子或凳子上甚至坐在地上答题。

学校校长告诉我们，学校共有学生 450 人，教师 28 人。目前学校有 18 个班级，其中学前班（Ningnan Hpung）1 个班，1 年级（Tsang1）1 个班，2 年级（Tsang2）1 个班，3 年级（Tsang3）2 个班，4 年级（Tsang4）2 个班，5 年级（Tsang5）2 个班，6 年级（Tsang6）1 个班，7 年级（Tsang7）1 个班，8 年级（Tsang8）1 个班，9 年级（Tsang9）3 个班，10 年级（Tsang10）3 个班。

学校每天有 7 节课，每节课 45 分钟。从学前班到 2 年级，开设的课程有景颇语（Kachin）、缅语（Myan）、英语（Eng）、科学（Sci）、数学（Math）、思想品德课（Shinggyim Lailen）。学前班每周景颇语（Kachin）课有 8 个课时，缅语（Myan）课有 9 个课时，英语（Eng）课有 6 个课时；1 年级每周景颇语（Kachin）课有 7 个课时，缅语（Myan）课有 8 个课时，英语（Eng）课有 7 个课时；2 年级每周景颇语（Kachin）课有 6 个课时，缅语（Myan）课有 6 个课时，英语（Eng）课有 8 个课时。

从 3 年级到 4 年级，开设的课程有景颇语（Kachin）、缅语（Myan）、英语（Eng）、科学（Sci）、数学（Math）、社会学（Soc）、思想品德课（Shinggyim Lailen）。3 年级 A 班（Tsang3A）每周景颇语（Kachin）课有 7 个课时，缅语（Myan）课有 5 个课时，英语（Eng）课有 7 个课时；3 年级 B 班（Tsang3B）每周景颇语（Kachin）课有 5 个课时，缅语（Myan）课有 5 个课时，英语

（Eng）课有 8 个课时；4 年级 A 班（Tsang4A）每周景颇语（Kachin）课有 6 个课时，缅语（Myan）课有 5 个课时，英语（Eng）课有 5 个课时；4 年级 B 班（Tsang4B）每周景颇语（Kachin）课有 6 个课时，缅语（Myan）课有 5 个课时，英语（Eng）课有 6 个课时。

从 5 年级到 8 年级，开设的课程有景颇语（Kachin）、缅语（Myan）、英语（Eng）、科学（Sci）、数学（Math）、历史（His）、地理（Geo）。5 年级 A 班（Tsang5A）每周景颇语（Kachin）课有 5 个课时，缅语（Myan）课有 5 个课时，英语（Eng）课有 7 个课时；5 年级 B 班（Tsang5B）和 6 年级、7 年级、8 年级都是每周景颇语（Kachin）课有 5 个课时，缅语（Myan）课有 5 个课时，英语（Eng）课有 8 个课时。

Tsang9 Art 和 Tsang10 Art 班开设的课程有景颇语（Kachin）、缅语（Myan）、英语（Eng）、数学（Math）、历史（His）、地理（Geo）、经济（Eco）。Tsang9 Eco 和 Tsang10 Eco 班开设的课程有景颇语（Kachin）、缅语（Myan）、英语（Eng）、数学（Math）、化学（Chem）、物理（Phy）、经济（Eco）。Tsang9 Bio 和 Tsang10 Bio 班开设的课程有景颇语（Kachin）、缅语（Myan）、英语（Eng）、数学（Math）、化学（Chem）、物理（Phy）、生物（Bio）。这些班级的景颇语（Kachin）、缅语（Myan）和英语（Eng）课都是每周 5 个课时。

学生大多还愿意学汉语，但学校只有一个汉语教师。学生只能早晚学汉语。

教师都会景颇语、载瓦语、缅语、英语。授课语言是景颇语，学生有听不懂的地方也会用载瓦语、缅语、英语进行解释。

木瓜坝圣光中文学校是基督教开办的中文学校。学校建校才两年多。来自我国德宏州盈江县卡场的景颇族志愿者李晓东在该校任教。他曾在我国云南修完林业专业的课程，然后去仰光学习了 4 年神学，后来在八莫工作将近 6 年。他告诉我们，学校共有 7 个教师，学生人数则会因缅文学校放假与否有变动。缅文学校放假时，学生会多达 110—120 人，固定学生人数在 70 个左右。学生主要是景颇族、德昂族。景颇族中，以景颇支系为主，其次是载瓦支系，还有一些浪速支系，也有一两个傈僳人。

学校从学前班到 5 年级，共有 6 个班级。学前班开设 6 门课，分别是拼音、语言、数学、圣经、音乐、体育。1—5 年级开设 7 门课，分别是语文、数学、英语、圣经、品德、音乐、体育。

木瓜坝的 Gumhtang Myu Len 告诉我们，该镇教育存在两个突出的问题。一是学生毕业后就业难，这严重影响了学生求学的积极性。该镇适龄儿童基本上都能上学，学生高中毕业或大学毕业后很难找到工作，这严重影响了学生求学的积极性。二是缺乏教材。该镇使用的克钦语教材是由克钦邦编制的，各学校需要向克钦邦政府购买。这几年由于战乱，学校停止了收费，支付教材的费用吃紧，导致各学校缺乏教材、课本。

四、医疗情况

木瓜坝镇有一所镇医院。该医院医疗设备简陋、条件落后。医院由几间简陋的平房组成。目前只设有内科、妇产科。内科、妇产科各有 1 名医生。院长学五官科出身。这几个医生都曾经到我国保山中医药高等专科学校学习过。院长告诉我们，医院由于设备简陋、落后，连胸透器等基本的医疗设施都没有，他们平时只能医治一些病情较轻的病人，病情较重的病人只能转移到 20 公里外的迈扎央（Maijayang）地区的医院。妇产科医生道仙（Dau Seng）也补充道，妇产科平时只能帮产妇做做体检，产妇一般不会来医院生孩子，多是由村里的产婆接生。

该医院目前最突出的问题是医疗条件落后，药品严重缺乏。医护人员没有固定工资，目前政府只发给女医生一点工资，男医生得靠自己另想办法谋生。

五、文字使用情况

据木瓜坝的 Gumhtang Myu Len 介绍，缅甸景颇族各支系以景颇文为通用文。景颇族各支系，除景颇支系外，其他支系如载瓦、浪速、勒期等，也都有自己的文字，但载瓦文、浪速文、勒期文不使用，不像中国很多人使用载瓦文。

景颇文在媒体领域也得到一定的使用。木瓜坝的 Gumhtang Myu Len 介绍说，该镇能看到由拉扎（Laza）出版的景颇文读物，也能收放由拉扎播送的景颇语电视。

六、宗教信仰情况

该镇景颇族都信仰基督教，村民信仰虔诚，每周去教堂做一次礼拜。基督教已影响到村民生活的方方面面。连克钦独立军官兵、县乡领导都普遍信仰基督教。基督教似乎已成为他们的族教。

据了解，缅甸这一带传统的祭鬼文化已淡化，一般已不信仰祭鬼文化，有的寨子虽然还有巫师（Dumsa），但巫师已无原有的职能。

七、木瓜坝镇调研的几点感想

（一）该镇是景颇族的一个聚居镇，景颇族人口占绝对优势。景颇语成为他们的通用语，不仅景颇族各支系使用，而且其他民族如傈僳族、汉族、傣族也会使用，他们说"景颇语"是他们的"普通话"。看来推广全族的通用语景颇语已成趋势，不管哪个支系都掌握通用语。其成因大约与人口数量、学校教育、宗教信仰有关。

（二）学校教育他们实行多语制，除母语外，还重视学习缅语、英语。

在课程安排上，小学三年级以前，母语和缅语比重大点，三年级以后英语的比例上升，到了9、10年级，三个语言的比例持平，增加了其他课程的比重（有历史、地理、生物、经济、社会学等）。

（三）该地区目前还处于贫困状态，学校、医院等重要领域设备简陋、经费不足，发展受到限制。

（四）工作人员包括公职人员、教师、医生等凭自己的宗教信仰在工作。从我们接触到的现象看，学校的教师教学安排、上课很负责，有些教师甚至带着或背着孩子来上课。

个案二：缅甸景颇族排盈盈一家的语言生活情况

被访人情况：Lahpai Ja Beng Pu（中文姓名：排盈盈），21岁，缅甸那萨寨人。大专文化程度，在缅甸读完高中，现在德宏高等专科学校就读医学影像专业，大学三年级。会说景颇语、缅语、汉语、英语。汉语是在德宏上学后学会的，以前在缅甸并不会汉语。

中国学校专为像她一样的缅籍学生开设汉语课，每天都有汉语课，一天六节。学校招收了大量的缅籍学生，仅他们村寨就有100多人来中国接受高等教育。

村寨情况：那萨寨位于那邦河边境，全村约500户左右，大部分为景颇族村民，有少量华侨。

家庭情况：父亲，去世。

母亲，Lashi Htu San，57岁，会说景颇语、缅甸语。

大姐，Lahpai Nang Seng，31岁，缅甸大专毕业，会说景颇语、缅甸语、英语。

二姐，Lahpai Nang Doi，25岁，没工作，已嫁人，会说景颇语、缅语、英语。

哥哥，Lahpai Htun Seng，29岁，在泰国上大学，泰国医生，会说景颇语、缅语、泰语、英语。

附录二：访谈录

访谈一：缅甸景颇族波拉人波拉南当峦哲访谈录

访谈对象：波拉南当峦哲，缅甸景颇族波拉人，男，56岁，小学文化程度，现定居在芒市三台山乡允欠寨，农民。

访谈时间：2017年7月4日

访谈地点：三台山乡允欠寨景颇族活动室

访谈人：彭茹

翻译人：孔华清

整理人：彭茹

问：前天我听孔志恩老师说，您是从缅甸过来这边定居的，请问您是什么时候去的缅甸？

答：1958年，为了谋生，我父亲跑去了邻邦缅甸的邦卡寨。我是在缅甸出生的。

问：邦卡寨属缅甸哪个邦哪个县？

答：属掸邦九谷镇。从邦卡到瑞丽的畹町，走路大约一小时。

问：邦卡寨共有多少人？

答：共有50户左右，可能有300多人。

问：寨子里都有哪些民族？

答：景颇族的各支系都有，包括景颇、载瓦、波拉、浪速、勒期、日旺、傈僳。除此，还有汉族。

问：哪个民族的人口最多？

答：景颇族景颇支系的人口最多。

问：波拉支系有多少户，多少人？

答：6户，29人。

问：请您介绍一下家里的情况。

答：我父亲跑去缅甸前，在中国这边已成家生子，生有一男一女。到缅甸后，他又在那里成了家。

我母亲叫郭木图。我有兄弟姐妹7人，我排行老大，下面有3个弟弟、3个妹妹。我叫波拉南当峦哲，今年56岁。我大弟叫波拉南当峦恩，娶了个缅甸景颇族支系的妻子，有一个儿子。大弟去年去世了。二弟叫波拉南当峦特，今年50岁，未婚；三弟叫波拉峦通，今年47岁，1999年来到中国，娶了个中国景颇族载瓦支系的妻子，现在在瑞丽的畹町定居，生有两个儿子，老大叫波拉南当通孔，老二叫波拉南当通恩，现在都在上小学；大妹叫波拉南当峦冒，今年44岁；二妹叫波拉南当峦著，今年41岁。

问：您和家人都会哪些语言？

答：我们会波拉语、景颇语、载瓦语、浪速语、勒期语、日旺语、缅语。傈僳语也懂得一些，但不会说。

问：你们会的语言真多，除母语外，其他语言是怎么学会的？

答：我们村寨是个由波拉、景颇、载瓦、浪速、勒期、日旺、傈僳等景颇族支系构成的村寨，大家在一个村寨生活，自然就学会了彼此的语言。

傈僳人住在山上，我们和他们的来往少些，所以他们的话我们只能听懂一些，但不会说。缅语是在学校学会的。

问：您的文化程度是什么？

答：缅文学校小学毕业。

问：兄弟姐妹呢？都有机会接受学校教育吗？

答：也都是缅文学校小学毕业。

问：我们了解到，20世纪80年代以前，缅甸景颇族分布的地区都还开设了景颇语文课，但现在很多地方都没有开设景颇语文课的学校了。邦卡寨的情况怎样？

答：现在学校只开设有缅语文课。

问：现在在缅甸的亲人，生活状况如何？

答：在那边的家人，主要靠种田，生活和我们这边差不多。

问：您是哪一年回到中国的？

答：1982年回来的。

问：前天孔志恩老师告诉我，您的妻子是中国人，所以您就跟随妻子定居在这里。请您介绍一下中国这边家人的情况。

答：我1982年回国，1983年成了家。妻子叫丁况业，是景颇族浪速支系。我们生有三个孩子，两男一女。老大叫波拉南当志孔，娶了缅甸德昂族的媳妇，他们生有一个男孩，今年7岁了。老大现已去世。老二叫波拉南当志恩，现在还没成家。

问：您的家人都会哪些语言？

答：我妻子、儿子都会波拉语、浪速语、载瓦语。德昂族的儿媳妇现在也学说波拉语，她来这边一年多就学会了波拉语。

访谈二：缅甸克钦邦 Lwi Ye 镇 Ran Nan 村景颇族 MaRan Lu San 访谈录

访谈对象：MaRan Lu San，缅甸景颇族景颇族人，女，32岁，缅文学校8年级毕业，克钦邦 Lwi Ye 镇 Ran Nan 村人，现为瑞丽市和合珠宝温泉酒店服务员。

访谈时间：2017年7月10日

访谈地点：瑞丽市和合珠宝温泉酒店

访谈人：彭茹

整理人：彭茹

问：请你介绍一下你的个人情况。

答：我出生在克钦邦 Lwi Je 镇 Kawn Nan 村。该地区属缅政府管理。我今年 32 岁，是景颇族景颇支系，读完缅文学校 8 年级。父亲今年 68 岁，是载瓦支系。母亲今年 64 岁，是景颇支系。父母都是文盲。

问：我们了解到，景颇族子女的支系多是随父亲，但你为什么随母亲？

答：这得从我爷爷、奶奶那辈说起了。我爷爷、奶奶是中国的载瓦支系，1958 年从中国跑去了缅甸。寨子里以景颇支系为主。由于寨子里景颇支系多，周围都是景颇语环境，我家从我们这一代起，就转为景颇支系了。

问：现在寨子有多少人？

答：寨子里有 60 多户人家，多数是景颇支系，另外还有 7 户汉族，3 户载瓦支系。

问：寨子周围都有哪些民族？

答：村寨周围有汉族、傣族、缅族、傈僳族。

问：请介绍一下你们村寨的情况。

答：我们寨子离县城不远，距离中国陇川县的章凤也只有 2 公里。村寨 2000 年才通电，1992 年由于挖通了到八莫的柏油马路，村寨也跟着通了公路。现在有公共汽车。村民出去干活是骑摩托车。目前还没有自来水，村民都是用井水。村民以种甘蔗、玉米为生。

问：你们在家里都说什么话？

答：爷爷、奶奶那一辈说载瓦语。父母之间、我们与父母之间、我们兄弟姐妹之间都说景颇语。但与伯父、叔叔之间我们又说载瓦语。

问：村寨里大家使用什么语言？

答：村寨里主要使用景颇语。3 户载瓦支系都转用景颇语了。傣族、汉族也有会说景颇语的。我们碰到会说景颇语的汉族，就和他们说景颇语。

问：村民会说缅语吗？

答：父母一代不会说缅语，从孩子一代开始都会说缅语了。因为我们是缅政府管理区，学校开设缅语文课。

问：你就读的学校开设景颇语文课吗？

答：我所读的学校没有景颇语文课。但独立军管辖的拉咱、迈扎央等地的公立学校开设景颇语文课，到 10 年级。

问：你们平时收看什么电视？

答：我们用锅盖接收电视信号，平时也会看景颇语、缅语的碟子。

访谈三：缅甸景颇族 Mading 一家语言生活访谈

访谈对象：Mading Ying Bawmn、Namdo Ze Naw 夫妇

第六章　缅甸景颇族的语言生活

访谈地点：芒市景颇族福音教堂
访谈时间：2017 年 7 月 30 日，上午 11 点
访谈人：徐悉艰、闻静
整理人：闻静

问：请二位介绍一下你们的基本情况，会说哪些语言？
妻子答：我叫 Namdo Ze Naw，今年 46 岁，缅甸腊戌市人，会说浪峨话、景颇话、缅语和一点汉语、英语。他是我的丈夫，叫 Mading Ying Bawmn，今年 36 岁，是 Latho Sam Mung 人，会说勒期话、景颇话、缅语和汉语。

问：简单介绍一下你们的生活、工作经历吧！
妻子答：我是在缅甸读的大学，后来又到泰国神学院修完硕士学位，现在我和丈夫一起在芒市开一家服装店，也是这里福音堂的牧师。我们有一个 4 岁的儿子，在缅甸上学，我的爸爸妈妈帮着照看。

丈夫答：我从小生活在 Latho Sam Mung，属于克钦邦，离瑞丽的老街比较远，要走一天左右的路才能到。寨子里有汉族 70 多户，浪速支系有 30 多户，还有白族（中国人称他们为白族，当地人称他们为苗族）40 多户，整个村寨以说汉语为主。

17 岁时，我参加了克钦邦独立军，因为汉语好，我还给独立军做过汉语翻译。2014 年退伍后，我们一起来到中国开服装店，因为受到中国政府的欢迎和支持，我们这家服装店生意还不错，所以一直开到现在。为了节约成本，我们的服装面料都是从缅甸进来。在中国开服装店比在缅甸开可以多收入三分之二。

问：说一说你们各自原生家庭的语言使用情况吧。
妻子答：我家有 7 口人，爸爸、妈妈、3 个弟弟、1 个妹妹和我。爸爸叫 Namdo Zaung Ze，今年 81 岁，是浪速支系，会说浪速话、景颇话、缅语。妈妈叫 Hapau Yam Htu Ja，今年 71 岁，是景颇支系，会说景颇话、浪速话和缅语。几个弟弟、妹妹和我一样，都会说浪峨话、景颇话、缅语和一点汉语、英语。我们家里都说各自的支系语言，但对外都说景颇语。

丈夫答：我家人少，老父亲叫 Kawa Mading Bawnm Ying，67 岁，是勒期支系，会说勒期话、浪峨话、景颇话、汉语、缅语。母亲叫 Kanu Moyaw Lum Tse，65 岁，浪峨支系，会说浪峨话、景颇话、汉语、缅语。全家在一起时都说浪峨话。

问：那你们的景颇话和景颇文是在学校学到的吗？
丈夫答：我们的学校不教景颇族的语言文字。因为是由缅甸政府管辖，

学校不让学景颇语，只能学到缅语、英语。不过以前学校是可以教授景颇语文的，但 1960 年后就被政府取消了。我自己的景颇语文是在独立军当兵时学到的。

问：在中国生活，你们都认识汉字吗？

妻子答：我只会一点点汉语，不认识汉字。

丈夫答：我虽然会汉语，但不认识汉字。平时生意上的情况或者信息，如果与汉语有关，我都用景颇文记录下来，这样可以大致看明白。这里的傣族多，我也会一些傣语，平时生意往来中有什么事情，我也用同样的方法记录下来。

访谈四：克钦邦密支那克钦族 Ji Maw 和 Ma Aong 访谈录

访谈对象：Ji Maw，男，26 岁，缅甸克钦族景颇支系。缅甸密支那 Zi UN 村人。来芒市打工两年。Ma Aong，男，25 岁，缅甸克钦族，已来芒市打工 10 年。

访谈时间：2017 年 8 月 20 日晚上

访谈地点：鑫杰宾馆

访谈人：满欣

整理人：满欣

问：请先介绍一下你的个人情况。

Ji 答：我叫 Ji Maw，景颇族，今年 26 岁，上学上到缅校 10 年级，目前已在芒市打工两年，做搬运工。我会说景颇语和缅甸语。

问：你的家庭情况也简单给我介绍一下吧。

Ji 答：我家现在有五口人，奶奶、妈妈、妹妹、弟弟和我，我的爸爸 3 年前去世了。我的奶奶今年 82 岁，景颇支系，她是从中国过去的。奶奶在家都说景颇话，汉语不太会了。我的爸爸叫 La Zam La，是景颇支系，妈妈叫 Shang Hting Hkawn，今年 60 岁，是浪速支系，她会说浪速语，但是不怎么说，所以我们几兄妹都不太会说浪速语。我的妹妹叫 Hkawn Ling，今年 23 岁，我的弟弟叫 La Htoi，今年 21 岁，他们和我一样，都会说景颇语和缅语。

问：你的老家在哪儿呢？

Ji 答：我的老家在克钦邦密支那的 Zi Un，是个坝区，靠近密支那市，那里离中国边境章风口岸大概 40 公里。村里大概有 3000 多户。村子里除了有克钦族之外还有一部分印度人，但是各自聚居。景颇人和景颇人住在一起，印度人和印度人住在一起。

问：你们那儿的人基本上都会说缅语，对吗？

Ji 答：是的，我们全部都会说缅语，因为要跟外面的人打交道就必须会说缅语。而且我们那儿属于缅政府管理区，学校里用缅语上课，所以上了学就会说缅语了。我们那里有一所大学，好几所大专，上课都是用缅语。

在缅甸，傈僳、日旺都算作克钦族的支系，大部分人除了自己的语言外，都会说景颇语。大家见面时，只要会景颇语都会说景颇语，实在不会景颇语的才会用缅语。

问：没有景颇学校吗？

Ji 答：我的父母那一代人还能在学校学习景颇语，但是现在政府不批准办景颇学校。听说在山区的独立军管辖区才有景颇学校，在那里会教景颇语教到五年级。

问：你们普遍使用景颇语，是因为景颇支系的人比较多吗？

Ji 答：不是，其实在我们那儿真正的景颇支系很少，浪速、勒期支系和阿昌族人更多，但是由于景颇语就像是我们的普通话一样，所以大家都会说。

问：那浪速、勒期支系的人都不说他们的支系语言吗？

Ji 答：同支系之间的人还是说他们的支系语言，在家里也说，但是出来跟不同支系的人在一起，就说景颇语。

问：你会读会写景颇文吗？

Ji 答：我们从小就在教堂里学景颇文，所以我会读会写。

问：你也信基督教吗？

Ji 答：对。我祖母那一代人还相信原始宗教，但是到了我们这一代，98%的人都信基督教了。信基督教，我们那儿吸毒的情况也少了很多。如果吸毒，就会被教会的人带去强制戒毒，戒毒成功才能出来。

问：中国的景颇语和缅甸的景颇语有什么区别吗？

Ji 答：我自己感觉，中国的景颇语受汉语影响较多，缅甸的景颇语受缅语影响较多，但是基本上都是一样的。中国景颇话听起来更软，缅甸景颇话听起来比较硬。中国景颇话更古老，比如中国景颇话说 $la^{31}ta^{55}$，缅甸景颇话只说 ta^{55}。

问：现在你们那儿出来打工的人多吗？

Ji 答：挺多的，我们村有 1000 多人来中国打工，在瑞丽、芒市、盈江等地。

问：你们在中国工作、生活得怎么样？

Ji 答：我来这里做搬运工，老板提供住宿，自己吃，有活的话每天 120 块钱左右。现在来中国打工的缅甸人太多了，不好找活儿干。一般男的就做搬运工，女的就到饭店、宾馆做服务员。

问：你来中国挺长时间了，怎么不多学些汉语？

Ji 答：我们来中国后基本上还是和缅甸人在一起，遇到克钦族说景颇话，遇到其他民族的就说缅语。

问：谢谢你！Ma Awng，请你也介绍一下你的家庭情况吧。

Ma 答：我家一共有6口人。爸爸叫 Wu Chyin 是钦族，今年68岁，会说钦语、景颇语、缅语，其中景颇语会说会写。妈妈叫 Kyang Sawng 是景颇族，今年54岁，会说景颇、勒期、载瓦、浪速、缅语。我的姐姐叫 Ah Myi，26岁，上学上到10年级。我今年25岁，上学上到8年级，已经来中国打工10年了。大妹妹叫 Ah Lu，16岁，上到10年级，小妹妹叫 Ah Ri，今年12岁，还在上学，6年级了。

问：你们家几兄妹的语言使用如何？

Ma 答：我们都会说景颇语和缅语，因为外婆和妈妈说勒期语，所以勒期语我们会听不会说，不会说钦语。

问：你们是钦族，但是不会说钦语吗？

Ma 答：我们和 Ji Maw 是邻居，我们住的村子钦族只有4户，大部分都是克钦族，所以我们会说景颇语，却不会说钦语。我觉得我自己两个民族都算吧。

问：你也信基督教吗？

Ma 答：信的。比如我们家乡的教堂用景颇语布道，我们都能听得懂。

问：你的家乡通路、通水、通电了吗？

Ma 答：都通了，挺方便的，就像芒市一样，只是楼房没有这里的多。我们家在当地做点小生意或者开车拉货什么的。

问：你们那儿能接收到什么语言的电视节目？

Ma 答：我们能收到缅语、英语的节目。景颇语节目只有在克钦邦的拉扎（Laiza）能收到。我们很喜欢看景颇语的电影或电视，但是在我的家乡只能看景颇语的 DVD 碟。

问：你们这位朋友是哪个民族的？

Ma 答：他是掸邦的掸族，他们家以务农为主。现在掸邦是缅甸军政府管辖区，实行同化的语言政策，不允许掸族在学校学掸语，但是大家普遍会说掸语和缅语。

问：谢谢你们今天这么晚还来配合我访谈，给我提供了很有价值的信息！

（下面是两位访谈对象的家庭成员语言使用情况表）

表 6-16   缅甸景颇族 Ji Maw 一家语言使用情况

家庭关系	姓名	民族	年龄	文化程度	第一语言及水平	兼用语及水平
母亲	Shang Hting Hkawn	浪速	60		浪速语，熟练	景颇语、缅语，熟练
男老大	Ji Maw	景颇	26	10年级	景颇语，熟练	缅语，熟练；浪速语，略懂
女老大	Hkawn Ling	景颇	23		景颇语，熟练	缅语，熟练；浪速语，略懂
男老二	La Htoi	景颇	21		景颇语，熟练	缅语，熟练；浪速语，略懂

表 6-17   缅甸钦族 Ma Aong 一家语言使用情况

家庭关系	姓名	民族	年龄	文化程度	第一语言及水平	兼用语及水平
父亲	Wu Chyin	钦族	68		钦语，熟练	景颇语、缅语，熟练
母亲	Kyang Sawng	景颇	54		景颇语，熟练	勒期语、载瓦语、浪速语、缅语，熟练
女老大	Ah Myi	钦族	26	10年级	景颇语，熟练	缅语，熟练；勒期，略懂
男老大	Ma Aong	钦族	25	8年级	景颇语，熟练	缅语，熟练；勒期，略懂
女老二	Ah Ri	钦族	16	10年级	景颇语，熟练	缅语，熟练；勒期，略懂
女老三	Ah Lu	钦族	12	6年级	景颇语，熟练	缅语，熟练；勒期，略懂

第七章　中缅跨境景颇族语言生活比较

中国和缅甸是不同的国家。由于国家政体不同、历史经历不同、民族关系不同，所以尽管两地景颇族同一来源，使用可以互通的同一语言，但语言生活会存在差异。分析、认识两地景颇族语言生活的共性和差异，对于认识跨境民族的语言生活，如何对待跨境语言，以及如何制定国家跨境语文政策，都是很必要的。

第一节　中缅跨境景颇族的跨境特点

中国景颇族大多与缅甸景颇族跨境而居，其边界线长达 503 公里。科学地认识中缅跨境景颇族的跨境语言特点，有必要先认识中缅跨境景颇族跨境的特点，因为跨境语言的特点是受跨境特点制约的。中缅跨境景颇族的跨境特点可以从以下几个方面来分析：

（一）中国景颇族大多分布在国境线或靠近国境线的地区，与缅甸景颇族相邻。属于"国境线相邻"的跨境民族。两国景颇族有的以河为界，界河窄的只有两三米，可以涉水而过；有的是村寨相连，甚至有的是一寨两国，远的也只有数里路；有的以山为界，对面的山就是缅甸景颇族寨子。边界线呈曲折形，犬牙交错。为此，界碑的密度大，有的地方不到两公里就立界碑。

德宏州景颇族跨境情况是这样，怒江州片马、岗房的景颇族茶山人的跨境情况也是这样。如：岗房村一组都是茶山人，二组以前百分之九十也都是茶山人，后来搬迁到缅甸。我国茶山人在缅甸那边都有亲戚，不管是办喜事还是丧事都互相请。缅甸那边也都是讲茶山话。平时到缅甸只要持边民证就可以从边防站那里过去，没有边民证的时候就利用竹伐渡过去，也很方便。到那边主要是走亲戚，买东西。那边和这边的东西差不多。那边卖东西的全部是中国人。都是用人民币，出去那边 100 多公里的缅甸地区也都是用人民币。那边到这边来的人也很多，主要是走亲戚，也有来片马买东西或者做生意的，存钱也使用人民币。边民还告诉我们，婚姻主要是缅甸嫁到这边的多，这边基本没有嫁到缅甸那边的。主要还是这边发达，缅甸那边不发达。缅甸姑娘嫁到中国来手续不麻烦。只要是到缅甸区政府开个证明，然后到中方外事办翻译以后再拿到县民政局登记就可以了。但只开结婚证，不准上户口，本村像这种情况的有10多个。但是他们的孩子都可以上户口。

（二）在20世纪50年代尚未划定国界之前，边民的国界概念薄弱。少数民族边民来往自由，出入方便。他们能够无虑地来来去去串亲戚。边民互婚、互市早已形成，走亲串戚是日常生活不可缺少的。遇到对方有困难，都会主动去帮助。1956年划定国界后，才有了明确的国界概念。虽然来往有了一定的限制，但边民只要有边民证，来往方便。这种边民关系属于"跨境民族和谐型""跨境民族黏着型"。

（三）从民族特征上看，两国景颇族主要的民族特征大体一致，差异不大。如：服饰、生活习俗、住宅等都大体相同；男子挎长刀、背挎包；堂屋立火塘，安三脚架；女子上穿挂有银泡的上衣，下着各种图案的筒裙。传统的婚姻制度、亲属称谓也基本相同。

两国景颇族家庭都实行一夫一妻制。婚配长期保留传统的单向姑舅表婚制。这种婚配制是姑家男子优先娶舅家女子为妻，但舅家男子不能娶姑家女子为妻。景颇族恪守姨表不婚、同姓不婚的规矩。青年男女有恋爱、社交的自由。

（四）在宗教信仰上，两国景颇族过去都信仰万物有灵的原始宗教，都认为自然界的万物如日月山川、植物鸟兽等都有鬼灵，都能给人以祸福。还认为鬼有恶鬼和善鬼之分，必须根据需要杀牲祭鬼。19世纪末，基督教传入缅甸景颇族地区后，缅甸景颇族逐渐形成全民信仰基督教，而中国景颇族接受基督教较晚，基督教发展较慢，只有约25%的人信仰基督教，还有一半以上的人继续信仰原始宗教。缅甸景颇族大多已改信基督教，但传统的原始宗教在人们的心中仍留有痕迹，转化为民族的传统文化。

（五）两国景颇族都过盛大的群众节日——目瑙纵歌节。在中缅跨境景颇族居住地区，都立有目瑙广场。广场上还竖立目瑙柱。两地景颇族过目瑙节时，都会有对方国的景颇族来参加，通过节日加强友谊。

（六）两国景颇族对自己民族历史来源的认识一致。都认为他们的祖先都来自中国西北高原的Majoi Shingra Bum（木拽星拉山）。当时，他们过着原始的游牧生活，后来因为各种历史原因逐渐南迁，迁至今亚洲南部一带。至今两地景颇人在为逝者吟诵追魂的路线，都是今日居住地向北追溯的共同路线。

共同历史来源的认同，成为两国景颇族相互认可的基石。多年来一直回荡在中缅边界景颇族地区的一首景颇语《团结之歌》，反映了两地景颇族血肉相连的心声。歌词唱道:"哦!我们都是同喝一母奶的同胞,都是繁衍自木拽星拉山。从古到今,都有灿烂光辉的文化,经历过艰难困苦。兄弟姐妹啊!自己民族的发展要靠自己,我们要学习世界知识,要齐心协力团结向前进啊!"他们听到或唱起这首歌时,都会禁不住热泪盈眶。

(七)两国景颇族都有支系的划分。支系都有景颇、载瓦、浪峨、勒期(含"茶山")、波拉等支系。不论是哪个支系,男女老少都有强烈的、明确的支系意识,都能说出自己是属于什么支系。支系语言的使用规则也大致相同。

各支系都有自己的支系语言,并以支系语言为母语。支系语言是家庭、村寨的主要用语,而且都有较强的支系语言意识。每位景颇人都坚持使用自己的支系语言,终生不变。在族际婚姻家庭,子女的母语随父,与父母说话也是各说各的。都认为坚持说自己的支系语言是对对方的尊重。

两国景颇族除掌握自己的支系语言外,还都具有兼用另一个或几个支系语言的能力。不同的是,缅甸景颇族非景颇支系普遍都能兼用景颇语,把景颇语看成民族的通用语;而中国景颇族非景颇支系的人兼用景颇语的较少,特别是载瓦支系由于人口多,高度聚居,会兼用景颇语的较少。所以,中国根据载瓦支系人口多的现状,不得不再创制一种供载瓦人使用的载瓦文,在中国这就形成两种通用语文——景颇文和载瓦文。

(八)互婚,对于两地景颇族的交流、互助起了重要的作用。20 世纪 50 年代之前,由于国界尚未划定,互婚的现象很多。60—70 年代由于政治原因,边界关系紧张致使边民互婚减少。改革开放后,边民互婚现象空前增多。这些年,由于我国社会、经济迅速发展,缅甸景颇族大量来中国谋生计。嫁到中国的女子大量增多,现在几乎每个寨子都有嫁过来的景颇女子。她们对我们说:"中国社会稳定。生活好,而缅甸那边生活不安定,生活差,我们过来很喜欢。"

(九)从历史关系上看,中缅和谐、稳定的边境关系有其长期的历史渊源。中缅交往的历史源远流长。早在公元前 202 年至公元前 220 年的汉朝,缅甸各少数民族部落就已多次派遣使者来中国表示友好。从 13 世纪开始,中缅贸易不断增多。公元 1271—1912 年的明清时期,中国为了加强与缅甸的文化交流,建立了"缅甸馆",聘请缅甸学者来华进行文化交流。

公元 1950 年 6 月 8 日,中缅两国建交。1956 年 12 月 16 日,周恩来总理和缅甸吴努总理在中国芒市参加边民大联欢。吴努总理向周总理提出,希望中国的景颇文不要改,以便与缅甸的景颇文保持一致,便于两国的景颇族交流。周总理即表示同意,并把这一决定告诉德宏州领导。后来的实践证明,两国总理这一决定是正确的,为后来景颇语文的发展奠定了科学的基础。这次边民大联欢,陈毅总理作了《赠缅甸友人》一诗:"我住江之头,君住江之尾。彼此情无限,共饮一江水。"

近五年来,中缅边境文化交流发展很快。2013 年 7 月 18 日,成立了瑞丽市中缅边境文化交流协会,协会下设对缅文化交流部、傣族文化交流部、景颇族文化交流部、宗教文化交流部、图书音像出版发行交流部、办公室六个部室。

2013 年 10 月,协会景颇族文化交流部召开了"景颇族历史文化研讨会"。会议邀请了国内及境外缅甸地区木姐、南坎、勐巴坝、腊戌、密支那、拉咱、贵概、迈扎央等地景颇族文化研究者参加了研讨会。

2014 年 2 月,由云南省社会科学院、云南民族大学民族研究所、瑞丽市中缅边境文化交流协会共同主办召开了"景颇族国际学术交流大会"。来自中国、缅甸、泰国、日本和英国研究景颇族文化的 30 位专家学者就景颇族在世界各地的分布情况、传承保护本民族的语言、文化服饰、传统习俗,以及世界各地景颇族文化研究机构如何加强合作等问题进行了交流。

第二节 中缅跨境景颇族语言文字的共性和差异

作为人们交际思想、传承历史文化的语言文字,中缅跨境景颇族的语言文字既有共性又有差异,二者中共性是主要的。

一、中缅跨境景颇族的语言文字的共性

从语言使用上看,中缅两国的景颇族都保持使用自己的母语(包括支系语言),母语是日常生活的最主要的交际工具,具有较强的语言活力。但由于受到各自国家的国语或通用语的冲击,在青少年中也出现少数母语能力衰退或语言转用的现象。这是两国景颇族语言功能的共性。

再从语言结构上看,两国景颇族使用的语言结构基本相同。其相同度达到音位系统、语法结构均大体一致。相互间通话毫无障碍,不仔细观察分不清是哪个国家的。

两地的音位系统在声母上都有 31 个:

p、ph、m、f、pj、phj、mj、p3、ph3、t、th、n、l
ts、tsh、s、tʃ、tʃh、ʃ、ʒ、k、kh、ŋ、x、kj、khj、ŋj
k3、kh3、w、j

韵母共有 88 个。单元音韵母 10 个:分松紧两类。

i e a o u
i̠ e̠ a̠ o̠ u̠

复合元音韵母 8 个:为降性复合元音,分松紧两类。

ai au oi ui

ai   au   ɔi   ui

带辅音尾韵母 70 个：分松紧两类，韵尾有-m、-n、-ŋ、-p、-t、-k、-ʔ 七个。

im	em	am	om	um̱i̱m	e̱m	a̱m	o̱m	u̱m
in	en	an	on	uṉi̱n	e̱n	a̱n	o̱n	u̱n
iŋ	eŋ	aŋ	oŋ	uŋ̱i̱ŋ	e̱ŋ	a̱ŋ	o̱ŋ	u̱ŋ
ip	ep	ap	op	up̱i̱p	e̱p	a̱p	o̱p	u̱p
it	et	at	ot	uṯi̱t	e̱t	a̱t	o̱t	u̱t
ik	ek	ak	ok	uḵi̱k	e̱k	a̱k	o̱k	u̱k
iʔ	eʔ	aʔ	oʔ	uʔ̱i̱ʔ	e̱ʔ	a̱ʔ	o̱ʔ	u̱ʔ

声调共有四个：高平、中平、低降、全降。

双音节词的前一音节，常出现弱化现象。这种音节称为"弱化音节"。

总之，中缅两国景颇语的音位系统基本一样。藏缅语族许多语言的音位系统存在"十里不同音"的现象，相近地区的音位系统都或多或少存在差异。但让人不解的是，中缅两国景颇语的音位系统则如此接近，不知究竟是什么原因。

在文字上，两国景颇族使用基本相同的文字。这是 20 世纪 50 年代中缅两国领导人已定下的原则。虽有少量差异，但都能互相看懂。

两国景颇族内使用的支系语言——载瓦语、浪峨语、勒期语、茶山语、波拉语等，也都基本一致，只有少量差异。

二、中缅跨境景颇族的语言文字的差异

由于跨境的缘由，中缅景颇语语言文字的使用及结构特点存在一定的差异。主要有以下三点。分述如下：

（一）中缅跨境景颇族确立标准语的差异

一个民族由于存在方言差异或支系语言的差异，都存在如何选择民族标准语的问题。一个民族有了统一的标准语，就会有利于民族文字的使用和规范，有利于科学地确定书写标准语，也才能实现文字的顺畅流通。景颇族内部分为景颇、载瓦、浪速、勒期（包括茶山）、波拉五大支系，不同支系各自使用不同的语言。不同支系的差异主要是在语言上，其他特征大同小异。这就是说，使用不同的语言是构成支系差异的主要特点。

在长期历史的发展过程中，景颇族究竟怎样实现不同支系的语言和谐呢？我们看到，中国景颇族的情况不同于缅甸景颇族。中国景颇族的不同支系虽然也有兼用另一支系语言的，但主流是各用各的。我们深入村寨看到，由不同支系组成的家庭成员，都是各说各的支系语言，但相互都能听

懂，都能用自己的支系语言回答，而且一辈子坚持使用自己的支系语言。孩子的母语一般随父（这可能是受父系社会的影响所致，严格说应该称"父语"），孩子对母亲也是说自己父亲的语言，母亲也用自己支系的语言回答。村寨内不同支系的人相互交往也是各说各的。在他们的观念中，如果对别人不说自己支系的语言就会被认为不尊重对方，这与一般的语言交际原则——使用对方的语言表示尊重不同。

总的看来，中国景颇族大多数地区的支系语言存在稳定性、长期性的特点，即长期稳定地各自使用自己支系的语言。直至目前，除了个别杂居突出的地区出现支系语言使用的松动外，大多数地区仍然是不同支系都稳定地使用自己支系的语言，不愿让步转用别的支系语言，而且将长期坚持下去。所以，景颇族的不同支系之间就存在一个如何选择、确定相互共通的标准语的问题。

标准语的选择与文字的使用有关。景颇族过去没有文字，一百多年前，美国汉森博士和景颇族精英一起，在缅甸八莫一带以传播基督教的目的，为景颇族创造了拼写景颇语的景颇文。景颇文经过推广使用，成为缅甸景颇族的书面语，即标准语。在缅甸，出版了景颇文的教科书、报纸、杂志等。景颇族中的各个支系，如载瓦支系、浪速支系、勒期支系等都兼用景颇语，使用景颇文。后来这套景颇文传到了中国，也成为中国景颇族的文字和标准语。在中国的德宏州，出版的《德宏团结报》用的是景颇文，还出版了景颇文的教科书、杂志等，自治州政府还规定所属各县的机关、医院、学校、路牌都必须使用景颇文标示。但由于中国说景颇语的人数只有景颇族总人口数的1/4，大部分人说另一种与景颇语差别很大的载瓦语以及与载瓦语相近的浪速语、勒期语、茶山语、波拉语等支系语言，这就造成了统一使用景颇语标准语的困难。

由于语言差异的客观存在，半个多世纪以来中国的民族语文工作者和载瓦支系的知识分子、干部，萌生了创制载瓦文的念头。这实际上是要确立景颇族另一个标准语的文字。因为中国的载瓦支系有大片的聚居区，没有景颇支系的人居住，这使得载瓦支系的人要学习记录景颇语语音的景颇文缺乏语言环境，存在相当的难度。这成为在中国创制载瓦文必要性的客观因素，也是中国解决标准语应与缅甸有所不同的依据。

但是，按照一般的常理，一个民族最好是使用一种标准语、一种文字，多种文字的使用会被认为不利于统一民族的发展。因此在中国，多年来要不要创制载瓦文成了一种争论、不易统一认识的问题。1957年，中国科学院少数民族语言调查第三工作队和云南语文工作指导委员会一起，根据群众的要求创制过《载瓦文方案》，也一度做了试验推行，受到载瓦群众的热烈欢迎，但是由于这个时期我国出现了极"左"思潮，很快就以违反统一性、不利于民族团结而被取消。直到1976年粉碎了"四人帮"后，我国进入了改革开放的新时期，讲究实事求是之风兴起，提倡实践是检验真理的唯一标准，创制使用载瓦文的呼声又出现了，并且一浪一浪地向前推进。德宏州和语文工作者经慎重考虑，认为有必要在载瓦支系地区推行载瓦文，这样才有利于整个民族的发展。1982年，云南省人民政府批复了德宏傣族景颇族自治州政府上报的《关于试验推行载瓦文的意见》，1987年4月2日，德宏州人民政府办公室发布了德政办复〔1987〕3号文件，同意使用现行《载瓦文方案》，并要求在推行过程中进一步完善。

经历过这样一个艰苦、曲折的过程，载瓦文总算站住了脚。载瓦文的创立，无疑对景颇族是有好处的。但也面临着一些新的理论问题，如这两种标准语今后的发展趋势如何，有无可能进一步融合，或是长期并行发展，目前还很难预料。

缅甸的景颇族情况则不同。缅甸景颇族也像中国一样，有不同支系的划分，但缅甸100多年来已形成了以景颇语为标准的景颇族共通语，并只使用景颇文一种文字。虽然过去也曾有人为载瓦语、浪速语、勒期语等支系语言创制了文字，但都未能得到广泛推行。这其中的原因是什么呢？

其一，在缅甸，景颇族有民族自治的区域——克钦邦。在缅甸成立民族自治邦的早期，景颇族享有自治权利，其文字景颇文是克钦邦的官方语言。在学校教育中使用景颇文教学有相当长的一段时间，而且坚持推行统一的、以景颇语为依据的标准语，还出版了景颇文的报纸、杂志等。这使得景颇文在克钦邦具有通用语地位（有的本族人将其称为"普通话"）。在缅甸景颇族地区，孩子进入小学后都要接受景颇文的教育，这就使得景颇支系以外的景颇人从小就学会景颇语，在社会上也通用景颇语。

其二，景颇族全民信仰基督教，他们吟诵的《圣经》是景颇文版的。如果不懂得景颇语就无法成为一个合格的信徒。不会景颇语的人进入教会，跟随大家一起看景颇文《圣经》、唱景颇语的赞美诗，也会很快学会景颇语。

其三，在人数上，缅甸非景颇支系的人口也不如景颇支系的人口多，不像中国，说载瓦语的人占大多数。所以其他支系也都兼用或转用景颇语。有的虽然还会说流利的本支系语言，但也能说出流利的景颇语。

由于存在这几个重要因素，所以在缅甸景颇族地区长期以来只通行景颇语一种通用语，景颇语成为强势语言，其他支系语言成为弱势语言。我们在缅甸调查中看到，缅甸景颇族支系语言的观念不如中国强。如有个家庭，祖父一代还使用载瓦语，到了父亲一代载瓦语和景颇语并用，但到了第三代，已经主要使用景颇语。

总之，在缅甸，只使用景颇语一种标准语，是"单通用语制"，而在中国，通用语除了景颇语以外还有载瓦语，是"双通用语制"。这是语言使用的一种差异，是由不同的国情决定的，不以人们意志为转移。

（二）中缅景颇语与所在国国语（或通用语）关系的差异

中缅跨境景颇族在各自的国家都属人口较少的少数民族，必然存在一个本族母语与国语（或通用语）关系的问题，都存在除了学好自己的母语以外，还要学习国语（或通用语）的问题。少数民族若不学习、兼用该国的国语（或通用语），自身的发展会受到一定的限制。主要表现有二：一是不能与主体民族与其他少数民族进行交流，特别是不能走出自己的家乡到外地去发展；二是不能依靠主体民族语言文字的巨大功能来促进本族文化教育的发展。

两国景颇族都从自身发展的实践中认识到必须学习所在国国语（或通用语）的必要性。在中国，景颇人普遍要求学好汉语，家长从小就把孩子送到汉文学校学习汉语。半个多世纪以来，中国景颇族地区从只有个别人懂汉语的情况转变为懂得汉语的人占 85%以上。景颇族青少年享受国家 9 年义务教育，在学校有好的条件学习汉语，儿童学到 3 年级就会掌握汉语的一般会话，小学毕业时可阅读汉语的一般文章。国家为景颇族掌握汉语、汉语文提供了优越的条件。

缅甸约有 5280 万人（2016 年），缅族占全国总人口的 69%，是缅甸的主体民族。缅族源于中国古代西北氐羌人，在公元前几个世纪居住在中国青海、甘肃一带，大约在公元 2 世纪初开始南迁，公元 7 世纪左右，再从澜沧江和萨尔温江流域经掸邦高原南下，到达缅甸中部叫栖一带定居下来，后来由于人数增多，逐渐向各地疏散，最终形成今日缅族的分布格局。缅族的母语缅语，是缅甸国家的主导语言，是缅甸各民族的通用语，使用人口在 5000 万人以上。缅语在汉藏语系语言中的地位非常重要，它与 7 世纪创制的藏文一起，是藏缅语族语言里保存古文献最多、历史价值最重要的两种语言。缅语有丰富的历史文献资料可供民族学家、历史学家研究。

缅甸的景颇族，20 世纪中期，只有少部分人懂得缅语，但现在缅语显然已成为景颇人普遍使用的语言。他们的子弟一般都进缅文学校修完 10 年级（TANG）的课程。因景颇语与缅语同属藏缅语支，两种语言的共性较多，景颇儿童学习缅语相对来说较为容易。因此儿童到 3、4 年级时就可以较自如使用缅语，阅读缅语读物。如今全缅甸的景颇族除了少数 60 岁以上的人不懂得缅语外，一般都不同程度地掌握了缅语。中缅两国景颇族兼用本国国语（或通用语）的事实说明，少数民族兼用所在国的国语（或通用语）是一种必然的趋势，是不以人们意志转移的客观规律。

由于两国景颇族母语相同而兼用语不同，带来了语言生活上的巨大差异，而且还对两地景颇语产生了不同的影响。中国的景颇族无论在语言内部结构还是在语体的表达上都受到汉语的强烈影响，吸收了大量的汉语新词、俗语，而且在语音结构和语法体系上也受到了一定的影响，多少被印上了汉语的"烙印"。缅甸的景颇语吸收了缅语的新词术语，而且还以缅甸语为中介吸收了不少英语借词，在语体的表达上也受到了缅语的影响。其结果，两地的景颇语由于所接触的语言不同，出现了新的差异，这对跨境语言的统一发展带来了某种程度的不利。

比如"共产党"一词，中国的景颇语口语借汉语用"gongchantang" [koŋ³¹tʃhaŋ³³taŋ³³]，缅甸的景颇语则借缅语用"kummyunit pati" [kum³³mju³³nit⁵⁵pa³³ti³³]，缅语借自英语；"政府"一词，中国的景颇语口语借用汉语说为"zengfu" [tseŋ³³fu³³]，而缅甸的景颇语借缅语说为"asuya" [a³¹su⁵⁵ja⁵⁵]。

中国景颇文的书面语，有段时间由于受到缅语的影响，借用了缅甸景颇文使用一些自造词或缅语借词，因而出现了口语与书面语的不一致，这成为语言规范中的一个不易解决的问题。

（三）中缅景颇语在所在国社会地位的差异

由于中国和缅甸国家制度不同，两国景颇语的地位也存在差异。地位的差异势必影响两国景颇语的特点及其变化。研究跨境语言，可以从语言社会差异的视角来发掘两地语言特点的差异。

中国是社会主义国家，对待民族问题的基本原则是坚持民族平等、语言平等，主张民族不分大小一律平等，任何对民族及其语言的歧视都是非法的、不允许的。我国《宪法》明确规定："各民族都有使用和发展自己语言文字的自由"，国家还在学校、出版、广播、电视等领域为民族语文的使用和发展提供条件。2013 年，国家又提出"科学保护各民族语言文字"的政策，强调在现代化进程中由于社会、经济、人群的变化，有的使用人数较少的语言会出现衰退，甚至濒危，所以要对语言进行保护。国家对少数民族语言保护的春风也洒向景颇族。半个多世纪以来，尽管景颇族语言文字工作还存在一些需要解决的问题，如在学校如何安排好景颇文的教学，如何处理好景颇语文与汉语文的关系，但景颇族已享受到使用自己语言文字的自由，以及由此所带来的自豪感。

但缅甸的情况有所不同。缅甸和中国一样都是一个多民族、多语言的国家，但对待少数民族语言文字采取轻视的政策。在公立学校，不设立少数民族语言课程，在边区、山区的少数民族的儿童，只能在教堂、寺庙、私立课堂等非正式学校中学习本族母语。加上纯一色的缅语和英语教学在学校教学中强力实施，致使少数民族语文地位大幅度下降，得不到应有的使用和发展，许多语言出现使用人口锐减的处境，影响到这些语言的生存和发展。

在这种思想的支配下，缅甸长期以来不重视民族语文工作，从未做过系统的语言调查。所以至今，对缅甸究竟有多少个民族、有多少种语言，少数民族语言文字中存在哪些要解决的问题，一直不清楚。缅甸语言多，语言状况复杂，但缅甸语言学家相对较少，没有多少人在研究缅甸少数民族的语文使用问题。

2008年5月，在各种力量的平衡和国际民主化进程的影响下，缅甸通过了联邦共和国新宪法。新宪法的条文上规定各民族一律平等，各民族有使用和发展自己的语言文字的自由。但是，随着经济发展，英语受到特别重视，在公立学校的基础教育中，把英语和缅语规定为必修课，高中阶段用英语教授化学、物理、生物等课程。忽视少数民族语文之风在学校教育中进一步加剧，甚至不准在学校开设少数民族语文课。这种状况，对缅甸民族的发展、团结、国家的稳定肯定是不利的。

两相比较，能够看到中缅景颇语在所在国的社会地位存在差异，而这种差异必然会对各自的语言产生不同的影响。

综上所述，中缅景颇语的语言生活既有共性，又有差异。差异表现在确立标准语、与所在国国语（或通用语）的关系、在所在国社会地位不同等几方面。形成这几种差异，是不同国家的语言国情所决定的。我们在做中缅景颇语跨境比较研究时，必须分析形成差异的不同影响。

对待跨境语言，我们要直面客观事实。客观事实是：人们的愿望总是希望跨境语言能够相同、接近，这样有利于两国交流，但现实的客观事实不是这样，存在着多种影响语言差异的因素。因此，跨境国家如何采取一些必要的政策措施增强共性，减少差异，克服互通的干扰，是处理好跨境语言关系所面临的重要问题。

第三节 中缅跨境景颇族语言生活的和谐与冲突

跨境语言的和谐与冲突是跨境语言客观存在的自然规律，是语言研究中值得研究的理论问题。跨境国家的语文方针政策若能符合跨境语言的实际特点和演变规律，就能促进和谐因素的发展，并能化解或减少矛盾，增进互补、互利。跨境国的跨境语言，既要受本国语文方针政策的制约，服从主权国家的总利益，又要有利于跨境语言的和谐、互补。处理好互补和竞争的关系，有利于两侧民族的和谐发展，有利于边疆的稳定安全；处不好，对民族发展、国家安全会产生负面影响。

一、中缅跨境景颇族及其语言的跨境特点

跨境语言文字的特点是由跨境特点决定的。为便于理解跨境景颇语的语言文字特点，先对景颇族及其语言的跨境特点做些分析，中缅跨境景颇族及其语言的跨境特点主要有：

（一）从分布上看，中缅跨境景颇族的人口内少外多，地理分布紧密相连

在中国，景颇族是个人口较少的民族，只有147828人（2010年）。主要分布在云南省德宏傣族景颇族自治州的盈江、梁河、陇川、瑞丽、潞西等县。还有少量分布在怒江傈僳族自治州的片马、岗房、古浪，临沧地区的耿马傣族佤族自治县，以及思茅专区的澜沧、西双版纳的勐海等县。但在缅甸，景颇族人口比较多，至少在150万人左右。主要聚居在与中国接壤的克钦邦、掸邦，在曼德勒、仰光等大城市也有分布。在印度阿萨姆邦，也有2万余人。此外，在美国、英国、日本、阿根廷、菲律宾等国，还有旅居的景颇族。中国景颇族的村寨，大多坐落在与缅甸交界的边界线上。

中缅跨境景颇族群众历来交往密切。两国边民长期都能自由地"互市、互婚"，走亲串戚，来去方便。五天一次的"街子天"（集市），是两国居民见面、交流、互换产品的喜庆日子。一年一度的景颇族"狂欢节"——目瑙纵歌节，是中缅跨境景颇族盛大的全民节日，参加人数多达上万人。在节日上，边民只分族内的亲戚远近，而不讲国别的界限。

（二）从族源上看，中缅跨境景颇族称谓相同，有共同来源的传说

在民族称谓上，中缅的景颇族都自称"景颇"，读音一致。缅甸的景颇族，外族人称为Kachin"克钦"，是国际通用的名称，与自称Jinghpo并用。印度的景颇族称Singhpo"兴颇"，是Jinghpo"景颇"的变音。

各国景颇族都一致认为，他们的源头、祖先都是中国西北高原的氐羌人，都是由古代氐羌人群分化出来的一支人群。同根同祖在中缅跨境景颇族中老幼皆知，世代相传，成为两国景颇族共守的、永不改变的理念。

境内外的景颇族都下分不同的支系。主要有景颇、载瓦、勒期、浪速、波拉五个支系。支系之间的差异，主要是使用不同的语言。不同支系的景颇族，除了使用的语言存在差异外，其他民族特征如民族心理、服饰、宗教、节日、习俗、饮食等大体一致。在中国，载瓦支系的人口最多，其次是景颇支系；在缅甸，景颇支系人口较多，载瓦等支系人口较少。

（三）从语言文字的使用上看，境内外景颇族使用相同的语言文字

景颇族的五个不同的支系，各自使用自己的支系语言，支系语言是最早习得的语言，也是他们的母语。但各支系之间都有不同程度的兼语现象。

不同的是：缅甸景颇族的各支系兼用景颇语的较多，他们把景颇语看成景颇族的通用语。而中国景颇族，载瓦支系人口多。境内外都使用自己的文字——景颇文。此外，由于语言差别大的原因，中国政府在20世纪50年代还为载瓦支系另创造了载瓦文，主要供载瓦支系使用。

（四）从语言功能上看，景颇语在不同国家都属于弱势语言

缅甸的主体民族是缅族，缅语是缅甸的国语，其他少数民族包括景颇族在内都要接受国语教育，所以景颇语在缅甸是弱势语言。中国的主体民族是汉族，汉语是中国的通用语，各少数民族包括景颇族在内都要学习汉语，景颇语也是弱势语言。相比之下，缅甸的景颇语使用人口多，使用面积比中国的景颇语大，功能强。

总之，跨境景颇语特点基本相同、相互接触频繁。但语言功能不同，境外人口多于境内。跨境景颇语是我国跨境语言的一种类型。

二、中缅景颇语有着长期和谐的主流

跨境语言的异同大致有以下三种情况：一是二者差异大，相互通话有困难。如中国的傣语和泰国的泰语存在较大差异，通话有困难。二是二者有一定差异，相互间要经过一段适应才能通话。如中国西双版纳的哈尼语（有的地方称"阿卡语"或"傲尼语"）与泰国、缅甸的阿卡语虽有一些差别，但经过一段时间的接触也能通话。三是二者差异很小，一见面，就能无障碍地进行交流。中缅景颇语属于这一类。跨境语言通解度的大小，对于民族的认同、经济文化的发展，以及跨境语言的演变都会产生不同的影响。

中缅跨境景颇族长期以来共同使用相同的语言和文字，是两国景颇族发展的有利资源。他们凭借相同的语言文字，能够无障碍地往来、交流，这对双方社会、经济、文化的发展都能起到促进作用。特别是在从20世纪80年代以来，中缅两侧的景颇族边民凭借语言相同的优势，合作经营，发展各自的经济。

中缅跨境景颇族保留了大量的用自己语言记载的传统诗歌、传说、故事、谚语等文化遗产，并在两国群众中广为流传，成为保持景颇族统一族体经久不衰的文化力量。例如：《勒包斋娃》是一部口头流传的创世史诗，它以文学的形式记载了景颇族古代社会的历史、地理、经济、文化、习俗、宗教等社会文化形态。创世史诗中唱到他们都源于中国古代西北的甘肃、青海、西藏高原，都属于氐羌族群的后代，后来不断南下迁入现在的分布地区。同祖同根的意识，深深扎在跨境景颇族的文化、语言中。这部史诗是景颇族智慧的结晶，反映了景颇族从古至今不畏艰险、团结奋斗、追求美好生活的精神世界。中缅两国的景颇族，都共同认同这些传统的文化，

从小就受到它的熏陶，共同分享祖先留下的语言文化遗产。

相同的语言，加上本族的文化习俗、婚姻制度、民族心理、服饰爱好等也基本相同，这就为两地景颇人的高度认同感奠定了基础。语言和谐和文化相通，使得中缅跨境景颇族之间有高度的民族认同感，一见对方说的是景颇语，穿的是景颇族服饰，亲近感便油然而生。陌生人一见面就一见如故，如同家人。一方有难，都会自动去支援。这种情感，即使是在科学技术不断发展的今天，也不会改变。

2014年1月"缅甸的民族及语言"研究团队赴缅甸调查，目睹了在缅甸的景颇族地区和中国景颇族地区一样，广泛流传着一首用景颇语演唱的流行歌曲《同胞情》。歌中唱道："同胞们啊！我们都是从喜马拉雅山蔓延过来的，都有从古至今的相同历史。同胞们啊！团结是最紧要的事。我们要学习世界的知识，让自己的民族富强，即使遇到艰难困苦，也要努力。自己要让自己的脚站稳。"两地的景颇人一起唱这首歌时，都会情不自禁地热泪盈眶，同一民族的情感顿时增强了，民族情感已超越了国界融为一体。这首歌流行很快，似乎成了中缅跨境景颇族的族歌。

在景颇族地区我们看到，两国的陌生人见面时，相同的服饰一下就拉近了相互的关系。按景颇族的传统礼仪，见到客人都要互递草烟包或沙枝包（一种嚼品，含槟榔、草烟、石灰等），带酒的话还要用小竹筒敬酒。交谈时先通过语言明确亲属关系，是"姑爷种"还是"丈人种"，然后按亲属关系的远近以礼相待。特别是对"丈人种"（指岳父家族）的人，必须以"上礼"对待。不管是境内还是境外，都遵守这一礼节。这些沟通，都要靠共同的语言。

语言和谐的另一重要表现是，境内外景颇语都各自从对方吸收自己需要的成分来丰富自己。如互相借用新词术语，互相借鉴文字规范等。如：中国景颇语从缅甸景颇语中吸收了大量的新词术语，如 asuya "政府"、mungdan "国家"、hkedan "铅笔"、pongtin "钢笔"、myu "城市"、seng "商店"、sapoi "桌子"、nayi "表"、panglai "海"、tara "道理"、tongban "道歉"等。缅甸的景颇语读物，从中国景颇语读物中汲取了语言文字规范的做法和经验。境内外景颇族居民都不同程度地阅读对方的出版物、收听对方的广播电视，从中丰富自己的科学知识和文化生活。中国的景颇文报纸《MYITHKRUM SHI LAIKA》（《团结报》）和景颇文杂志《WUNPONG》（《文蚌》），在缅甸景颇族地区很受欢迎，阅读的人很多。

近些年，缅甸景颇族地区学习汉语的热潮不断升温。主要原因是他们认识到，要向中国学习，要走出缅甸，就必须学习汉语。我们在中缅边界看到，我国出版的《汉景词典》《景汉词典》已成为缅甸许多青少年必备的学习汉语的工具书。

三、中缅景颇语还存在矛盾、冲突的支流

但是，中缅两国毕竟是社会制度不同的国家，两国不同的意识形态和民族政策、语文政策会影响两国景颇语的使用和规范。比较明显的是，由于所属国的主体民族不同，两侧景颇语新词术语长期以来出现了语言影响的差异。如："共产党"一词，中国景颇语借汉语说成 gongchandang，而缅甸景颇语借缅语词说成 kummyunit pati（缅语借用英语）。许多新词术语，缅甸景颇语多用本族语表达，而中国景颇语在许多人的口语中已改用汉语借词。如"人民"一词，缅甸景颇语用 mung masha，而中国景颇语除了用 mung masha 外，不少人已用汉语借词 renmin。"主席"一词，中国景颇族口语中多用汉语借词 jushi，而缅甸景颇族用 tingnyang up，后来中国景颇文出版物也用 tingnyang up，但在口语中不用。新词术语的差异，特别是借词的差异，给两地景颇族的交际造成一些阻碍。选用哪一国的新词术语，新词术语的使用要不要统一、怎样统一，往往在认识上存在分歧，不易说清楚，成为语言学理论的难点。这种现象的出现，是不可避免的，是由跨境因素决定的。

在两地边民的语言文字接触中，还会由于意识形态的差异而出现不同形式的碰撞和冲突。已过去一段时间，特别是在我国改革开放之前的动荡年代，还存在过部分青少年欣赏缅甸景颇族中流传的一些低俗的电影、电视剧和言情小说，爱听缅甸电台的一些不甚健康的广播，在身心上受到一定的负面影响。

再如，缅甸景颇族部分人中的"民族独立"思潮，也会通过语言相通的便利流传到我国景颇族地区，影响少数青少年的志向和理想，这显然与我国坚定倡导的维护统一多民族国家的主旨是不符的。

19 世纪末，基督教、天主教由缅甸传入我国景颇族地区，传教士用景颇语传教，发送景颇文《圣经》，很快就被部分景颇族所接受。据估计，1950年约有 8％的景颇族就已信仰基督教或天主教。基督教或天主教的传入，虽有提倡讲礼貌、做好事、反对邪恶的一面，但也会渗透一些不利于民族团结和边疆安全的政治因素。

跨境民族语言规范向谁靠拢，是处理跨境语言问题必须认识清楚的一个重要理论问题。在过去，跨境民族中往往是人口少的一方愿意跟随人口多的一方，这是跨境语言民族的一种天然的民族情感，有其合理的一面。跨境景颇族都有求同的意识，他们希望不同国家的景颇族语言文字应该是越统一越好，这样便于民族内部的交流和发展。但是，跨境民族毕竟是生

活在不同的国度里，两侧的语言必须受该国大局利益及语文政策法规的制约，存在着与本国"国语"或"通用语"的协调关系，这就必然会出现一些与另一侧语言不同的语言规范原则，使得两侧语言出现矛盾甚至冲突。

多年的实践告诉我们，跨境语言的关系始终是在调整两国"同"和"异"的关系中发展的。是"求同"还是"求同存异"，还是顺其自然，往往成为如何对待跨境语言的一个重要问题。再说，"求同存异"，还存在一个"度"的问题，不能偏激，不能简单了事。"度"调整合适了，就符合语言的客观规律，顺应民心；而超过客观的"度"，揠苗助长，就会出现反弹。

景颇文长期在中缅两国景颇族中使用，既有互利、互补的一面，又有竞争、矛盾的一面，同样存在如何对待"同"和"异"的问题。我们回顾景颇文从创制到推广的整个过程，清楚地看到存在"同"和"异"的对立和统一，既有互补，又有矛盾。

景颇文是记录景颇语的一种拉丁字母拼音文字，其产生和推行经历了一个复杂、艰苦的过程。景颇文创制于19世纪末。景颇文的创制工作，从开始到最后成功，前后共经历了56年时间。参加创制者有中、缅两国的景颇族知识分子、群众和美国的基督教传教士、语言学博士等。景颇文的产生与基督教的传播有着一定的关系，但主要是与跨境两国景颇族的要求有关，即随着社会的进步，广大景颇族迫切要求要有反映本族语言的文字，通过它来发展本族的文化、教育。早在1834年及1839年，美国传教士布朗·森（Brown Son）先生及雷乌·纳唐（Rev Nathan）先生曾先后尝试用罗马字母拼写景颇语，但均由于未能科学地拼写出景颇语而告失败。接着在1873年至1885年，相继有美国传教士弗朗西斯·玛逊（Francis Mason）先生、美国牧师卡欣（Cushing）、罗伯特（Robert）先生、弗莱谷·森（Fregu Son）先生等尝试用缅文字母拼写景颇语，但最终都因不能将景颇语较准确地表达出来而未能成功。直到1890年，美国牧师欧拉·汉森（Ola Hanson）博士和景颇族知识分子德冒诺和拉巴底等，在总结前人创制景颇文的经验教训的基础上，在缅甸八莫一带的景颇族地区，研究用拉丁字母拼写景颇语，终于在1892年获得了成功。它就是现行景颇文的雏形。1895年，缅甸的英联邦政府宣布正式推行这套景颇文。

这套文字最先在缅甸境内的景颇族聚居区推广，学习景颇文的除了缅甸景颇人外，还有不少中国景颇人。早期，景颇文主要在景颇文教会学校中教授。其中最有影响的景颇文教会学校有八莫、南坎、思巴坝、罗丹、罗孔、密支那、多彭央七所教会学校，后来逐渐进入了中小学和大学。在缅甸曾用这套景颇文翻译出版了《圣经》《赞美诗》《教徒手册》等宗教读物，还编写了识字课本、景颇语歌曲和报刊等。1906年，在缅甸仰光出版了《Kachin Dictionary》(《景颇语词典》，用英语对照景颇语)。这是国际上出现的第一部景颇语词典，具有开创性价值。该词典收入 15000 多词条。此后，景颇文在缅甸景颇族地区得到迅速推广，还用它出版了大量读物。由于中缅两国的景颇族同族同宗，长期以来跨境而居，来往密切，语言相通，因此这套景颇文字母很快就传入中国景颇族地区。早在 1914 年，英国牧师印夏先生在中国瑞丽县（今瑞丽市）的等嘎乡的景颇族村寨创立了中国第一所用景颇文教学和传教的小学。于 20 世纪三四十年代，在中国的盈江、陇川等县先后开办过 10 多所景颇文学校，如 1947 年司拉山（原云南省政协副主席）在陇川广山开办过景颇文学校。但这些学校的大多数均因师资、经费的不足而先后停办，只有瑞丽县的等嘎景颇文小学保存了下来。中国德宏境内景颇文学校的创办，使景颇文在国内得到推广和应用。

  现行景颇文从雏形到今日的 100 多年的使用过程中，曾经历过 4 次改动（1892 年、1895 年、1940 年、1941 年），经过多次改动，这套景颇文方案已基本上能表达景颇语的语音特点，深受境内外景颇族的欢迎。但这套文字也还存在一些缺点。如：没有规定文字的基础方言和标准音点，没有统一的书写规则，影响了文字的拼写统一性和准确性，造成书写上的混乱。有的元音用两种字符表示，如"o"作单元音韵母时写成"aw"，作复元音韵母时写成"o"等。中华人民共和国共和国成立不久，为了更好地帮助我国景颇族使用、发展自己的语言文字，有关语文机构组织语文专家和景颇族知识分子一起对景颇文方案做了单方面的修改，修改内容主要是：一是规定了标示声调、喉塞音的符号；二是规定在非塞音、塞擦音声母后的紧喉元音用重写元音字母表示。1956 年我国公布了《汉语拼音方案》，为贯彻中国少数民族新创文字尽量与《汉语拼音方案》靠拢的原则，对 1955 年的景颇文方案又做了修改。这几次修改，我们忽视了与跨境的缅甸景颇族及其政府商议或征求他们的意见，因而引起缅甸部分景颇人的恐慌和不满。

  1956 年，中缅两国在云南省德宏傣族景颇族自治州州府芒市举行盛大的边民联欢大会，周恩来总理和缅甸吴努总理亲临大会。在会上，吴努总理向周恩来总理提出中缅两国景颇文保持一致的建议，希望中国的景颇文不要改。周总理当即表示赞同，指示云南省政府对原创景颇文方案不做改动。两国景颇族听到这一决定，欢欣鼓舞，一致拥护。此后，中缅两国共同使用的景颇文开始在学校教育、社会扫盲和出版发行领域广泛试验推行，取得了显著的成绩。经过半个多世纪的实践，证明周总理的看法是英明正确的。现在看来，20 世纪 50 年代对原有景颇文的改进是欠妥的。之所以出现这种做法，是与当时如何科学地处理跨境语言文字问题缺乏经验有关，还与当时民族语文工作中出现的"左"倾思潮有关。对待跨境语言文字，应尽可能"求同存异",不要人为地扩大分歧。求同,这对跨境民族的交流、发展是有利的,也符合跨境民族的心理要求,是顺民心的。

中缅景颇文的创制经验,以及在跨境两国的推行经验,能为多民族国家、跨境国家解决小民族的文字问题提供一些经验或借鉴。

四、几点理论思考

从上述跨境景颇语的具体特点和近百年跨境关系的历程中,我们看到有几个理论问题值得思考和讨论。

1. 怎样科学地认识跨境语言的和谐和冲突

跨境语言既有和谐的一面,又有矛盾冲突的一面,这是跨境语言客观存在和演变的自然规律。这一对立统一体,会因具体语言的特点和历史演变的不同而出现不同的类型。研究跨境语言,不能只看到表面特点,必须深入挖掘其深层次的内容。但是,应当怎样从不同的跨境语言类型深入地认识、处理这对矛盾,既看到共性又看到个性,这不是一件简单的事。这一理论问题有待今后深入研究。

我们要思考:跨境语言有哪些类型,不同类型的和谐和矛盾有什么不同,在不同的历史时期有什么不同的表现,怎样解决跨境语言的矛盾。

2. 跨境语言的所在国应当怎样根据具体语言事实制定适合本国特点的语文方针政策

国家的方针政策是国家发展的生命线。跨境两国的语文方针政策,若能根据自己国家的实际特点和演变规律制定,就能因势利导,促进和谐因素的发展,并能化解或减少矛盾,增进互补、互利。制定跨境语言政策,既要服从主权国家的总利益,又要有利于跨境语言的和谐、互补,二者既有统一的一面,有时也会出现矛盾,遇到矛盾应当如何解决?

在中国,应当认真思考怎样做好景颇族的母语教育。由于景颇族人数少,又存在支系语言的差异,要做好景颇语文、载瓦语文两种语文的普及、推广,要在学校、出版、广播、文艺等各方面满足社会的需要,制定符合实际的语文政策,不是一件简单易举的事。况且,景颇族还要学习汉语文,怎样处理好民族语文和汉语文的关系,做到"两全其美"更是一件不易做好的事。还有,怎样协调中国景颇语文与缅甸景颇语文的关系,做到互相借鉴、取长补短、共同前进,也是语文政策中所必须考虑的问题。制定科学的跨境景颇族的语文政策,解决好跨境景颇族的语言文字使用问题,能够为制定各国的语文政策提供借鉴。

3. 怎样认识跨境语言是跨境国家的一种资源

语言相通有利于两侧民族的和谐发展,有利于边疆的稳定安全。近 10

多年来，跨境景颇族的交流大量增多，互助合作的事不断出现，有力地促进了两国的团结合作，对中缅边境的稳定筑起了一道无形的防护墙。这一点，过去并没有被人们充分认识到，往往只看到语言相通带来的负面影响。目前有许多资源等待开发，如：联合中缅两国的景颇族知识分子共同挖掘、整理景颇族的传统文化——大型创世史诗、景颇族迁移传说等；合作研究景颇语的各支系语言，记录整理各支系语言负载的文学遗产；培养一批懂得各支系语言的语言、文化、历史等方面的人才。总之，跨境国家应当发掘跨境语言的资源，通过语言相通更好地发展双边的经济、文化，加强两国的团结。

4. 怎样认识跨境语言关系中的"国家兴则语言兴，国家衰则语言衰"

语言地位高低是与国家的地位联系在一起的，跨境两侧语言的地位关系也是这样。景颇族、景颇语近 100 年的历史历程说明，跨境语言的兴衰受国家兴衰、强弱的制约。国家兴则语言兴，国家衰则语言衰。中华人民共和国成立之前，由于政府腐败、民众贫穷，境内的景颇族向往缅甸，在经济、文化等方面都受到缅甸的影响，不少人还跑到缅甸密支那、曼德勒上学。他们看的是缅甸出版的景颇文书籍，听的是缅甸的景颇语广播。中华人民共和国成立初期，在国家的关怀下，景颇族的学校教育和景颇语文的出版、广播事业得到从无到有的发展，景颇族和景颇语的地位也随之提高。但在 20 世纪的 50 年代，国内由于"左"倾思潮而引起经济困难，生活水平不如缅甸，加上国外敌对势力利用同一民族、同一语言的便利条件进行煽动，使得一些景颇族群众被骗迁移到缅甸去。历史的教训值得总结。

到了 80 年代改革开放后，我国的经济得到了大发展，人民大众的生活水平有了大幅度的提高，芒市、瑞丽、陇川等景颇族地区高楼林立，交通便捷，中国在缅甸人的心目中发生了大变化，境外的景颇族普遍认为中国强大了。近五年来，中央民族大学"语言国情调查组"曾三次到德宏州、耿马县、泸水县的景颇族地区进行第一线调查，目睹了改革开放以来景颇族地区的巨大变化，和境内外跨境民族、跨境语言关系的变化。在泸水县片马地区，景颇族茶山人的老乡情不自禁地告诉我们，过去我们这里比较贫困，比不上缅甸，一些漂亮的姑娘都嫁到缅甸去了，而现在，我们的日子好了，缅甸的漂亮姑娘都嫁到我们这里来。境外的一些景颇族，父母还把孩子送到中国学校来学习，认为学会汉语将来发展前途好。我们调查组还看到，我国出版的景颇族书籍、报纸、词典，已不断流入缅甸景颇族地区，成为他们喜爱的精神食粮。我们认识到语言地位与国家实力存在密切的关系，国家地位直接影响到语言地位的高低。

跨境语言研究，在语言学研究中是个后起的薄弱学科，在我国起步很晚。目前，语言学家都把注意力放在记录描写上，这符合跨境语言研究的学科建设规律。但是，跨境语言研究理论建设势在必行。预计今后的跨境语言研究，必定会在记录描写的同时加强理论研究，培养出一批在跨境语言研究上有专长的专家。

第四节 跨境对景颇语语言活力的影响

一种语言是否跨境，对语言活力（包括语言地位、语言功能、语言生命力等）是有影响的，或有利或有弊。由于跨境语言存在不同的特点，因而对语言活力影响的程度、范围会存在差异。具体到景颇语，跨境因素影响景颇语语言活力有多种表现，但主流是积极的，有利于语言发展的，也有助于提高景颇语活力的。主要表现在以下三个方面。

一、景颇语跨境的存在提高了景颇语的活力

跨境景颇语由于与境外同一民族的人们增加了交往，扩大了交际的人数、场合，必然会扩大景颇语的活力，有助于景颇语的传承。

在景颇族分布的主要地区——德宏州，近 10 多年来由于改革开放的扩大，中缅跨境景颇族的交往比以往任何时候的人数都要多、范围都要广。表现在：两地互访的人数大幅度增加；缅甸大批景颇族来到中国务工、求学；缅甸大批景颇人来中国组建跨国婚姻家庭；举行各种跨国文化的交流如上万中缅景颇人参加的景颇族目瑙节等。这些交际范围的新变化，使得中国景颇族用景颇语交流的对象除了本国景颇族人外，还有大量缅甸景颇人。交际范围的扩大，必然会扩大景颇语的交际活力。

又如景颇族茶山人，在泸水县片马镇只有 129 人，但在缅甸则有大量的分布。茶山语在片马之所以保存得很好，有赖于与境外茶山人的语言交际。与片马相邻的缅甸村寨，大多是茶山人的聚居寨，寨中的茶山人都是熟练的母语人。缅甸的茶山人常到片马的茶山人家里聊天。崩友（47 岁，岗房村茶山人）对我们说："我的缅甸亲戚经常过来看我。来的次数多了，就跟我们村子里的人都熟了。""我的缅甸亲戚还去村子里的老乡家里玩耍，跟大家一起聊天，都讲茶山话。" 两地的茶山人交往相当方便。如我们的发音人胡玉兰（茶山人，20 岁），上午 11 点还在缅甸的大田坝帮妈妈熬药，11 点半就赶到片马给我们当发音合作人。两国边境茶山人如此密切的人际交往，必然会带来频繁的母语接触，从而有助于两国茶山母语的保留。

我国的景颇语由于使用人口少，其使用范围、语言能力都不及缅甸的景颇语。而缅甸景颇语使用人口多，使用范围广，是当地的强势语言，还

被日旺人、傈僳人所兼用。景颇语每天广泛地、不停地被使用，必然使其功能扩大。

相对来说缅甸一方的景颇族掌握自己母语的能力比我国景颇族要强些。这是因为景颇族在缅甸的人口多，日常生活中主要使用自己的母语，学习国家的国语负担不是太重；而中国一侧的景颇族人数较少，有着繁重的学习国家通用语的任务，青少年的母语能力出现了一定程度的衰退。片马跨境两侧茶山人使用茶山语的情况也是如此。缅甸茶山人母语掌握得要比中国茶山人好一些。因而，中缅景颇人的密切交往，对中国景颇人特别是青少年母语保留有着一定的推动作用。片马茶山人忠波（tsoŋ^{33}po^{33}）说："我觉得茶山话在我们这里会一直传下去。因为我们这里离缅甸近，那边全部都说茶山话。我们跟他们交往很密切。我妈妈的亲戚，她的哥哥、弟弟、妹妹都在缅甸，以前他们那边打仗的时候，全都到我们这边来住。现在，我们做农活要是忙不过来也会去那边请人。"

二、景颇族跨国婚姻的增多有利于提高景颇语的活力

跨国婚姻是指由两国公民组成的婚姻家庭。近10多年来，在云南边境地区由于现代化建设的不断发展，边境的进一步开放，经济实力的稳定提高，人民生活的大幅度改善，缅甸居民来我国边境组成跨国的家庭不断增多。景颇族在我国边境民族中是跨国婚姻较多的一个民族，跨境婚姻对景颇族语言的存在和发展有着一定的影响。

据《德宏州边境少数民族跨国婚姻情况调研报告》对跨国婚姻特点的总体归纳，德宏州边境少数民族跨国婚姻的特点主要有：a. 数量大，跨国婚姻家庭占总农业户数的6.3%。b. 单向流动。即以流入我国为主，流进外国的少。c. 性别以女性为主，男性较少。d. 近年呈快速发展趋势。跨国家庭近10年成立的有80%，近5年成立的有50%。e. 组成跨国婚姻的大多是同一民族的跨境民族，语言相通，习俗相近。f. 分布以边境农村为主，城镇的少。[①]

景颇族跨国婚姻情况大致符合以上全州的总体情况。截至2011年4月26日，德宏州从缅甸来成立跨国婚姻家庭的景颇人有3388人。各县的数量是：

芒市	瑞丽	陇川	盈江	梁河	合计
839	468	848	1077	156	3388

---

① 德宏州民族宗教事务局编、中共德宏州委党校编著：《德宏边境民族社会问题调研报告成果集》（2011—2014），德宏民族出版社2015年版。

而德宏州景颇族边民出境成立跨国家庭的只有86人。各县的数量是：

芒市	瑞丽	陇川	盈江	梁河	合计
28	14	21	21	2	86

据在景颇族的一些村寨点调查，景颇族跨国婚姻家庭也是女性居多，流入的居多。

21世纪初开始，我国景颇族跨国婚姻家庭迅速增加的原因是多方面的。但其中最重要的是这些年来我国经济快速发展，人民群众生活幸福安康，惠民政策符合实际。跨国居民来到中国看到中国城镇、农村这些年的巨大变化：城市高楼林立、整齐清洁，过去偏僻落后的农村普遍都实现了"三通"——通电、通水、通路，就连偏僻的村寨也通上了柏油马路。过去破旧的茅草房现在大都改造为瓦房，农民的家里几乎家家都有电视、手机，有摩托车的农户也占了相当大的比例。这些新变化，缅甸的边民是有目共睹的。特别是中老年人经过比较，清楚地觉得中国实在是变了，变化得太大了。20世纪50年代，同样是德宏地区，由于政策不对路，群众生活困难，那时一夜间就跑去缅甸数万人。而今天发生天翻地覆的变化，缅甸边民都认为中国好，社会安定，缅甸不好，生活不安定，时局动乱，睡觉都不踏实。调查中有的居民深有感触地对我们说："中国农民真幸福，没有粮食政府给，种田有补助，盖房子有困难政府帮助，住院可以报销，老人还有补助，村寨道路宽而畅。"总之，中国的新政策、新变化，是吸引跨国婚姻最重要的因素。他们能够成批地、大量地、持久地嫁来中国，是因为看到在中国成家能过上好生活，充满着对中国政府、中国政策的信任。政策、事实是试金石。如果中国这一时期没有这一稳固的、强大的物质基础，缅甸女子是不会安心地嫁过来的。

除了这个主要因素之外，还有其他一些因素。如：有建立跨国婚姻的良好地缘优势供边民来往。德宏州与缅甸克钦邦、掸邦山水相连，无天然屏障，来往方便，相互间建立亲戚关系不存在复杂的地理隔绝。又如：两国都有长期的"互婚"传统，这为继续发展两国的跨国婚姻提供了顺畅的心理因素。还有，跨境同一民族具有相同语言、相同习俗是跨国婚姻和跨界婚姻家庭得以巩固的便利条件。此外，德宏改革开放以来，民族地区的农村女性向内地流动，形成男女比例失调，也使得德宏边境地区有了迎娶外地女子的需求。以上所说的这些条件，过去也有，但为什么过去没有大量的跨国婚姻，因为那时缺乏丰厚的物质基础和富民政策。这些条件，只有在我国现时形势好的条件下才起作用。

还要看到，跨境婚姻对子女的语言习得有着积极的影响作用。因为孩子的语言在很大程度上会受母亲语言的影响。孩子从小跟母亲一起，在语言选择、语言能力上必然会受到母亲语言具有"先天性"的强力影响。尽管景颇族支系语言使用复杂，父语还是子女的母语，当父母不是同一支系时，子女必须继承父亲的语言——母语，但在长期的家庭语言生活中，他们形成既会父亲的语言又会母亲的语言的多语者。继承父语是民族心理素质的要求；掌握母亲的语言是生活需要自然形成的。二者性质不同。调查材料证明，景颇孩子一般都会自己母亲的语言，而且母亲的语言说得非常标准。个别例外都有其特殊的条件。

从缅甸嫁过来的女子，母语掌握较好，大多不会汉语，对子女进行语言教育的语言主要是母语教育。所以这样的跨国婚姻家庭，子女的母语都比较好。如在泸水县片马镇，子女的语言状况受母亲的影响大。如果是族际婚姻家庭，来自异国母亲的语言容易影响子女的语言选择。

如：岗房村坡西口的村民崩友（47岁），是缅甸嫁过来的茶山人，她的丈夫是傈僳族。她告诉我说："我只会讲茶山话和傈僳话，汉话讲不好。我的爱人和我的五个小孩都会茶山话、傈僳话和汉语三种语言。我爱人是傈僳话比茶山话讲得好一些，汉话讲得差一些。孩子随我是茶山话讲得最好，汉话也不错，傈僳语稍微差一些。我跟我小孩之间都讲茶山话；我和我爱人之间讲茶山话或者傈僳话。我的爱人跟孩子讲傈僳话，跟我有时讲傈僳话，有时讲茶山话。孩子之间多讲茶山话，有时也讲汉话或傈僳话。一家人在一起时都说茶山话。"

缅甸边民能够如此顺利进入中国，与两地语言生活大致相同有关。在缅甸生活的女子会说中国境内的民族语，所以容易沟通、理解，便于建立婚姻关系。

嫁到中国的崩友（bəŋ^{31}ʑu^{55}），文盲，茶山人，现年已47岁。老家在缅甸的密支那省克钦邦特区大田坝区腊吾空寨，跟中国只隔一座山。父母都是茶山人，19岁那年嫁到片马镇岗房村坡西口寨。汉话说得不好。她的老家腊吾空寨是个茶山人聚居的寨子，全寨人都会说茶山话。那个村有小学、初中。学校的学生多数是茶山人，也有少数傈僳族。大家都会自己的民族话。姑娘们喜欢嫁到中国这边来，跟她一样嫁到坡西口来的缅甸姑娘有4位。

崩友会讲茶山话和傈僳话，茶山话比傈僳话讲得好，还会用茶山话唱歌，但不会讲汉话。孩子是茶山话讲得最好，汉话也不错，傈僳语稍微差一些。她与小孩之间都讲茶山话。孩子之间多讲茶山话，有时也讲汉话或傈僳话。一家人在一起时都说茶山话。

又如，芒市拱母村民小组组长何勒弄（男，36岁，景颇族载瓦支系）介绍他的跨国婚姻家庭时说："我的妻子是缅甸勐古的景颇族载瓦支系，2007年嫁过来的。我去她们家跟她见了一面，沟通了一下，互相都满意了，父母也同意了。然后就给她们家送了 2 万元彩礼，就跟我回来了。她的国籍现在还是缅甸的，没有在中国这边落户。孩子 3 岁，是中国国籍，已经落户了。她还不会汉语，我们在家都说载瓦语。我们寨离缅甸勐古大概只有三四个小时的车程。""我们村子里的缅甸媳妇有 4 个，都是载瓦支系的。她们和我们这边说话一样，没有什么差异，我们跟缅甸媳妇之间没有语言上的障碍。她们觉得缅甸总是打仗，国家形势不稳定。在中国生活过得好一点，不用像在缅甸那样提心吊胆。"

五岔路乡计划生育办公室宣传员董勒定告诉我们："缅甸嫁过来的媳妇大概是从 2005、2006 年才多起来的。主要是这里的很多女孩子都嫁到内地去了，男孩子找不到对象，就从缅甸找。这几年很多缅甸女孩子到我们这里来找活做，比如砍甘蔗、栽秧，包吃包住，一天还给 30 元。她们在缅甸做活，一天只能赚 5 元。她们跟我们这里的男孩子在劳动中认识、了解、自由恋爱。觉得我们这边生活条件比他们那边好，国家也安定，就愿意嫁过来。""她们嫁过来之前有些会载瓦语，有些不会，在缅甸时主要说景颇语。嫁过来后都学会载瓦语了，跟大家都说载瓦语。还有一些学会了一点汉语，日常交际用语会说一点。" "白岩组的景颇支系有 1 人。她叫李宽东，25 岁，文盲，是去年才从缅甸嫁给孔志恩的。景颇语是她的第一语言，也是她在缅甸生活时使用最多的语言，此外，她还能熟练使用缅语。嫁到白岩后，因家人都不懂景颇语和缅语，她慢慢学习使用勒期语，现在跟家里人都能用勒期语交谈。景颇语是她与婆婆排木比之间的交际用语。排木比是几十年前从缅甸嫁过来的，是载瓦支系，在缅甸时就会景颇语。现在她只跟儿媳妇李宽东说景颇语，跟家里其他成员都说勒期语。"

又如，岗房景颇族茶山支系的浪龙（naŋ^{33}noŋ^{31}，女，30 岁），原为缅甸密支那省大田坝区云洞村人，2000 年从缅甸嫁到岗房村。母语是茶山话，还会一点傈僳语和汉语。她介绍说："缅甸云洞村的村民都说茶山话，傈僳族也说茶山话。她在缅甸时最先学会的是茶山话。15 岁左右又学会了傈僳话。她家有 8 个人，人人都说茶山话。嫁过来后，语言上没有障碍。如果遇到茶山族的朋友，就说茶山话；如果遇到傈僳族的朋友，就说傈僳话。""每个人都有一套民族服装，过年过节，走亲戚，办喜事，都会穿。婚丧嫁娶，过年过节时，还会唱歌跳舞。遇到什么场合就唱什么歌，歌词都是现编的。两国的寨子，平常来往很密切，相互之间有什么事情，比如农忙，红白喜事，两边的人就互相帮忙。"

下片马 23 户茶山人家与缅甸大田坝相邻，大部分是缅甸嫁过来的茶山人。近 10 年来，下片马的经济生活比缅甸好，缅甸的茶山人及其他民族不断嫁到下片马来，茶山人在逐渐增加。子女的语言状况与母亲的语言状况及家庭语言环境有关。如胡玉兰和胡玉琴两姐妹兼用缅语和景颇语的原因与家庭有关。她们的妈妈是缅甸嫁过来的茶山人，她俩的舅舅还在缅甸做事，所以她有条件去缅甸密支那上学，自然就学会了缅语。由于她俩的妈妈景颇语水平高，就跟妈妈学会了景颇语。

又如岗房村一组 13 户 51 人中，从缅甸嫁过来的有 8 人，有 6 人的第一语言是茶山语，有两人的第一语言是傈僳语，第二语言是茶山语。语言能力如表 7-1 所示。

表 7-1　　　　岗房村一组 8 位缅甸移民人员的语言能力

姓名	年龄	民族	文化程度	第一语言及水平	第二语言及水平	第三语言及水平
浪旺	34	景颇（茶山）	小四	茶山，熟练	傈僳，熟练	汉，略懂
德双	39	景颇（茶山）	小二	傈僳，熟练	茶山，熟练	汉，略懂
阿库妹	29	景颇（茶山）	小二	傈僳，熟练	茶山，熟练	汉，略懂
江罗	31	景颇（茶山）	小二	茶山，熟练	傈僳，熟练	汉，略懂
中追	29	景颇（茶山）	小一	茶山，熟练	傈僳，熟练	汉，略懂
浪罗	33	景颇（茶山）	小一	茶山，熟练	傈僳，熟练	汉，略懂
崩优	46	景颇（茶山）	小一	茶山，熟练	傈僳，熟练	汉，略懂
崩双	61	景颇（茶山）	文盲	茶山，熟练	傈僳，不懂	汉，略懂

居民反映，那边的政策没有这边好，如果把户籍迁到那边不舍得。嫁到这边来的，1992 年以前的有户口，以后的就没有户口，没有户口也可以生育，小孩有户口。这边的政策好，对老百姓的待遇好，种菜、养猪都有补助。嫁过来的没有户口，只要是本地的很不计较，对边境站讲一下就可以了。

三、景颇语跨境有利于景颇语的丰富发展

语言的丰富发展有多方面条件，比如经济、文化的进步、民族关系的和谐、语文政策的得当等。但跨境的语言，由于不止在一个国家使用，扩大了使用的人数，必然会在一定程度上有助于语言的丰富发展。在中国，景颇族只有 14 万余人，说景颇语的只有 3 万多人，人数实在太少了，景颇语要通过几万人的使用来丰富发展是有限度的。而缅甸景颇族人口有 200 多万人，分布广、使用人口多、使用范围广决定了缅甸景颇语拥有杂志、报纸、读物等出版物，以及电影、电视、广播等传媒手段，学校的景颇语文教学从中小学教育一直延至大学教育，会景颇文的人数也多。出版物和传媒手段，使得缅甸景颇语会在传播过程中得到不断丰富发展。由于跨国

景颇族山水相连,缅甸景颇语文的使用,包括出版物、传媒、网络资源等很快就传到中国景颇族中来,会在景颇语文的使用和交流中为中国景颇语文的丰富发展注入新的活力。

如:半个多世纪以来,中国景颇语从缅甸景颇语中借鉴使用了大量既符合规范又有生命力的新词术语来丰富自己,以满足语言发展的需要。

由缅甸出版的 *Dictionary of Kachin Language*(《克钦语词典》)是一部收词数量多、解释得当、编辑规范的景颇语词典,能够反映景颇语的特点。中国景颇语语文工作从中受益良多,成为中国景颇语文的一部重要参考书。

当然,学习、借鉴是双方的。中国景颇语虽然使用人口少,但国家重视民族语文的使用,在民族语文的规范化上做了大量的工作,也有不少经验可供缅甸景颇语文借鉴。

第八章　中缅跨境景颇族语言的语言接触和语言影响

任何一种语言在与其他语言的接触中都会出现语言影响。但由于语言特点的不同，不同语言的语言接触和语言影响在力度和方式上都会存在差异。跨境语言由于存在跨境因素，语言接触和语言影响也会有自己的特点。中国景颇语的语言接触和语言影响与缅甸景颇语既有共性，又有个性，需要进行具体的梳理、分析。

第一节　中缅景颇语的外来借词情况

我们统计了《景汉词典》中的 15000 个词，看到景颇语借词主要来自傣语、缅语、汉语三种语言。在 525 条借词中，傣语（缅甸称"泰语"，这里统一称"傣语"）借词最多，有 256 条，占 48.76%，缅语借词有 194 条，占 36.95%，汉语借词有 75 条，占 14.29%。缅语借词中，有源于英语的借词 12 条，印度语借词 1 条。以上数字表明，对中缅景颇语借词构成最大影响的，是傣语、缅语、汉语三种语言。

中缅景颇语的特点大致相同，特别是 20 世纪 50 年代以前相同程度更大。《景汉词典》自 50 年代开始编辑撰写，逐渐扩大词汇量，到了 80 年代才有机会出版。它能反映 50 年代以前中缅景颇语的情况。下面，我们分别分析这几种语言在景颇语中的存活情况，并进一步分析其成因。

一、中缅景颇语里的傣语借词

傣族在中缅景颇族分布地区是人口较多、经济比较发达的一个民族，其稻作经济及小乘佛教文化对周围的民族都有重要影响。两国景颇族居住区的周围都有傣族分布，傣族在这一地区是强势民族，居住在种植水稻的坝区，经济相对发达。两国景颇族为了生存和发展，很早起就向傣族学习种植水稻，有的贫穷人家还给傣族富家打工。这种关系，决定了傣族的生活方式和佛教文化在一定程度上影响了景颇族，景颇语很自然要向傣语借用词汇。

景颇语在借用傣语的 256 条借词中，名词有 184 条，动词有 43 条，形容词有 9 条，量词有 7 条，副词有 10 条，数词有 1 条，语气词有 2 条，其中以名词居多，动词次之。傣语借词按意义又可分为以下几类。

1. 水田生产类

汉语义	景颇语	傣语
水田	khau^{33}na^{31}	la^{453}
荒田	na^{31}kham^{55}	la^{453}ham^{453}
田埂	na^{33}koŋ^{33}	te^{453}la^{453}
稻秧	khau^{31}ka^{31}	ka^{42}
糙米	khau^{31}lui^{33}	xău^{42}său^{42}
谷铺	khau^{31}liŋ^{31}	pum^{453}xău^{42}
犁	na^{31}thai^{33}	thăi^{24}
耙子	tʃeŋ^{31}khjeŋ^{55}	tsɛŋ^{453}xɛŋ^{453}
犁（第一道田）	thai^{33}kje^{33}	thăi^{24}
水蚂蟥	toŋ^{31}pjin^{31}	piŋ^{33}
螺蛳	khoi^{33}	hɔi^{24}
泥鳅	pă^{31}tʃit^{31}	pa^{33}tsi^{42}
沙鳅	pa^{31}khji^{55}	pa^{33}xi^{453}
挑手鱼	pă^{55}luk^{55}	pa^{33}luk^{24}
牛鼻缰绳孔	pju^{31}	piu^{33}
肥料	phun^{55}	fun^{21}
园子	sun^{55}	son^{24}
棚子	sum^{31}	sum^{42}

2. 生活、工具、商业类

汉语义	景颇语	傣语
手帕	pha^{31}tʃet^{31}	pha^{42}tset^{55}
杯子	kom^{33}	kɔk^{24}
瓶	tau^{31}	tău^{42}
盒子	jep^{55}	ɛp^{21}
瓦钵	aŋ^{33}	aŋ^{21}
罐子	kok̲^{55}	kɔk^{24}
竹筐	muŋ^{31}	muŋ^{33}
竹筒	puŋ^{33}	puŋ^{453}（桶）
称（名）	tʃɔi^{33}	tsɔi^{55}（量词，拽）
戥星	tʃɔi^{33}tʃaŋ^{31}	xăn^{24}tsɔi^{55}
纺车	koŋ^{31}	koŋ^{453}vɛn^{33}

汉语义	景颇语	傣语
床	jup⁵⁵ku̱³¹	ku²¹
伞	tʃoŋ³³	tsɔŋ⁴²
毯子	pha³¹tʃoŋ³³	pha⁴²tsɔŋ²¹
木屐	khok³¹khǎ³¹lak³¹	ma⁵⁵kuk³³kak³³
本钱	a³¹ʒaŋ⁵⁵	a³³laŋ⁴⁵³

3. 植物、蔬菜类

汉语义	景颇语	傣语
香菜（芫荽）	phǎ⁵⁵kji⁵⁵	phak²⁴tsi⁴⁵³
蒜	phǎ³¹ʒo³¹	phak²⁴lo²⁴
葫芦	ta̱u³³pa³¹	lǎm⁵⁵tău⁴²
辣椒	n⁵⁵pʒi̱k⁵⁵	mak²¹phet²⁴
楂子果树	mǎ⁵⁵ko̱k⁵⁵phun⁵⁵	ton⁴²mak²¹kɔk²¹
梨树	mǎ³³ko³³phun⁵⁵	ton⁴²mak²¹ko⁴²
棠梨树	mǎ⁵⁵ko⁵¹kai³³phun⁵⁵	ton⁴²mak²¹ko⁴²kǎi²¹
刺枣树	mǎ⁵⁵kho⁵⁵phun⁵⁵	ton⁴²mak²¹xo²⁴
芒果	wǎ⁵⁵muŋ⁵¹si³¹	mak²¹moŋ³³
橘子	mak³¹tʃok⁵⁵si³¹	mak²¹tsɔk²⁴
西红柿	mǎ³³khʒi³³si³¹	mak²¹xə²⁴som⁴²
碎米果	khau³¹san³³si³¹	mak²¹xǎu⁴²san²⁴
菖蒲	sam³³pu⁵⁵	sam²⁴pu⁴⁵³
酸荚树	mǎ⁵⁵kjeŋ⁵¹phun⁵⁵	ton⁴²mak²¹tsiaŋ⁵⁵
紫胶	khji³¹khaŋ³¹	xi⁴²xǎŋ³³

4. 动物类

汉语义	景颇语	傣语
野兽	tu³¹sat³¹tu³¹mjeŋ⁵⁵	to³³sǎt²⁴
大雁	koŋ³¹kǎ⁵⁵ʒuk⁵⁵	kuan²¹
老雕	laŋ³¹ta³¹	xaŋ³⁵lo²¹
狮子	khaŋ³¹khji³¹	xaŋ²¹si⁴²
大田鼠	ju³¹puk³¹	lu²⁴puk⁵⁵
兔子	pʒaŋ³¹ta̱i⁵⁵	paŋ³³tǎi⁴⁵³
未阉的马	ma³¹ŋan⁵⁵	ma⁵⁵ŋan²⁴
巢雀	lok³¹tʃok³¹	lok⁵⁵tsok²¹
乌龟	ta̱u³³kok⁵⁵	tău²¹
鸭子	khai³³pje̱k⁵⁵	pet²¹

5. 食品名词

汉语义	景颇语	傣语
凉粉	leŋ³¹phun³³ （缅甸读 leŋ³¹fun³³）	van²⁴fun³³
饵丝	khau³¹soi⁵⁵	xǎu⁴²soi⁴⁵³
面儿	mun⁵⁵	mun³³
咸鱼	pǎ³¹laŋ³¹ka³³	pa³³tsem⁴⁵³
胡椒	ma⁵⁵phjik⁵⁵pom³¹	mak²¹phit⁵⁵pɔm⁴²
鱼酱	pǎ³¹nau³¹	lăm⁵⁵tsaŋ²¹pa³³
鱼罩	sum³³	tshum²¹

6. 政治、经济、人物类

汉语义	景颇语	傣语
国家	muŋ⁵⁵	məŋ⁴⁵³
国王	kho³³kham⁵⁵	ho²⁴xǎm⁴⁵³
集市	kat⁵⁵	kat²¹
湖	noŋ³³	lɔŋ²⁴
矿	mo³³	mo²¹
宝石	sɛŋ³³	sɛŋ²⁴
和尚	pn̩³¹kji³¹ saŋ²¹puŋ⁴⁵³ki⁴⁵³（借自缅甸语）	
乞丐	mo³³phji³³	mo²⁴phi²⁴
雇工	n̩³¹tʃaŋ³³	luk⁵⁵tsaŋ⁴²
金银匠	tʃaŋ³¹khaŋ⁵⁵ （金匠：tsaŋ³³xǎm⁴⁵³、银匠：tsaŋ³³ŋən⁴⁵³）	
流氓	kun̩⁵⁵le⁵¹	kon⁴⁵³lən⁴⁵³
官	tʃau³¹	tsău⁴²
官家女儿	a³¹naŋ³¹a³¹paŋ³³	xun²⁴laŋ⁴⁵³
强盗	tʃun³¹	tson³³

7. 住宅、用品、乐器、武器类

汉语义	景颇语	傣语
院子	waŋ⁵⁵	vaŋ⁴⁵³
大挎包	thoŋ⁵⁵pa⁵⁵	thoŋ²⁴pa⁴⁵³
车、轮子	leŋ³¹	liaŋ²⁴（自行车）
鞋	kjep³¹tin³³	kep²⁴tin³³
拖鞋	kǎ⁵⁵lep⁵⁵	kep⁵⁵lep⁵⁵

汉语义	景颇语	傣语
胭脂	poŋ³³ta³³	jian⁴⁵³tsɯ³³
箱子	sǎ³¹tek³¹	tək⁵⁵
床铺	jup⁵⁵ku̠³¹	ku²¹
蚊帐	sut⁵⁵	sut²⁴
扁担	khap⁵⁵kan³¹	kan⁴⁵³
模子	a³¹thaŋ³³	thaŋ²¹
圈儿	ʃaŋ³³khoŋ³³	koŋ⁴⁵³
火药罐	jam⁵⁵ko̠k⁵⁵	kɔk²⁴jam⁴⁵³
二胡	to³¹ro³¹	tiŋ²¹o⁴²
弦乐器	ti̠ŋ⁵⁵se⁵¹	tiŋ²¹
管乐器	sum³³pji³³	pi²¹
本子	pap³¹（英、傣）	pǎp⁵⁵
小包锣	pau³¹mo̠ŋ³³	mɔŋ⁴⁵³
石灰	thun³³	thun²⁴
土炮	kɔŋ³¹taŋ³¹	kɔŋ⁴²

8. 文化、宗教类

汉语义	景颇语	傣语
工作	a³¹mu⁵⁵	a³³mu⁴⁵³
税	kɔk³¹	kɔk³³xǎn²⁴
佛校	puŋ³¹kji³¹tʃoŋ³¹	tsɔŋ⁴⁵³puŋ⁴⁵³ki⁴⁵³
塔	koŋ³¹ŋu³¹	kɔŋ⁴⁵³mu⁴⁵³
运气	muŋ³¹ka̠m³¹	kam²¹
琵琶鬼	phji³³	phi²⁴
护身符	ka³³	lak³³puai⁴⁵³
文字	lik³¹lai³¹ka̠³³	lik⁵⁵lai⁴⁵³
宫殿	kho³³	ho²⁴vuaŋ⁵⁵、haŋ⁴²ho²⁴
女官种名	naŋ³¹	laŋ⁴⁵³
水（宗教用语）	lam³³kǎ³¹lu³¹（半借）	lǎm⁵⁵lu²¹
陀螺	seŋ³³	xaŋ²¹

9. 动作行为类

汉语义	景颇语	傣语
讨论	poŋ³¹pan³³	xuŋ²⁴puaŋ³³
当（雇工）	tʃaŋ³³	tsaŋ⁴²
戴（帽子）	kup³¹	kup²⁴（帽子）

汉语义	景颇语	傣语
背（物）	paΩ^{31}	pa^{453}
吃惊	am^{55}	am^{453}
贪吃	mak^{31}	măk^{55}、san^{55}
尝	tʃim^{55}	tsim^{453}
滤	tʃen^{31}	tsiat^{33}
换	lai^{55}	lai^{33}
开垦（丢荒地）	khu^{31}	xai^{33}xu^{33}
约定	seŋ^{33}	seŋ^{453}
防备	thaŋ^{31}	he^{55}faŋ^{55}
试	tʃa̠m^{55}	tsam^{453}
报仇	top^{55}	tuap^{21}soi^{42}
拍照	tem^{31}	tek^{21}puŋ^{21}
翻译	pjan^{33}	pin^{42}pian^{21}
跳（舞）	ka̠^{33}	ka^{42}
（天）亮	leŋ^{55}	leŋ^{453}
断（鸦片）	ton^{33}	ton^{21}
摆放	tam^{55}	tăm^{453}
合适	thuk^{55}	thuk^{24}
减少	jom^{31}	jom^{453}
合伙，加	poŋ^{55}	puaŋ^{453}
忍受	kham^{31}	xam^{21}
承认	jin^{33}	jin^{24}
雕	a^{31}kʒok^{31}	xuak^{24}
敲	a^{31}ko̠k^{31}	kuak^{24}
败	sum^{33}	sum^{453}
做（生意）	ka^{33}	ka^{55}
隔断	ka^{31}	xăn^{42}xat^{21}
落空	kom^{31}	ham^{453}pău^{21}、ham^{453}lai^{33}
商量	poŋ^{33}	xɯŋ^{24}pɔŋ^{33}

10. 量词、虚词类

汉语义	景颇语	傣语
双	kup^{31}	ku^{33}
坨	tʃok^{31}	tsɔk^{24}（量词，袋）
十箩	tʃo^{55}	tso^{453}

汉语义	景颇语	傣语
万	mun^{31}	mun^{21}
十两	khan^{55}	xăn^{24}
哎呀	a^{31}ka^{31}ka^{31}	a^{33}ka^{55}ka^{55}
不仅	n^{55}ka^{55}	jăn^{33}ka^{453}

11. 形容词、副词类

汉语义	景颇语	傣语
重	nak^{55}	lăk^{24}
深	suŋ^{31}	suŋ^{24}（高）
纯	tʃet^{31}	tsiat^{33}
熟练	kat^{31}	kăt^{55}
灵	jam^{31}	jăm^{33}
困难	jak^{31}	jap^{21}
香（味）	khom^{33}（缅甸景颇族读xom^{33}）	hom^{24}
乱	ʃuk^{31}ʃak^{31}	suk^{55}sak^{55}
通小洞地	poŋ^{31}	poŋ^{21}
困难状	a^{31}jak^{31}a^{31}khak^{31}	jap^{21}jak^{33}（困难）
湿湿的	pup^{55}pup^{55}	jăm^{453}pop^{33}pop^{33}（湿淋淋）
开门见山地	leŋ^{55}leŋ^{55}	liaŋ^{453}（明亮）

以上 11 类傣语借词涉及的内容广泛，既有实词，又有虚词，有与人有关的词，又有动物、植物方面的词。借词的内容反映，景颇人从寒冷的西北高原南下来到亚热带地区，生活环境与高原截然不同，由畜牧业生产转为南方农业生产，山区的旱谷生产和坝区的稻作生产成为他们一项新的生产活动，而他们的语言又没有反映这一生产活动的词，如"水田、田埂、犁、耙子、稻秧、水蚂蟥"等，就必须向周围的傣族借用。景颇语若不填补这一类词语的缺失，就会出现语言交际的失衡，也就无法过好正常的生活。所以，景颇语向傣语吸收大量的新词，是环境变化的实际需要。

（二）中缅景颇语里的缅语借词

缅族是缅甸的主体民族，缅语是缅甸的国语。景颇族作为缅甸的一个少数民族，是需要学习缅甸国语的。中国的景颇族，在 20 世纪 50 年代以前由于国界尚未划清，与缅甸的景颇族关系密切，有条件的还到过缅甸谋生、学习，所说的景颇语自然也受到缅语的影响。

据统计，景颇语借用缅语的借词有 194 条，仅次于傣语借词。其中名词有 157 条，动词有 21 条，形容词有 3 条，数词有 3 条，量词有 9 条，副词有 1 条。以名词居多。其类别主要有：

1. 政治、军事、经济类

汉语义	景颇语	缅语
政府	a³¹su⁵⁵jaʔ⁵⁵	a³¹sɔ³³ẓa⁵²
党	pa̱³³ti̱³³	pa³¹ti³¹
城	mjuʔ⁵⁵	mjo⁵²
权利	khaŋ⁵⁵	a³¹khũ⁵²a³¹na³¹
道理	tǎ⁵⁵ʒa⁵⁵	tɔ̌³¹bɔ³³tɔ̌³¹ẓa³³
海	pa̱ŋ³³lai³³	p̃i³¹lɛ³¹
监狱	thoŋ³³	thaũ³¹
部队	tap³¹	tɛʔ⁴³
命令	a⁵⁵mjiŋ⁵¹	a³¹mẽ⁵²
文书	tʃã⁵⁵ʒe⁵⁵	sa³¹pe³¹
武器	lak³¹nak³¹	lɛʔ⁴³n̥ɛʔ⁴³
大炮	mjok³¹	a³¹m̥jauʔ⁴³
枪	sǎ⁵⁵nat⁵⁵	tθɔ̌³¹nɛʔ⁴³
薪水	laʔ³¹khaʔ³¹	la⁵²kha⁵²
费用	tʃã³¹ʒik³¹	zɔ̌³¹ẓeiʔ⁴³
誓约	kǎ³¹tiʔ³¹	gɔ̌³¹di⁵²
证据	sak³¹se³¹	tθɛʔ⁴³tθe³¹
手铐	lak³¹thik³¹	lɛʔ⁴³theiʔ⁴³
税	a³¹khun³³	a³¹khũ³¹

2. 人物名词类

汉语义	景颇语	缅语
富人	sǎ⁵⁵thi⁵⁵	tθɔ̌³¹the³³
土匪	tǎ³¹mjaʔ³¹	dɔ̌³¹mja⁵²
翻译	kǎ³¹pjan³³	sɔ̌³¹gɔ̌³¹pjẽ³¹
徒弟	sǎ³¹pe̱⁵⁵	tɔ̌³¹pɛ⁵²

3. 经济类

汉语义	景颇语	缅语
机器	tʃak³¹	sɛʔ⁴³
摩托车	mo³³tɔ³³puk³¹	mɔ³¹tɔ³¹sã i³¹ke³¹
硫黄	ka̱n⁵⁵	kẽ⁵²
玻璃、镜子	pa̱t⁵⁵	pẽ³¹, m̥ẽ³¹
商店	seŋ³³	sã i³¹

汉语义	景颇语	缅语
银行	pan³³tek⁵⁵	bɛ̃ ³¹
徽章	tă ³¹tsik³¹	tɔ̆ ³¹seiʔ⁴³
螺旋桨	pan̥³³ka³³	pɛ̃ ³¹ka³¹
票证	lak³¹mat³¹	lɛʔ⁴³m̥ ɛ̃⁴³
新牌	lak³¹set³¹	lɛʔ⁴³tθeʔ⁴³
老牌	lak³¹khoŋ⁵⁵	lɛʔ⁴³xã u³³
捐款	a³¹l̥u³³	a³¹l̥u³¹ŋue³¹

4. 教育、文化类

汉语义	景颇语	缅语
学校	tʃoŋ³¹	tɕã u³³
大学	tak³¹kă ³¹su⁵⁵	tɛʔ⁴³gɔ̆ ³¹tθo³¹
年级	tan̥⁵⁵	tɛ̃ ³³
话，语言	ka³¹	zɔ̃ ³¹gə³³
铅笔	khɛ⁵⁵tan³³	khɛ³³tɛ̃
寿命	a³¹sak³¹	a³¹tθɛʔ⁴³
主意	ŋan³¹	n̥ɛ̃ ³¹
菩萨	phɔ̆ ⁵⁵ʒa⁵⁵	phɔ̆ ³¹ʐa³³
魔术	lak³¹leʔ³¹	mjɛʔ⁴³l̥ ɛ⁵²
恩情	tʃe⁵⁵tʃu⁵⁵	tɕe³³zu³³
节日	poi̥⁵⁵	puɛ³³tɔ³¹
电影	tat⁵⁵ʃin³¹	ʐouʔ⁴³ɕ̃i³¹
扑克	phe⁵⁵	phe³³
戏	tsat̥⁵⁵	zɛʔ⁴³puɛ³³
球门	kut⁵⁵	go³³a³¹wa⁵²
照相机	kɛm³³mɔ̆ ³³ʒa³³	k̃i³¹mɔ̆ ³¹ra³¹
号码	nam³³pat⁵⁵	nɛ̃ ³¹bɛʔ⁴³
幻术	mjok³¹leʔ³¹	mjɛʔ⁴³l̥ ɛʔ⁴³
泼水节	ʃaŋ⁵⁵kjen³³	tɔ̆ ³¹tɕɛ̃ ³¹
舞会	poi̥⁵⁵ka³¹	ka⁵²puɛ³³
咖啡	ka³¹phʒi³¹	kɔ³¹phi³¹

5. 动物、植物类

汉语义	景颇语	缅语
骆驼	ko³¹la³¹uk⁵⁵	kɔ̆ ³¹lɔ̆ ³¹ouʔ⁴³
孔雀	u³¹toŋ³³	u⁵²dã u³³

汉语义	景颇语	缅语
棕榈树	nam³¹than³³	thẽ ³³p̃i³¹
黄香楝	să³¹nap³¹kha⁵⁵	tŏ³¹nŏ³¹kha³³

6. 生活类

汉语义	景颇语	缅语
年龄	a³¹sak³¹	a³¹tθɛʔ⁴³
病	a³¹na³¹	a³¹na³¹ʑɔ³³gaʔ³¹
坛子	jam³¹	s̃i⁵²o³³
桶	pu̯ŋ⁵⁵	põ u³³
勺	tsun⁵⁵	zũ ³³
木排	phoŋ³³	tθeʔ⁴³phã u³¹
肥皂	sa³³pja³³	shɛʔ⁴³pja³¹
煤油	je³³nan³³	ʑe³¹nan³¹shi³¹
瓶子	pă⁵⁵lin⁵⁵	pŏ ³¹͡li³³
手表	na³³ʑi³³	na³¹ʑi³¹
电筒	tat⁵⁵mji⁵⁵	dɛʔ⁴³mi³³
照片	tat⁵⁵puŋ³³	dɛʔ⁴³põ ³¹
热水瓶	tat⁵⁵pu⁵⁵	dɛʔ⁴³bu³³
汽油	tat⁵⁵si³³	dɛʔ⁴³si³¹

7. 动作行为类

汉语义	景颇语	缅语
担负	tham⁵⁵	thẽ ³³shaũ ³¹
交	ap³¹	pe³³
宣讲	kho⁵⁵	xɔ³³pjɔ³³
摆脱	lot³¹	loʔ⁴³
抵押	po̯ŋ³³	pã u³³
献	sak³¹	pe³³shɛʔ⁴³
客气	a³¹na³³	a³³na³¹
贪婪	lo⁵⁵pha⁵⁵	lɔ³³ba⁵²
道歉	to̯ŋ⁵⁵pan³³	tã u³³pẽ ³¹

8. 量词类

汉语义	景颇语	缅语
分	pjek³¹	pja³³
亩	a³³ka̯ʔ⁵⁵	e³¹ka⁵²
磅	po̯ŋ³³	bã u³¹

汉语义	景颇语	缅语
种，类	mju⁵⁵	mjo³³
亿	kă³¹ti³¹	gɔ̃³¹de³¹、tθɛ̃³¹tɔ̃³¹ʑa³¹

从以上各类借词的内容中可以看到，景颇语向缅语的借词大多是晚于傣语借词的一些名词及相关动词。如：有关政体的名词"政府、党、文书、部队"等，现代生活出现的名词"机器、电影、电筒、电话、铅笔、肥皂、煤油、热水瓶、照片"等，动词"道歉、敬礼、客气、抵押、宣讲"等。景颇语量词很少，缅语量词丰富，也向缅语借用了一些量词。以上这些大多是近代出现的新概念。

景颇语的缅语借词中，有 12 个源于英语，即缅语是从英语借来的。如：mă⁵⁵nit⁵⁵"分钟"，mo³³to³³"汽车（摩托）"，să⁵⁵lik⁵⁵"香烟（雪茄）"，po³¹luŋ⁵⁵"球"。缅语词汇在发展中受到英语的一定影响。

（三）中缅景颇语里的汉语借词

汉语是中国主体民族使用的语言，长期以来以其人口多、社会经济、文化教育居前而成为中国各民族的通用语。在缅甸，特别是缅北地区，也有不少说汉语的华侨居住。加上不断有一些汉族到过中缅跨境景颇族地区经商、办学，所以中缅景颇语也会向汉语借用一些自己所需要的词来丰富自己。但在 20 世纪 50 年代以前，景颇族居住的边疆地区由于汉族人数很少，加上那时景颇族的社会经济、文化教育落后，与内地交往少，会兼用汉语的人少，致使景颇语借用汉语的词也少。50 年代以后，大量汉族来到景颇族地区参加建设或谋生，景颇族懂汉语的人逐渐增多，景颇语也随之进入了大量的汉语借词。

50 年代之前和 50 年代之后，景颇语的汉语借词在数量、内容、借用方式、借用速度等方面都有很大的不同。《景汉词典》所收录的汉语借词，大体能够反映 50 年代以前进入景颇语的汉语借词特点。50 年代以后，由于两地的社会发生了不同的变化，借词的内容也发生了变化。

这一时期景颇语的汉语借词有 75 条。其中名词 45 条，动词 18 条，形容词 2 条，量词 8 条，副词 2 条。以日常生活所缺少的词为主。主要有以下几类：

1. 日常生活类

汉语义	景颇语
剪刀	tsen³¹tau³¹
筷子	khoi³³tse³¹
坛（陶器）	tham³¹
帐篷	tʃaŋ³³phaŋ³¹

汉语义	景颇语
盖毡	kai^{31}tʃan^{33}
奶嘴	nai^{55}tsui^{33}
靛	jaŋ^{31}ten^{33}
链子	len^{33}tse^{31}
攀胸	phan^{33}khjuŋ^{33}
作料	tsau^{31}lau^{33}
钉子	tin^{33}tse^{31}
榫头	sun^{55}
碗	wan^{33}
盘子	phan^{31}
牌	phai^{31}
扑克	phe^{55}
骑鞍	khji^{31}an^{33}
柜子	kui^{33}tse^{33}
灶	a^{31}tsau^{33}
草鞋	tsau^{31}khai^{31}
瘾	jin^{55}
皮	phjiʔ^{31}
瘴气	tu^{31}khji^{33}
（过）年	go^{33}ŋjen^{31}
辈分	pan^{33}

2. 农业类

汉语义	景颇语
稗子	pai^{33}tse^{33}
板田	pan^{31}then^{31}
萝卜	lo^{31}bu^{33}
糖	thaŋ^{31}（也用本语语素构成的tʃum^{31}tui^{31}）

3. 事物类

汉语义	景颇语
干部	kan^{33}pu^{33}
强盗	ʃaŋ^{31}tau^{33}
步枪	ma^{55}tse^{55}
钢	kaŋ^{31}
龙袍	luŋ^{31}phau^{31}

汉语义	景颇语
供骑的马	khji^{31}ma^{31}
要紧的	jau^{33}kji̱n^{55}
本钱	a^{31}pun^{55}

4. 动物类

汉语义	景颇语
马鬃	ma^{31}tsuŋ^{31}
马骡	ma^{31}loʔ^{55}
马掌	ma^{31}tʃaŋ^{31}
骡子	lo^{31}tse^{31}

5. 动作行为类

汉语义	景颇语
练（兵）	len^{33}
教（牛）	kjau^{31}
忌	kji^{33}
翻（谷子）	phan^{31}
典当	taŋ^{33}
剪	tsen^{31}
管	kon^{31}
赶	kon^{33}
交	kjau^{31}
瘫	tʃă^{31}than^{31}
伤	tʃaŋ^{55}
机灵	tsen^{33}
保护	pau^{31}
剥	poʔ^{31}

6. 量词

汉语义	景颇语
架（牛）	kja^{33}
分（重量）	phun^{31}
分（货币）	phun^{33}
斤	kjin^{33}
亩	mu^{33}
顿	tun^{33}（缅甸景颇族有的改用ta^{31}）
道	tau^{33}
升	siŋ^{31}

第二节 20世纪50年代之前中缅
景颇语语言接触的特点

第一，中缅景颇语都是开放性的语言，易于吸收别的语言来丰富自己，并具有吸收别的语言成分的能力。这种能力，使得中缅景颇语能够顺应时代的发展不断表达新的概念。

中缅景颇语表达现代化进程中的新思想、新概念，除了无法意译的少部分词需要音译外（如 pati "党"、asuya "政府"、komiti "委员会"等），绝大多数都使用意译手段来体现，而且意译词大体能够表达原来的意义。如：

汉语义	景颇文	汉语义	景颇文
现代化	prat dep	提要	lachyum madung
步兵	lago dap hpyen	后记	tsun shadan ai ga
炮兵	myok dap hpyen	海军	hka dap hpyen
潜水艇	hka shang sanghpo	编者	ka lajang ai
纪念会	masat dingsat zuohoong	教育	sharing shapan
目标	yo shada ai lam		
自治州	madu uphkang mungdo		
文化	laili laika hpajimaka		
光辉灿烂	htoi gabrim		
继承	matut mahkai		

第二，20世纪50年代以前，中国景颇语和缅甸景颇语的语言接触、语言影响大致相同，都受傣语、缅语、汉语的影响。其中傣语的影响较大些。

造成大致相同的原因之一是，当时边界尚未划定，边民的边界意识薄弱，来去方便，交往频繁，两地的语言接触、语言影响在相互来往中得到磨合，为增长共性提供条件。原因之二是两地景颇语基本相同，在当时对外封闭、内部方便交流的环境下，容易增长共性。

第三，傣语、缅语、汉语的影响，已深入到中缅景颇语的内层，服从景颇语的内部规律，成为景颇语基本词汇的有机因素。有的借词被吸收后，能够与固有词一起构成新词。如：傣语的na^{33} "水田"借入后，与固有词构成下列的词。

na³¹ tuŋ³¹	田坝		na³¹ poi³¹	出租的水田
水田 坝			水田 租	
na³¹ lok³¹	田丘		na³¹ tʃut³¹	田角
水田 丘			田 角	
na³¹ tʃam⁵⁵	试验田		na³¹ koŋ³³	田埂
水田 试验			水田 埂	
na⁵⁵kham⁵⁵	荒田		na⁵⁵khjeŋ⁵⁵	田租
水田 荒			水田 租	
na³³sit³¹	耙		na³³¹tʃeʔ⁵⁵	锄头
水田 耙			田 锄	

又如，傣语的khau³¹ka³¹"稻秧"借入后，用前一音节khau³¹组成下列的词：

khau³¹ tap³¹	秧田		khau³¹jiʔ⁵⁵	旱秧田
稻			稻 地	
khau³¹ liŋ³¹	谷铺		khau³¹mun⁵⁵	红米甜食
稻 铺			稻 粉末	
khau³¹ khje³³	红米		khau³¹soi⁵⁵	饵丝
稻 红			稻 丝	
khau³¹ lui³³	糙米		khau³³na³¹	水田
稻 糙			稻 水田	

第三节 20世纪50年代之后中缅景颇语语言接触的变化

20世纪50年代以后，中缅景颇语随着社会的发展，都大量吸收了新的词语来丰富自己，半个多世纪以来，增加了各方面大量的词汇。这一时期，中缅景颇语语言接触的特点主要有以下几点：

一、中缅景颇语都大量增加了新词

中华人民共和国的建立，从根本上改变了中国的民族关系，由过去的民族压迫改变为民族平等、民族和谐，这就使得景颇语的使用和发展进入了一个崭新的历史时期。景颇语的使用、发展受到国家的重视和支持，国家大力帮助景颇族通过自己的语言文字发展文化教育。景颇族的使用范围比过去广了，有了景颇语的广播、电视、电影，还有景颇文的报纸、杂志、图书。

　　景颇语地位的变化也影响了缅甸景颇族，在一定程度上增强了缅甸景颇人对自己语言地位的认识。缅甸也由于社会的进步，与中国及其他国家交流不断增多，景颇语也得到新的发展。

　　20世纪50年代以后，中缅跨境景颇族的词汇量大量增加，内容广泛，涉及现代生活的方方面面。如：

　　与政治、经济有关的词：国际、国家、首都、社会、时代、政府、主席、总理、书记、部长、局长、主任、代表、秘书、县、区、乡、银行、政治、经济、文化、教育、科学、大学、中学、小学、利益、平等、团结、民主、建设、富裕、贫困、胜利、协作等。

　　与现代生活有关的词：空调、电冰箱、洗衣机、电视机、录像机、照相机、手机、羽绒服、矿泉水、方便面、高速公路、宾馆、别墅、电动车、电台、电梯、电扇等。

　　与现代科学有关的词：微信、卫星、维生素、葡萄糖、纤维素、氨基酸、蛋白质、胆固醇、高血压、糖尿病、高血脂、脑梗、癌症、白内障、骨质疏松、安眠药、机器人等。

　　中缅景颇语的新词，主要采取意译和音译两种手段，以意译手段为多。我们根据文献资料，分析了中缅景颇语的一些新词，看到绝大多数的译法符合原意，容易被景颇族群众所接受。如：

汉语义	景颇文	汉语义	景颇文
人民	mung masha	共和国	gumsan mungdan
中央	ginjo	总理	hkringmang daju
国界	mung jarit	国庆	mungdan daido nhtoi
政治	mung masa	政策	masa tara
政权	ahko akhang	证件	sakse lakmat
证书	sakes laika	会议	zuphpong
代表	gasa	自治州	madu uphkang mungdo
祖国	jiwoi mungdan	边界	mung jarit
指标	maat shading	国宾	mungdan manam
国会	mungdan rapdo	中学	lapran tsang jong
小学	jong gaji	学术	hpajiningli
交流	jahkrup	主办	lit hkam
序言	ga hpo	医学	tsi hpaji
经济学	shut masa hpaji	电动机	jak sharot jat
电波	dat hpunla	电锅	dat di

汉语义	景颇文	汉语义	景颇文
现代化	prat madang de	图书馆	laika yu nta
领导	woi on	录像机	sumla dem jak
陆军	hkrang hpyen	旅游	bu hkom
律师	dara sara	矛盾	nhtan shai
秘书长	chyere du	目录	malom
难民	tsin-yan hkrum masha	内阁	uphkang ginjo
排球	bolibo bolung		

这些新增的词语，使两地景颇语与时俱进地为景颇族的发展服务。由于缅甸的景颇族人口多，分布聚居，新词的数量多于中国景颇语。

二、两国景颇语的借词在向谁借（源语）的方向上出现了差异

上面说过，20世纪50年代以前，中缅景颇语的借词主要是向傣语、缅语、汉语借用，其中向傣语借用的最多，这是由当时的国家关系、民族关系的特点决定的。50年代以后，中国景颇族的发展是在全国统一部署下进行的，加上大量的汉族到了景颇族地区，中国景颇语的发展主要是受到汉语的影响，借词方向从向傣语、缅语的借用改为主要向汉语借用。中国景颇语几乎终止了傣语的口语借词，缅语借词也只向书面语借用了一些。比如下列一些词都是新增的汉语借词。

汉语义	中国景颇语	汉语义	中国景颇语
党中央	dangjungyang	人民币	renmyingbyi
党章	dangjang	民兵	myinbyin
书记	shuji	民警	myin-gyin
总书记	zung shugyi	高铁	gauhti
代表	daibyau	超市	chaushi
部长	bujang	硕士	shoshi
主任	juren	研究生	yenjusheng
博士	boshi		

但是，中国景颇语和缅甸景颇语由于各自处在不同的国家，各有自己的国语（通用语），必然也会存在如何处理好与本国国语的关系的问题。如果各自坚持向本国国语靠拢，这就势必产生两地景颇语的分歧。比如：20世纪50年代以后由于各次大运动使得中国景颇语产生了"右派、阶级斗争、'大跃进'、'大锅饭'、整风、'文化大革命'"等社会新词术语，而且很快就在景颇族群众中出现。但缅甸景颇族没有经历过这些运动，必然对这些术语很陌生。这样一来，两地景颇语就必然会产生差异。而缅甸的景颇族

由于与缅族关系密切，十年的义务教育是在缅族学校完成的，而且普遍兼用缅语，所以在他们的景颇语里必然要大量借用缅语词汇，这是中国景颇语所没有的。总之，中国景颇语借用汉语，缅甸景颇语借用缅语，二者构成了中缅景颇语的差异。

三、中国景颇语与缅甸景颇语在音译词上出现了差异

景颇语新词的发展，除了意译手段外，有部分还使用音译手段使用音译词。音译词大多是无法意译的词，只能用音译来解决。但音译词由于跨境的原因会出现差异。中国景颇语的音译词必然会向主体民族的语言汉语靠拢，即大多使用汉语借词，而缅甸景颇语也必然会向缅甸国语靠拢，大多使用缅语借词，这就造成了借词的分歧。如：

汉语义	中国景颇语（汉语借词）	缅甸景颇语（缅语借词）
干部	ganbu	keda
秘书	mishu	chyre
超市	chaushi	gungtai
高跟鞋	gaogenghai	dao hpanat
发（信）	fa	htuk

汉语义	中国景颇语（汉语借词）	缅甸景颇语（由缅语转借的英语借词）
党	dang	pati
共产党	gungchandang	kummjunit pati
社会主义	shehuizhuyi	sushelit
手机	shuji	fon
电脑	dennau	gumbyuda
民主	minzhu	demukaresi

汉语义	中国景颇语（汉语借词）	缅甸景颇语（意译借词）
党员	dangyen	
党中央	dangjungyang	pati gaang rapdo
共产主义	gungchanzhuyi	suthpong masa
解放军	gaifangkjin	lot lam hpyen
中华民族	zhunghua amyu	muw amyu
报社	baoshe	shi laika dap
中学	zhongsho	lapran tsang jong
小学	shausho	kaji tsang jong
银行	yinhang	gonghpro dum
政策	jence	mung masa

汉语义	中国景颇语（汉语借词）	缅甸景颇语（意译借词）
电报	denbao	nbung chyenan
电扇	denshan	dat layit
电视	denshi	htivi，dat sumla
算术	shusho	dintsa
录音机	luyingkji	nsen rim jak

在现代缅甸景颇文报纸、杂志中，还出现了一些照搬英语字形的英语借词。这些词的拼写规则与景颇文不一致，"名从主人"。景颇人使用这些词，使用起来得靠记忆书写，有一定困难。例如：

汉语义	缅甸景颇文	汉语义	缅甸景颇文
词典	dictionary	化学	chemistry
语言学	linguistic	杂志	magazine
科学	science	主编	chief editor
学位	degree	护照	passport
物理	physic	第二	2nd
志愿者组织	volunteer group		

在景颇文正式刊物中，年、月、日的写法出现"年"和"日"用固有词，"月"则搬用英语词。例如：

1951 ning　January　shata　14　ya　laban shani　1951年1月14日星期天

年（固）　1月（英）月（固）　日（固）星期天（固）

1943 ning　August　shata　1　ya　1943年8月1日

年（固）　8月（英）　月（固）　日（固）

这些照搬英语的音译借词在景颇语里已有构词能力，能够与景颇语固有词构成一个新的词，例如：

editor　　hpung　　编辑部
编辑（英）　组（景）

editor　　nsen　　编者按
编辑（英）声音（景）

ningtau　　editor　　副主编
助手（景）　编辑（英）

下面，我们再分析一下意译词和音译词的选择问题，即涉及具体的词，究竟使用哪种手段。

从半个多世纪的情况看，中国景颇语在群众口语中，采用音译的比较多；而在书面语中，喜欢多用意译词。如："布告"一词，口语用音译词的多，说成 bugao，而书面语译为 shabralaika（传播+文字）；"常委"一词，口语说成 changwei，但书面语用 dinggrinrapdosalang（连续+会议+首长）。分析起来，各有好处。用音译的，不用担心意义不准确，而且符合群众口语；用意译，虽有其易于理解的好处，但存在意义是否正确的问题。如：把"书记"译为 mumadu（事+主人），"主任"译为 magammadu（事业+主人），二者的语义差异区分不了，显然是不准确的。

中国景颇语的音译词还遇到一个向谁借的问题，即是向中国通用语汉语借，还是向缅甸国语借。这是 20 世纪下半叶不断有过争论并使用上反复改动的问题。如"共产党"一词怎么用？这是 20 世纪才出现的新概念，1981 年、1992 年、1995 年用 dang；1993 年、2017 年改用 pati，但也有用 dang 的。dang 是汉语借词，pati 是源于英语的缅语借词。又如"中国"一词，1981 年用 Jonggo、Miwa mung，1992 年用 zhongguo，2017 年用 Miwa mung、Jonggo。Jonggo 是汉语音译借词，Miwa mung 是意译词，缅甸景颇语使用 Miwa mung，很自然，没有歧义。再如"共产党"一词，中国景颇族口语里先使用了汉语借词 gongchandang"共产党"，后来仿效缅甸景颇语，在书面语中改用了源于英语的缅语借词 kommyunitpati。究竟应该向谁靠拢，这成为多年来的一个有争论的难题。如果根据文从口语的原则，用 gongchandang"共产党"是说得过去的，但则与缅甸景颇语不一致。怎么处理，还值得探讨。

四、20 世纪 50 年代以后中缅景颇语的发展对不同支系语言发展的影响

景颇语是中缅跨境景颇族的通用语，其发展、变化如何必然影响其他不同支系的语言。如：其他支系语言会不同程度地从景颇语里吸收有用的成分来丰富自己。下面通过使用人口较多的载瓦语与景颇语对比，来说明这个问题。

1. 中国载瓦语大量增多与景颇语相同的音译汉语借词。

在分布上，中国的载瓦等支系与景颇支系形成"大杂居，小聚居"的分布局面；在政治经济、文化教育等社会生活中，不同支系都共同参与，共同进步。所以，他们会共同产生新的概念，出现共同的新词。下面列出的是景颇语与载瓦语相同的音译词。

汉语义	景颇语	载瓦语
党员	dangyen	dangyen
党中央	dangjungyang	dangzhungyang
书记	shugyi	shuji
干部	ganbu	ganbu

汉语义	景颇语	载瓦语
新华社	sinhuashe	xinhuashe
支书	jishu	zhishu
半导体	bandauhti	bandauti
端午	donwu	donwu
华侨	huahkyau	huaqau
老板	lauban	lauban
合作社	hozoshe	hozoshe
毫克	hauhke	haukeq
维生素	wuisinsu	wuisensu
蛋白质	danbeji	danbeqzhiq
钙	gai	gai
司令部	silinbu	silinbu

有的相同的新词是缅语借词。例如：

汉语义	景颇语	载瓦语
政府	asuya	asuya
执照	lakmat	lakmat
电	dat	dat
电话	chyennan	zhvinan
电影	datshin	datshin
钢笔	hpongtin	bvongdvin
文字	laika	laigva
秒	sekkaus	ekgvan
手电筒	datmyi	datmyi

有的是一半是借词、一半为固有词，形成同源或半同源借词。例如：

汉语义	景颇语	载瓦语
圣诞节	hkrisamatpoi （借）（固）	qisimatboi （借）（固）
圣经	chyumlaika （借）（固）	zhvumlaigva （借）（固）
艾滋病	aiziana （借）（固）	aiziana （借）（固）
手榴弹	tabom （借）（固）	loqbom （借）（固）

2. 由于语言的不同，加上景颇语与缅甸景颇语靠拢的多，所以也产生

了一些异源词。例如：

汉语义	景颇语	载瓦语
法律	ubadi	zhumdvira
放大镜	manbalu	gongdabang
银行	bandek，yinhang	ngunzumrung
电动机	moda，jaksharotjak	datdvoqzhak
村	gahtong	va，dum
镇	mare	myuqwa
社会主义	shehuizhuyi	pongshingramisa

五、对中缅跨境景颇族语言发展趋势的预测

  以上谈的是中缅跨境景颇族语言的共性和差异的情况。很自然地会让人想到中缅跨境景颇族语言的状况今后将如何发展。预测中缅跨境景颇族语言发展的趋势，有助于我们认识今日的状态，有利于我们两国制定对待景颇族语言的语言政策。

  可以看到的一点是：中缅景颇语多元的状态在今后会长期存在下去。原因是景颇族的支系和支系语言是历史上长期形成的一个民族特征，这个民族特征是很稳固的。至今，景颇族各支系都还保持很强的支系意识，支系意识会天然地支持支系语言的存在。在中国，景颇语的使用人口较少，无力成为各支系的通用语；载瓦语虽然使用人口较多，但它并不具有统领各支系语言的通用语能力。在缅甸，虽然景颇支系的景颇语已具有通用语的地位，并在近百年的发展历史中不断强大，使得许多支系都兼用它，承认它是景颇族的普通话。但从我们调查的材料可以获知，缅甸非景颇支系的人数还不少，并且大多数人特别是聚居地区的人，还具有较强的支系意识，坚持使用自己的语言，不是短时间就能够让位给景颇语的。少数转用景颇语的支系都有它特殊的条件。

  可以看到的另一点是，不同支系语言的差异、中缅景颇语的差异将会在某些方面增长。比如：借词成分，缅甸景颇语和其他支系语言主要是吸收缅语的成分，而中国景颇语和其他支系语言主要是吸收汉语的成分。在语言表达、语体特点上也会如此。当然这种影响未浸入语言的基本结构，不至于影响不同国家同一支系间的交际。

第九章 边境县语言教育个案分析

第一节 边境城市瑞丽的语言教育[①]

为了更好地认识中缅跨境景颇族的语言关系,我们选择边境城市进行个案调查,对边境地区社会情况、境内双语教育、面向缅籍人员的中文教育及与缅甸的相关交流等问题做了调查与分析。其材料除了我们在第一线调查以外,还使用了瑞丽市教育局、瑞丽市中缅边境文化交流协会提供的相关文件及数据。

一、瑞丽市社会概况

瑞丽,位于云南省西部,隶属于德宏傣族景颇族自治州。从昆明出发沿 320 国道一天的车程即可到达瑞丽。其东连芒市,北接陇川,西北、西南、东南三面与缅甸山水相连,村寨相望,毗邻缅甸国家级口岸城市木姐,国境线长 169.8 公里,是我国陆路边境线上对外开放条件最好的地方。瑞丽与缅甸紧密相连、犬牙交错,构成了"一个坝子,两个国家""一寨两国"和"我住江之头,君住江之尾"的地域景观。瑞丽总面积 1020 平方公里,政府驻地勐卯镇。

2011 年末,全市总人口(含在瑞丽居住半年以上中国籍人口)20 万多人,其中城镇人口 11.97 万人。在总人口中,少数民族人口 7.68 万人,其中傣族 5.52 万人、景颇族 1.34 万人、德昂族 1.79 万人、傈僳族 840 人、阿昌族 441 人。其中傣族、景颇族、德昂族、傈僳族等是跨境中缅两国的民族。

瑞丽是中国西南最大的内陆口岸,是重要的珠宝集散中心,是首批中国优秀旅游城市之一。瑞丽还是中国 17 个国际陆港城市之一,也是中缅油气管道进入中国的第一站。2016 年 12 月 7 日,瑞丽被列为第三批国家新型城镇化综合试点地区,是中国唯一按照"境内关外"模式实行特殊管理的

[①] 本调查报告除了我们在第一线调查以外,还使用了瑞丽市教育局、瑞丽市中缅边境文化交流协会提供的相关文件及数据,在此向两个部门的负责人表示感谢。

边境贸易区。

瑞丽市辖 3 个镇（勐卯镇、畹町镇、弄岛镇），3 个乡（姐相乡、勐秀乡、户育乡），11 个居民委员会，29 个村民委员会，229 个村民小组，283 个自然村；兼辖 2 个国营农场（瑞丽农场、畹町农场）；有姐告边境贸易区、畹町经济开发区、瑞丽市边境经济合作区等经济开发试验区。

二、瑞丽市教育的基本情况[①]

截至 2016 年，全市教职工 2410 人，其中：幼儿园 576 人，专任教师 355 人；小学 975 人，专任教师 908 人；初中 566 人，专任教师 526 人；高中 209 人，专任教师 194 人；职业中学 84 人，专任教师 65 人。

全市共有 91 所各级各类学校。其中：幼儿园 41 所（公办 3 所、民办 26 所、小学附属幼儿园 12 所）；小学 40 所（完小 28 所，教学点 12 所）；初级中学 6 所，完中 1 所，高级中学 1 所，中等职业中学 2 所（含民办 1 所）。有省一级学校 5 所，省二级幼儿园 3 所，省三级幼儿园 9 所，省级文明学校 6 所，省级绿色学校 10 所，州级文明学校 17 所。全市共有学生 36419 人，其中学前在园幼儿 8345 人，小学在校生 17164 人，初中在校生 7459 人，高中在校生 2619 人，职中在校生 832 人。全市小学适龄儿童入学率达 99.92%，小学辍学率为 0.012%；初中毛入学率达 131.23%，辍学率为 0.82%。

据 2016 年统计，全市各级各类学校在校生共计 37314 人。其中：在园幼儿共计 9006 人，其中学前班 907 人。小学在校学生共计 17475 人，其中女生 8518 人，男生 8957 人，寄宿生 2793 人。中学在校学生共计 7210 人，其中女生 3549 人，男生 3661 人，寄宿生 3090 人。高中在校生共计 2851 人，其中女生 1648 人，男生 1203 人。职业中学在校学生共计 772 人，其中女生 239 人，男生 533 人。如图 9-1 所示。

图 9-1　瑞丽市各类学校在校生人数

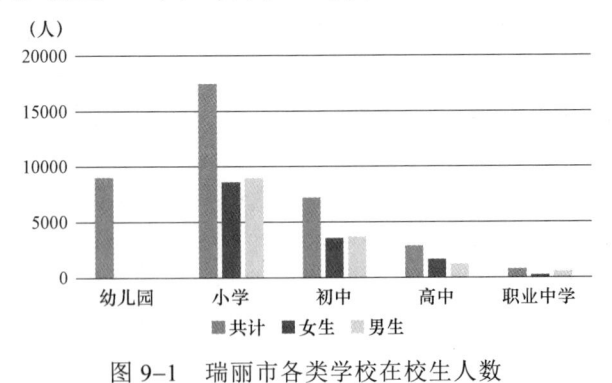

[①] 该部分的数据由瑞丽市教育局于 2017 年 7 月提供。

据 2016 年统计，全市各级各类学校在校少数民族学生共 15864 人，占学生总数的 42.5%。具体数据如表 9-1 所示。

表 9-1　　瑞丽市各类学校在校少数民族学生人数及比例

	幼儿园	小学	初中	高中	职业中学
学生总数（人）	9006	17475	7210	2851	772
少数民族学生数（人）	2865	8198	3518	961	322
百分比（%）	31.8	46.9	48.8	33.7	41.7

少数民族成分有 20 多个。除了傣族、景颇族、德昂族、傈僳族、阿昌族外，还有白族、哈尼族、壮族、苗族、回族、拉祜族、佤族、纳西族、瑶族、藏族、布朗族、布依族、普米族、蒙古族、水族、满族、独龙族等。其中傣族、景颇族居多。具体分布如表 9-2 所示。

表 9-2　　　　　　瑞丽市各类学校在校生民族成分构成

	幼儿园（人）	小学（人）	初中（人）	高中（人）	总数（人）
傣族	1920	5822	2432	579	10753
景颇族	447	1262	656	203	2568
德昂族	70	213	95	21	399
白族	52	170	78	43	343
彝族	75	137	52	24	288
傈僳族	50	121	52	22	245
阿昌族	45	86	35	14	180
回族	31	77	40	13	161
壮族	25	68	10	1	104
苗族	21	35	9	6	71
布依族	9	26	4	3	42
哈尼族	7	19	7	2	35
佤族	6	11	9	5	31
蒙古族	8	12	7	3	30
满族	8	16	2	1	27
布朗族	9	6	5	0	20
纳西族	5	7	1	6	19
拉祜族	1	14	2	1	18

续表

	幼儿园（人）	小学（人）	初中（人）	高中（人）	总数（人）
瑶族	4	5	5	0	14
水族	2	7	3	0	12
藏族	3	2	1	1	7
普米族	2	1	0	0	3
独龙族	0	0	1	0	1
其他	65	81	12	13	171

三、瑞丽市的双语教育

（一）学校的双语教育

2002年德宏州教育局结合德宏州双语教学实际情况，制定颁布了《德宏州少数民族双语课课程标准》《德宏州少数民族双语课程设置方案》，用以规范全州各级各类学校的双语双文教育教学工作。该课程标准确定了双语教学的性质和地位："少数民族语言是少数民族的重要交际工具，是民族文化的重要组成部分。民族学、教育学和语言学的统一，工具性与人文性的统一，是少数民族语文课程的基本特点。实施双语课程既能帮助少数民族学生更好地学习民族语，又能传承民族文化。双语课程将致力于培养广大少数民族学生，特别是少数民族聚居地区学生的汉语言文字及民族语言文字运用能力，提升学生的综合素养，为学好其他课程打下基础。双语课程的多重功能和奠基作用，决定了它在边疆少数民族地区教育中的重要地位。"

傣族是瑞丽市的少数民族主体，其次就是景颇族，它们都拥有自己的语言和文字。针对这一特点，瑞丽市政府根据德宏州制定的双语课程标准及方案，因地制宜地设计了一系列双语教学方案。市政府从幼儿园、小学、初中到高中分阶段地进行了不同层次的双语教育，使傣族、景颇族学生在保持自己本民族语言文化的同时，又能熟练地掌握汉语。从而使他们既能顺应现代化进程的要求，特别是在与东南亚各国开展的经济文化合作中发挥独特的语言文化优势，又能传承和弘扬优秀的民族文化传统，增强学生的民族自豪感。

1. 双语（文）教学模式

德宏州考虑到不同地区经济和教育发展的不均衡性，遵循语言学习规律和不同年龄段学生生理、心理发展的需求和特点，制定出了《德宏州少数民族聚居区双语教育课程设置及课时安排意见》。瑞丽市也遵循这一文件，对学校双语课程从学前教育到义务教育阶段进行整体设计，分为学前教育、1—2年级、3—6年级、7—9年级四个学段，实际实施的双语课程主要分为三个类型，即学前教育课程、1—3年级课程、4—5年级课程。

小学阶段的双语教学模式主要有"双语型""双语双文型""传承型"三种模式，各学校可根据当地人口聚居程度和语言使用情况分别选择之一开展双语教学。（覃明，2015）

（1）双语型

通用语和少数民族语言为教学语言的教学模式（1—3年级设置），使用人教版义务教育课程标准试验教科书《语文》教材，课堂教学语言以通用语为主，用少数民族语言进行重点、难点释义的教学模式。

（2）双语双文型

汉语文和少数民族语文同步进行的教学模式（1—3年级设置），使用云南民族出版社出版、云南省中小学教材审定委员会审定的义务教育课程标准试验教科书《语文》教材，课堂教学语言以普通话为主，少数民族语文同步释义。师生教学用语在小学起始阶段以民族语为主，随年级升高递减，各年级民族语的使用比例均高于双语型的教学模式。

（3）传承型

以传承少数民族文化为目的的教学模式（通常在4、5年级设置），开设"少数民族语文"课程，以传承少数民族语言文字为目的，课堂教学语言以少数民族语言为主。

从瑞丽市的傣族与景颇族小学来看，多数采用"双语型"与"传承型"模式，开展"双语双文型"的学校数量非常少。

对采用"双语型"教学模式的课堂而言，民族语是中介，是辅助汉语及其他课程教学的"拐棍"。学前班的少数民族儿童在入学前接触的语言主要来自父母和周围的生活环境，少部分儿童已接触到汉语。因此对这一类学生的教学，则把民族语当作"拐棍"，辅助汉语及其他课程的教学，为民族学生进入小学阶段的学习打下基础。小学阶段通过教授一些简单的民族语，让学生在会说的基础上，结合写和用来熟悉文字的读写，并逐年递增汉语的学习量，引导学生掌握民族语与汉语各自的规律，为掌握和学习汉语提供便利。中学阶段再通过补充具有本民族特色的课程，把汉语、民族语及其文化有机结合在一起，提高他们的汉语及民族语水平，同时培养民族学生对本民族文化的认同。

对采用"传承型"教学模式的课堂而言，民族语是进一步认识民族文化、增强民族认同感的媒介。"传承型"教学模式通常运用于小学的高年级或中学阶段。通过民族语课堂，更加系统、深入地了解民族语言及文化，这不仅有助于培养民族学生对自身民族文化、语言的理解与接受能力，而且还有助于弘扬本民族传统文化的价值理念和民族精神。如瑞丽市姐相乡八所小学在双语教学方面均采用全部课程使用汉语授课，开设民族语言课程即傣语课的模式，且汉语教学为主导，傣语教学为辅助。在课程设置方案方面，与汉语授课学校相同，根据义务教育规定统一安排，每周增设一至两节傣语课程。傣语课程在小学三年级开设。瑞丽市勐典小学的民族语教学也属这一类型，开设民族语言课程即景颇语（载瓦语）课的模式，且汉语教学为主导，景颇语（载瓦语）教学为辅助，每周进行一至两节景颇语（载瓦语）课程。

2. 双语教学教材

截至 2011 年，云南省已投入 1600 余万元用于少数民族语文教材的编译、审查和双语教师培训，先后编译审定了彝文、傣文、载瓦文等 14 个民族 18 个文种不同年级的民族文字教材 300 多种，免费发行到各民族地区"双语教学学校点"供学生使用。（覃明，2015）

目前瑞丽市姐相乡的小学傣语课程使用的是由云南民族出版社出版的《傣文识字读本》和德宏州教育科学研究所编撰的《学前教材》（德宏傣文）两本教材。《傣文识字读本》以学习傣文字母及拼读为主；《学前教材》（德宏傣文）以学习词汇、句型及日常对话为主，偏向汉傣互译。姐相乡的小学傣文课本根据德宏傣族景颇族自治州傣语教研室的统一要求，各个学校使用统一的教材，以识字和汉傣互译为主要教学内容。（倪明霞、王珏、孔秀丽，2017）

景颇族学校常用的教材也是《学前教材》（载瓦文），勐典小学使用的也是这本教材。该校民文老师介绍说，这套教材中的课文短小精干，最大的特点是紧密联系景颇族的传统文化生活，联系本民族社会生产生活的事物为语言教学的内容，能有效地激发学生们的学习兴趣。另外，云南民族出版社曾于 2000 年后陆续出版了根据人民教育出版社的《语文》新课改教材翻译，并由云南省中小学教材审定委员会审定的《语文》（汉文、民族语对照）教材。这套双语双文教材的初衷是使学生在学习汉语及文化的同时，能全面地掌握本民族文字。但这套教材的教学难度大，与当地景颇族的实际情况不符，因此使用率较低。一些民文教师反映这个版本的教材太难，不仅教学负担重，教学效果也不佳，因此普遍不被认可。

3. 双语师资

据瑞丽市教育局的相关负责人介绍，该市有 27 所学校开设傣汉、景颇（载瓦）汉双语教学，但双语教师无法配齐，甚至存在一个双语教师在两所学校交替授课的情况。

教育局前些年招聘教师时曾经特设双语教师岗位，然而报考该岗位的应聘者不仅数量少，而且素质普遍不达标。德宏师范高等专科学校是培养中小学民语教师的重要基地，民语专业是该校的优势学科。然而，随着2000年后国家就业政策调整（不再统一分配，采用双向选择的就业指导方针）等原因，该专业学生生源日益减少，从2002年到2011年停止了招生。之后引发了民族语文人才荒，当地行政事务、社会管理、经济发展、教育等多方面出现了民族语文人才的缺失的情况。面对这些窘境，2011年起秋季重新面向初中毕业生招收五年制学生，为当地中小学培养民汉双语双文教师。目前该专业的学生逐级毕业，德宏州各地的双语师资队伍逐渐得到一定的补充。但是又出现了一些新的问题，即各级学校教师编制短缺。就如瑞丽市教育局相关负责人说，目前教学硬件设施比较齐全，但因教师编制不足，各级学校的教师明显不足。瑞丽市姐相乡小学师资尤其是傣汉双语教育师资普遍短缺，很多老师都同时教授多门课程。勐典小学的情况也近似，民语老师还同时教授数学等多门课程。面对师资短缺、师资水平不高的问题，瑞丽市政府也积极采取了一定的措施来解决，如2010年瑞丽市勐秀乡政府开办了载瓦文骨干教师培训班，提高教师水平，一定程度上缓解了教师难问题。但若不增加教师编制，教师短缺仍是瑞丽市双语教育急需解决的问题。

（二）民间的双语教育

1. 家庭语言教育

同一民族高度聚居，是瑞丽市少数民族稳定使用母语的重要保障。不论是聚居区还是杂居区，少数民族基本上以自己的民族语言为第一语言，他们的母语均得到很好的传承。这与他们对母语的重视态度及家庭的语言教育有极大的关系。他们普遍认为应该学会自己的民族语言。儿童入学前的听、说环境都是民族语，等到7岁入学后听教师用汉语讲课，孩子慢慢就会使用汉语。

如瑞丽市弄岛镇伍陆央淘宝村是景颇族聚集的地方。该村母语使用能力达到熟练级的占99.5%，只有0.5%的人略懂。无论年龄大小，几乎均能熟练使用景颇语。未成年人中只有1人景颇语略懂，与其家庭语言使用情况有关。据了解，她的父亲是缅甸汉族，不会说景颇语，家里的语言环境一直是汉语，只有在出去跟小伙伴玩的时候才学会一些景颇语。所以虽然是景颇族，但是第一语言已转为汉语，母语使用能力下降。儿童进入学前班之前交际语言主要是景颇语，进入学校后逐渐使用汉语。该村的未成年人中有4人（木拢宽玲、达西努娅、勒希诺迈和勒排回仁）不会汉语，是因为这 4 个人都是学前班的，均为 6 岁。他们都出生在纯景颇族家庭，虽然家庭成员有人能熟练使用汉语，但在家庭内部都无一例外地使用景颇语。相比之下，同为 6 岁的排兆翔，由于进了小学一年级，汉语已略懂。

在调查中我们发现：a. 靠近城市或距离汉族村寨近的少数民族熟练掌握汉语的比例较大；较偏僻、交通不便的地区的少数民族熟练掌握汉语的比例稍低。b. 部分靠近边境的地区，汉语的掌握比例就偏高，即跨国婚姻影响少数民族熟练掌握汉语比例。

2. 宗教或民间团体的培训班

部分地区的宗教或民间团体也在承担着民族语教育。

当前，越是邻近国境线的景颇族村寨，信教人口比例越大，基本上每个景颇族聚居的村寨都有一所教堂，有的甚至建有基督教和天主教两所教堂。教会对景颇族年青一代的民族文字培训一般分为两类：第一类是长期有规律的主日（化拜）学校，具有宗教信仰的青少年每周都前去参加，主要使用景颇文版的宗教书籍《圣经》学习教理和诵唱赞美诗。这部分年轻人数量较少，但宗教信仰虔诚，一般都具备较高的民族语言文字水平；第二类是教会在中小学寒暑假期间面向景颇族青少年开展以民族文字传承为主的培训班，参加的青少年数量较多。每所教堂的培训时间长短不等，多为半个月到一个月，通常按照学生的年纪和语言水平分为幼儿组、小学组和中学组等。（覃明，2015）

傣族人的宗教信仰是佛教，每一个村庄都有自己的寺庙。在德宏地区，管寺庙叫作"庄房"，"庄"为傣语音译，"房"为汉意。庄房一般为粉墙绿瓦，重门层阶，大殿屋顶作两层或三层重叠，上小下大，屋脊正中有尖塔，殿内塑大佛像，两侧佛龛内置数量不等的小佛像。近佛座处有一高台，为佛爷讲经说法之所。很多傣族青少年在这里学习傣族语言文字及傣族文化。

政府规定，凡是开展培训班的教会必须提前向瑞丽市民族宗教事务局提出申请，并详细说明开办的时间、地点、学生来源及教师情况，得到批准后才能开展活动，确保培训活动的有序性。

面向傣族、景颇族民众，还有一些政府机构和社会力量组织兴办民文培训班，提供短期的民族文字培训课程，目的是让民众掌握基本的傣文、景颇文、载瓦文的拼读规则，达到能看能读能写的水平。

四、面向缅甸籍人员的中文教育[①]

为了解决缅籍学生在边境一线接受华文教育的困难，瑞丽建立了边境

---

① 该部分的数据由瑞丽市教育局、瑞丽市中缅边境文化交流协会于 2017 年 7 月提供。

华文教育平台。截至 2016 年 9 月，瑞丽市在公办学校和民办幼儿园就读的外籍学生共有 1785 人，其中：幼儿园有缅甸籍 285 人，马来西亚籍 1 人，占幼儿园在校生总人数的 3.18%；小学有缅籍学生 1178 人，占小学在校生总人数的 6.74%；初中有缅籍学生 267 人，占初中在校生总人数的 3.70%；普通高中有缅籍学生 13 人，占高中在校生总人数的 0.46%；中职教育有缅籍学生 41 人，占中职在校生总人数的 5.31%。随着瑞丽经济社会的不断发展，大量外籍人口的不断涌入，预计未来五年每年到瑞丽市边境学校就读的外籍学生总数将达到 2500—3000 人。

（一）学校正规教育

瑞丽市在瑞丽三中、瑞丽职中、瑞丽圆愿国际小学、畹町中学成立"华文教育示范基地"，积极开展华文教育培训活动，努力构建瑞丽华文教育工作体系。截至 2016 年，四所学校共招收华裔学生 1000 余人，现瑞丽三中有华裔在校学生 77 人，瑞丽职中有 41 人，畹町中学有 101 人，瑞丽圆愿国际小学有 70 人。每年学校为学生争取和提供 500—3000 元不等的奖学金，现已累计发放奖学金近 4 万元。

同时，瑞丽三中、瑞丽职中、畹町中学先后与昆明华文学校联合办学，成为昆明华文学校海外华裔学生教学先修点，将大力吸引缅北地区华侨学生到三校就读，每年都有 10 多人考入国内华侨高等院校深造。另外，瑞丽市计划把畹町中学建设成在德宏有影响的国际侨校。

义务段教育主要参照《瑞丽市中小学生管理办法》和其他相关的管理办法来实施。瑞丽市没有针对外籍学生的专门的政策、管理办法，也没有任何收费，待遇与我国学生一视同仁。义务教育阶段的缅籍学生均与国内学生享受同等的待遇，全部享受免费教科书发放和营养早餐政策，中学生公用经费每人 800 元/年，小学生公用经费每人 600 元/年。2016 年，义务阶段外籍学生 1469 人全部享受免费教科书发放和营养早餐政策。

外籍学生在校所接受的课程也与国内学生相同。少数民族外籍学生同国内少数民族学生一样接受民语民文教育。

（二）职业教育

瑞丽市有两所职业学校：一是瑞丽市职业中学（公立），二是瑞丽市国际珠宝学校（私立）。瑞丽市职业中学自 2013 年至 2016 年共接收缅甸籍华侨学生 156 人在校学习职业技术。学校在办公室设立外籍学生管理部，负责全部外籍学生的学习、纪律、生活、活动及档案管理。在学生会设立外籍学生部，负责外籍学生的服务及联络工作。根据《瑞丽市职业中学学生管理手册》的各种规定要求，结合学校的实际情况，制定了《瑞丽市职业中学关于外籍学生的管理规定》，作为对外籍学生管理的依据。外籍学生与国内学生一视同仁，一样享受免学费待遇，学校免去全部外籍学生的每学年每人1000元的学费。

外籍学生必须按学校规定参加各种学习、考试、实习并取得合格成绩，且综合素质评定合格者，可以获得由云南省教育厅统一颁发的职业高中毕业证书。在瑞丽市职业中学学习期满且成绩合格的外籍毕业生，由学校招就处负责推荐到国内企业就业，或回国籍所在国就业。

瑞丽市国际珠宝学校2016年共有缅甸籍华侨学生7人，外籍学生与国内学生一视同仁，一样享受各类优惠待遇。

（三）缅籍劳务人员培训

近期缅籍人员日益增多，该市面临着如何提高劳务人员的素质的新问题。根据这一需要，瑞丽市依托"中国—东盟教育培训中心""云南民族大学澜湄职业教育基地"，为每年来瑞丽务工经商的缅籍劳务人员提供职业培训服务。培训内容为汉语知识、法律法规、卫生健康、职业技能。从2014年底开始至2016年底，已在红木加工、玉石加工、食品加工、摩托车制造等行业组织培训了52期，共培训缅籍劳务人员5200人。

其中的汉语知识培训分为短期与长期两类，短期培训通常为5天，长期培训通常为1—6个月。据我们调查，缅籍劳务人员的汉语水平普遍偏低，在工作、生活上无法自如地用汉语交际。目前缅籍劳务人员大多是工厂工人、服务行业的服务员等，语言交际的障碍一定程度上影响了他们职业类型的选择。

五、与缅甸的相关交流

（一）教师互派

瑞丽职中聘请缅籍华侨老师到校任教。从2011年至今，瑞丽市职业中学共聘请4位缅籍华侨教师到校担任缅语课教师。同时瑞丽市教育局也派出教师进行支教。2015年，瑞丽市教育局派遣2名教师到缅甸华侨学校支教，为期1年；2017年将派遣3名教师到缅甸华侨学校支教，为期1年。

（二）教师培训

瑞丽市侨办承担教师培训工作。2015年7月26日—8月10日，在瑞丽龙瑞宾馆举办缅甸八莫地区华文教师培训班，培训从事华文教育工作的48名教师。2016年8月10日—25日，瑞丽侨办举办一期缅北华文幼师培训班，有来自缅北地区华文学校的华文幼儿教师46人参加培训。

（三）对外汉语推广

近年来瑞丽市第一民族中学致力于为缅甸提供汉语言文化教学资源和

服务，组织编写了《对外汉语》（初级版·试用）教材。对缅甸华人学校的师资进行专业培训，内容有《现代汉语基础知识》《汉语课堂教学设计》《教学技能》《中华历史文化基本常识》《教育心理学》《班级管理艺术》《学生思想教育》《汉语水平考试》等课程。共计培训缅甸教师一百余人，累计培训1080人次。组织3批76名缅北地区华文学校校长、教师赴瑞丽等地开展汉语学习培训；每年组织两期100人缅籍教师到瑞丽各学校开展汉语培训学习。

《对外汉语》（初级版·试用）教材的编写紧紧围绕适用性、针对性、生活性、新颖性等特点，提高了汉语在缅北地区的使用范围和运用水平。第一，适用性较强。教材在编写过程中充分考虑了缅甸民族文化、社会习俗、观念意识等同中华文化的差异，方便学习者对汉语的理解、学习、运用。第二，针对性较强。教材学习者完成学习后，能够具备基本的听、读能力，达到少儿汉语考试（YCT）一级水平，具备简单的汉语交际能力。第三，贴近生活。教材内容涵盖面广，能激发学习者的学习热情。第四，教材设计新颖，充分考虑到儿童的认知发展水平，图文并茂，易于接受和记忆。

（四）语言文化交流活动

为了进一步加强中缅语言文化交流，提高两国文化交流的质量，瑞丽市政府还积极组织了各类文化活动。

2013年12月，瑞丽市中缅边境文化交流协会图书音像出版发行交流部组织开展了"边交会出版物展"和"缅甸木姐目瑙纵歌节出版物展及赠书"活动。出版物展共展出了云南出版集团有限责任公司、云南民族出版社、云南大学出版社、德宏传媒集团德宏民族出版社、瑞丽市委宣传部、瑞丽沿边特区周刊、瑞丽市文联、瑞丽市史志办等部门出版的涵盖文学、艺术、经济、卫生、农业方面的中文、傣文、景颇文、傈僳文字的图书、刊物830余种，20000多册（张）。

2014年2月，由云南省社会科学院、云南民族大学民族研究所、瑞丽市中缅边境文化交流协会共同主办召开了"景颇族国际学术交流大会"。来自国内、中国台湾、缅甸、泰国、日本和英国研究景颇族文化的30位专家学者和企业家走上讲台，围绕景颇族在世界各地的分布情况、传承保护本民族的语言、文化服饰、传统习俗和与世界各地的其他民族加强融合，以及相关景颇族文化研究机构、企业的发展等方面做了专题发言交流。

另外，瑞丽市中缅边境文化交流协会与瑞丽市妇女联合会举办了"瑞丽市缅语日常会话口语培训"免费培训班，以帮助全市各机关单位干部职工及社会各界人士学习掌握缅语日常交流用语，便于在工作和社会交往中能够熟练运用缅语与缅方人士沟通和交流。2016 年，用 5 个月的时间，共开办了两期培训班，来自全市各单位、社会各界的 100 余名学员，参加了学习培训。

《胞波情》是 2015 年创办的中缅双文综合性文化期刊。该刊物有利于进一步让缅方民众认知中国、了解中国；有利于弘扬中缅两国文化，拓展我国外宣阵地，传达我方安邻、睦邻、富邻声音；有利于传递"中缅永做好邻居、好朋友、好伙伴、好兄弟"的胞波情谊。刊物内容贴近中缅两国大局和民意，贴近"一带一路"和孟中印缅经济走廊的建设脉搏。至今已编辑出版了 3 期，赠阅对象包括全市各单位、乡镇，部分学校、企业，缅籍务工人员较为集中的企业，缅甸木姐、南坎、腊戍等地的学校及社会团体。

六、小结

通过瑞丽市语言教育的调查，我们认识到作为边境城市其语言教育的几个特点。

（一）瑞丽的语言教育坚持国家基本民族语言国策，即"各民族都有使用和发展自己语言文字的自由""科学保护各民族语言文字"，坚持民族平等、语言平等，充分发挥了少数民族语言文字的作用。以傣语、景颇语、德昂语为主的各个少数民族语言的使用皆具有活力，语言文字的普及良好。市政府努力普及民语民文，采取了一系列的措施，其成效较显著，赢得了国内少数民族的拥护与支持，同时也受到了缅甸少数民族的称赞，说"还是中国政策好""中国老百姓享福了"。

（二）政府层面的民族文字推行还有待进一步完善。近些年来由于受到国内基础教育追求升学率的影响，再加上受教材、师资匮乏等方面的影响，部分学校已经不开设民族语文课，导致傣族、景颇族子女到宗教或社会机构学习民族文化。当然民间组织推进民族文化的传承是肯定的，但如果政府能够给予更多机会的话，必将有利于全局的发展。

（三）对邻邦缅甸青少年的来华学习，政府持欢迎、支持、宽容的政策。目前他们与中国学生享受同等待遇，还享受小少民族政策待遇。家庭经济困难的外籍学生，在入学后可向学校提出补助申请，学校每年汇总向上级相关部门提出助学金补助申请。同时安排一些社会捐助给外籍学生，帮助他们完成学业。外籍学生在中国学习也不错，与中国的学生团结友好。虽然外籍学生挤占了瑞丽教育资源，给政府教育投入带来了不少的压力，但我们认为这类优惠政策要继续坚持，为中缅两国友好发展奠定坚实的基础。

（四）中缅教育文化交流频繁，跨境民族之间的关系更加密切。为了扩大中缅之间的文化交流，瑞丽市还专门成立瑞丽市中缅边境文化交流协会，推进中缅两国的友谊关系。中缅语言文化的交流也依托这一平台有了多层级、多方位的发展。如通过培训缅籍汉语教师，为缅甸提供汉语言文化的教学资源和服务，最大限度地满足缅甸汉语学习者的需求，在对缅教育文化交流方面做了大量的工作，赢得了极好的声誉。在这种大好形势下，处于边境的傣族、景颇族与缅甸的傣族、景颇族紧密相连，在经济、文化、生活各方面融为一体。我国傣族、景颇族近几十年的稳定发展对缅甸傣族、景颇族产生了积极的影响。

第二节　中缅边境小学个案调查
——云南省瑞丽市勐典小学调查记

为了弄清边境地区景颇族跨境语言的状况，有必要对边境学校的教育状况进行调查。为此，2017年7月17日我们驱车前往地处中缅边境的勐典小学，调查该校的办学情况。校长刘永改和景颇族教师勒排东老师接待了我们，向我们介绍了该校的情况和他们的办学经验。下面是我们这次调查的具体内容。

一、瑞丽市勐典小学概况

勐典小学坐落于瑞丽市勐秀乡勐典村。勐典村地处瑞丽市西北方向，北面与陇川县章凤镇相连，南面有着18公里的国境线，与缅甸只有一河之隔，是一个景、汉混居以景颇族为主的村落。

勐典小学创建于1958年，学校地处边境、历时悠久，是一所有着浓郁民族风情的半寄宿制双语完全小学。学校占地面积29468平方米，建筑面积3620平方米。现有7个教学班，义务段在校学生305人，住校生274人，少数民族学生169人，占在校生人数的55%。除中国籍学生外，还有42名缅籍生，占在校人数的14%。学校教职工21人，其中有6名景颇族教师。学校现有多媒体教室7个，计算机室1间，共51台教学用计算机，科学器材室1间，实验室1间，舞蹈室1间，体育器材室1间，音乐器材室1间，图书室1间，共有图书12292册，实验仪器配备和音体美设备均是I类配备标准。

由于受到地域和环境的影响，勐典小学非常重视民族文化的继承和发扬，在办学理念、发展思路上独具特色。我们经过调查访问，觉得有以下三个办学特点值得学习借鉴。

一、勐典小学的三大特色

（一）坚持"载汉"双语教学

勐典小学地处景颇族聚居区，招生范围主要集中在周边户瓦、勐典两个自然村的 12 个汉、景混居村寨。在校生以景颇族、汉族为主。其中，景颇族学生 139 名，还有极少数的傈僳族、德昂族、阿昌族、佤族学生。少数民族学生占在校生总人数的一半之多。据校长刘永改介绍，这里的景颇族学生绝大多数是载瓦支系，说的是支系语言载瓦语，学会汉语后，成为"载汉"双语人，只有 6 人仍然是载瓦语单语人。少数民族学生刚入学时多以说民族语为主，但几年后一般都会用汉语交流，学校的课堂教学用汉语进行。

我们到达学校时看到，整个校园虽不大，但敞亮、整洁，设施齐全，校园内处处体现出浓郁的民族气息。学校的大门一侧墙面绘有景颇族历史迁徙的大型壁画，大门两边配有红、黄、黑、蓝相间的景颇族图腾图案。教学楼走廊还挂有汉、载两种文字的名言警句。

双语教学在勐典小学得到了重视。由于勐典小学坚持双语教学，而且取得了一定成效，2013 年州政府批准它为"州级双语试点学校"。这里的双语教学除了让学生掌握本族文字——载瓦文外，还让学生学习民族民风、民间菜肴、民族手工艺、民族乐器等传统景颇族民族文化，双语课程只在 4、5 年级开展，属"传承型"双语教学，以传承景颇族语言文字为目的，而不是单纯把民族文字作为学习汉语的辅助手段。

在课程设置上，学校从四年级开始开设载瓦文，作为必修课，课堂教学语言以载瓦语为主。民文课采用云南省通用的载瓦文教材，教材虽标注是《学前教材》，但实际上用于小学 4、5 年级的双语（文）教学的课堂。这套教材中的课文篇幅多短小，文字内容与景颇族的传统文化生活密切相关，如将传统服饰、饮食、建筑等与社会生产生活紧密联系的事物作为语言教学的内容，这样有效地激发了学生的学习热情。在教学上采用语文的教学方法，从字词、读音、课文理解等方面展开，采取领读、跟读、朗读等步骤循序渐进，直至学生完全理解掌握。据民文老师勒排东介绍，由于 3 年级已开始学习英语课程，为使学生尽快掌握英、载两种拼音文字，老师们采用对比式教学，将载瓦文、英文和已掌握的汉语拼音进行比较，学生们很快从中找到文字拼读的共性，再加上本来就会说载瓦语，学起载瓦文来很容易上手。民族语文的作业简单又没有考试压力，所以学生们非常喜欢上民文课。但是，由于师资紧缺，民文老师多是由其他任课老师兼任，老师们的课业压力较大，所以学校的民文课程开设不多，一般一周两课时。

除民族文字之外，景颇族的民族、民间文化在这所学校也得到了传承和发扬。在课余时间，学校组织学生学做景颇族菜肴、学习传统的民族编织手艺。学校还成立了40人的"景之蓝"乐队，学习、演奏景颇族歌曲。乐队从4年级以上学生中挑选爱好音乐者参加，进入6年级时退队。学校还专门聘请校外懂民族乐器的人作为辅导老师，通过"大带小"的练习模式，让新入队员很快就能掌握演奏技巧，现在乐队的每个成员至少能够演奏三种景颇族乐曲。每逢乡镇大小活动时，乐队成员便会身着景颇族的节日盛装，拿起鼓、号、笛子等乐器前往助兴。

学校的双语教学开展得红红火火，2015年勐典小学挂牌为非物质文化遗产文蚌文化传承学校。以上各种活动，培养了学生对自己传统民族文化、对祖国文化的了解和热爱。这对他们以后的成长会有很多好处。

（二）缅籍生的义务教育深受欢迎

勐典小学位于边境村寨，与缅甸隔河相望。这里边境不设关卡，边民可以自由往来，交往密切。部分缅甸边民在勐典乡仍有亲戚，两边相互间常会走亲访友。随着中国国力的增强，缅甸边民希望来中国境内寻求教育和发展的机会，很多家长非常愿意把子女送到中国的学校来学习。中国政府为了加强中缅友谊，也愿意接纳来我国小学学习的缅甸人。

由于周边特殊的地域环境，勐典小学除了接受片区内的户瓦、勐典、勐秀、小街、户兰五个村寨的景颇族、汉族学生外，还会适当接收缅籍学生。现在，在读的缅籍学生共有42人，占在校生总数的14%。其中多为景颇族学生（还有少数是远征军的后代）。他们多不会说缅语，却会汉语。

刘永改校长介绍说，对于入境就读的缅籍学生并无限制。这里缅籍学生的入学条件和境内生基本无异，只需预防接种证和户籍证明即可入学。在义务教育阶段，入校学习的缅籍生同境内生完全一样，享受我国的国民教育，特别是2011年以后，除免费的义务教育之外（包括提供免费营养餐、每人每月发放100元的伙食补助），还能享受到我国的少、小民族的特殊待遇。

勐典小学的缅籍生多为住校生，周一至周五在校学习，每周五放学后，由景畹渡口乘竹筏渡河回缅，进入缅境后，家住较远者需骑1个多小时的摩托车才能达到，较近的也要三四十分钟。中、缅两边家长对学生的教育态度也基本一致，呈积极的支持、配合态度。

缅籍生在校表现也较好，对老师、同学尊敬、友善。勒排东老师告诉我们，学校虽有中、缅两国学生，但缅籍学生并没有明显的国界意识，他们同中国学生一起学习、生活，融为一体，每周定期参加学校的升旗仪式，接受我国的爱国教育，甚至很多缅籍学生只知中国首都、中国国旗，却不知他们本国的首都在哪儿、国旗是何样。

（三）坚持对学生进行国防教育

由于近几年缅甸边境局势紧张，战乱不断，严重影响我国的边境安全。勒排东老师告诉我们说，有时站在学校操场就能看到对面缅甸境内山梁上的炮火，这成为学校的一个安全隐患。学校为了加强学生的国防安全意识，保证学生能够安全学习，以防边界出现的万一，设置了国防教育课。这一课程是必修课，每周一次两课时。国防教育课的内容是教授学生如何应对突发事件，空防知识，战场救护知识常识，急救技能等。通过开展国防教育，使学生增强国防观念，掌握基本的国防知识，激发了学生们爱国热情。经验说明在边疆地区的学校开展这样的国防教育课程是非常必要的。

二、几点认识

通过对勐典小学的个案专访，我们看到有以下几点经验值得借鉴：

1. 办好边境学校十分必要

边境小学是边境地区培养少数民族人才的基础摇篮，边民由于有子弟在校学习，所以学校办得如何牵动着边民的心，而且还受到对面缅甸边民的关注。随着两国社会的发展，其影响力将在边境地区不断扩大。不论是在国家国民教育，还是在边疆安全、巩固上，边境小学都起着巨大的作用。因此，边境学校办学在民族教育中具有特殊的地位，办好边境学校十分必要。

2. 办好边境学校必须坚持党的方针政策

勐典小学之所以能够办成在瑞丽教育界有影响力的一所小学，是因为它坚持了党的方针政策。其中包括：切实贯彻双语教学、双语教育方针，既重视汉语文教育，也不忘本族民族语文教育，根据自己的特点摸索了一条"传承型"的母语教育模式，把母语教育放在 4 年级之后，等到学生初步掌握了外语后，再来补母语的缺漏。又如对缅籍学生的教育实行一视同仁，"两免一补"政策，使外籍学生能够心情舒畅地在我国境内学习，遵守我国的国法和校纪。再如他们根据地处边境的地域特点以及近年来的形势特点，对学生进行了国防教育，使学生有了保护自己、防患未然的意识，并且增强了热爱祖国的观念。

3. 国家对边疆小学应给予特殊支持

边疆小学的办学条件差，经费少，教师生活艰苦，条件差，国家应予以特殊支持。现在看来该校师资缺乏，特别是双语教师目前供不应求，有关教育部门应有计划地多培养一些双语师资，以供当前急需。

第三节 缅籍学生来德宏州跨境就读的情况

中缅两国由于长期存在胞波情谊和密切的文化交流关系，所以两国居民互相到对方国学习已成为一种传统现象。但近几年来，缅甸来我国学习的学生逐年增加。这是一种可喜的现象，也是德宏州教育中出现的一种新情况，值得总结研究。

德宏州近年来缅籍学生不断增多的原因主要有以下四个方面。

一是我国国力的大幅度增强以及教育事业的不断改革开放，是吸引缅甸学生来德宏州学习的主要原因。改革开放以来，德宏州的经济、文化、教育以及城市建设都得到了巨大的发展，使缅甸居民向往、羡慕，希望能够来中国学习汉语及中国的传统文化，为他们以后的就业提供良好的条件。他们到过德宏各市县目睹了城市欣欣向荣的新面貌，相比之下认为中国人的生活更幸福、更有安全感。

二是云南省在边境沿线包括德宏州内的乡镇义务段学校实行"三免费"（免书费、免杂费、补助文具费）和"两免一补"（免书费、免杂费、寄宿生补助生活费）的教育政策，对缅甸学生跨境就读有巨大的吸引力。目前，缅甸经济还处在困难阶段，居民生活困难，教育落后，地处边界的少数民族更是如此。所以缅甸学生来我国学习，并享受我国"三免费"和"两免一补"的待遇，是他们在国内不可能有的。这也成为缅甸青少年寻找好出路的一条途径，何乐而不为。

三是德宏州沿中缅国境线上的学校的办学条件近年来已有较大改善，学位（接受学生的能力）的增加能为缅甸学生跨境就读提供保障。

四是德宏州的傣族、景颇族、阿昌族、德昂族、傈僳族在缅甸有分布，他们同根同源，同属于一个民族，这成为德宏州接受缅甸学生跨境就读的感情基础。缅甸学生来德宏州学习能够得到中国亲戚的帮助（包括经济上的帮助和生活上的关心，如有的还住在中国亲戚家里）。这种亲戚关系为他们提供了精神上的支持，成为在中国求学的精神力量。

五是德宏州与缅甸的地缘特征为缅甸学生跨境就读提供了交通上的便利条件。德宏州三面与缅甸联邦接壤，国境线长503.8公里。目前，州内共有9条公路、28个渡口、64条通道通往缅甸。所辖5个县市没有不必要的人为阻隔。这种情况下，生活在边境上的缅甸学生来往方便，能够自由地来中国求学。

一、缅甸来德宏就读的学生数量和分布

目前，来德宏州跨境就读的缅甸学生有以下三类人。一类是长期居住在中缅边境的缅甸籍学生。这些缅甸学生大部分来自缅甸的边境乡镇如勐古、木姐、雷基、拉咱等，多数为华人华侨或与德宏州同族同源、跨境而居的5种世居少数民族的学生。另一类是20世纪60年代移居到缅甸的我国边境居民的后代，至今已有两代人。还有一类是20世纪90年代我国移居到缅甸从事经商、种植等行业的子女。他们曾经在缅甸的华文学校上过学，现又返回国内就读。

至2016年底，德宏州共接收缅甸籍学生4048人，占全州学生总数的1.65%。这些学生分布在德宏州的371所学校中，占全州学校总数的77.33%。4048名缅甸籍学生在德宏州各级各类学校中的具体分布情况如下。

幼儿园学生（含学前班）466人，占幼儿园学生总数的5.491%，占幼儿园在园幼儿数的1.07%。466名学生分布在123所幼儿园中。

小学生2803人，分布在193所小学中。初中生649人，分布在44所初中内。高中生24人，分布在7所高中内。中职学生52人，分布在2所中职学校内。大专生54人，在德宏州2所高校内都有分布。

以上数据说明，来德宏州就读的缅甸籍学生主要集中在幼儿园、小学、初中等三个阶段；到高中阶段，学生人数急剧下降；中专、大专阶段，学生人数也不多。

二、为保证缅甸籍学生跨境就读采取的主要做法

"十一五"以来，国家、云南省、德宏州各级政府实施了一系列倾斜政策支持边境地区教育的发展，为缅甸籍学生来德宏州跨境就读提供了有利条件和政策保障。

（一）加大投入，改善边境地区办学条件，为缅甸籍学生跨境就读提供了硬件条件

在国家和云南省的统一部署下，德宏州先后实施了边境学校、国门学校、校安工程、农村初中薄弱学校改造、云南省边境乡镇义务教育段"两免一补"等工程，在全州边境地区先后实现了"普六""普九"和"有学上"。

最近几年，为解决边境地区"上好学"的问题，按国家、省、州的要求，全州边境县市进一步加大教育投入力度，全力推进义务教育均衡发展。目前，一批建筑面积达标、设备较为完善、校园优美、办学有特色的学校，屹立于全州边疆地区。

边境地区办学条件的改善和位点的增加，为缅甸籍学生跨境就读提供

了硬件条件。

（二）加强教师队伍建设，提升边境学校办学水平，为缅甸籍学生跨境提供良好的软件基础

本着办好边境学校，支撑边境民族地区发展的理念，德宏州在边境学校教师队伍建设方面坚持几个优先：优先招聘边境学校紧缺学科教师，优先满足边境学校教师编制，优先落实边境学校惠师政策，优先培训边境学校教师，引导和激励教师安心在边境学校从教。通过一系列强师惠师政策的实施，边境学校教师队伍整体素质不断提高，办学水平逐年提升，吸引了越来越多的缅甸籍学生跨境就读。

（三）积极采取新措施，为缅甸籍学生跨境就读提供政策上的保障

随着德宏州缅籍务工人员的不断增加，要求到德宏州边境学校就读的缅甸籍学生人数不断上升，学段也随之不断延伸。起初，跨境就读的缅甸籍学生仅限于边境沿线的义务教育阶段，近年来，学生已逐渐延伸到学前、高中、中专乃至大专等阶段。

针对边民的入学愿望和边境学校的实际情况，德宏州教育系统坚持开放办学，本着让跨境就读学生"进得来、留得住、学得好、有上升通道"的宗旨，利用现有条件，积极采取新措施，出台相关政策，努力使每一名跨境就读的学生享有被尊重和被关爱的感受的同时，展现我国中华民族"与邻为善、以邻为伴"的气度和风范。相关措施和政策主要有以下几个方面。

一是视学校位点、师资等情况，最大限度地接收缅甸籍学生。

二是坚持义务教育段的缅甸籍学生与我国境内的学生享受同等待遇。目前，在德宏州义务教育段就读的缅甸籍学生，已与我国境内学生同等享受免杂费、书费，寄宿学生生活补助费、农村学校就读学生营养改善等待遇。

三是出台缅甸籍学生参加中考和高中阶段学校录取政策。针对部分缅甸籍学生读完初中以后有留在我国继续读高中的愿望，德宏州出台了《关于做好外国学生接受义务教育后在德宏州参加升学考试工作的实施意见》，规定外国学生可在流入地参加初中学业水平考试。学业水平考试（含考查）成绩合格、综合素质评价合格者，由就读学校所在地县级教育行政部门颁发九年义务教育证书。同时规定，凡在流入地完整接受初中三年教育的外国学生，有权参加就读学校所在地普通高中学校录取考试，并与当地学生享有同等待遇；凡具有初中以上学历或同等学力的外国籍学生，均有权在流入地参加中等职业学校（职高、中专、技工学校）录取考试。这些政策的出台，使德宏州接收缅甸籍学生继续升学的政策得到了进一步完善。

四是加强对缅甸籍学生的服务和管理。如：实行简便入学手续和备案

制。瑞丽银井小学、瑞丽姐告小学、芒市芒海九年制学校等，积极与边检站协商，为跨境就读的缅甸籍学生办理优先候检入境卡，方便他们按时到校学习和快速返家。对缅甸籍学生与服务学区内学生一视同仁，同等管理、同等教育、同等培养，按照《中小学生守则》《中小学生日常行为规范》同样要求每一位缅甸籍学生。日常教学中，教材及教辅、教师及教法、课程及进度、学业水平测试及评定等完全一致，学校的教学班级都是缅甸籍学生与当地学生混合编班。绝大部分缅甸籍学生都能遵守学校的规章制度，尊重我国的社会公德和当地的风俗习惯，与当地学生几乎无差异。

五是积极为高中在读及想继续向上求学的缅甸籍学生争取与国内学生同等的政策和待遇。如：为就读中等职业学校的缅甸籍学生争取每人每年免 2000 元学费和补助 2000 元生活费的待遇，为普通高中学生每人每学年提供 1200 元公用经费的待遇，允许普通高中学生参加高考的政策。

三、接收缅甸籍学生跨境就读的意义

（一）缅甸籍学生对边境学校的感受是"国旗飘扬、房子最好"。这成为边境学校的标志，增强了边境地区各族干部群众、广大师生"爱祖国、爱家乡"的自豪感。

（二）一系列"国民待遇"政策的实施，让缅甸籍学生在心中种下了友谊和感恩的种子，也让他们具体体会到中国是"与邻为善、以邻为伴"的好邻邦。

一位在陇川县章凤镇拉影国门小学 5 年级就读、名叫孙桂花的缅甸籍学生在作文中这样写道："如今来到拉影国门小学上学可好了，我吃住都在学校，不用每天起早贪黑地赶路了。不仅如此，学校的老师、同学待我们这些小留学生如同家人一样，每时每刻都给予我们慈爱般的关爱、兄弟姐妹般的关心，那种幸福感真是说不完呀！"

（三）将边境学校建设成为国防教育的主阵地，有利于边防的巩固和边境的和谐。下面以瑞丽市银井小学为例加以说明。

瑞丽市银井小学是银井边防检查站与银井小学共建的全国第一所边防小学。警营文化与校园文化得到了很好的融合。学校具有鲜明的"边防特色""跨国学堂"特征，成为展示民族团结进步、边防巩固、边境和谐的窗口和示范。

在方式上，银井小学采用"走出去、请进来"的形式开展了系列国防教育活动。如与瑞丽市边防大队、姐相边防派出所共同开展"双拥共建"活动，聘请边防官兵为校外辅导员。每逢重大节日，邀请官兵到学校组织升国旗仪式，组织学生学习国旗、国徽、国歌的相关知识。这些活动不但

激发了中国学生的爱国热情，也让在一起学习的缅甸学生了解两国友好历史，从小树立睦邻友好的意识。

在国防教育的内容上，银井小学坚持向学生宣传中缅友好理念，把传承中华文化、密切胞波情谊作为思想教育的一个重要内容来落实；坚持开展"汉傣缅"语一日一会话活动，让学生掌握三种语言文字，为日后的跨境交流奠定语言文字基础；坚持向缅甸籍学生讲解中华优秀传统，介绍中国国情。

四、缅甸籍学生跨境就读有待解决的问题

缅甸籍学生来德宏州跨境就读的积极意义是主要的，但也给德宏州的教育带来了一些新问题，需要加以解决。主要问题是：

一是缅甸籍跨境就读的学生流动性大，流失率高，对德宏州九年义务教育的巩固率、初中三年巩固率等指标产生一些负面影响。

二是由于新增缅籍学生，一些学校出现办学设施不达标的现象。

三是由于缅甸籍学生跨境就读人数较多，学生的安全管理难度增大，给接收学校带来安全压力。

四是"两免一补"等措施如何贯彻合理有待进一步探索完善。

附录一：访谈录

瑞丽市教育局武光股长访谈录

访谈对象：武光
访谈时间：2017 年 7 月 17 日
访谈地点：瑞丽市教育局教育股办公室
访问者：金海月、闻静、彭茹
整理者：金海月

问：武老师，您好！今天很荣幸来访问您。请您先简单介绍一下瑞丽市学校的基本情况。

答：我们瑞丽市幼儿园共计 44 所，其中公立幼儿园 3 所，私立幼儿园 30 所，小学附设幼儿园 11 所，小学附设幼儿学前班 17 个。小学共计 40 所，其中完小 28 所，校点 12 所。中学共计 8 所，其中高中只有 2 所，普通中学有 6 所。还有 2 所职业中学，一所是公立的，另一所是私立的。

其中高中是我们急需解决的。目前瑞丽的高中资源比较少，出现了"考高中比考大学还难"的局面。今年的 9 月份,瑞丽三中要升级为完全中学,可以招收 100 多名高中生。另外我们还申请了一个项目,争取新建一所第二高中。我想如果等第二高中建起来,这个局面能够得到一定的缓解。还有一种解决方法是,逐渐把乡下的中学升级为完全中学。

学生的少数民族成分有 20 多个,其中傣族、景颇族居多。全市少数民族学生中幼儿园有 2865 人,小学有 8198 人,初中有 3518 人,高中有 961 人,职业中学有 322 人。你们所关心的景颇族,根据 2016 年的统计,幼儿园阶段(含公办与民办)总共有 447 人,小学阶段有 1262 人,初中阶段有 656 人,高中阶段有 203 人。

下面我说一说幼儿园的情况。前面我也说过,我们瑞丽市幼儿园共计 44 所,其中公立幼儿园 3 所,私立幼儿园 30 所,小学附设幼儿园 11 所,小学附设幼儿学前班 17 个。目前存在的问题是,公立幼儿园短缺。瑞丽市幼儿园是我们这里规模最大的一个公立幼儿园,现分为新园和老园。目前是新老园一套人马,两边来带。目前,学前阶段的教师太少,包括小学附设幼儿园。附设幼儿园全部都是在用小学教师,国家没有相关编制,因为教师编制的短缺,阻碍着我们学前教育的正常发展。部分幼儿园因为安全隐患问题,其校点被取消。现在有些校点重新盖了幼儿园,但没有老师去,只好用"公建民营"的形式来做。

目前瑞丽市幼儿园存在的问题是:一是公办幼儿园不足,二是教师编制不足。现在教师来源不成问题,但就因为编制不足,造成教师短缺。公办学校如果能建起来,办学成本就能减少,这样收益的就是老百姓。现在有些地方还出现"村办幼儿园",现在共有 3 所,但村办幼儿园的安全隐患问题比较严重,办校资金也比较紧张。瑞丽市的学前教育,政府层面的管理在全州范围内还是拿得出手的,每年都实行定期考核、晋级达标政策,可以达到云南省三级幼儿园标准。如果编制问题能够解决,我们的学前教育发展的生态会更好。

问:武老师,麻烦您再给我们说一说小学教育情况。

答:小学的整体发展还是不错的。目前存在的问题是"大班额",最突出的是勐卯小学、姐岗小学。根据 2016 年底的统计,勐卯小学在校生共有 3637 人,姐岗小学在校生共有 2590 人。勐卯小学一个班平均有 78—80 人。学生数多就有安全隐患问题,而且教室也比较紧缺。学校把功能室都变为教室,恨不得两三个人坐一条凳子。

对于这个问题,我们从 2015 年开始整改,采取了三个方面的措施。第一,入学实行"随机派位",严格按照一个班级 50 人的标准招学生。小学按照五个批次招生:第一个批次,面向的是持本区域户口的人群,遵守"就近入学"原则；第二批次，面向乡镇户口居住在周围的人群进行抽签；第三批次，面向外地持这一片区居住证明的人群进行抽签；第四批次，面向打工的、持这一片区暂住证的人群进行抽签；第五批次，面向外籍或没有户口的，但居住在这一片区的人群进行抽签。我们就是用这种"分批次随机派位"的形式进行招生，逐步解决"大班额"问题。第二，对勐卯小学、姐岗小学、民族小学实行"只准转出、不准转入"政策，用来控制学生人数，但对部队人员及本市教师子女实行放宽政策。第三，积极响应"瑞畹同城化"发展，对从畹町调到瑞丽市城区的工作人员的子女我们也会接受。通过这两年的努力，"大班额"的现象得到了一定的缓解。

另外我们还推行"联盟办学"的方式。把勐卯小学、民族小学、团结小学结为一个联盟，把姐岗小学和芒沙小学结为一个联盟，联盟学校之间互派教师、共享优质资源，引导学生自然分流，使瑞丽市的教育资源得到均衡发展。目前我们是教育转型时期，改革虽然比较艰难，但相信未来发展还是比较好的。

乡村的小学教育我们去年实现了义务教育达标，学校的硬件、学校的管理提高了一个层次。

问：那中学的情况又是如何呢？

答：中学阶段最大的问题就是，学生辍学现象较严重。小学的辍学率较低，到了中学后有些家长对孩子的管教不严，尤其是少数民族，多数是让孩子"自然发展"，所以辍学率就变得较高。随着社会的发展，各种民族之间教育理念也在碰撞，少数民族的教育观念也在变化，但辍学率高仍是我们民族地区普遍存在的问题。另外社会上还盛行"读书无用论"，也在影响着家长，家长早早就让孩子出去打工。

问：这方面不同民族之间有没有区别？

答：有区别的。我刚才说的是傣族的情况。傣族，这种问题更突出一些。但景颇族就有些不同，他们多数信仰基督教，教育理念与傣族有些不同。景颇族家庭对孩子的教育就更严格一些。但景颇族还有另外一个问题，他们生活在山上，上下学不方便。傣族生活在坝上，上下学交通会方便一点。

问：应对辍学问题，我们有什么措施？

答：为了保学控辍我们想了很多办法。主要是依托政府、村委会以及各个相关单位，把保学控辍纳入到各级机关人员的个人考核中。但因各机关人员的人事变动比较大，影响这个工作的稳定性。教育部门、学校及教师为了解决学生辍学问题想尽各类办法，但家长不配合，各级其他部门的部分领导对这个工作又不太重视，我们工作起来就难上加难，成效也不佳。

有些乡镇，村委会比较重视这一问题，制定村规民约，把辍学率与各种福利挂钩，也获得了一定的成效。另外，政府还对优质学生实施了一系列的奖励政策，如考取大学就给奖励等。

还有一种现象是，我们这里是边境城市，有些学生如果不想继续学习就到缅甸打工或务农。

问：据我们所知，瑞丽有两所职业中学，它们的发展如何？

答：面对前面说的一系列问题，我们正在发展职业中学。目前两所职高加在一起共有772个学生。

我们的职中有自己的特色。一是政府给学生各类补贴，二是专业特点鲜明。专业有玉石雕刻、红木雕刻、高等汽修、酒店管理、旅游管理、学前教育等。但职业中学，本地的生源不是特别好，大多是外地生。当地的学生都想到外地去学习，比如说去芒市、昆明等地。他们都想到外地开开眼界。虽然说我们的职业学校有自身特点，但职业学校的发展有些迟缓，吸引力不够。职业学校的校舍比较陈旧，得不到很好的改善，现在打算规划到畹町的澜湄公学院那里。我觉得这个规划如果能实现，职业学校的发展应该是比较乐观的。

另外我们还有一个私立职业中学，是国际珠宝学校，在姐告。主要专业有玉、宝石加工与营销。其实我们的职业学校是很有特色的。目前中考刚结束，我们也在积极到各学校去招生宣传。希望通过我们的努力，职业中学无论是在硬件上还是在软件上都达到一定的水准，最终能够创建一个中高职衔接一体化的职教园区。

问：现在瑞丽的民族语文教育怎么样？

答：各个学校的双语教育还是有的。如果说是景颇族的双语教育，比较典型的是勐典小学，它的景颇语教育还是比较不错的。它有自己的民族乐队，在民族文化传承这方面做得比较有特色。

问：瑞丽有很多外籍人员，对外籍学生有什么政策？

答：外籍学生分为体制内学生与体制外学生。体制内的指的是在我们公办学校就学的外籍学生。在公办学校读书的外籍学生以傣族、景颇族居多，都属于我们周边村寨的外籍人。还有一部分是华侨。缅族的基本没有。体制外指的是罗西亚人。他们有自己的学校，约有1000名学生。罗西亚人主要信仰伊斯兰教。他们的教学一定要严格遵守中国政府的法律、法规进行。

我市的中学生公用经费每人800元/年，小学生公用经费每人600元/年。义务教育阶段外籍学生同样享受上述生均公用经费。现阶段1469个外籍学生全部享受免费教科书发放和营养早餐政策。

问：目前中缅教育、文化方面的交流如何？

答：截至 2016 年 9 月瑞丽市在公办学校和民办幼儿园就读的外籍学生共有 1785 人。其中幼儿园有缅甸籍学生 285 人，小学有缅籍学生 1178 人，初中有缅籍学生 267 人，普通高中有缅籍学生 13 人，中职教育有缅籍学生 41 人。义务阶段外籍学生所享受的政策与境内学生完全相同。在经济、文化交流方面，中缅交流也比较频繁，也有教师培训及教材编写方面的交流。总之在瑞丽，中缅政治、经济及文化正平稳、有序地发展。

问：现阶段瑞丽市教育急需解决的问题是什么？

答：是教师编制少引起的教师短缺问题。希望能够得到上级部门的重视，早日解决这一问题。

附录二：畹町芒棒中心小学访谈记

中缅边民关注的一个窗口

——畹町芒棒中心小学访谈记

访谈对象：芒棒乡芒棒中心小学宋兰书副校长、王宗卿老师

访谈时间：2017 年 7 月 31 日

访谈地点：芒棒中心小学

访问者：闻静、彭茹

整理者：闻静

办好边境小学对于培养边疆人才，加强边境交流、稳定至关重要。

畹町与缅甸九谷山水相依，鸡犬之声相闻，边民自由往来，友好互市。随着"一带一路"国际合作的不断深入，缅甸越来越多的边民愿意将孩子送到中国境内接受教育。畹町市内的边境小学，就起着维系、巩固中缅两国边民友好关系的重要作用，也成为边境门户城市对外友好往来的一个重要窗口。为此，我们一行于 2017 年 7 月 31 日，对畹町其中的一所边境小学——芒棒乡芒棒中心小学进行了走访。学校负责教学管理的宋兰书副校长和负责后勤管理的王宗卿老师接待了我们。

一、芒棒中心小学概况

芒棒中心小学是一所边疆少数民族寄宿制学校。学校坐落于畹町芒棒乡，与邻国缅甸仅一河之遥。芒棒乡辖区总面积 47 平方公里，国境线长 14.03

公里。辖区内居住着傣、景颇、德昂等少数民族，分布于辖区7个自然村。

芒棒小学始建于1965年。1989年经原畹町市人民政府批准将芒棒小学改办为寄宿制学校。学校由三个教学点合并而成，即回环小学、芒另小学、广董小学。

该校现有6个教学班，共216名学生，寄宿学生122人，少数民族学生138人，占学生总数的63.89%。其中，傣族58人，占学生总数的26.85%，景颇族34人，占学生总数的15.74%，德昂族44人，占学生总数的24.3%。另外，还有缅籍学生31人，占在校生总数的14.35%。学校现有教职工16人，专任教师14人，其中少数民族教师6人（傣族、傈僳族）。

自2007年以来，国家对农村义务教育学校经费投入逐年增加，学校的办学条件有了很大的改善。现学校占地面积为11153平方米，学生人均占地面积50平方米；校舍面积1206平方米，生均校舍面积5.5平方米。

学校建于小山坡上，视野开阔，四围青山、绿树环绕。一个个硕大、饱满的波罗蜜沉甸甸地坠挂在树干上。两栋崭新的教学楼与两栋宿舍楼相望而立，中间是一个标准化操场，操场两头分别是食堂和活动中心，操场一侧高耸的旗杆上，鲜红的五星红旗迎风飘扬。站在学校教学楼上，可以清楚地看到一公里外，对面缅甸山上的一个个村寨和房舍。宋兰书副校长指着对面的寨子说道："缅甸的村子就在眼前，我们之间就这么近！"

二、中缅师生、家长互动频繁

这一带的边境是1956年划定的。在此之前，边民由于长期互市互婚，边界意识薄弱，加上两地亲戚多，中缅两国学生、家长交往、互动非常频繁、密切。

据宋副校长介绍，缅籍学生来这里上学已成为常态，学校每年都有一定数量的缅籍生入学。这里，外籍学生入学条件非常宽松，只要有缅籍身份证即可，不受居住地区的任何限制。这一点优于境内生（国内学生入学严格受划片条件的限制，其居住地如果不属于该校划片区域的就不能入学）。

芒棒小学的缅籍生源主要是芒棒乡对面的澡塘河、棒赛（九谷）、广四贴等几个缅甸村寨的跨境景颇族、华侨，这些村寨都隶属缅甸政府管辖区。由于缅政府管辖区内禁止学习汉语文、景颇语文，加之办学条件差、教学资源不足，所以很多有远见的缅甸边民愿意把子女送到离村寨较近、办学条件相对较好的中国国门小学读书。因此，芒棒小学就成为缅甸边民一个非常不错的选择。

宋副校长还介绍说，这里的缅籍学生与中国学生并无二致。一是因为两国边民本就同宗同族，一脉相承，语言、文化相通。长期以来，这里的村民与缅甸村寨一直保持着非常频繁的交往。两国边境仅一河之隔，边民们只需一脚跨过小河沟就到了对方的国境。往年，两国边民经常自由走动，不受限制。只是近几年缅甸时有战事，中国边民才较少到缅甸境内，但缅甸边民仍然保持着进入中国的高频率。二是随着中国国力的增强，村民生活富裕，越来越多的缅甸妇女嫁入芒棒乡，这里有四分之一的家庭迎娶了缅籍媳妇，甚至一家三代人娶的都是缅甸人。因此，芒棒乡跨国婚姻的普遍化、常态化，更增加了两国边民的高频交往，在一定程度上模糊了两国的界限和差异。

宋副校长接着介绍说，缅籍学生和国内学生一样参加各种校内活动，与境内师生关系非常融洽。边境管理处为便于缅籍学生出、入境上学，给他们发放了边境出入牌。缅籍学生只要有边境出入牌、中国学生凭借出境证就可到对方境内。前些年，两国学生经常跑到各自的家里串门、玩耍。缅籍学生在芒棒乡也有亲戚，他们会去亲戚家做客。

缅籍家长对于校方的各种活动也会积极参与。他们只需凭边民证就能入境，经常定期来校参加家长会，与老师、国内家长交流、互动、互通信息。往年，学校老师还会去澡塘河等缅境地区家访，但由于近几年缅甸境内发生战事，出境家访的工作只好暂停。

三、缅籍生享受优越待遇，得到特殊照顾

这所学校的领导和教师虽然重视缅籍学生的管理，但在具体操作上是把缅籍学生看成学校普普通通的成员。校长介绍说，他们与中国籍学生几乎没有什么差异，学校对待缅籍学生完全是一视同仁。在校生一人一年（200天）有 800 元的伙食补贴，德昂、景颇族这些少、小民族还另外能享受到每月 125 元的生活补助，缅籍学生同样一个不落地完全享受得到。这一政策从 2007 年以后得到全面贯彻实施，所以吸引了更多的缅籍生来此就读。

因该校的招生范围较广，辐射周边七个自然村，甚至包括境外的缅甸村寨，因此以住校生为主。随着集团化办学的深入、教学资源的进一步整合，为了能容纳更多的境内、境外生源，学校前年得到了国家一百多万元的资金支持，用以建设新的学生校舍。目前，一栋三层的崭新宿舍楼已经拔地而起，下学期即可投入使用。负责后勤的王老师告诉我们，学校每月都要接受上级部门的食品卫生安全检查、校舍安全检查等，每一个关乎学生切身利益的事情，学校都会做到尽善尽美。

这里的缅籍学生全部选择住校。周一至周五在校上课，周末学生会由家长来校接回家中。但是前段时间由于缅甸境内局势不稳，学校就特别允许这些缅籍学生周末住在校内，躲避战火，以保人身安全。

缅籍学生在芒棒小学有了安全、稳定的吃、住保障，还能免费接受中国先进的义务教育，缅甸边民完全放心地将子女托付给中国学校。

四、缅籍生在国门小学深受师生欢迎

宋副校长介绍说，因缅甸村寨在各自的家中经常收看我国的汉语电视节目，使用中国制造的手机和移动网络信号，还与国人保持生意往来，所以不管是华侨还是景颇族，都能说些汉语，有的小孩还能多少看懂一点汉字。因此，缅籍学生虽在家中说景颇语或汉语方言，但一入学就能很快进入状态，适应这里的汉语环境，与老师、同学能做一般的沟通。只有回环村的德昂族、广董村的景颇族儿童，因没有接受过学前教育，存在一定的语言障碍。他们刚入学时学习稍显吃力，但一般进入第二个学期时，就能用汉语自由听说了。相对而言，缅籍学生入学前因接触过汉语，入学后接受汉语教学较快，老师也愿意教。

谈到缅籍生的品行，宋副校长对他们的谦逊有礼、乖巧懂事赞不绝口。因为他们受过佛教的影响，见人非常有礼貌，特别是高年级学生，在校处处尊师敬长，团结同学，做事有分寸，懂得礼让。宋副校长说这里的老师们都非常喜欢缅籍学生，愿意带缅籍学生。

芒棒小学的生源种类复杂，入学后统一分班。全校学生不分国籍、不分民族，都采取统一教学、统一管理。前些年，学校一直在三年级以上班级进行"傣汉"双语教学，缅籍学生和中国籍学生一样，一起接受中国的少数民族语言文字教育。但近几年，因民文老师调离，师资缺乏，所以民文课才不得不暂停。平时，缅籍学生同中国学生一起接受爱国主义教育。学校每周的周一上午有升旗仪式。这一天全校学生必身着统一的校服、佩戴红领巾，中缅两国学生一齐高唱国歌《义勇军进行曲》。

五、老师肩负两国边民义务教育的重任

这里的教师常常是"一专多能"，身兼教学、教务各种职能。宋副校长给我们举了一个实例说，学校有一名英语老师，除了要完成全校三至六年级一周两节英语课的教学任务之外，还要负责四年级的语文课，以及其他副课教学。学校的老师普遍是每人每周16节课的教学任务，不仅如此，老师还要完成各种校务工作，诸如校内简报、安全检查、教学检查、功能室的完善等等工作。全校仅一名民文教师，因被上级部门借调后便再无民文老师，学校的双语教学就此搁浅。

宋副校长介绍说近些年国家开始重视边境小学的资金投入，学校环境、

办学条件等方面都有了很大改善。但由于国内、国外生源的逐年增加，学校的师资力量却没有及时跟上。目前，芒棒小学的最大困难就是师资紧缺，任课教师工作负担过重。即便如此，我们从校长和接待老师的采访中，能感受到边疆教师对自己本职工作的自信，以及对边疆教育事业深深的热爱。

六、小结

芒棒小学自1965年办学以来，一直受到边民的欢迎，成为中缅两国合作交流的一个引人注目的窗口。它不但肩负着培养边疆人才的重要任务，而且还对加强中缅两国的友谊起到积极的作用。

边境国际小学不同于内地的国际学校。国家对外籍生采取了各种优惠政策，不仅在入学条件上宽松，外籍生还同境内生一样享受义务教育的"两免一补"政策，以此鼓励、吸引缅籍生跨境入学，接受我国的基础教育及民族语文教育。

边境小学是中缅两国边民友好互往的平台。中缅两国学生入住同一所学校，家长共同关注教育，对下一代有着共同的教育预期，促使了两国边民更多、更深、更频繁的交往。

边境学校办学在民族教育中具有特殊的地位，办好边境学校十分必要。但边疆小学普遍存在办学资金紧张，师资匮乏，在岗教师工作负担过重的现象。特别是双语教师，目前一些民族地区学校的双语教师不能得到很好的保证。提高教师队伍的数量和质量，加大双语师资的培养力度，是今后边疆小学所要重点解决的问题。

参考文献

专著类：

戴庆厦：《云南德宏州景颇族语言使用现状及其演变》，商务印书馆 2011 年版。

戴庆厦：《片马茶山人及其语言》，商务印书馆 2016 年版。

戴庆厦：《耿马县景颇族语言使用现状及其演变》，商务印书馆 2010 年版。

戴庆厦：《景颇语参考语法》，中国社会科学出版社 2012 年版。

朱艳华、勒排早扎：《遮放载瓦语参考语法》，中国社会科学出版社 2012 年版。

戴庆厦、李洁：《勒期语研究》，中央民族大学出版社 2007 年版。

戴庆厦、蒋颖、孔志恩：《波拉语语言研究》，民族出版社 2007 年版。

祁德川：《景颇族支系语言文字》，德宏民族出版社 2001 年版。

徐悉艰、肖家成、岳相昆、戴庆厦：《景汉词典》，云南民族出版社 1983 年版。

岳相昆、戴庆厦、肖家成、徐悉艰：《汉景词典》，云南民族出版社 1981 年版。

戴庆厦：《跨境语言研究》，中央民族学院出版社 1993 年版。

苏金智、卞成林：《跨境语言与社会生活》，商务印书馆 2015 年版。

王筑生：《云南少数民族概览·景颇族》，云南人民出版社 1999 年版。

龚庆进：《民族知识丛书·景颇族》，民族出版社 1986 年版。

龚佩华、陈克进、戴庆厦：《景颇族》，民族出版社 2006 年版。

景颇族简史编写组、景颇族简史修订组：《景颇族简史》，民族出版社 2008 年版。

德宏州民族宗教事务局编，王二软等：《德宏边境民族时候问题调研报告成果集（2011—2014）》，德宏民族出版社 2015 年版。

廖亚辉等：《缅甸经济社会地理》，世界图书出版有限公司 2014 年版。

李晨阳、全洪涛：《缅甸法律法规汇编：2008—2013 年》，经济管理出版社 2014 年版。

赵永胜：《缅甸与泰国跨国民族研究》，社会科学文献出版社 2015 年版。

祝湘辉:《缅甸蓝皮书:缅甸国情报告(2016)》,社会科学文献出版社2017年版。

李晨阳:《缅甸蓝皮书:缅甸国情报告(2015)》,社会科学文献出版社2016年版。

李晨阳:《缅甸蓝皮书:缅甸国情报告(2012—2013)》,社会科学文献出版社2014年版。

论文类:

戴庆厦:《论景颇语和载瓦语的关系》,《思想战线》1981年第4期。

戴庆厦:《论景颇族的支系语言——兼论语言和社会的关系》,《民族研究》1987年第3期。

岳麻腊:《景颇语杜连话概况》,《民族语文》2006年第4期。

马学良、戴庆厦:《论"语言民族学"》,《民族学研究》1981年第1期。

戴庆厦:《跨境语言研究当前面临的三个理论问题》,《广西民族大学学报》(哲学社会科学版)2016年第5期。

戴庆厦:《论跨境语言的和谐与冲突——以中缅景颇语个案为例》,《语言战略研究》2016年第2期。

戴庆厦:《跨境语言研究的历史和现状》,《语言文字应用》2014年第2期。

戴庆厦:《开展我国跨境语言研究的构想》,《百色学院学报》2013年第4期。

戴庆厦、乔翔、邓凤民:《论跨境语言研究的理论与方法》,《云南师范大学学报》(哲学社会科学版)2009年第3期。

李春风:《我国跨境语言研究三十年》,《当代语言学》2016年第2期。

李佳:《缅甸的语言政策和语言教育》,《东南亚南亚研究》2009年第2期。

朱艳华:《缅甸克钦族的语言使用现状》,《当代语言学》2016年第2期。

朱艳华:《论跨境语言资源保护》,《贵州民族研究》2016年第3期。

黄行、许峰:《我国与周边国家跨境语言的语言规划研究》,《语言文字应用》2014年第2期。

吴海燕:《我国跨境语言发展与安全研究》,《贵州民族研究》2015年第6期。

倪明霞、王珏、孔秀丽:《瑞丽市姐相乡小学的傣汉双语教育现状及思考》,《滇西科技师范学院学报》2017年第1期。

张媚玲、朱映占:《中国西南边疆危机与近代景颇/克钦研究述论》,《云南大学学报》(社会科学版)2017年第4期。

田素庆:《中缅边境城镇缅甸籍人员生计方式与生活空间——基于云南瑞丽的调查》,《民族学刊》2017年第1期。

王欢欢:《缅甸克钦民族主义运动的起源、演变与发展趋势》,《印度洋经济体研究》2014年第3期。

赵芹芳：《特殊的读者群体　特殊的宣传功效——从〈德宏团结报〉景颇文、载瓦文报说起》，《新闻研究导刊》2014年第12期。

赵天宝：《探寻景颇族的源与流》，《学术探索》2011年第3期。

黄光成：《略论中国西南地区跨界民族的民族类型及相关问题》，《东南亚南亚研究》2011年第1期。

高金和：《缅甸克钦族的山官制》，《边疆经济与文化》2009年第6期。

杨德亮：《基督宗教对景颇族教育的影响分析——以云南等嘎村为例》，《西北第二民族学院学报》2008年第2期。

中文析出文献类：

岳麻腊：《基督教与缅甸景颇族文化》，云南省民族学会景颇族研究委员会编《景颇族研究》（第二辑），云南民族出版社2008年版。

孔勒干：《对德宏景颇族教育事业发展问题的思考》，云南省民族学会景颇族研究委员会编《景颇族研究》（第二辑），云南民族出版社2010年版。

戴庆厦：《景颇族语言研究的语言学理论价值》，云南省民族学会景颇族研究委员会编《景颇族研究》（第二辑），云南民族出版社2010年版。

金黎燕：《一个景颇族村寨的舶来信仰——芒市翁下村基督教情况田野调查札记》，云南省民族学会景颇族研究委员会编《景颇族研究》（第三辑），云南民族出版社2013年版。

岳麻腊：《景颇语的存在动词》，云南省民族学会景颇族研究委员会编《景颇族研究》（第三辑），云南民族出版社2013年版。

左巧灵：《景颇族句尾词简化现象浅析》，云南省民族学会景颇族研究委员会编《景颇族研究》（第三辑），云南民族出版社2013年版。

郭秀珍：《载瓦语四音格词的语音结构与构词方式》，云南省民族学会景颇族研究委员会编《景颇族研究》（第三辑），云南民族出版社2013年版。

李木迪：《载瓦语量词使用情况浅析》，云南省民族学会景颇族研究委员会编《景颇族研究》（第三辑），云南民族出版社2013年版。

赵木成：《载瓦语动词语法化探索》，云南省民族学会景颇族研究委员会编《景颇族研究》（第三辑），云南民族出版社2013年版。

杨慧芳：《新视角下的世界景颇人族称、族源及人口分布》，景颇族国际学术交流大会编委会编《景颇族国际学术交流大会论文集》，内部资料。

中文报纸类：

史维国：《"一带一路"带动跨境濒危语言研究》，《中国社会科学报》2015年第3期。

翻译类：

《缅甸联邦共和国宪法》（2008），李晨阳、古龙驹译，《南洋资料译丛》2009年第1—4期。

《缅甸联邦共和国宪法》（2008），李晨阳、古龙驹译，《南洋资料译丛》2010年第1期。

英文专著：

J. F. Needham, *Outline Grammar of the Singpho Language*, The Asam Secrtetariat Press, 1899.

K. Das Gupta, *A Phrase Book in Singpho*, 1979.

Bev. O. Hanson, *Dictionary of the Kachin Language*, Rangoon: Baptist of Publication, 1954.

Martin Smith、Burma. *Insurgency and the Politics of Ethnicity*, Bangkok: White Lotus Press, 1999.

网络资料：

中国景颇族人口数据：http://www.stats.gov.cn/tjsj/pcsj/rkpc/6rp/indexch.htm（中国国家统计局网站）。

未发表论文类：

覃明：《文化安全视域下跨界民族语言教育战略研究》，博士学位论文，中央民族大学，2015年。

王珏：《德宏边境学校"中国认同"教育发展问题及策略研究》，硕士学位论文，西南大学，2014年。

康豪：《中缅边境地区景颇/克钦族社会经济发展研究》，硕士学位论文，云南大学，2010年。

后 记

关于中缅景颇语跨境特点的研究，有以下几点认识。

1. 中缅跨境景颇语是跨境语言的一种类型

跨境语言由于人口的不同、时间的不同、跨境特点的不同，出现不同的类型。有的是两侧语言差异大，有的是两侧语言差异小。在语言接触方面也出现了不同的特点。中缅跨境景颇族跨境语言是一种差异较小的跨境语言。中缅跨境景颇族语言虽然在语言使用功能、语言地位、语言使用范围上存在不同的特点，但是语言结构特点上大致相同，差异主要表现在深层结构上。所以研究中缅跨境景颇语对跨境语言研究具有一定的理论价值。

2. 中缅跨境景颇族的跨境特点可从不同角度进行分析

① 语言关系上，可从互补与竞争两方面进行分析。互补是主流，维系着跨境两侧的语言共同发展，但也存在竞争。竞争主要表现在语言使用的功能和语言结构的发展上。

② 语言特点上，可从语音、词汇、语法等方面进行分析。其中词汇差异较大，特别是由于所在国主体语言的不同，出现了语言影响的差异。在语音、语法上也出现了一些不同的特点。两国景颇族虽然都使用景颇文，但缅甸景颇文的功能较强大。

③ 时间上，可从共时与历时两方面分析。两地景颇语都是由一个主语分化下来的，虽然经历过较长时间的演变，但由于长期处在国界意识不强的状况，所以在客观上抑制了两地景颇语的分歧。文中还对两地景颇语的共时特点进行了分析，指出了其异同。

④ 两地景颇语今后发展的方向究竟如何预测，目前看来由于两国的国家性质、语言政策的不同，必然导致两地的差异。但随着世界政治经济的开放与发展，两地景颇族的接触会随之增加，这一方面有利于遏制差异的出现。就两地景颇人的愿望来说，希望两国的语言文字差异越小越好。这有利于两国景颇族的交流与发展。

另外，我想再谈一下这次跨境语言研究的一些体会。

一是做一种语言的研究，要系统地做，一个题目做完再做另一个题目，使其有系统性。这样，对语言的认识才会层层深入。

我长期做景颇族语言研究，不知不觉地有了这样一种习惯：做完一个题目就想接着做另一个题目，似乎景颇语有做不完的研究题目。20世纪80年代以来，国家加强了科学研究，我们才有条件投入较大的精力做语言研究。从那时起，做了语法又做词汇学；除了做语言本体又做语言功能；做了中国的景颇语，又做国外的景颇语；做了景颇支系语言，又做其他支系语言。感到既充实，又满足，觉得景颇语研究大有可为，有做不完的题目。不要这个山头放两枪，那个山头又放两枪。

2005年，我们中央民族大学申报的"中国少数民族语言国情研究"项目获得了教育部985工程立项，后来"中国跨境语言研究"项目又得到教育部社科重大项目立项。于是，我们抓紧时机、一鼓作气地开展了景颇族语言国情和跨境景颇语的研究。从2009年至2013年，我们奔赴景颇族分布的第一线，开展以语言使用特点为主的语言功能田野调查，连续完成了三部景颇族使用现状的专著，并很快由商务出版社出版。其中有：《耿马县景颇族语言使用现状及其演变》（2010年）；《片马茶山人及其语言》（2010年）；《云南德宏州景颇族语言使用现状及其演变》（2011年）。这三个地区是中国景颇族的主要分布地区。就此，我们对中国景颇族的语言使用情况已有大致了解。

但我们还急切要了解、认识跨境景颇语的语言使用情况和语言结构特点。于是，在2014年我们又组织研究团队到了缅甸的曼德勒、东枝、仰光等地，调查缅甸景颇族的语言使用情况，获得了许多新的材料。但那时因时间关系和别的原因，未能去景颇族人口聚居的克钦邦调查。为了弥补这一空缺，2017年6月，我们专程到了缅甸八莫一带调查景颇语的使用情况和景颇族教育情况。这次调查，使我们对克钦邦景颇族的语言生活又有了一些新的感性认识，但我们还嫌不够。

出国调查跨境语言虽是件大开眼界的事，但又是一件艰难的、复杂的事。有的地方能去，有的地方不能去；有的地方容易调查，有的地方则会因为语言隔阂等原因不易而且在国外又不能待太久，必须是分秒必争。所以，为了获取更多的信息，我们除了出国调查外，还设法到跨国边境从边民那里获取一些跨境语言材料，以弥补调查材料的不足。于是，2017年5月至8月，我们到了云南省德宏州，辗转芒市、瑞丽等中缅边界区，从缅甸边民那里调查了大量缅甸景颇族的语言使用情况。实践证明，这种语言调查方法是有效的，可行的，能够在一定程度上弥补跨国境内调查之不足。因为来中国的缅甸边民，都曾经在缅甸长期生活过，对那里的情况、本族语言是很熟悉的，所提供的语料是可靠的，有用的。

我一直感到遗憾的是，未能有机会去印度调查那里的景颇语（称

Singhpaw"兴颇语")。印度的景颇语，由于与景颇语主体分离的时间较长，加上印度境内特殊的语言环境、语言关系，兴颇语在历史演变上出现了不少新的特点。这部书里，应该有这方面的材料。但我们正好缺少这一地区的第一手材料，只好先使用国外20世纪发表的几篇兴颇语研究的论文的资料，等以后有条件时再补充第一手调查的材料。不过，2014年在瑞丽召开的"世界景颇族学术研讨会"上，我见过两位来自印度的景颇族学者，他们用景颇语向我介绍了一些印度景颇语的情况。从他们的说话中，我了解了一些印度景颇语的特点。但总是不满足。这个未能如愿完成的任务只好留团队其他年轻的成员去完成。

在长期的语言田野调查实践中，我深深地体会到做一种语言的研究必须系统地做，一个一个地不断挺进。语言系统包括功能方面的，语言结构方面的。这样做，对语言的认识才能层层深入。景颇族分布在中、缅、印（度）三国，构成一个相互差异又互相制约的系统、跨境语言研究，是深化景颇语研究的一个新视角，从跨境景颇语的比较中能够认识到景颇语的深层特点。这次我们"中缅跨境景颇语调查研究"，心里有点底了，以后再做别的语言个案，预计会顺利些。

二是做我国少数民族语言研究必须有一股"摸着石头过河"的干劲和方法。

我国的少数民族语言研究起步较晚，对其"真面目"的认识还相差很远。前人没有给我们留下做单一语言的跨境语言对比研究，这还是第一次。前人的经验和方法虽然可贵，但主要还是要靠我们"摸着石头过河"去探索。

回想2005年开始做语言国情调查时也是这样。记得第一站就是基诺山的基诺族语言国情调查，那时也是"心中无数"，队伍到了基诺山，连个调查大纲都还没有拟好。硬是凭着一股"摸着石头过河"的干劲和方法，我们在实践中一点一滴地积累经验，不断改进调查方案，走一步看一步，最后才形成一个调查大体可操作的语言国情调查方法，完成了"基诺族的语言现状及演变"的语言国情调查报告。队员们都清楚地记得，那时每天晚上都要开会，研究、讨论白天的调查经验及出现的问题。"夜会"，成为"语言国情调查"的一幅"亮景"。跨境语言调查，内容太丰富了，需要我们探讨的问题很多，我们每个队员都在认真思索。由此我还想到，做少数民族语言调查研究，许多都需要我们自己去摸索、去总结，不可能有现成的经验可直接使用。

"摸着石头过河"怎么"摸"？"语言田野"是个大海洋、大矿产、大森林，进到这个新天地，有的兴奋，一下子就看到金子；而有的无动于衷，觉得不新鲜，"小毛驴跟妈妈去赶集"——白走一趟（景颇族谚语）。我的体会是：到了田野现场，既要"勤听，勤记，勤思索"，还要"善于听，善于记，善于思索"，一个"勤"加上一个"善于"。比如，进入景颇族家庭坐在火塘旁与主人聊天，你一定会敏感地感到不同支系成员有规律地使用不同语言，并为之惊奇。景颇族的不同支系语言在家庭里、在村寨里有其使用的规律，怎么使用有其社会、文化、语言的理据，要弄明白很有价值。又如，两国景颇族怎样使用语言各有自己的特点，如何理出其共性和个性，要一点一滴观察、积累才能摸到实处。

本书由中缅跨境景颇语研究团队成员集体努力完成。2017年12月末我们又分工，把整个书稿检查了一遍。全书的责任编辑由金海月副教授担任。

这次调查，得到许多朋友的帮助。有：瑞丽县人大主任排云祥、原人大主任排生、宣传部部长棍么、云南民族大学文化学院原党委书记罗汉麟，德宏州团结报社勒排早扎等，他们都给了我们许多实际的帮助，使我们的工作减少了许多困难。有了他们，我们来调查觉得有依靠，胆子壮些，心里踏实些。在此，我们向他们表示衷心的感谢。

戴庆厦

2017年8月25日于芒市

鸣　谢

达延俊　朵示拥汤　棍　么　何勒崩　何勒腊　孔志恩
孔早若　勒排早扎　刘云和　罗海麟　毛勒端　排云祥
排　生　尚丽霞　武　光　杨忠德

照 片

调查类

图1 左一是从缅甸回到芒市探亲的景颇族大叔,他看到村寨的变化,很有感触地说:"还是中国好!"

图2 2014年在中缅边界调查跨境语言

图 3　课题组行进在中缅国境线上

图 4　课题组与缅甸景颇族协会领导交谈

图 5　语言国情课题组在耿马景颇族边境村寨调查景颇族语言文化

图 6　课题组成员闻静在芒市教堂向来自缅甸的景颇族少女调查缅甸景颇语情况

图 7　课题组成员金海月在芒市教育局听取领导关于边境教育情况

图 8　课题组成员在瑞丽孟秀村寨调查来自缅甸的少数民族青少年的语言使用情况

图 9　在缅甸木瓜坝小学调查该校景颇文的教学情况

图 10　在边境允欠寨调查中缅景颇族社会语言情况

图 11　课题组成员彭茹在缅甸八莫向当地政府了解社会语言文化情况

图 12　课题组成员满欣在八木汉语学校调查汉语教学情况

中缅景颇族

图 1　在缅甸边境举行的景颇族目瑙狂欢节

图 2　中缅交界的地段有的只有一条小河沟，步行就可以过去

图 3 中缅两国都各自出版了一些与汉语或英语对照的景颇语词典

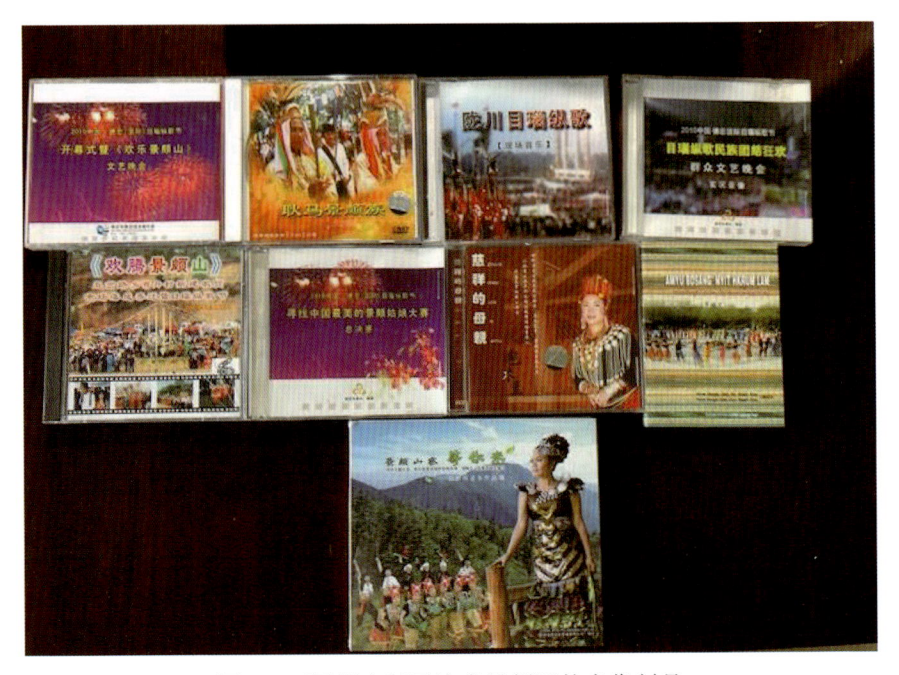

图 4 两国都出版了许多景颇语的音像制品

图 5　用景颇语文出版的文化、文学期刊和著作

图 6　2013 年在瑞丽举行景颇族研讨国际会议。
图为来自英国、缅甸、印度、日本的景颇族学者

图 7 旅居英国的景颇人

图 8 中缅边境勐典小学

图 9 中缅边境一城市

照　片　　　　　　　　　　　　　　373

图 10　中缅边界的"一石两国"

图 11　缅甸八莫木瓜坝小学

图 12　靠近中国边境的缅甸景颇族村寨

图 13　缅甸八莫木瓜坝小学

图 14　缅甸八木小学小学生

图 15　缅甸边境街道

图 16　缅甸仰光景颇族婚礼

图 17　在华缅甸景颇族留学生